清乾隆眷西堂本尚書古文疏證

清 閻若璩撰 清 閻詠輯

山東省圖書館藏清乾隆十年太原閻氏眷西堂刻本

第一册

山東人民出版社·濟南

圖書在版編目（CIP）數據

清乾隆眷西堂本尚書古文疏證 /（清）閻若璩撰；（清）閻咏輯 .— 濟南：山東人民出版社，2024.3
（儒典）
ISBN 978-7-209-14289-2

Ⅰ. ①清… Ⅱ. ①閻… ②閻… Ⅲ. ①《尚書》- 注釋 Ⅳ. ① K221.04

中國國家版本館 CIP 數據核字（2024）第 035839 號

項目統籌：胡長青
責任編輯：趙 菲
裝幀設計：武 斌
項目完成：文化藝術編輯室

清乾隆眷西堂本尚書古文疏證
〔清〕閻若璩撰 〔清〕閻咏輯

主管單位 山東出版傳媒股份有限公司
出版發行 山東人民出版社
出 版 人 胡長青
社　　址 濟南市市中區舜耕路517號
郵　　編 250003
電　　話 總編室（0531）82098914
市場部（0531）82098027
網　　址 http://www.sd-book.com.cn
印　　裝 山東華立印務有限公司
經　　銷 新華書店

規　　格 16開（160mm×240mm）
印　　張 83.75
字　　數 670千字
版　　次 2024年3月第1版
印　　次 2024年3月第1次
ISBN 978-7-209-14289-2
定　　價 199.00圓（全五册）

《儒典》選刊工作團隊

學術顧問　杜澤遜　李振聚　徐　泳

項目統籌　胡長青

責任編輯　劉　晨　劉嬌嬌　張艷艷

　　　　　吕士遠　趙　菲　劉一星

前言

中國是一個文明古國、文化大國，中華文化源遠流長，博大精深。在中國歷史上影響較大的是孔子創立的儒家思想，因此整理儒家經典、注解儒家經典，爲儒家經典的現代化闡釋提供权威、典范、精粹的典籍文本，是推進中華優秀傳統文化創造性轉化、創新性發展的奠基性工作和重要任務。

中國經學史是中國學術史的核心，歷史上創造的文本方面和經解方面的輝煌成果，大量失傳了。西漢是經學的第一個興盛期，除了當時非主流的《詩經》毛傳以外，其他經師的注釋後來全部失傳了。東漢的經解衹有鄭玄、何休等少數人的著作留存下來，其餘也大都失傳了。南北朝至隋朝興盛的義疏之學，其成果僅有皇侃《論語疏》幸存於日本。五代時期精心校刻的《九經》、北宋時期國子監重刻的《九經》以及校刻的單疏本，也全部失傳。南宋國子監刻的單疏本，我國僅存《周易正義》、《爾雅疏》、《春秋公羊疏》（三十卷殘存七卷）、《春秋穀梁疏》（十二卷殘存七卷），日本保存了《尚書正義》、《毛詩正義》、《禮記正義》（七十卷殘存八卷）、《周禮疏》（日本傳抄本）、《春秋公羊疏》（日本傳抄本）、《春秋正義》（日本傳抄本）。南宋兩浙東路茶鹽司刻八行本，我國保存下來的有《周禮疏》、《禮記正義》、《春秋左傳正義》（紹興府刻）、《論語注疏解經》（二十卷殘存十卷）、《孟子注疏解經》（存臺北『故宫』），日本保存有《周易注疏》《尚書正義》（凡兩部，其中一部被清楊守敬購歸）。南宋福建刻十行本，我國僅存《春秋穀梁注疏》、《春秋左傳注疏》（六十卷，一半在大陸，一半在臺灣），日本保存有《毛詩注疏》《春秋左傳注疏》。從這些情況可以看出，經書代表性的早期注釋和早期版本國内失傳嚴重，有的僅保存在東鄰日本。

鑒於這樣的現實，一百多年來我國學術界、出版界努力搜集影印了多種珍貴版本，但是在系統性、全面性和準確性方面都還存在一定的差距。例如唐代開成石經共十二部經典，石碑在明代嘉靖年間地震中受到損害，明代萬曆初年西安府學等學校師生曾把損失的文字補刻在另外的小石上，立於唐碑之旁。近年影印出版唐石經拓本多次，都是以唐代石刻與明代補刻割裂配補的裱本爲底本。由於明代補刻采用的是唐碑的字形，這種配補本難以區分唐刻與明代補刻，不便使用，亟需單獨影印唐碑拓本。

爲把幸存於世的、具有代表性的早期經解成果以及早期經典文本收集起來，系統地影印出版，我們規劃了《儒典》編纂出版項目。

《儒典》出版後受到文化學術界廣泛關注和好評，爲了滿足廣大讀者的需求，現陸續出版平裝單行本。共收録一百十一種元典，共計三百九十七册，收録底本大體可分爲八個系列：經注本（以開成石經、宋刊本爲主。開成石經僅有經文，無注，但它是用經注本删去注文形成的）、經注附釋文本、纂圖互注本、單疏本、八行本、十行本、宋元人經注系列、明清人經注系列。

《儒典》是王志民、杜澤遜先生主編的。本次出版單行本，特請杜澤遜、李振聚、徐泳先生幫助酌定選目。特此説明。

二〇二四年二月二十八日

目録

第一册

第二册

第三册

第四册

第五册

尚書古文疏證序

吳草廬以古文尚書之僞其作纂言以伏氏二十八篇爲之解釋以古文二十五篇自爲卷裦其小序分冠於各篇者合爲一篇寘於後歸震川以爲不刊之典郝楚望著尚書辨解亦依此例然從來之議古文者以史傳攷之則多矛盾既云安國之學以授都尉朝朝授庸生庸生授胡常胡常授徐敖及王璜塗惲塗惲授賈徽徽以授其子逵其傳授歷然何以後漢書又稱扶風杜林於西州得漆書古文尚書一卷同郡賈逵爲之作訓則其所授於父者何書耶既言賈逵爲古文尚書作訓何以逵之所訓者止歐陽夏侯

之書而不及其他也又云馬融作傳鄭康成作註何以康成之註書序有汨作九共典寳肆命原命而無仲虺之誥太甲説命諸篇也即篇名同者亦不同其文如註禹貢則引胤征云篚厥玄黄紹我周王乃孔書之武成文也又云康成傳其孫小同小同與鄭冲同事高貴鄉公冲以古文尚書教授其學未絶何以東晉豫章内史梅賾始得安國之傳奏之史傳之矛盾如此若以文辭格制之不同别之而爲古文者其採緝補綴無一字無所本質之今文亦無大異亦不足以折其角也唯是秦火以前諸書之可信者如左氏内外傳孟子荀子墨子之類取以證之庶乎思過

半矣自來諸儒間指其一二破綻而疑之其疑信相
半也嘉靖初旌川梅鷟著尚書譜一編取諸傳記之
語與二十五篇相近者類列之以證其剽竊稱引極
博然於史傳之異同終不能合也淮海閻百詩寄尚
書古文疏證方成四卷屬余序之余讀之終卷見其
取材富折衷當當兩漢時安國之尚書雖不立學官
未嘗不私自流通逮永嘉之亂而亡梅賾作僞書冒
以安國之名則是梅賾始僞顧後人并以疑漢之安
國其可乎可以解史傳連環之結矣中間辨析三代
以上之時日禮儀地理刑法官制名諱祀事句讀字
義因尚書以證他經史者皆足以袪後儒之蔽如此

方可謂之窮經其原夸族禍始於泰誓短喪作俑於太甲錯解金縢而陷周公於不弟仁人之言有功於後世大矣憶吾友朱康流謂余曰從來講學者未有不淵源於危微精一之旨若無大禹謨則理學絕矣而可僞之乎余曰此是古今一大節目從上皆突兀過去允執厥中本之論語惟危惟微本之荀子論語曰舜亦以命禹則舜之所言者即堯之所言也若於堯之言有所增加論語不足信矣人心道心正是荀子性惡宗旨惟危者以言乎性之惡惟微者此理散殊無有形象必擇之至精而後始與我一故矯飾之論生焉後之儒者於是以心之所有唯此知覺理則

在於天地萬物窮天地萬物之理以合於我心之知覺而後謂之道皆爲人心道心之說所誤也夫人只有人心當惻隱自能惻隱當羞惡自能羞惡辭讓是非莫不皆然不失此本心無有移換便是允執厥中故孟子言求放心不言求道心言失其本心不言失其道心夫子之從心所欲不踰矩只是不失人心而已然則此十六字者其爲理學之蠹甚矣康流不以爲然嗚呼得吾說而存之其於百詩之證未必無當也南雷黃宗羲頓首拜撰

家大人徵君先生著尚書古文疏證若干卷愛之者爭相繕寫以爲得未曾有而怪且非之者亦復不少徵君意不自安曰吾爲此書不過從朱子引而伸之觸類而長之耳初何敢顯背紫陽以蹈大不韙之罪因命詠取語類四十七條大全集六條彙次成編名朱子古文書疑就京師刻以行世告詠曰夫破人之惑若難與爭於篤信之時待其有所疑焉然後從而攻之可也此歐公語也歐公又言孔子者萬世取信一人而已余則謂朱子者孔子後取信一人而已今取朱子之所疑告天下天下人聞之自不必盡篤其信所謂有所疑然後出吾疏證以相示庶其有悟乎

詠歎其循循善誘不驟以彊人故亦不敢旁溢一語即錄以爲序至徵君所以名其書之義實嘗與聞蓋讀漢書儒林傳孟喜得易家候陰陽災變書詐言師田生枕喜厀獨傳喜諸儒以此耀之同門梁邱賀疏通證明之顏師古注疏通猶言分別也證明明其僞也摘取此二字首曰尚書尊經也次曰古文傳疑也書凡數十萬言先標出以告天下庶他日奉徵君返山陽築禮堂爲寫定不致憒於所好則又徵君之志而小子詠所有事云康熙甲申端午前三日太原閻詠撰

尚書古文疏證目錄

卷一

卷二

王誤

第二十八言太甲不得稽首于伊尹爲誤倣洛誥闕

第二十九言后稷不得稱先王畢公不得輔四世爲誤會國語闕

第三十言有虞世不得有干舞爲誤本韓子淮南子闕

第三十一言人心惟危道心惟微純出荀子所引道經

第三十二言古書如此類者頗多

卷三此卷全闕

第五十三言武成癸亥甲子不冠以二月非書
法
第五十四言泰誓上惟十有三年春繫以時非
史例
第五十五言僞泰誓明兩載漢志今仍與之同
第五十六言爾雅解鬱陶爲喜今誤認作憂
第五十七言大禹謨讓皐陶不合堯典讓稷契
第五十八言晚出書增帝曰竄僉曰不合唐虞
世大公
第五十九言重華文命與放勳皆帝王號僞作
者不知

第六十言僞作者依書序撰太甲事不合孟子

第六十一言伊尹稱字于太甲爲誤倣緇衣亦兼爲序誤

第六十二言周官從漢百官公卿表來不合周禮

第六十三言泰誓有族誅之刑爲誤本荀子

第六十四言胤征有玉石俱焚語爲出魏晉間

卷五上

第六十五言今堯典舜典本一爲姚方興二十八字所橫斷

第六十六言今皐陶謨益稷本一別有棄稷篇

見揚子
第六十七言考定武成未合左傳數紂罪告諸
侯之辭
第六十八言古文畢命見三統歷以與巳不合
遺末句
第六十九言安國傳就經下爲之漢武時無此
第七十言安國傳不甚通官制
第七十一言穎達疏最下證以武成
第七十二言白居易補湯征書久可亂眞
卷五下
第七十三言五子之歌不類夏代詩

第七十四言古人以韻成文大禹謨泰誓不識

第七十五言旅獒馬鄭讀獒曰豪今仍本字

第七十六言論語譬喻之辭今悉改而正言

第七十七言史記有夏書曰今忘采用

第七十八言說文有虞書商書周書等曰今忘

采用

第七十九言左傳引夏書作釋辭大禹謨不當

爾

第八十言左傳引蔡仲之命追敘其事今不必

爾

傳亦有

第九十言安國傳三江入震澤之非

第九十一言安國傳華山之陽解非是

第九十二言安國傳梁岐在雍州解仍是

第九十三言蔡傳濰沮二水解不屬兗州

第九十四言蔡傳不諳本朝輿地

第九十五言禹貢甸服里數所至

第九十六言史記滎陽下引河爲禹貢後

卷七

第九十七言商祀周年亦可互稱不必盡如爾

雅

第一百十九言梅氏鷟尚書譜有未采者錄于
篇
第一百二十言與石華峙論東漢時今文與逸
篇或離或合
第一百二十一言姚際恒攻僞古文有勝余數
條載于篇
第一百二十二闕
第一百二十三闕
第一百二十四闕
第一百二十五闕
第一百二十六闕

尚書古文疏證目錄終

尚書古文疏證目錄

卷一

尚書古文疏證卷一目錄終

尚書古文疏證卷一

太原閻若璩百詩撰
平陰朱續晫近堂梓

第一

漢書儒林傳孔氏有古文尚書孔安國㠯今文字讀之因㠯起其家逸書得十餘篇蓋尚書茲多於是矣藝文志古文尚書者出孔子壁中武帝末魯共王壞孔子宅得古文尚書及禮記論語孝經凡數十篇皆古字孔安國者孔子後也悉得其書以考二十九篇得多十六篇安國獻之遭巫蠱事未列於學官楚元王傳魯恭王壞孔子宅欲㠯爲宮而得古文於壞壁之中逸禮有三十九書十六篇天漢之後孔安國獻

之夫一則曰得多十六篇再則曰逸書十六篇是古文尚書篇數之見於西漢者如此也後漢書杜林傳林前於西州得漆書古文尚書一卷常寶愛之雖遭艱困握持不離身後出示衛宏等遂行於世同郡賈逵爲之作訓馬融鄭康成之傳注解皆是物也夫曰古文尚書一卷雖不言篇數然馬融書序則云逸十六篇是古文尚書篇數之見於東漢者又如此也此書不知何時遂亡東晉元帝時豫章内史梅賾忽上古文尚書增多二十五篇無論其文辭格制迥然不類而只此篇數之不合僞可知矣

按古文尚書實多十六篇惟論衡所載其説亙異

其正說篇云孝景帝時魯共王壞孔子教授堂以爲殿得百篇尚書於牆壁中武帝使使者取視莫能讀者遂祕於中外不得見至孝成皇帝時張霸僞造百兩之篇帝出祕百篇以校之愚謂成帝時校理祕書正劉向劉歆父子及東京班固亦典其職豈有親見古文尚書百篇而乃云爾者乎劉則云十六篇逸班則云得多十六篇確然可據至王充論衡或得於傳聞傳聞之與親見固難並論也且云武帝使使者取視不云安國獻之而云武帝取視此何據也惟云孝景時魯共王壞孔子宅較漢志武帝末三字則確甚何也魯恭王以孝景前

三年丁亥徙王魯徙二十七年薨則薨當於武帝元朔元年癸丑武帝方即位十三年安得云武帝末乎且恭王初好治宮室季年好音則其壞孔子宅㠯廣其宮正初王魯之事當作孝景時三字爲是愚嘗謂傳記雜說往往足證史文之誤要在識者決擇之耳

又按孔壁書出於景帝初而武帝天漢後孔安國始獻遭巫蠱倉卒之難未及施行則其相去已六十餘年而安國之壽必且高矣及考孔子世家安國爲今皇帝博士至臨淮太守蚤卒則孔壁之書出安國固未生也故大序亦云悉以書還孔氏科

斗書廢已久時人無能知者愚意書藏屋壁中不知幾何年書出屋壁之外又幾六十餘年孔安國始以隸古字更寫之則其錯亂摩滅弗可復知豈特汩作九共諸篇已也即安國所云可知者二十五篇亦必字畫脫誤文勢齟齬而乃明白順易無一字理會不得又何怪吳氏朱子及草廬輩切切然議之哉

第二

嘗疑鄭康成卒於獻帝時距東晉元帝尚百餘年古文尚書十六篇之亡當即亡於此百年中後讀隋書經籍志晉世祕府所存有古文尚書經文今無有傳

者及永嘉之亂歐陽大小夏侯尚書並亡濟南伏生之傳唯劉向父子所著五行傳是其本法而又多乖戾至東晉豫章内史梅賾始得安國之傳奏之予然後知古文尚書自鄭康成註後傳習者已希而往往祕府有其文亦猶西漢時安國止傳其業於都尉朝司馬遷數人而中祕之古文固具在也故嘗爲之説曰古文尚書不甚顯於西漢而卒得立於學官者劉歆之力也雖不立於學官而卒得大顯於東漢者賈逵之力也當安國之初傳壁書也原未有大序與傳馬融尚書序所謂逸十六篇絶無師説是及漢室中興衛宏著訓旨於前賈逵撰古文同異於後馬融作

傳鄭氏作注而孔氏一家之學粲然矣不意鄭氏而後寖以微滅雖博極羣書如王肅孫炎輩稽其撰著並無古文尚書豈其時已錮於祕府而不復流傳耶何未之及也然果祕府有其書猶得流傳於人間惟不幸而永嘉喪亂經籍道消凡歐陽大小夏侯學號爲經師遞相講授者已掃地無餘又何況祕府所藏區區簡册耶故古文尚書之亡實亡於永嘉嗟乎嗟乎出於伏生之口者秦火不得而焚之出於孔氏之壁者[redacted]亂遂得而滅之矣予又思祕府果存其書雖世有假託僞撰之徒出祕書以校之其僞可立見成帝時徵天下能爲古文學東萊張霸以所造百兩

篇應帝以祕書校之非是遂下張霸於吏若元帝時祕書猶有存者則梅賾所上之傳何難立窮其僞哉惟祕府既已蕩而爲煙化而爲埃矣而凡傳記所引書語諸儒並指爲逸書不可的知者此書皆采輯掇拾以爲證驗而其言率依於理又非復張霸僞書之比世無劉向劉歆賈逵馬融輩之鉅識安得不翕然信之以爲眞孔壁復出哉

按牛弘歷陳古今書籍之厄以劉石憑陵京華覆滅爲書之四厄及余徵之兩晉益合祕書監荀勗錄當代所藏書曰凡二萬九千九百餘卷名中經簿今不復傳隋唐時尚存故經籍志云晉祕府存

有古文尚書經文是也元帝之初漸更鳩聚著作郎李充以勗舊簿校之才十之一耳古文尚書之亡非亡於永嘉而何哉余因嘆前世之事無不可考者特學者觀書少而未見耳王銍之言殆謂是與

又按東晉元帝時梅賾上書者草廬之言實從孔穎達舜典疏來與經籍志合但穎達又於虞書下引晉書云前晉奏上其書而施行焉前字疑譌不然前晉祕書見存僞書寧得施行耶且今晉書荀崧傳元帝踐祚崧轉太常時方修學校置博士尚書鄭氏一人古文尚書孔氏一人則孔氏之立似

即在斯時穎達所引晉書乃別一本今無可考
又按孫炎字叔然樂安人三國志王肅傳稱其授
學鄭玄之門人蓋弟子再傳者與肅同時是爲魏
人顏之推以爲漢末人非

第三

尚書百篇序原自爲一篇不分寘各篇之首其分寘
各篇之首者自孔安國傳始也鄭康成註書序尚自
爲一篇唐世尚存孔穎達尚書疏備載之所云尚書
亡逸篇數迥與孔傳不合孔則增多於伏生者二十
五篇鄭則增多於伏生者十六篇二十五篇者即今
世所行之大禹謨一五子之歌二胤征三仲虺之誥

四湯誥五伊訓六太甲三篇九咸有一德十說命三篇十三泰誓三篇十六武成十七旅獒十八微子之命十九蔡仲之命二十周官二十一君陳二十二畢命二十三君牙二十四冏命二十五是也十六篇者即永嘉時所亡失之舜典一汩作二九共九篇三大禹謨四益稷五五子之歌六胤征七典寶八湯誥九咸有一德十伊訓十一肆命十二原命十三武成十四旅獒十五冏命十六是也十六篇亦名二十四篇蓋九共乃九篇析其篇而數之故曰二十四篇也鄭所註古文篇數上與馬融合又上與賈逵合又上與劉歆合歆嘗校祕書得古文十六篇傳問民間則有

安國之再傳弟子膠東庸生者學與此同逵父徽實爲安國之六傳弟子逵受父業數爲帝言古文尚書與經傳爾雅詁訓相應故古文遂行此皆載在史册確然可信者也孔穎達不信漢儒授受之古文而信晚晉突出之古文且以舜典汨作九共二十四篇爲張霸之徒所僞造不知張霸所僞造乃百兩篇在當時固未嘗售其欺也百兩篇不見於藝文志而止附見儒林傳傳云文意淺陋篇或數簡帝吕中書校之非是霸辭受父父有弟子樊並詔存其書後樊並謀反迺卒黜之會謂馬融鄭康成諸大儒而信此等僞書哉大抵孔穎達纂經翼傳不爲無功而第曲徇一

說莫敢他從如毛詩戴記則惟鄭義之是從至於尚書則又黜鄭而從孔是皆唐人稡章句爲義疏欲定爲一是者之獘也噫孰知此一是者竟未嘗是也哉

按鄭康成註書序於今安國傳所見存者仲虺之誥太甲三篇說命三篇微子之命蔡仲之命周官君陳畢命君牙十三篇皆註曰亡於今安國傳所絕無者汨作九共九篇典寶肆命原命十三篇皆註曰逸不特此也又於安國傳所分出之舜典益稷二篇皆註曰逸是孔鄭之古文不獨篇名不合者其文辭不可得而同即篇名之適相符合者其文辭亦豈得而盡同哉然則豫章晚出之書雖名

爲源流於鄭沖正未必爲孔壁之舊物云
又按孔鄭之古文既如此其乖異矣乃説者必欲信梅所獻之孔而不信鄭所受之孔遂以鄭所受之孔爲張霸之徒僞撰今張霸書已不傳而見於王充論衡所引者尚有數語曰伊尹死大霧三日此何等語而可令馬鄭諸儒見耶僞秦誓三篇歷世既久馬融尚起而辨其非若張霸百兩篇甫出而即敗已著於人耳目者王充淺識亦知未可信而馬鄭諸儒識顧出王充下耶然則汨作九共二十四篇必得之於孔壁而非采左氏按書敘者之所能作也

又按隋書經籍志云有尚書逸篇二卷出於齊梁閒考其篇目似孔壁中書之殘缺者故附尚書之末今亦不傳但不知其篇目可是汨作九共等否果是汨作九共等必晉亂之餘彫磨零落尚什存其一二於人閒者當其時孔傳方盛行而世又無好古之士能取康成所註逸篇之數以一一校對使康成之言爲可信而竟不復有隻字存矣惜哉不然則是齊梁閒好事者爲之也尚書五十八篇原無嘉禾篇而王莽傳有引書逸嘉禾篇曰周公奉鬯立於阼階延登贊曰假王莅政勤和天下此必王莽時所僞作何也漢人尚災異故張霸書有

伊尹死大霧三日之說王莽欲居攝故羣臣奏有周公爲假王之說蓋作僞書者多因其時之所尚與文辭格制亦限於時代雖極力洗刷出脫終不能離其本色此亦可以類推也

又按新唐書藝文志有尚書逸篇三卷爲晉徐邈注宋初猶存李昉等修太平御覽曾引用之余約見其四條其一條重出其三條云堯子不肖舜使居丹淵爲諸侯故號曰丹朱又嗚呼七世之廟可以觀德又太社惟松東社惟柏南社惟梓西社惟栗北社惟槐天子社廣五丈諸侯半之余竊謂堯子不肖舜使居丹淵云云即本漢書歷律志堯讓

天下於虞使子朱處于丹淵爲諸侯嗚呼七世之廟可以觀德即用呂氏春秋引商書曰五世之廟可以觀怪而易五爲七怪爲德亦同孔傳太社惟松云云即用白虎通德論引尚書曰太社唯松五句而下連天子社廣五丈乃別出春秋文義以所見如此則所不見者諒亦多傳會可知矣余故曰此齊梁間好事者爲之也而又假託晉儒者徐邈注以自重嗚呼事莫大於好古學莫善於正譌韓昌黎以識古書之正僞爲年之進豈欺我哉

又按伏生勝尚書大傳三卷鄭康成註者今亦不傳僅散見他書宋王伯厚困學紀聞云虞傳有九

共篇引書曰予辯下土使民平平使民無傲殷傳有帝告篇引書曰施章乃服明上下豈伏生亦見古文逸篇耶余謂王氏之說非也壁中逸書有九共而無帝告縱使伏生及見亦不應有施章乃服明上下一語竊意伏生於正記二十八篇外又有殘章剩句未盡遺忘者口授諸其徒而勝歿之後其徒張生歐陽生各雜記所聞以纂成斯傳不然鄭康成固見九共逸書者茍非眞出九共康成寧爲之作註耶但又引盤庚曰若德明哉湯任父言畀應言又引酒誥曰王曰封唯曰若圭璧皆古文所無豈今文獨有乎今無可考然劉向以中古文

校所傳今文酒誥有脫簡一諒業爲補正未聞酒誥復有增文也疑或出後人傳會未必一一受諸伏生云

又按今汲冢周書漢志正名周書班固以爲周史記顏師古云蓋孔子所論百篇之餘六朝人亦謂之尚書逸篇觀南史劉顯傳可見傳云任昉嘗得一篇缺簡文字零落諸人無能識者顯一見曰是古文尚書所刪逸篇昉檢周書果如其說

第四

漢書藝文志載尚書古文經四十六卷即安國所獻之壁中書也次載經二十九卷即伏生所授之今文

書也班固於四十六卷之下自注曰爲五十七篇顏師古又於五十七篇之下引鄭康成敘贊注曰本五十八篇後又亡其一篇故五十七愚嘗疑不知所亡何篇後見鄭康成有言武成逸書建武之際亡則知所亡者乃武成篇也今依此五十七篇敘次之則堯典一舜典二汩作三九共九篇十二大禹謨十三臯陶謨十四益稷十五禹貢十六甘誓十七五子之歌十八胤征十九是爲虞夏書湯誓二十典寶二十一湯誥二十二咸有一德二十三伊訓二十四肆命二十五原命二十六盤庚三篇二十九高宗肜日三十西伯戡黎三十一微子三十二是爲商書僞泰誓三

篇三十五牧誓三十六洪範三十七旅獒三十八金縢三十九大誥四十康誥四十一酒誥四十二梓材四十三召誥四十四洛誥四十五多士四十六無逸四十七君奭四十八多方四十九立政五十顧命五十一康王之誥五十二冏命五十三費誓五十四呂刑五十五文侯之命五十六秦誓五十七是爲周書以五十七篇釐爲四十六卷則堯典卷一舜典卷二汩作卷三九共九篇卷四大禹謨卷五皐陶謨卷六益稷卷七禹貢卷八甘誓卷九五子之歌卷十胤征卷十一湯誓卷十二典寶卷十三湯誥卷十四咸有一德卷十五伊訓卷十六肆命卷十七原命卷十八

盤庚三篇卷十九高宗彤日卷二十西伯戡黎卷二十一微子卷二十二僞泰誓三篇卷二十三牧誓卷二十四洪範卷二十五旅獒卷二十六金縢卷二十七大誥卷二十八康誥卷二十九酒誥卷三十梓材卷三十一召誥卷三十二洛誥卷三十三多士卷三十四無逸卷三十五君奭卷三十六多方卷三十七立政卷三十八顧命卷三十九康王之誥卷四十冏命卷四十一費誓卷四十二呂刑卷四十三文侯之命卷四十四秦誓卷四十五百篇序合爲一篇卷四十六凡此皆按之史傳參之註疏反覆推究以求合乎當日之舊始之而不得其説則茫然以疑既之而

忽得其說則不覺欣然以喜以爲雖寡昧如予猶得與聞於斯文也詎不快哉唐貞觀中詔諸臣撰五經義訓而一時諸臣不加詳考猥以晚晉梅氏之書爲正凡漢儒專門講授的有源委之學皆斥之曰妄少不合於梅氏之書者即以爲是不見古文夫史傳之所載如此先儒之所述如此猶以爲是不見古文將兩漢諸儒盡鑿空瞽語而直至梅賾始了了耶嗚呼其亦不思而已矣世之君子由予言而求之平其心易其氣而不以唐人義疏之說爲可安則古學之復也其庶幾乎

按百篇次第鄭與今安國傳亦殊不同鄭以咸有

一德在湯誥後孔則在太甲後鄭以費誓在呂刑前孔則在文侯之命後鄭依賈逵所奏別錄爲次而孔則自爲之說也他若益稷或名棄稷其小小抵梧茲固未暇釐正云

又按四十六卷之分鄭以同題者同卷異題者異卷已釐次之上矣孔則以同序者同卷異序者異卷其同序者太甲盤庚說命泰誓皆三篇共序凡十二篇只四卷大禹謨皋陶謨益稷康誥酒誥梓材亦各三篇共序凡六篇只二卷外四十篇篇各有序凡四十卷通共序者六卷故爲四十六卷也然鄭註四十六卷原無武成而以百篇序宜爲末

卷孔則有武成一篇篇自爲序已足四十六卷之數故不便以百篇序復爲一卷只得引之各冠其篇首曰宜相附近此則遷就之辭云

又按虞書夏書之分實自安國傳始馬融鄭康成王肅别錄題皆曰虞夏書無别而稱之者孔穎達所謂以虞夏同科雖虞事亦連夏是也即伏生虞傳夏傳外仍有一虞夏傳鄭康成序又以虞夏書二十篇商書四十篇周書四十篇贊曰三科之條五家之教是虞夏同科也及余觀揚子法言亦曰虞夏之書渾渾爾商書灝灝爾周書噩噩爾則可證西漢時未有别虞書夏書而爲二者杜元凱左

傳註僖公二十七年引夏書賦納以言明試以功三句註曰尚書虞夏書也則可證西晉時未有別虞書夏書而爲二者逮東晉梅氏書出然後書題卷數篇名盡亂其舊矣

第五

古文武成篇建武之際亡當建武以前劉向劉歆父子校理祕書其篇固具在也故劉向著別錄云尚書五十八篇班固志藝文尚書五十七篇則可見矣劉歆作三統歷引武成篇八十二字其辭曰惟一月壬辰旁死霸若翌日癸巳武王迺朝步自周于征伐紂粤若來二月既死霸粤五日甲子咸劉商王紂惟四

月既旁生霸粤六日庚戌武王燎于周廟翌日辛亥祀于天位粤五日乙卯乃吕庶國祀馘于周廟質之今安國傳迥異無論此篇已亡而復出相距三百年中間儒者如班固鄭康成皆未之見而直至梅賾始得而獻之可疑之甚即其事迹時日亦多未合武王以一月三日癸巳伐商二月五日甲子誅紂是歲閏二月庚寅朔三月己未朔四月己丑朔十六日甲辰望十七日乙巳旁之所謂惟四月既旁生霸是也粤六日庚戌是爲二十二日武王燎于周廟翌日辛亥是爲二十三日武王祀于天位粤五日乙卯是爲二十七日乃以庶國祀馘于周廟皆劉歆占之於象緯

驗之於時令考之於經傳無不脗合而後著其說如此班固所謂推法最密者也今後出之武成以四月哉生明爲王至于豐其說既無所本以丁未祀周廟越三日庚戌柴望又與其事相乖且尤可議者古人之書時記事有一定之體召誥篇惟三月丙午朏越三日則爲戊申顧命篇丁卯命作册度越七日則爲癸酉所謂越三日七日者皆從前至今爲三日七日耳非離其日而數之也今丁未既祀于周廟矣越三日柴望則爲己酉豈庚戌乎甲子之不詳而可以記事乎夫一古文也劉歆見之於三百年前信而有徵如此梅賾獻之於三百年後僞而無稽如此學者將

從遠而可信者乎抑從近而不足信者乎

按武王以周正月三日癸巳伐商二十八日戊午度于孟津二十九日己未晦冬至明日庚申二月朔四日癸亥至牧壄五日甲子商王紂死三十日己丑晦大寒中明日閏二月庚寅朔此劉歆三統歷載之最悉者今安國傳於時甲子昧爽下曰是克紂之月甲子之日二月四日孔穎達又從而傳之曰二月四日者以歷推而知之也又曰二月辛酉朔甲子殺紂果爾則己未冬至不得在晦日與己丑大寒中不得在閏前之一日矣推歷者固如是乎杜元凱註左傳先修長歷據以正經傳甲子

之誤司馬公編通鑑亦用劉羲叟長厯爲之據古大儒著書莫不精明厯理如此此豈可爲淺見寡聞者道哉

又按周書世俘解亦謂四月既旁生魄越六日庚戌武王燎于周若翼日辛亥祀于位越五日乙卯乃以庶祀馘于國周廟與武成篇合獨謂一月丙辰旁生魄若翼日丁巳王征伐商越若來二月既死魄越五日甲子咸劉商王紂則大可議也武王一月實爲辛卯朔日月合辰在斗前一度故伶州鳩曰辰在斗柄明日壬辰晨星始見癸巳武王始發戊午師度孟津明日己未晦冬至晨星在須女

伏天黿之首故伶州鳩曰星在天黿此驗之於天
文無不合者以辛卯朔推之則一月旁生魄當爲
丁未若翼日當爲戊申豈丙辰丁巳乎即以丙辰
丁巳論當在一月之二十六日二十七日古者師
行三十里孟津去周九百里故自前月戊子師初
發至此月戊午三十一日而後度孟津又五日癸
亥至牧壄甲子商王紂死此驗之於地理無不合
者今以武王爲二十七日始發是明日戊午即度
孟津明月甲子即誅商王紂豈西師竟飛渡耶甚
矣作僞者之愚而且妄也周書本不足辯特恐世
之學者不知三統歷所引爲眞古文而或以爲出

周書余故具論之如此云

又按三統歷引武成篇見漢律歷志班固分爲三載惟一月壬辰旁死霸爲一載粤若來二月既死霸爲一載惟四月既旁生霸爲一載各以他語間隔之僞作古文者似止瞥見第一載援入今武成而第二第三載竟爾遺闕顔師古注誤以爲皆今文尚書之辭惟孔穎達指爲逸書誠是但謂是焚書之後有人僞爲者亦大謬

又按朱子嘗疑漢志庚戌燎于周廟庚乃剛日而宗廟内事非所宜用不如經文丁未合且庚戌至乙卯僅六日間耳三舉大祭數煩不敬不知劉歆

何所據而云爾余謂外事以剛日內事以柔日曲禮文也果可爲周一代之定制乎果爲定制則洛誥戊辰王在新邑烝祭歲何解祭不欲數數則煩煩則不敬祭義文也不過謂春禘秋嘗各有定期不得煩瀆非爲初得天下事多創典今日祭此明日祭彼者言果爾則召誥周公丁巳用牲于郊翼日戊午乃社于新邑又何解古者天子出征所謂類帝宜社諸祭要亦不過數日間即徧及豈得拘祭不欲數遂曠日持久坐失兵機耶余至此始悟晚出武成改丁未祀周廟者欲合柔日改庚戌柴望不似漢志庚戌辛亥連日者避祭不欲數之文

也然則其用心亦綦密矣哉

又按朱子又疑燎非宗廟之禮此或見周禮大宗伯職以槱燎祀司中司命飌師雨師而人鬼之禮只有六享不聞以燎故致此疑不知閽人掌大祭祀喪紀之事設門燎司烜氏掌凡邦之大事共墳燭庭燎月令季冬之月收秩薪柴以共郊廟及百祀之薪燎燎正用于宗廟朱子亦偶忘失以此知博考之難

第六

三統歷引古文伊訓篇曰惟太甲元年十有二月乙丑朔伊尹祀于先王誕資有牧方明今安國傳無誕

資有攸方明一語鄭康成詆書序典寶引伊訓曰載孚在亳又曰征是三朡今安國傳亦無之蓋僞作此篇者止見孟子有引伊訓曰天誅造攻自牧宮朕載自亳二語遂援之以爲左驗又以論語有百官總己以聽於冢宰三年爲居喪之禮詩商頌有衎我烈祖爲成湯之稱今文召誥有今王嗣受厥命若生子罔不在厥初生爲初即位告戒之辭論語又有無求備於一人有侮聖人之言周易有積善之家必有餘慶積不善之家必有餘殃禮記有湯以寬治民而除其虐有立愛自親始立敬自長始孝經有愛親者不敢惡於人敬親者不敢慢於人愛敬盡於事親而德教

加於百姓刑於四海左傳有上天降災有天禍許國
而假手於我寡人墨子有引商書曰嗚呼古者有夏
方未有禍之時百獸貞虫允及飛鳥莫不比方矧任
人面胡敢異心山川鬼神亦莫敢不寧若能共允任
天下之合下土之葆有引先王之書距年之言也傳
曰求聖君哲人以裨輔而身有引先王之書湯之官
刑有之曰其恒舞于宫是謂巫風其刑君子出絲二
衞小人否似二伯黄徑乃言曰嗚呼舞佯佯黄言孔
章上帝弗常九有以亡上帝不順降之日殃其家必
懷喪荀子有引書曰從命而不拂微諫而不倦爲上
則明爲下則遜賈誼有文王之澤下被禽獸洽于魚

鼈咸若攸樂有善不可謂小而無益不善不可謂小而無傷淮南子有君子不謂小善不足爲也而舍之小善積而爲大善不謂小不善爲無傷也而爲之小不善積而爲大不善凡十餘條皆改竄拆裂補綴成之而不知其本文遺漏亦已多矣

按荀子所引書曰出臣道篇其上文曰故因其懼也而改其過因其憂也而辨其故因其喜也而入其道因其怒也而除其怨曲得所謂焉即繼以書曰從命而不拂微諫而不倦爲上則明爲下則遜此之謂也語甚精得古大人格君心之道非伊尹不足以當而僞作伊訓者乃改以爲先王事云先

王從諫弗咈先民時若居上克明爲下克忠語反淺近唐楊倞註荀子亦以此書曰爲伊訓而不言其有不同者

又按治歷者以至朔同日爲歷元班固律歷志遇至朔同日悉載之漢高帝八年十一月乙巳朔旦冬至十一月者漢承秦未改月十一月仍子月也周公攝政五年正月丁巳朔旦冬至正月者周改月正月爲子月也商太甲元年十二月乙丑朔旦冬至十二月者商改月十二月爲子月也或問周改月於春秋而徵之矣商改月於書亦有徵乎余曰亦徵於春秋左傳昭十七年梓愼曰火出於夏

爲三月於商爲四月於周爲五月班志謂武王曰
殷十一月戊子師初發後三日得周正月辛卯朔
殷十一月者建亥之月故後一月爲周正月建子
是也或者徒見蔡氏書傳謂三代及秦皆改正朔
而不改月以太甲元祀十有二月乙丑爲建丑之
月商之正朔實在於此其祀先王者以即位改元
之事告之不知此乃建子之月商之正朔不在於
此其祀先王者以冬至配上帝之故也班志曰言
雖有成湯太丁外丙之服以冬至越茀祀先王于
方明曰配上帝是朔旦冬至之歲也後九十五歲
商十二月甲申朔旦冬至亡餘分是爲孟統可謂

推法最密者矣而僞作太甲者求其說而不得以元祀十有二月爲正朔遂以三祀十有二月亦爲正朔祠告復辟皆當以正朔故曰惟三祀十有二月朔奉嗣王歸於亳不知商實改月未嘗以十二月爲歲首曷爲復辟於是月乎不然商實不改月則十二月者建丑之月耳建丑之月朔旦安得有冬至而劉歆班固乃以爲歷元而書之乎余蓄此疑凡數載久之方得其說故特著之以補顏師古漢注之缺且以正蔡傳之多誤也或又問予以十二月爲建子則如孔傳所云湯崩踰月太甲即位奠殯而告是以崩年改元矣余曰崩年改元亂世

事也不容在伊尹而有之蘇子瞻既言之矣余豈敢復以崩年爲改元乎蓋成湯爲天子用事十三年而崩則崩當於丁未太甲即位改元則改元必於戊申始正月建丑終十二月建子所謂十有二月乙丑朔旦冬至配上帝者乃太甲元年之末非太甲元年之初也總之認十有二月乙丑爲即位之禮不得不以十有二月爲建丑知十有二月乙丑爲至朔同日配上帝之禮又不容不以十有二月爲建子矣或曰伊尹當即位之初祀于先王明言先王之德以訓太甲故曰伊訓余曰冬至以先王配上帝獨不可明言先王之德以訓太甲乎或

又曰劉歆三統歷班固謂之爲最密杜預謂之爲最疏子何獨劉歆之是從乎余曰余亦非漫信劉歆也自古治歷者皆紛如聚訟莫有定論獨劉歆載武王伐紂時日徵之於國語伶州鳩太甲時日徵之於古文尚書余之從夫劉歆者亦以其原本經傳而從之也不然一三統歷也班固謂之爲最密杜預謂之爲最疏而唐僧一行又獨謂杜預之謬後人之議前人也如是余又將安所適從哉

又按元祀十有二月孔傳以爲改月是矣但踰月即位太甲稱元於湯崩之年子月則孔氏誤會書序之文也不可從蔡傳以爲踰年即位是矣但不

改月又與歷法十二月至朔同日者不合亦不可從余故折衷於二者之間著爲此論自謂頗不可易云

又按墨子所引先王之書湯之官刑有之曰出非樂篇雖未言其作於何時然左傳昭六年晉叔向詒子產書曰昔先王議事以制不爲刑辟懼民之有爭心也杜預註曰臨事制刑不豫設法也法豫設則民知爭端又曰夏有亂政而作禹刑商有亂政而作湯刑註曰夏商之亂著禹湯之法言不能議事以制又曰周有亂政而作九刑註曰周之衰亦爲刑書謂之九刑又曰三辟之興皆叔世也註

曰言刑書不起於始盛之世則墨子所謂湯之官刑者正作於商之叔世其不爲湯所制明矣而僞作古文者不能參考左氏止見墨子有湯之官刑字遂以爲即湯所制而述於伊尹之口以訓太甲不知其時固未嘗有此刑也昭二十九年晉趙鞅荀寅鑄刑鼎仲尼聞而非之曰晉其亡乎彼春秋之末且然曾謂成湯盛世而即豫設法以告下民哉或曰鞭作官刑自虞舜時已有何獨至湯而無官刑耶余曰湯之時五刑具在未嘗無官刑也獨所爲三風十愆爲官刑之條目有犯於此者則麗於官刑以勸爲一書以豫告下民湯固未嘗有此

制也或又曰杜預亦言著禹湯之法則桓舞于官是謂巫風安知非即湯之法耶余曰即湯之法湯當時未嘗以此麗之於官刑以勸爲一書以豫告下民也故即九刑之作原于周公所爲賊藏盜姦爲大凶德有常無赦是也然說者猶謂此乃後世作九刑者記周公誓命之言以著於九刑之書非周公自爲之書也觀於周公則禹刑湯刑之作其必不出於禹湯可知矣其必不容述於伊尹之口以訓太甲抑又可知矣

又按陳祥道禮書云漢律歷志引書伊訓曰太甲元年伊尹祀於先王誕資有牧方以冬至越弗祀

先王於方明以配上帝凡三十字自云與今書不同愚謂不特與今書不同並與今漢書亦多寡互異竊意祥道北宋人所見似是別本因思宋史繩祖學齋佔畢云左傳昭十年子皮曰夏書云欲敗度縱敗禮今左傳作書曰上無夏字而繩祖以爲夏書似繩祖所見亦是別本今姑就二本證之亦足見僞作古文者之脫誤云

第七

僞泰誓三篇或云宣帝時得或云武帝時得皆非也武帝建元元年董仲舒對策即引僞泰誓書曰白魚入於王舟有火復於王屋流爲烏周公曰復哉復哉

則知此書出於武帝之前決矣或武帝時方立於學官故曰武帝時得亦未可知東漢馬融始竊疑之云泰誓後得案其文似若淺露稽其事頗涉神怪得無在子所不語中乎春秋引泰誓曰民之所欲天必從之國語引泰誓曰朕夢協朕卜襲於休祥戎商必克孟子引泰誓曰我武惟揚侵于之疆取彼凶殘我伐用張于湯有光孫卿引泰誓曰獨夫受禮記引泰誓曰予克受非予武惟朕文考無罪受克予非朕文考有罪惟予小子無良今文泰誓皆無此語吾見書傳多矣所引泰誓而不在泰誓者甚多弗復悉記畧舉五事以明之亦可知矣馬融之言如此姚際恒立方曰融此言本

辨偽書乃竟教人以作偽書法矣逮東晉元帝時梅賾忽獻古文尚書有泰誓三篇凡馬融所疑不在者悉在焉人烏得不信以爲眞而不知其偽之愈不可掩也何也馬融明言書傳所引泰誓甚多弗復悉記畧舉五事以明之非謂盡於此五事也而偽作古文者不能博極羣書止據馬融之所及而不據馬融之所未及故墨子尚同篇有引大誓曰小人見姦巧乃聞不言也發罪鈞墨子又從而釋之曰此言見淫辟不以告者其罪亦猶淫辟者也可謂深切著明矣墨子生孔子後孟子前詩書完好未遭秦焰且其書甚眞非依託者比而晚出之古文獨遺此數語非一大破綻乎余嘗謂

作僞書者譬如說謊雖極意彌縫宛轉可聽然自精
心察之未有不露出破綻來者其此書之謂乎
或問僞泰誓三篇唐世僅存而宋史藝文志已無
馬融鄭康成王肅所註尚書是僞泰誓已不傳蔡
沈謂其亦知剽竊經傳所引蔡何從而知之乎余
曰以今度之蓋可知也如趙歧註孟子于天視自
我民視云泰誓尚書篇名于我武惟揚云泰誓古
尚書百二十篇之時泰誓也與今泰誓不同則僞
泰誓所剽竊有天視自我民視二語而無我武惟
揚五語可知矣杜預註左氏于成二年傳大誓所
謂商兆民離周十人同者衆也云大誓周書於襄

三十一年傳大誓云民之所欲天必從之云今尚書大誓無此文於昭二十四年傳大誓曰紂有億兆夷人亦有離德余有亂臣十人同心同德云今大誓無此語則僞泰誓所剽竊有商兆民離二語而無民之所欲紂有億兆夷人六語可知矣然晚出之古文除馬融所舉五事外亦知剽竊紂有億兆夷人即於墨子亦知剽竊文王若日若月乍照光于四方于西土亦知剽竊紂夷處不肯事上帝鬼神禍厥先神禔不祀乃曰吾民有命無廖排漏天亦縱之棄而弗葆亦知剽竊於去發曰惡乎君子天有顯德其行甚章爲鑑不遠在彼殷王謂人

有命謂敬不可行謂祭無益謂暴無傷上帝不常九有以亡上帝不順祝降其喪惟我有周受之大帝獨未及引小人見姦巧之言遂爲逗漏然亦幸而有此逗漏矣

或又問劉向說苑臣術篇引泰誓曰附下而罔上者死附上而罔下者刑與聞國政而無益於民者退在上位而不能進賢者逐此所以勸善而黜惡也與武帝紀所載有司奏議語正同劉向親校古文祕典其引泰誓得毋即眞安國書乎余曰非也安國得多二十四篇原無泰誓故僞泰誓在當時亦存而不廢至馬融王肅始覺其僞耳愚嘗笑僞

作古文者正當據安國所傳篇數爲之補綴不當別立名目自爲矛盾然揣其意如作泰誓三篇則因馬融所舉之五事也太甲三篇則因禮記孟子左傳所引用也說命三篇則因禮記孟子國語所引用也以及仲虺之誥蔡仲之命君陳君牙莫不皆然蓋作僞書者不能張空拳冒白刃與直自吐其中之所有故必依託往籍以爲之主摹擬聲口以爲之役而後足以售吾之欺也不然此書出於魏晉之間去康成未遠而康成所註百篇書序明云其篇亡其篇逸彼豈無目者而乃故與之抵牾哉蓋必據安國所傳篇目一一補綴則九共九篇

將何從措手耶此其避難就易雖自出於矛盾而有所不恤也嗚呼百世而下猶可以洞見其肺腑作僞者亦奚益哉

按鄭端簡曉亦疑古文泰誓謂僞泰誓無孟子諸書所引用者人遂不之信安知好事者不又取孟子諸書所引用者以竄入之以圖取信於人乎其見與余合嘗謂此即僞作鶡冠子也柳宗元辯之曰人以賈誼鵩賦盡出鶡冠子吾意好事者僞爲其書反用鵩賦以充入之非誼有取於鶡冠子決也故非孟子有取於今古文泰誓亦決也從來後人引前無前人引後獨此乃前人引後非後人引

前聊爲點破正可一笑

第八

日食之變爲人君所當恐懼修省然建子建午建卯建酉之月所謂二至二分日有食之或不爲災其餘月則爲災爲災之尤重者則在建巳之月焉蓋自冬至一陽生至此月而六陽並盛六陰並消於此而忽以陰侵陽是爲以臣侵君故先王尤忌之夏家則瞽奏鼓嗇夫馳庶人走周家則樂奏鼓祝用幣史用辭雖名有四月六月之別皆謂之正月正月者正陽之月非春王正月之月也左氏昭十七年夏六月甲戌朔日有食之祝史請所用幣禮也平子不知而止之

曰唯正月朔慝未作日有食之於是乎用幣於社伐鼓於朝其餘則否太史曰在此月也日過分而未至三辰有災於是乎百官降物君不舉辟移時樂奏鼓祝用幣史用辭故夏書曰辰不集於房瞽奏鼓嗇夫馳庶人走此月朔之謂也當夏四月是謂孟夏夫太史首言此禮在周之六月繼即引夏書以證夏禮亦即在周之六月朔周之六月是爲夏之四月可謂反覆明切矣此非二代同禮之一大驗乎而僞作古文者畧知歷法當仲康即位初有九月日食之事遂於胤征篇撰之曰乃季秋月朔辰弗集於房瞽奏鼓嗇夫馳庶人走不知瞽奏鼓等禮夏家正未嘗用之於

九月也是徒知歷法而未知夏之典禮也或又有曲爲之說者曰夏質周文故禮亦異不知三代典禮有從異者亦有從同者有當革者亦有當沿者此正沿而同之禮也即以上文遒人以木鐸徇于路官師相規工執藝事以諫正月孟春於是乎有之非襄十四年師曠所引夏書之文乎考之周禮小宰之職正歲帥治官之屬而觀治象之法徇以木鐸曰不用灋者國有常刑周之正歲即夏之正月同爲建寅同徇以木鐸此非二代同禮之又一大驗乎噫作古文者自謂博考經籍採摭羣言而往往博而或不能精採百而或有時漏一故多所留破綻以來後人之指議吾

安得起斯人而面問之哉

按巳月之爲正月不特見左氏巳見詩小雅所謂正月繁霜我心憂傷是也若以夏寅月周子月當之其繁霜曷足爲災異哉正陽日食爲古所尤忌亦不特見左氏又見詩小雅集傳蘇氏所謂純陽而食陽弱之甚十月純陰而食陰壯之甚十月之交朔日辛卯日有食之詩人以爲亦孔之醜是也其說皆與左互相發故並著之獨怪胡安國傳春秋於莊二十五年六月日食鼓用牲於社不從左氏正陽之義而反遠引胤征九月日食瞽奏鼓之禮若以凡日食即當然者豈誠以左氏爲浮誇而

以古文尚書爲眞合夏之典禮也耶

又按仁山金履祥通鑑前編曰兵法莫整於胤征曰先時者殺無赦不及時者殺無赦也莫仁於胤征曰殲厥渠魁脅從罔治也莫勇於胤征曰威克厥愛允濟也此武之大經也愚請得而證之曰先時者殺無赦不及時者殺無赦此出荀子君道篇所引書曰（韓詩外傳作周制曰）先時者殺無赦不逮時者殺無赦是整乃見於荀子也殲厥渠魁脅從罔治此出易離卦上九爻辭曰王用出征有嘉折首獲匪其醜无咎是仁乃見於易也威克厥愛允濟此出左傳昭二十三年公子光曰吾聞之作事威克其

愛雖小必濟是勇乃見於左傳也凡晚出之古文所爲精詣之語皆無一字無來處獨惜後人讀書少遂謂其自作此語耳譬之千金之裘徒從其毛而觀之未有不愛其白且粹者苟反其皮而觀之然後知此白且粹者非一狐之腋之力乃集衆腋以爲之也晚出古文何以異此哉

又按左氏引夏書雖云日食典禮未知的在何王之世故劉歆三統歷不載後造大同歷者始推之爲仲康元年唐傅仁均等又以爲五年癸巳疑皆因晚出書傳會爲此猶劉原父七經小傳謂詩皆夏正無周正自鄭箋十月之交云周之十月夏之

八月後造歷者於幽王六年酉月辛卯朔果日食矣疑出於傅會卓哉特識可盡掃一切余謂此二事頗堪作對

又按姚際恒立方曰僞作古文者改夏四月爲季秋月朔意謂夏與周制異若然則太史引證不合平子亦當折之矣何爲噤不一語瞽奏鼓三句遂書原謂急於救日食非怠惰不救塡入殊不相合

第九

文有承譌踵謬歷千載莫覺其非而一旦道破令人失笑者古文大禹謨皋陶邁種德德乃降二句是也孔安國傳此二句曰邁行種布降下也言皋陶布行

其德下洽於民也陸德明音曰降江巷反據此則德乃降之降當音絳不當胡江切音訌蓋可知矣然左氏莊八年夏師及齊師圍郕郕降於齊師仲慶父請伐齊師公曰不可我實不德齊師何罪罪我之由夏書曰皐陶邁種德德乃降姑務修德以待時乎秋師還杜預註皐陶邁種德一句曰夏書逸書也註德乃降一句曰言苟有德乃爲人所降服也孔穎達疏曰杜謂德乃降爲莊公之語故隔從下註據此則德乃降之降當胡江切音訌不當古巷切音絳又可知矣且必音訌方與上文郕降於齊師經文郕降於齊師相合一部左氏引古人成語下即從其末之一字申

解之者固不獨莊八年夏爲然也宣十二年君子引詩曰亂離瘼矣爰其適歸歸於怙亂者也夫襄三十一年北宮文子引詩云靡不有初鮮克有終終之實難昭十年臧武仲引詩曰德音孔昭視民不恌恌之謂甚矣皆其例也又不獨左氏爲然也中庸卒章引詩曰德輶如毛毛猶有倫亦其例也若必以德乃降爲書語則毛猶有倫亦應見於烝民詩矣何未之見也且已苟有德乃爲人所降服者亦不獨見於莊八年夏而已也僖十九年載文王伐崇退而修教而崇始降僖二十五年載文公圍原退而示信而原始降昭十五年載穆子圍鼓既令之以殺叛復令之以知

義而後從而受其降皆其義也凡德乃降之爲莊公釋書之語皆歷歷有證而僞作古文者一時不察並竄入大禹謨中分明現露破綻而千載之人徒以其爲聖人之經也而莫之敢議噫孰知此作古文者固已從而自道破矣曰作僞心勞日拙

或問韻會云降胡江切服也說文亦作夅又下也詩召南我心則降大雅福祿攸降皆讀作平聲是平聲音内亦有下也之解安知大禹當日云德乃降不讀作平聲而陸德明非誤音之乎余曰即與平聲音相通而於左傳所引上下之文義終有不得而通者二十五篇之書所采集剟拾他書因而

與其文義相背馳者固不獨一德乃降巳也孟子象曰鬱陶思君爾此象之辭忸怩則敘事之辭國語晉平公欲殺豎襄叔向曰君其必速殺之勿令遠聞君忸怩顏乃趣赦之註曰忸怩慙貌是其證也今竄入五子之歌中曰鬱陶乎予心顏厚有忸怩以鬱陶忸怩並爲一人口氣不失卻孟子之文義乎王曰無畏寧爾也非敵百姓也此武王之辭若崩厥角稽首則敘事之辭今竄入泰誓中篇中曰罔或無畏寧執非敵百姓懔懔若崩厥角皆以爲武王口氣不愈失孟子之文義乎且詳玩其所引王曰自是至商郊慰安商百姓之辭其與河朔

誓師固絶不相蒙者也史記周本紀載武王至商國商國百姓咸待於郊於是武王使羣臣告語商百姓曰上天降休商人皆再拜稽首武王亦答拜即其事也僞作古文者既不辨古人文字有議論夾敘事之體又不辨武王時事有誓師弔民之不同而一槩混置譌謬已甚世猶以其爲經而交相贊焉亦可謂矮人之觀場矣

第十

書有句讀本宜如是而一旦爲晚出古文所割裂遂政以從之者論語書云孝乎惟孝友於兄弟施於有政三句是也何晏集解引漢包咸註云孝乎惟孝美

大孝之辭是以書云爲一句孝乎惟孝爲一句友於兄弟爲一句晉書夏侯湛昆弟誥古人有言孝乎惟孝友於兄弟潘岳閑居賦序孝乎惟孝友於兄弟此亦拙者之爲政也是其證也僞作君陳篇者竟將孝乎二字讀屬上爲孔子之言歷覽載籍所引詩書之文從無此等句法姚際恒立方曰古人引用詩書未有撮取詩書中一字先爲提唱者然則載籍中亦有孝乎惟孝句法耶余曰有之仲尼燕居子貢曰敢問將何以爲此中者也子曰禮乎禮夫禮所以制中也禮乎禮非此等句法耶僞作古文者不又於句讀間現露一破綻耶

按錢尚書謙益家藏淳熙九經本點斷句讀號稱

精審亦以孝乎惟孝四字爲句先是張耒淮陽郡
黄氏友于泉銘曰孝乎惟孝友于兄弟張齊賢承
眞宗命撰弟子贊曰孝乎惟孝曾子稱焉太平御
覽引論語曰孝乎惟孝友于兄弟唐王利貞幽州
石浮圖頌曰孝乎惟孝忠爲令德梁元帝劉孝綽
墓誌銘曰孝乎惟孝與武陵王書曰友于兄弟則
知改從君陳篇讀者自朱子始
又按素問帝曰何謂形歧伯曰請言形形乎形何
謂神歧伯曰請言神神乎神靈樞經歧伯曰上守
神神乎神史記淮陰侯列傳蒯通曰時乎時不再
來漢桂陽太守周憬碑銘辭曰君乎君壽不訾揚

子法言有習乎習雜乎雜辰乎辰才乎才晉董京詩有麟乎麟並此句法又以此置末句者則公羊傳賤乎賤者也爾雅釋訓篇微乎微者也春秋繁露有賤乎賤者矣夫有賤乎賤者則亦有貴乎貴者矣

又按梅氏鷟亦謂君陳篇上竊國語令德孝恭之文下輯論語惟孝友于兄弟等語以頗重復遂去孝乎二字若爲釋書者之辭試思凡引書云書曰之下曾有自爲語氣者乎即如子張曰書云高宗諒陰三年不言竟斷書云高宗四字爲句文理尚通乎朱子集註不聞致疑總緣壓於古文耳其嘗

謂朱子固受校人之欺此其一爾

又按論語所引書未知的出何篇僞作者竄入君陳篇中亦有故蓋見鄭註禮記坊記云君陳蓋周公之子伯禽弟也意其人爲周公之子伯禽之弟必孝且友故以二語實之又嫌太突不便接君陳特裝上惟爾令德孝恭一語爲贊下方泛論孝之理必友于兄弟能施有政令即以本題君陳東郊從政字生下湊泊彌縫痕跡宛然

第十一

兩書有本出一處而偶爲引者所增易實於義無妨者孟子齊人取燕章書曰徯我后后來其蘇宋小國

章書曰徯我后后來其無罰是也觀兩處上文其辭皆同而又首引書曰湯一征自葛始他日引之輒易一爲始易始爲載此乃古人文章不拘之處亦何得疑其出於兩書耶不得疑出於兩書而奈何后來其蘇既竄入仲虺之誥中后來其無罰復竄入太甲中篇中耶僞作古文者不又於此現露一破綻耶

按書序湯征諸侯葛伯不祀湯始征之作湯征金仁山謂史記殷本紀載湯征之辭而不類蓋非湯征之舊文也孟子引亳衆往耕之事疑出此書余嘗歎爲確識因悟葛伯仇餉一語繫於亳衆往耕下似即爲古湯征書而湯一征自葛始亦應爲其

文今俱竄入仲虺之誥中自非且尤怪孔安國傳於葛伯仇餉註曰葛伯遊行見農民之餉於田者殺其人奪其餉故謂之仇餉夫晚出古文分明從孟子勦取書語及作傳不曰亳衆曰童子而泛曰農民若似葛伯所殺爲即其葛人于湯無涉而乃故與孟子違者正以掩其勦孟子之迹也噫作僞者之用心如此究將誰欺乎

第十二

一書有被引數處雖微有增易義則歸一者墨子之引仲虺之告于非命三篇是也非命上篇仲虺之告曰我聞于夏人矯天命布命于下帝伐之惡龔喪厥

師中篇仲虺之告曰我聞有夏人矯天命布命于下帝式是惡用闕師下篇仲虺之告曰我聞有夏人矯天命于下帝式是增用爽厥師三處下文墨子皆各從而釋之曰此言桀執有命湯特非之曰喪師曰闕師曰爽師此豈吉祥善事而僞作古文者嫌與已不合易之曰式商受命用爽厥師孔安國傳曰爽明也用明其衆言爲主也不與墨子悖乎夫以墨子引之之複如此釋之之確如此而僞作者不又現露一破綻耶

按又有一書被引數處雖小有同異辭則甚古者墨子引泰誓紂夸居一段是也天志中篇云紂越

厥夸居不肯事上帝棄厥先神祇不祀乃曰吾有命無廖僝務天下天亦縱棄紂而不葆非命上篇云紂夸處不肯事上帝鬼神禍厥先神禔不祀乃曰吾民有命無廖排扁天亦縱之棄而弗葆非命中篇云紂夸之居而不肯事上帝棄闕其先神而不祀也曰我民有命毋僇其務天不亦棄縱而不葆今晚出古文于棄厥先神祇不祀下增犧牲粢盛既於凶盜二句以合箕子之言刪去天亦縱棄紂而不葆一句以便下接孟子書豈墨子所見乃另一泰誓乎亦可謂舛矣

又按仲虺之誥又有四語兩見引左傳雖間倒置

辭則相合者襄十四年亡者侮之亂者取之推亡固存國之道也襄三十年亂者取之亡者侮之推亡固存國之利也是也晚出古文止緣上有佑賢輔德顯忠遂良與下推亡固存皆四字句亦去原文两者字之字以相配又以良亡韻協遂易國之道也爲邦乃其昌亦韻協此本無韻而忽韻與後墨子本有韻而不韻皆同一妄作

又按宣十二年隨武子曰兼弱攻昧武之善經也云云仲虺有言曰取亂侮亡兼弱也汋曰於鑠王師遵養時晦者昧也上引兼弱攻昧成語次即引書詩語以條釋之可見兼弱攻昧取亂侮亡各有

所出非如今同出仲虺之誥也襄公傳兩引皆有者字之字今忽櫽栝爲一句亦古人文之常但未有本出一書而錯綜割裂如隨武子此等引法者然則隨武子既不妄則晚出古文妄可知矣

又按今仲虺之誥非獨誤會用爽厥師亦且誤用式商受命今文立政篇帝欽罰之乃伻我有夏式商受命奄甸萬姓是言我周用商所受之命而奄甸萬姓焉非若仲虺之誥竟貼上帝言用商受王命一代商興一商興其相反又有如此者

第十三

書有古人纔引忽隔以他語亘千載莫能知而妄入

古文中庚續之者五子之歌有窮后羿因民弗忍距於河是也左氏襄四年晉侯欲伐戎魏絳曰勞師於戎而弗救陳是棄陳也諸華必叛戎禽獸也獲戎失華無乃不可乎夏訓有之曰有窮后羿公曰后羿何如魏絳遂不便復引夏訓止據其事以對曰昔有夏之方衰也后羿自鉏遷於窮石云云末引虞箴仍及在帝夸羿冒於原獸此乃古人文章密處今試思有窮后羿下其語可得知乎不可得知果是因民弗忍距於河而魏絳將引此鶻突語以告悼公乎此又當爲一破綻耳

或問有窮后羿在五子之歌爲夏書與夏訓少別

安知非各見者余曰僞作者正以夏訓爲夏書也篇中一則曰皇祖有訓再則曰訓有之國語引民可近也而不可上也爲書曰五子之歌則以爲此皇祖訓故可驗其一覩之

按杜註左傳夏訓有之曰亦云夏訓夏書

又按梅氏鷟謂孔穎達疏左氏以有窮后羿爲即五子之歌文非是蓋彼不考下文故下文公曰后羿何如至有窮由是遂亡凡四十六句初未嘗言太康淫於田即辛甲爲虞箴亦專以責羿耳太康無預魏晉間書出始以后羿之田轉而爲太康之田胡不思離騷曰啓九辯與九歌兮夏康娱以自

縱不顧難以圖後兮五子用失乎家衖蓋以淫樂一失其國者不援以爲據而輒妄及左氏何哉

又按大興王源崑繩謂予古人鍊句簡奧千奇百變然未有爲截半句法者有之自左傳始襄二十五年崔杼慶封爲相盟國人於大宮曰所不與崔慶者晏子仰天歎曰嬰所不唯忠於君利社稷者是與有如上帝蓋盟書云所不與崔慶者有如上帝讀未終晏子抄答易其辭故所不與崔慶者雖是一句却只半句遂截其下而以晏子仰天接之此句法之尤奇者予謂此與襄四年亦頗相類故並載云

又按王恭簡樵云周公以立政之道得人爲本是以率羣臣將有言於王而贊之曰拜手稽首告嗣天子王矣羣臣用皆進戒曰王左右之臣有牧民之長曰常伯有任事之公卿曰常任有守法之有司曰準人三事之外掌服器者曰綴衣掌禁衛者曰虎賁羣臣之辭未畢周公歎息言曰美矣此官然知憂得其人者少哉周公與羣臣之言錯互相足古書無此體蓋史官在旁親見而記之所謂堪畫者也觀篇末周公呼太史而告以司寇蘇公一段益知此篇蓋記于即時者可謂妙解合上左氏觀之所不與崔慶者下可揣而得其辭有窮后羿

下終不可得知綴衣虎賁下周公又歷歷補出趣馬小尹等蓋同一文體其閒種種變殊至漢霍光傳尚書令讀羣臣奏至掖庭令敢泄言要斬太后曰止爲人臣子當悖亂如是邪王離席伏尚書令復讀曰取諸侯王列侯二千石綬云云前後仍是一篇奏文惟閒以敘事少斷與上三者又不同

第十四

書有今文古文此自西漢時始然孟子時固無有也無有則同一百篇而已矣何孟子引今文書由今校之辭既相符義亦脗合及其引古文書若泰誓上泰誓中武成辭既不同而句讀隨異義亦不同而甚至

違反試爲道破眞有令人失笑者焉孟子引今文者
六時日害喪二句一　若保赤子二　舜流共工于幽州
五句三　二十有八載五句四　殺越人于貨三句五　享
多儀四句六　惟竄三苗竄作殺罔不譈上有凡民二
字然許氏說文引周書正作凡民罔不憝亦可證非
孟子自增之也至天降下民爲書辭玩其文義似應
至武王恥之止今截至曷敢有越厥志趙歧讀其助
上帝寵之爲句四方字屬下今以寵之四方爲句有
罪無罪下削去惟我在三字以予字代天下是書原
指民言今竟指君言矣有攸不爲臣一段截去首句
東征上增肆予二字綏厥士女下復出惟其士女紹

我周王見休一句變作昭我周王天休震動二句其不同至如此然猶可言也若義理之抵捂敍議之錯雜則未有如前所論王曰無畏一節者也豈孟子逆知百餘年後書分今文古文而於古文特多所改竄抑孟子當日引書原未嘗改竄故今以眞書校之祇覺其合而晚作僞書者必須多方改竄以與己一類而遂不顧後有以孟子校者之不合耶此又一大破綻也

按朱子云當時伏生是濟南人晁錯潁川人止得於其女口授有不曉其言以意屬讀此載在史者然而傳記所引却與尚書所載又無不同又云今

觀孟子引享多儀出自洛誥却無差則可證孟子
引書原未嘗改竄之說
又按馮班定遠嘗熟錢氏之門人也顏注伏生傳
晁錯往受書事引衛宏定古文尚書序爲妄藝文
志尚書經二十九卷伏生所傳者又志秦燔書禁
學伏生獨壁藏之漢興求得二十九篇以教齊魯
之間云壁藏而求之得二十九篇是伏生自有本
不假口傳明矣儒林傳伏生教濟南張生及歐陽
生歐陽生千乘人事伏生夏侯都尉從濟南張生
受尚書呂傳族子始昌始昌傳勝勝傳從兄子建
則是歐陽夏侯二家漢人列於學官者自是伏生

親傳非鼂錯所受之本明矣又伏生有孫㠯治尚書徵伏生有孫則應有子何至令女傳言若其子幼不能傳書則伏生年已九十餘安得有幼子乎且其女能傳言亦應通文字何至鼂錯不能得者且十二三乃以意屬讀之耶其曾身至濟南潁川其語音絕不相遠雖古今或異大畧亦可知何至言語不相通耶衞宏且勿論顏注漢號爲班氏忠臣亦贊列斯語疑誤至今殊可怪耳

又按梅氏鷟亦謂吳才老云伏生得於旣耄之後爲失考朱子於古文言壁藏今文則言暗記亦是受校人之欺論正與定遠合蓋漢定伏生即求其

書以教於齊魯之間不待孝文時始然生未耄也
今文二十八篇亦從屋壁得之手授之其人非待
鼂錯來始背誦衛宏說妄也凡此等皆遠勝先儒
者

又按書大序云伏生年過九十失其本經口以傳
授此亦是魏晉間衛宏使女傳言教錯之說盛行
故撰序者採入而不覺其於史文相背劉歆有言
鼂錯從伏生受尚書尚書初出於屋壁朽折散絕
今其書見在曾口授云乎哉

第十五

左氏春秋内傳引詩者一百五十六引逸詩者十引

書者二十一引逸書者三十三外傳引詩者二十二引逸詩者一引書者四引逸書者十蓋三百篇見存故詩之逸自少古書放闕既多而書之逸自倍於詩也何梅氏二十五篇出向韋杜二氏所謂逸書者皆歷歷具在其終爲逸書者僅昭十四年夏書曰昏墨賊殺臯陶之刑也一則而已夫書未經孔子所刪不知凡幾及刪成百篇未爲伏生所傳誦尚六十九篇其逸多至如此豈左氏於數百載前逆知後有二十五篇而所引必出於此耶抑此二十五篇援左氏以爲重取左氏以爲料規摹左氏以爲文辭而凡所引遂莫之或遺耶此又一大破綻也

按左氏所引詩皆指及其成句者若他篇名章名與其人自作詩尚不在此數何以爲自作詩隱元年大隧之中其樂也融融莊公自作詩也大隧之外其樂也洩洩武姜自作詩也僖五年狐裘尨茸一國三公吾誰適從士蔿自作詩也至昭十二年祭公謀父作祈招之詩乃子革所引非自作例故入於逸詩中周語武王支之詩亦然

又按左氏所引書定四年有伯禽以命魯公有唐誥以命唐叔伯禽唐誥皆逸書篇名並不見今百篇序中則知古逸多矣

第十六

小戴禮記四十九篇引詩者一百有二引逸詩者三引書者十六引逸書者十八逸少逸多之故猶左氏也逮梅氏書出而鄭氏所指爲逸書皆全全登載無一或遺其露破綻亦與於左氏相等予獨怪其不特規摹文辭抑且標舉篇目如見六引兊命則撰說命三篇四引太甲則撰太甲三篇三引君陳則撰君陳篇以及引大誓撰泰誓引君雅撰君牙至引尹吉曰不知爲何書緣康成所受十六篇有咸有一德知此惟尹躬及湯咸有壹德出其中故註曰吉當爲告告古文誥字之誤也尹告伊尹之誥也書序以爲咸有壹德今亡其確指如此果爾惟尹躬及湯咸有壹德

旣竄入咸有一德中何惟尹躬天見於西邑夏自周有終相亦惟終均爲尹吉曰而竄入太甲上篇中耶不又與前所論孟子同一破綻耶

按鄭註兌命君陳皆云今亡註貍首詩云今逸蓋以射義曾孫侯氏八語爲即貍首故則此咸有壹德宜云今逸不宜云今亡疑亡字誤或難予古人受書有先後鄭註儀禮禮記未見毛詩傳故註所引詩與毛異自云後得毛傳乃改之安知註禮記時不尚未見古文尚書乎然予考之本傳殊不然從東郡張恭祖受禮記古文尚書等二書之見蓋在同時及久之遊學歸遭黨錮杜門修經業注禮

黨禁解注古文尚書毛詩此又見之鄭君自序註雖有先後而受書實在同時非毛傳比康成號爲接顔一見終身不忘者安得有忘其爲字誤固決然爾

又按鄭註書有亡有逸亡則人間所無逸則人間雖有而非博士家所讀杜氏註統名爲逸此其微別者

又按鄭註緇衣君奭云今博士讀爲厥亂勸寧王之德此即伏生所傳歐陽夏侯所註尚書立於學官者東漢毛詩未立小雅都人士首章章六句二十四字惟毛氏有之三家則亡故服虔於襄十四

年左傳引行歸於周萬民所望注云逸詩蓋以非今博士所讀遂逸之處非不知出於毛詩也者又按古人學以年進晚而觀書益博然於前此所注述有及追改者亦有不復改定者要當隨文參考如鄭註鄉飲酒禮關雎鵲巢鹿鳴四牡之等皆取詩序爲義緇衣彼都人士狐裘黃黃之詩云毛氏有之此即鄭志所謂後得毛傳乃改之也註鄉飲酒禮南陔由庚六笙詩云小雅篇也今亡其義未聞坊記先君之思以畜寡人云此衛夫人定姜之詩此又鄭志所謂後乃得毛公傳記注已行不復改之是也凡此總緣歐陽公有言庶幾以見予

於鄭氏之學盡心焉耳

又按東坡紀年錄元符三年六月晦無月碇宿大海中勢甚危險起坐四顧所撰易書論語皆以自隨而世未有別本拊之而嘆曰天未欲喪是也吾儕必濟已而果然予每嘆古人之以著述免患難如此癸亥秋將北上先四五月間淨寫此疏證第一卷成六月攜往吳門於二十二日夜半泊武進郭外舟忽覆自分已無生理惟私念曰疏證雖多副本在京師然未若此本爲定天其或不欲示後人以朴予吾當邀東坡例以濟越次日達岸往告吾友陳玉璂賡明賡明喜曰此盛事不可以不記

因記於此

尚書古文疏證卷一終

尚書古文疏證目錄

卷二

第二十六言晚出武成泰誓仍存改元觀兵舊說

第二十七言君陳以爾有嘉謀嘉猷等語作成王誤

第二十八言太甲不得稽首于伊尹爲誤倣洛誥　闕

第二十九言后稷不得稱先王畢公不得輔四世爲誤會國語　闕

第三十言有虞世不得有干舞爲誤本韓子淮南子　闕

第三十一言人心惟危道心惟微純出荀子所

引道經

第三十二言古書如此類者頗多

尚書古文疏證卷二目錄終

尚書古文疏證卷二

太原閻若璩百詩撰
平陰朱續晫近堂梓

第十七

安國古文之學其傳有四一傳于都尉朝朝傳庸譚譚傳胡常常傳徐敖敖傳王璜塗惲惲傳桑欽王莽時立于學官璜惲皆貴顯惲又傳賈徽徽傳子逵逵數爲肅宗言古文尚書詔選高才生從逵學由是古文遂行一傳于兒寬一傳于其家孔僖傳所謂自安國以下世傳古文尚書是也一傳于司馬遷遷書所載多古文說是也東漢杜林於西州得漆書古文尚書一卷常寶愛之後歸京師出以示衛宏徐巡曰林

流離兵亂常恐斯經將絕何意東海衛子濟南徐生復能傳之是道竟不墜於地也古文雖不合時務然願諸生無悔所學宏巡益重之林同郡賈逵爲之作訓馬融作傳康成注解古文之說大備康成雖云受之張恭祖然其書贊曰我先師棘子下生安國亦好此學則其淵源于安國明矣東晉元帝時汝南梅賾奏上古文尚書乃安國所傳其篇章之離合名目之存亡絕與兩漢不合賾自以得之臧曹曹得之梁柳皇甫謐亦從柳得之而載于帝王世紀柳得之蘇愉愉得之鄭沖鄭沖以上則無聞焉嗚呼其果安國之舊耶抑魏晉之間假託者耶愚嘗以梅氏晚出書自

東晉迄今歲次壬子一千三百五十六年而屹與聖經賢傳並立學官家傳人誦莫能以易焉者其故蓋有三焉皇甫謐高名宿學左思三都經其片語遂競相讚述況渠實得孔書載于世紀有不因之而重者乎是使此書首信于世者皇甫謐之過也賾雖奏上得立于學官然南北兩朝猶遞相盛衰或孔行而鄭微或鄭行而孔微或孔鄭並行至唐初貞觀始依孔爲之疏而兩漢專門之學頓以廢絶是使此書更信于世者孔穎達之過也天祐斯文篤生徽國孔子之後所可取信者一人而已分經與序爲二以存古制一則曰安國僞書再則曰安國僞書而爲之弟子者

正當信以傳信疑以傳疑乃明背師承仍遵舊說是使此書終信於世者蔡沈之過也經此三信雖有卓識定力不拘牽世俗趨舍之大儒如臨川吳文正公尚書敘錄實有以成朱子未成之志者而世亦莫能崇信之蓋可嘆也夫可嘆也夫或問曰子於尚書之學信漢而疑晉疑唐猶之可也乃信史信傳而疑經其可乎哉余曰何經何史何傳亦唯其眞者而已經眞而史傳僞則據經以正史傳可也史傳眞而經僞猶不可據史傳以正經乎或又曰晚出之書其文辭格制誠與伏生不類兼多脫漏亦復可疑然其理則粹然一出于正無復有駁雜之譏子何不過而存之

乎余曰似是而非者孔子之所惡也彌近理而大亂眞者朱子之所惡也余之惡夫僞古文也亦猶孔子朱子之志也今有人焉循循然無疵也且斌斌然敦詩書也説禮樂也而冒吾之姓以爲宗黨其不足以辱吾之族也明矣然而有識者之惡之尤甚于吾族之有敗類何也吾族之有敗類猶吾之一脉也乃若斯人固循循然固斌斌然而終非吾之族類也吾恐吾祖宗之不血食也僞古文何以異此善夫歐陽永叔之言曰自孔子没至今二千年之間有一歐陽修者爲是説矣愚亦謂自東晉至今一千三百五十六年有一閻若璩者爲是説矣況乎若璩之前有文正

朱子焉朱子之前已有吳氏棫焉文正之後又有歸氏有光諸人焉其可援之以爲證者不爲不衆矣嗚呼先儒先正之緒言具在其尚取而深思之哉

按孔子世家安國爲今皇帝博士至臨淮太守蚤卒司馬遷親與安國遊記其蚤卒應不誤然考之漢書又煞有可疑者兒寬傳寬吕郡國選詣博士受業孔安國補廷尉文學卒史時張湯爲廷尉案湯爲廷尉在武帝元朔三年乙卯楚元王傳天漢後孔安國獻古文書遭巫蠱之難未施行案巫蠱難在武帝征和元年己丑二年庚寅相距凡三十五六年漢制擇民年十八吕上儀狀端正者補博

士弟子則爲之師者年又長于弟子安國爲博士時年最少如賈誼亦應二十餘歲矣以二十餘歲之博士越三十五六年始獻書即甫獻書而即死其年已五十七八且望六矣安得爲蚤卒乎況孔氏子孫都無高壽者不過四十五十耳四十五十俱不謂之蚤卒何獨於安國而夭之乎頗不可解又安國大序謂得壁中書悉上送官承詔爲五十九篇作傳於是遂研精覃思博考採摭以立訓傳既畢會國有巫蠱事用不復以聞是獻書者一時作傳畢而欲獻者又一時也作傳畢而欲獻會國有巫蠱則初獻書時未有巫蠱何不即立于學官

而乃云以巫蠱遂不及施行邪蓋僞作此書者知兩漢秘府有古文而無訓傳今又幷出訓傳不得不遷就傅會其說以售其欺耳

又按史記漢書儒林傳似孔安國在當時實兼今文古文尚書而通之其爲博士時自當授弟子以今文所謂蓋祿利之路然也至别有好古之士如馬遷都尉朝方從安國問古文所謂古文頗不合時務是也兒寬初事歐陽生治尚書以文學應郡舉詣博士受業受業孔安國以試第次補廷尉史此非經學既明而得祿之驗乎本不當繫寬於安國古文之下但近代有漢儒授經圖於歐陽生今

文及安國古文下俱各繫以兒寬余偶因之未暇改正云

又按予嘗疑安國獻書遭巫蠱之難計其年必高與馬遷所云蚤卒者不合信史記蚤卒則漢書之獻書必非安國信漢書獻書則史記之安國必非蚤卒然馬遷親從安國遊者也記其生卒必不誤者也竊意天漢後安國死已久或其家子孫獻之非必其身而苦無明證越數載讀荀悅漢紀成帝紀云魯恭王壞孔子宅得古文尚書多十六篇武帝時孔安國家獻之會巫蠱事未列於學官於安國下增一家字足補漢書之漏益自信此心此理

之同而大序所謂作傳畢會國有巫蠱出於安國
口中其僞不待辯矣
又按鄭康成書贊曰我先師棘子下生安國亦好
此學見孔穎達疏先師棘子字頗不可解徧檢南
北監本及近刻常熟毛氏本俱然詢諸四方同人
亦無從辯析越數載讀水經注淄水引鄭志曰張
逸問贊云我先師棘下生何時人鄭康成答云齊
田氏時善學者所會處齊人號之棘下生無常人
也始悟是我先師棘下生子安國子字讀屬安國
然不曰孔而曰子者何也隱十一年公羊傳子沈
子曰註云沈子稱子冠氏上者著其爲師也不冠

以子者他師也康成自以淵源於安國故冠子於
安國之上其不曰子孔子者又所以别於孔子也
此正康成經學之典且精也
又按史記儒林傳敘伏生今文末云自此之後魯
周霸孔安國雒陽賈嘉頗能言尚書事此指安國
通今文下另敘孔氏有古文起自安國頗爲明白
班固於周霸三人省去孔安國專歸古文則安國
非伏生一派而史及之爲贅甚失卻遷之意此亦
論班馬異同之所當知者
又按百官公卿表武帝元狩五年初置諫大夫秩
比八百石儒林傳安國爲諫大夫授都尉朝古文

蓋初置此官而安國即爲之何者元狩五年癸亥上距博士時乙卯凡九年後又幾年至臨淮太守遂卒此安國生平之歷官也向云安國爲博士年二十餘則諫大夫時年三十外卒於郡太守應亦不滿四十與孔氏他子孫異故曰蚤卒此安國之壽命也博士秩比六百石郡守秩二千石由比六百石遷比八百石由比八百石遷二千石此安國之禄秩也史傳易多抵捂獨此事考之無不協亦一快云

又按吴文正公尚書敘錄信可爲不刊之典矣然其誤亦有六一謂孔壁眞古文書不傳不知傳至

西晉永嘉時始亡失也一謂舜典汩作九共等篇爲張霸僞作不知此乃孔穎達之妄説也一謂漢志古經十六卷即張霸僞古文書不知漢志乃四十六卷非十六卷且即眞孔壁書非僞書也一謂梅賾書並書序一篇爲五十九不知定著仍五十八篇序已各冠其篇首不復爲一篇也一謂唐撰正義自是以後漢歐陽大小夏侯氏所傳者廢不復行不知歐陽大小夏侯氏學自晉永嘉時已亡不待唐也一謂漢魏四百年間諸儒所治不過二十八篇耳不知此外仍有治古文尚書者也以文正之博考精識其於是經可謂專且勤矣猶不免

此謬誤然則經學可易言與

又按尚書敘錄云考傳記所引古書見二十五篇内者如鄭康成趙岐韋昭王肅杜預並指爲逸書則是二十五篇前此諸儒俱未見竊以康成則必指所註禮記也岐孟子也昭國語也預左氏也若肅所註宋藝文志僅周易傳十一卷餘不傳文正曷由知其以何者爲逸書哉此又當爲一誤讀晁公武讀書志論先儒未見古文及鄭趙韋杜而不及王肅其指精矣

又按余嘗著孔氏二冤辯茲以上既發明安國事連類錄於此其畧曰世傳孔氏三世出妻子思有

兄必非適子此二冤也三世出妻說皆緣於檀弓昔者子之先君子喪出母乎伯魚之母死則孔子出妻也子上之母死而不喪則子思出妻也子思之母死於衛赴於子思則伯魚妻嫁亦爲出也今姑就伯魚之妻辨伯魚年五十先孔子死此人所知者妻少十歲當亦四十容貌改前矣況歷三年喪又四十有二三距孔子夢奠兩楹之夕僅隔歲爾縱未歿亦垂白在堂何恐舍之而去且遠嫁衛國雖曾委巷之婦未至是而謂孔門之冢婦名賢之因母爲之耶害禮誨淫汚衊實甚此事既冤則孔子之妻與子思之妻之被出也抑又可知矣子

思有兄必非適子說亦緣於檀弓而成於鄭小同所撰鄭志志久失傳散見此條禮記疏中予考孔子世家自伯魚至子慎凡七世悉單傳無有兄若弟者豈惟史記世本亦然豈惟世本漢書孔光傳依孔氏譜諜次其世系亦只七世一子則子思之無兄決矣子思有兄生於子思有嫂子思有嫂生於檀弓誤解子思之哭嫂也爲位婦人倡踊康成以子思即孔伋皇氏以爲原憲字子思皇氏說是蓋仲尼弟子列傳原憲字子思子思問恥子思曰克伐怨欲不行焉又弟子燕伋字思家語作子思當時固有三子思矣奈何必取我乃無兄之子思

坐以哭嫂哉柳若謂子思曰子聖人之後也四方於子乎觀禮禮父卒子爲父後上繼至尊不敢私爲嫁母服所以柳若恐子思失禮戒以愼諸是子思旣後伯魚直後孔子爲孔氏之大宗矣尚得謂之非適乎哉今亦姑就康成解以辨疏云子思哭嫂是孔子之孫以兄先死故有嫂也鄭志云或者兄若早死無繼故稱數世皆一子果若所云則孔氏之宗子不在子思在其兄兄死豈容無繼且巳有室而死死不爲殤當時子思雖有一子白亦當自絕以後其兄或曰奈適子不得後大宗何予曰此出禮經經也愚所據乃漢石渠議權也而即經

也大宗不可絶嫡子不爲後者不得先庶矣族無庶子則當絶父以後大宗聖人復起不廢斯議蓋當時孔子之兄子孔忠縱有數孫亦不得取以後大宗何者大宗者宗孔子非宗叔梁紇須取孔子血脈相傳者子思一庶孫耳豈容自私其子令觀檀弓白仍爲伋之子伋令其不喪出母是無出繼其兄之事也何以無出繼子思原未嘗有兄也謂有兄者冤也余因之又思兄先死故有嫂嫂又死子思婦爲服小功固與孔氏從一而終者矣何前乎此孔氏之婦後乎此孔氏之婦俱有慙色乎噫亦太異矣善乎元行沖釋疑有云寧道孔聖誤諱

言鄭服非其亦世之信檀弓而不知辨者之謂夫
又按漢書藝文志石渠議奏凡四家隋書經籍志
俱散亡僅有石渠禮論四卷戴聖撰上通典所載
漢石渠議似即聖撰者其全文曰大宗無後族無
庶子已有一嫡子當絕父祀以後大宗戴聖亦云
大宗不可絕嫡子不爲後者不得先庶矣族無庶
子則當絕父以後大宗聞人通漢云大宗有絕子
不絕其父皇帝制曰聖議是也余欲以此條竄入
適子不得後大宗疏中亦猶父卒然後爲祖後者
服斬疏引鄭志諸侯父有廢疾不任國政天子諸
侯之喪皆斬之文賈公彥謂註與此志相兼乃具

是也蓋喪服傳論宗法之常石渠議則宗法之變常變相濟而後不窮故曰人道莫大於繼絕又何如而可爲之後同宗則可爲之後疏云同宗乃同承别子之後一宗之内非别宗同姓者則余上論後孔子寧取子思之適子不取孔忠之庶孫非無徵矣昔朱子當孝宗喪上君臣服議時門人有疑者朱子未有以折後久之讀儀禮疏備載鄭志諸侯父有廢疾云云方見父在而承國於祖之服得明白證驗因嘆禮經之文誠有闕畧不無待於後人向使無鄭康成則此事終未有斷決不可直謂古經定制一字不可增損善哉言也愚於漢石渠

議亦云

第十八

古文尚書雖甚顯於東漢然未立學官當時諸儒苟非從師講授則亦莫之見也如趙岐傳稱其少明經註稱其嘗讀周官不言其受古文尚書則亦不知古文爲何書也孟子帝使其子九男二女岐註曰堯典釐降二女不見九男孟子時尚書凡百二十篇逸書有舜典之敘亡失其文孟子諸所言舜事皆堯典及逸書所載則可證其未嘗見古文舜典矣蓋古文舜典別自有一篇與今安國書析堯典而爲二者不同故孟子引二十有八載放勳乃徂落爲堯典不爲舜

典史記載愼徽五典至四罪而天下咸服於堯本紀不於舜本紀孟子時典謨完具篇次未亂固的然可信馬遷亦親從安國問古文其言亦未爲繆也余嘗妄意舜往于田祇載見瞽瞍與不及貢以政接於有庳等語安知非舜典之文乎又父母使舜完廩一段文辭古倔不類孟子本文史記舜本紀亦載其事而多所增竄不及原文遠甚亦信文辭格制各有時代不可强同孟子此一段其爲舜典之文無疑然要可爲心知其意者道耳

或問廩焚揜井程子謂其未必有是事金仁山謂瞽象之欲殺舜在其初年之間而堯之舉舜則在

其克諧之後史記反覆重出而莫之辨孟子當時亦不與萬章辨其失者蓋孟子不在於辨世俗傳譌之迹而在於發明聖人處變之心苟得其心則其事迹之有無俱不必辯也子何復有取於是說與余曰朱子著孟子或問載林氏語頗異集註林氏引司馬蘇氏程子而歷折之不具述只以帝使其子九男節有爲不順於父母語天下大悦而將歸己節有不得乎親語方堯之試舜舜尚在畎畝之中故曰後舉而加諸上位然後如書所云愼徽五典爲司徒之官納於百揆爲宰相之任也則舜當爲都君時尚未離畎畝正號泣怨慕豈能即得

其親之心者蓋久之久之而後瞽瞍底豫故曰五十而慕者予於大舜見之矣堯之欲妻舜舜不告而娶以爲告則不得娶是子不能得之於文也堯亦知告焉則不得妻是君並不能得之於臣也其頑至此則既娶之後猶復欲殺之而分其室史記之言固未爲無據也不格姦者林氏謂但能使之不陷於刑戮唐孔氏謂此三人性實下愚動罹文網非舜養之久被刑戮舜以權謀自免厄難使瞽無殺子之愆象無害兄之罪不至於姦惡於此益驗余亦謂不格姦與允若二字自有淺深之不同不格姦者在舜爲庶人之時亦允若者在舜爲天

子任朝瞽瞍之日史記所載舜格親次第正自不
誣不然人誣瞽瞍以朝舜孟子則辨其必無誣舜
以放象孟子則辨其未嘗有凡於世俗傳譌之迹
未有不辨而明之以曉天下後世者豈有知其不
然而故設言其理上以誣聖賢下以惑天下後世
哉林氏之見卓且絕矣
按鄭康成註書後無復有言古文者惟王肅註書
序於汨作九共九篇不曰已亡而曰古逸似肅曾
見古文但未有註釋耳或肅因馬融鄭康成之所
逸者亦從而逸之不必見古文亦未可知獨孔穎
達謂肅始竊見梅氏之書其註尚書多是孔傳疑

肅見古文匿之而不言經典釋文云王肅注今文而解大與古文相類或肅私見孔傳而秘之乎則大可笑也王肅魏人孔傳出於魏晉之間後於王肅傳註相同者乃孔竊王非王竊孔也只以一事明之三年之喪二十五月而畢中月而禫鄭康成以中月爲間月則二十七月而後即吉王肅以中月爲月中則二十六月即可即吉王肅以前未聞有是説也今孔傳於太甲惟三祀十有二月朔釋曰湯以元年十一月崩至此二十六月三年服闋非用王肅之説而何凡此書出於魏晉間所假託者皆歷有明驗而世猶遵用之而不悟惑之不可

解至矣

又按余因此思僞作太甲者云唯三祀十有二月朔伊尹以冕服奉嗣王歸於亳非以是月爲正朔乃以是月爲服闋而即吉也服果闋於是月則太甲之元必改於湯崩之年丁未一年二君失終始之義此豈三代所宜有乎若踰年改元又不應至此月而後服闋反覆推究無一可者蓋僞作此書者不能備知三代典禮既以崩年改元衰季不祥之事上加盛世又以祥禫共月後儒短喪之制上視古人蓋至是而其僞愈不可掩矣

又按舊唐書經籍志古文尚書十卷王肅注新唐

書藝文志鄭康成注古文尚書九卷然則汩作九
共等篇至唐世猶傳乎余曰否孔疏云賈逵馬鄭
所注尚書皆題曰古文而篇數與伏生所傳正同
但經字多異如堯典宅嵎夷爲宅嵎鐵昧谷爲柳
谷之類是也愚意此王肅康成注亦即三家所同
伏生二十九篇以古文字寫之者故謂之古文尚
書亦猶唐有今文尚書十三卷孔安國傳夫既孔
安國傳何以謂之今文蓋唐明皇不喜古文詔集
賢學士衛包改古文從今文而孔書亦復因之而
一變矣嘗思書藏屋壁之中純是科斗古文及孔
安國以今文字讀之始易以隸書然猶古隸並存

孔穎達所謂存古爲可慕以隸爲可識故大亭云隸古定是也至天寶三載始詔改定凡不合於開元文字者則謂之野書不特古文廢絕即兩漢來所傳之隸書亦多浸失由是字既舛譌書復簡陋久假不歸積習成俗此又論古今經學者之所掩卷而三嘆也

又按宋玉九辯豈不鬱陶而思君兮君之門以九重此則純用象語不似五子之歌雜以敘事辭益驗萬章所引爲古書爲事之所有而無疑

又按隋書經籍志已有今字尚書十四卷孔安國傳不始自唐唐又改從其開元文字所謂寫以今

字藏其舊本者是下傳到今

第十九

漢傳論語有三家一魯論一齊論一古論古論出自孔子壁中博士孔安國爲之訓解馬融鄭康成註皆本之藝文志所云二十一篇有兩子張是也魏何晏集解論語中有孔子曰者即安國之辭余嘗取孔註論語與孔傳尚書相對校之如予小子履敢用玄牡三句孔曰履殷湯名此伐桀告天之文殷家尚白未變夏禮故用玄牡皇大后君也大大君帝謂天帝也墨子引湯誓其辭若此朕躬有罪無以萬方四句孔曰無以萬方萬方不與也萬方有罪我身之過雖有

周親不如仁人二句孔曰親而不賢不忠則誅之管蔡是也仁人謂箕子微子來則用之所重民食喪祭一句孔曰重民國之本也重食民之命也重喪所以盡哀重祭所以致敬與今安國傳湯誥泰誓武成語絕不類安國親得古文二十五篇中有湯誥泰誓武成豈有註論語時遇引及此三篇者而不曰出逸書某篇者乎且不恒其德或承之羞孔則曰此易恒卦之辭南容三復白圭孔則曰詩云白圭之玷尚可磨也云云凡論語所引易詩之文無不明其來歷何獨至古文遂匿之而不言乎將安國竟未見古文乎據古文則予小子履等語正湯誥之文也作論語者亦

引湯誥而孔不曰此出湯誥或曰與湯誥小異而乃曰墨子引湯誓其辭若此何其自爲乖刺至於如是其極乎余是以知予小子履一段必非眞古文湯誥之文蓋斷斷也又從來訓故家於兩書之辭相同者皆各爲詮釋雖小有同異不至懸絶今安國於論語周親仁人之文則引管蔡微箕以釋之而周之才不如商於尚書周親仁人之文則釋曰周至也言紂至親雖多不如周家之少仁人而商之才又不如周其相懸絶如是是豈一人之手筆乎且安國縱善忘註論語時至此獨不憶及泰誓中篇有此文而其上下語勢皆盛稱周之才而無貶辭乎安國於禆諶子產

藏武仲齊桓公凡事涉左傳者無不覶縷陳之於註何獨至古文泰誓而若爲不識其書者乎余是以知晚出古文泰誓必非當時安國壁中之所得又斷斷也

或問墨子引湯誓曰予小子履敢用玄牡敢昭告於皇皇后帝國語内史過引湯誓曰余一人有辠無以萬夫萬夫有辠在余一人則論語予小子履一段其爲古湯誓之辭無疑矣然今文湯誓實無斯語此何以解焉余曰伐桀大事湯之誓告必不一而足如武王有泰誓三篇又有牧誓一篇皆所以重言以申明者王曰格爾衆庶悉聽朕言此爲

告民伐桀之辭曰予小子履敢用玄牡此爲告天伐桀之辭各不相蒙雖小序無湯誓二篇之說然此一篇安知不更在百篇之外乎即以堯曰咨爾舜一段爲堯命舜而禪以帝位之辭今文堯典並無斯語豈可以堯典所無而遂疑論語爲非帝堯之言乎觀於此亦可以知論語之爲湯誓矣然則子何以知其必出於湯誓而不出於湯誥邪余曰墨子生孔子之後書未焚也內史過又生孔子之前書尚未删也而所引之書辭同於論語者皆以爲湯誓此所以信其必出於湯誓也班固當東漢初校理秘典得見古文尚書而所著白虎通兩引

予小子履皆以爲伐桀告天之辭而不以爲湯誥此所以信其必不出於湯誥也且尤可笑者國語單襄公決陳必亡一篇有引先王之令曰天道賞善而罰淫故凡我造國無從非彝無即慆淫各守爾典以承天休今陳侯不念云云是又犯先王之令也解曰先王之令文武之教也夫單襄公周臣也以周臣而對周天子而述周令其爲鑿然可信無疑而僞作古文者乃竄入湯誥中徑以爲商先王之令將單襄公爲眯目夢語之人乎只此之不足信亦可類推矣然則僞湯誥既不足信矣而眞古文湯誥亦可得而聞乎余曰司馬遷親從安國

問古文故撰殷本紀曰既紬夏命還亳作湯誥維三月王自至於東郊告諸侯羣后毋不有功於民勤力迺事予乃大罰殛女毋予怨曰古禹臯陶久勞于外其有功乎民民乃有安東爲江北爲濟西爲河南爲淮四瀆已修萬民乃有居后稷降播農殖百穀三公咸有功于民故后有立昔蚩尤與其大夫作亂百姓帝乃弗予有狀先王言不可不勉曰不道毋之在國女毋我怨凡一百二十六字女毋我怨下有以令諸侯四字詳其語意殆爲論功定罪誥戒諸侯而作初不必追述其告天伐桀之事也蓋作誓者一時作誥者又一時也馬遷時張

霸之徒僞古文未出而所見必孔氏壁中物其爲
眞古文湯誥似可無疑余故備録之以俟博雅君
子云
按墨子兼愛篇引予小子履一段凡十三句爲湯
說未云湯誓恐孔安國因上文有泰誓禹誓之名
亦從而誓之不必確然内史過遠在墨子之前業
已稱爲湯誓矣解曰湯誓伐桀之誓也意安國註
論語時亦以國語爲據後四句既爲湯誓則前三
句亦爲湯誓可知故曰墨子引湯誓其辭若此非
因上文而槩稱之也原墨子之意不稱爲湯誓而
易爲湯說者蓋亦有故論語所引是自予小子履

起至罪在朕躬止凡十句玩其辭語孰不以爲告天伐桀之誓者乎唯墨子所引于告於后帝下增多今天大旱即當朕身履未知得罪于上下三句不得不以爲禱祠之說矣不知此三句實衍文也何以明之湯之大旱爲桀之餘烈在革夏命改正朔後令方用玄牡未變夏服色豈桑林自禱之時乎且墨子引書多好自增竄如甘誓易爲禹誓又增多有曰日中今予與有扈氏爭一日之命四句豈非具衍文邪古人讀書精審安國註論語即以論語所引爲正文而墨子所增多者自不足信又以國語所引爲正名而墨子所改竄者自不足信

此雖引墨子而不純從乎墨子者蓋以經傳爲之據也噫信可謂讀書精審者矣

又按湯之伐桀以七八月往所謂舍我穡事而割正夏者至次年三月復歸于亳其往反凡八九月武王伐紂以殷十一月戊子師初發後三日得周正月辛卯朔癸巳武王始發是歲閏二月至四月中復歸于豐其往反雖名爲六月實則五月蓋武王一戰而紂滅湯與桀戰于鳴條而勝桀東入山出太行東南涉河湯緩追之不迫遂奔南巢未免勞師遠逐此歸之所以有遲速不同也南軒綱目前編于成湯十八年乙未書王誓師伐夏又書王

至東郊夫湯以秋往以春歸一年之間豈有先秋而後春者乎當分作兩年書之方是鄭曉古言謂商伐夏秋收時周伐商春耕時不知非春耕時也周之春今之冬也讀伶州鳩之言而知之矣

又按余嘗以湯誓或有二篇頗足駭人聽聞及復閱墨子見其尚賢中篇有引湯誓曰聿求元聖與之戮力同心以治天下其語不見於今文湯誓中豈非別有一湯誓之明驗乎孟子引湯誓曰時日害喪予及女偕亡爲今文湯誓故趙岐知之註曰湯誓尚書篇名也國語引湯誓曰余一人有辠無以萬夫萬夫有辠在余一人爲別一湯誓故韋昭

不知之解曰湯誓商書伐桀之誓也今湯誓無此言則已散亡矣不知非散亡也今文湯誓一百四十四字首尾完好文義連屬絕無譌闕可疑安得有予小子履一段及聿求元聖等語爲其所遺落乎此必別自爲一篇似可無疑古人書籍繁富當秦未燔書之前必不如今所見之寥寥者即如墨子又引禹之總德之言曰允不著唯天民不而葆既防凶心天加之咎不愼厥德天命焉葆今百篇書序並總德之名無之豈可以書序所無而遂疑爲墨子所僞撰哉

又按梅氏鷟亦謂何晏集解論語與鄭沖同上沖

號爲授古文者其古文必熟習于書云孝乎惟孝不應引包曰截爲句而當據君陳以正之于予小子履不應依墨子爲湯誓而當曰此在湯誥篇今不然者知沖未授古文也授古文者誣沖之辭也借沖之聲力以重其書也沖不可以被誣其不可以不辨論亦愈出愈奇故揉入焉

又按梅氏之論如此余復考之正義引晉書晉太保公鄭沖以古文授扶風蘇愉字休預以授書在其暮年與上論語時不同上論語爲魏光祿大夫在正始中魏尚盛此書出於魏晉之間安得預見之而載之集解未可以是爲沖誣然則此書實始

授自沖云

第二十

傳孝經者有二一今文十八章漢興長孫氏四家張禹傳之一古文二十二章出自孔氏壁中安國傳之藝文志曰今文皆同唯古文字讀多異桓譚新論曰古孝經千八百七十二字今異者四百餘字孔氏本亡於梁而復出於隋當時儒者固以誼傳爲劉炫作校之今文僅多閨門一章分庶人章爲二曾子敢問章爲三以合二十二章之數而已無所爲異也宋儒司馬光從而尊信朱子爲之刊誤亦未能盡去古文獨草廬吳氏其論始定曰以桓譚新論所言考證古

文皆不合參諸邢氏疏說則其僞也決矣愚謂桓譚新論足以證今古文孝經之僞豈不足以證古古文尚書之眞哉新論又曰古文尚書舊有四十五五當作六卷爲十十上脫五八篇古佚禮記有五十六卷古論語有二十一卷蓋嘉論之林藪文義之淵海所云卷數篇數章數皆與漢志合其小有不合則傳寫之譌如漢志與譌爲學十七譌爲七十之類世有劉歆自能正之予尤愛桓譚作於建武以前武成篇尚存故不曰五十七曰五十八亦足見事之眞者無往而不得其貫通事之贋者無往而不多所抵捂也

按隋代所出古文孝經亦從劉向之說來向云古

文字也庶人章分爲二也曾子敢問章爲三又多一章凡二十二章但其多閨門一章文句凡鄙不類聖言且與今文增減異同率不過一二字無所爲四百餘者故草廬氏以證其僞漢志注引新論或作七十一字撿太平御覽邢昺孝經疏並是二字余謂三人占則從二人之言焉

又按朱子謂孝經獨篇首六七章爲本經其後乃傳文意齊魯閒儒纂取左氏諸書以爲之者或問安知非左氏諸書取孝經耶朱子曰不然三才章自章首以至因地之義爲子太叔述子產及趙簡子贊之之言以順則逆民無則焉一段爲季文子

之言君子則不然以下又雜以北宮文子言在左傳中自有首尾載入孝經都不接續又無意思則知此襲彼非彼取此可無疑也愚謂朱子此等識見高明迥出千古若取以讀古文尚書亦當思過半矣

第二十一

漢興高堂生傳禮十七篇孔壁出多三十九篇謂之逸禮平帝時王莽立之旋廢猶相傳至東漢然無師說不比古文尚書之多訓釋者鄭康成註三禮曾引用之周禮註有天子巡守禮中霤禮烝嘗禮軍禮儀禮註有朝貢禮禘于太廟禮禮記註有中霤禮王居

明堂禮別有奔喪禮皆逸篇之文愚嘗歎息謂禮與尚書同一古文同一爲鄭氏學同一見引於經註中而在禮者雖篇目僅存單辭斷語奕代猶知寶之欲輯爲經而在尚書者雖卷篇次第確有源委甚至明指其句出其篇如載孚在亳征是三朡厥篚玄黃昭我周王皆以爲是僞書則以禮未爲諸儒所亂而書則爲晚出之孔傳所屈厭也豈不重爲此經之不幸哉

按藝文志禮古經者出於魯淹中及孔氏學七十篇文相似多三十九篇劉氏曰孔氏即安國所得壁中書也學七十當作與十七五十六篇除十七

正多三十九也其說是矣而孔穎達禮記疏載康成云漢志始於魯淹中得古禮五十七篇其十七篇與今儀禮同其餘四十篇藏在秘府謂之逸禮又六藝論亦以孔壁得古文禮五十七篇皆與今漢志數不合未知何說附此以廣異聞

又按天子巡守禮云制幣丈八尺純四⿰豸只中霤禮云以功布爲道布屬于几烝嘗禮云射豕者軍禮云無干車無自後射朝貢禮云純四⿰豸只制丈八尺禘于太廟禮云日用丁亥不得丁亥則己亥辛亥亦用之無則苟有亥焉可也又中霤禮云凡祭五祀於廟用特牲有主有戸皆先設席于奥祀戸之

禮南面設主于户内之西乃制脾及腎爲俎奠于
主北又設盛于俎西祭黍稷祭肉祭醴皆三祭肉
脾一腎再既祭徹之更陳鼎俎設饌于筵前迎尸
略于祭宗廟之儀王居明堂禮云出十五里迎歲
又云带以弓韣禮之禖下其子必得天材又云季
春出疫于郊以攘春氣又中霤禮云祀竈之禮先
席於門之奥東面設主於竈陘乃制肺及心肝爲
俎奠於主西又設盛於俎南亦祭黍三祭肺心肝
各一祭醴二亦既祭徹之更陳鼎俎設饌于筵前
迎尸如祀户之禮又王居明堂禮云毋宿于國又
中霤禮云祀中霤之禮設主於牖下乃制心及肺

肝爲俎其祭肉心肺肝各一他皆如祀户之禮又云祀門之禮北面設主於門左樞乃制肝及肺心爲俎奠于主南又設盛于俎東其他皆如祭竈之禮又王居明堂禮云仲秋九門磔攘以發陳氣禦止疾疫又云仲秋農隙民畢入于室曰時殺將至毋罹其災又云季秋除道致梁以利農也又中霤禮云祀行之禮北面設主于軷上乃制腎及脾爲俎奠于主南又設盛于俎東祭肉腎一脾再其他皆如祀門之禮又王居明堂禮云孟冬之月命農畢積聚繫收牛馬又云季冬命國爲酒以合三族君子說小人樂又云仲秋乃命國醵逸奔喪禮云

不及殯日於又哭猶括髮即位不袒告事畢者五哭而不復哭也又云哭父族與母黨於廟妻之黨於寢朋友於寢門外壹哭而已不踊又云凡拜吉喪皆尚左手又云無服袒免爲位者唯嫂與叔凡爲其男子服其婦人降而無服者麻凡二十五條爲篇名者八吳草廬逸經八篇僅及其三王伯厚博矣却誤以大戴記朝事儀爲逸經亦遺却禘于太廟逸奔喪及軍禮伯厚謂如斷圭碎璧猶可寶草廬謂雖片言隻字亦收拾而不敢遺乃我愛其禮之意余獨惜其讀鄭註未到爾

又按禮儀三百朱子從漢書臣瓚注指爲儀禮良

是此即禮器經禮三百也漢人稱儀禮爲禮經以別於七十子後學者所錄之記當周公時號文盛篇凡三百漢志云自孔子時而不具康成云周後世衰幽厲尤甚禮樂之書稍稍廢棄孔子時在者已重復雜亂又惡能存其亡者乎說亦相表裏以臆度之當或百篇何則以尚書百篇藏壁中出時才五十八篇則禮經出時五十六篇推其藏當亦不減百篇蓋古書竹簡未有久置於屋壁不錯亂摩滅者又其篇首標出士冠禮昏禮之類所以奔喪投壺康成親見其在逸禮內者亦標首曰奔喪之禮投壺之禮則三百篇居然可知亦猶周官經

五篇皆以惟王建國發端耳

又按儀禮云者古行禮者之儀注也朱子欲分爲章段俾其數可知可知而後可陳記臨文不諱何肩曰臨文謂禮執文行事時可見古人行禮皆執本於前按而行之以防有遺忘及疏忽之處周官大史祭之日執書以次位常諸侯將幣之日執書以詔王賈疏曰書即上文禮書若今儀注詔之使不錯誤即其事也在周公僅爲儀注孔子則尊爲經在當時雖祝史有司之屬皆所通曉所能行而昌黎且以奇辭奥旨苦其難讀古今不同如此余嘗謂儀禮直隋志中之儀注篇周禮直隋志中之

職官篇耳或問三百固屬篇名三千亦將爲篇名乎余曰此則指微文小節非篇名然亦有在儀禮内者如冠禮之始加再加三加之類有不在儀禮内則若今曲禮少儀内則玉藻弟子職篇所記計當時亦必有成書而不復得見矣

又按禘於大廟禮王肅聖證論引用有昭尸穆尸有孝子孝孫有皆升合於其祖之文王居明堂禮蔡邕明堂月令論引用云別陰陽門東南稱門西北稱闈雖非當日本辭亦所謂斷圭碎璧者

第二十二

詩有四家魯齊韓毛三家皆立于學官而毛詩頗晚

出且微自蒐以下四傳皆一人王莽立之旋廢及中興後始大顯講受訓故曰以加備殆與古文尚書等史稱安國爲申公弟子則所受蓋魯詩也今尚書傳如以悅使民民忘其勞在心爲志寶賢任能皆詩序之文堯典昊天言元氣廣大大禹謨仁覆愍下謂之旻天益稷刊槎其木賡續也禹貢九州之澤已陂障伊訓湯有功烈之祖故稱焉泰誓上中二篇澤障曰陂冢土社也周至也牧誓肆陳也文侯之命彤弓以講德習射皆毛傳之文嘗考西京諸儒非無兼通五經者而獨于一經之內分門顓家莫肯他從如劉向受穀梁子歆以左氏難向向不能非閒也然猶自持

其穀梁義歆欲建左氏等於學官與博士講論其義諸博士或不肯置對蓋惟恐歆破之其墨守如此故當時董仲舒治公羊其對策云春秋大一統即公羊說也梅福治穀梁其上書云春秋宋殺其大夫即又引穀梁說也以至關雎之詩一謂佩玉晏鳴歎康王之后者杜欽說也聞者可知其爲魯謂后夫人之行侔乎天地者匡衡說也聞者可知其爲齊商頌不謂作於商而謂美襄公之世司馬遷說也聞者可知其爲韓魯頌不謂作於史克而謂公子奚斯作揚雄說也聞者可亦知其韓其各有流派號爲家法如此今安國舍魯而從毛其不循家法者耶抑魏晉間魯詩

已寢微而毛詩方大顯於世遂不覺出此耶葉夢得
謂漢代文章無引詩序惟黄初四年有恭公遠君子
近小人之說蓋魏後於漢衞宏詩序至是始行此亦
一切證云
按毛詩東漢未立范書儒林傳序自相矛盾前云
光武立五經博士凡十四易施孟梁邱京氏尚書
歐陽大小夏侯詩齊魯韓毛禮大小戴春秋嚴顏
細數之卻十五疑有衍文後云古文尚書毛詩穀
梁左氏春秋不立學官則所衍者蓋毛詩叅以百
官志博士果十四人詩三魯齊韓氏應劭漢官儀
並同益決爲衍文以知孔僖傳云自安國已下世

傳古文尚書毛詩毛亦衍文何則安國未聞受毛詩疑魯詩之譌不然孔僖以上有別受毛詩因傳安國古文尚書遂連類及之亦古人文字之常

又按叟者蜀夷別名後漢中始見故卭都夷傳蘇祈叟二百餘人董卓傳呂布軍有叟兵劉焉傳遣叟兵五千劉璋傳遣叟兵三百人李恢傳賦出叟濮張嶷傳叟夷數反武侯出師表賨叟青羌偏撿史漢西南夷傳並無叟字蓋出於明章以後今安國傳于牧誓庸蜀羌髳下曰西蜀叟也豈果武帝時有此稱乎禹貢河入海在碣石武帝元光三年己酉始更注渤海計相去五百餘里史遷多疏畧

每以後代地名敘前代事故于九河之入海也亦然蓋其書下訖麟止爲太始二年上距河徙時將四十年不比安國爲博士於元朔僅隔六七年安國蓋所見者也史遷則所聞者也所見不容有誤今傳禹貢曰同爲一大河入於渤海得毋反承襲史記之誤乎上世及三代衰皆戎夏錯居秦始皇兵威天下始攘走於外當時中國無復四夷見江統徙戎論蓋西晉時先識遠量者特闡明其事兩漢人未之及僅班書西域傳序一及未詳今安國傳淮夷徐戎也却同得毋魏晉閒有是議論乎凡此傳之爲魏晉人所假託皆歷有明徵又不獨前

所論三年喪用王肅說及此用毛傳文而已也

又按所謂詩序之文毛傳之文皆本孔氏疏雖說以先民民忘其勞易兌卦彖傳有其文亦不削去者特仍其舊爾

又按魯詩亡於西晉近代復出申公培詩說已未在京師一徵君著詩論多所采獲予爲證明之曰班書杜欽傳關雎爲歎康王之后臣瓚曰此魯詩谷永傳閻妻驕扇注以爲魯詩言厲王無道内寵熾盛也禮坊記先君之思以畜寡人鄭康成注記時尚未得毛傳故用魯詩曰此衛夫人定姜之詩也劉向列女傳正同蓋向家世魯詩故今詩說關

雎仍屬太姒燕燕仍莊姜十月之交仍幽王皆與毛詩合分明是後人襲用毛詩脫誤如此不待細攻又一徵君自誇家有世本未攜至京師予曰世本朱子時已失傳據班志凡十五篇見周禮禮記註疏者有作篇左傳疏者有氏姓篇史記註者有居篇君家本如是否曰否然則其僞又不待辨揚子法言有言夫欲售僞者必假眞眞之不假僞將安售吾知其立敗爾矣

又按鄭氏箋毛詩東門之池序引孔安國云停水曰池不知何從得此訓安國生平止傳論語孝經二書無池字意是別有訓說流東漢鄭得之載於

此古文泰誓上有陂池作傳者於陂字旣用毛傳澤障曰陂又於池字用鄭箋停水曰池若以自實其語且反見康成之箋原本於此心誠苦學誠博矣殊勝撰世本會詩說者手段

第二十三

古文傳自孔氏後唯鄭康成所註者得其眞今文傳自伏生後唯蔡邕石經所勒者得其正今晚出孔書宅嵎夷鄭曰宅嵎鐵昧谷鄭曰柳谷心腹腎腸鄭曰憂腎陽劓刵劅剠鄭曰臏宮劓割頭庶剠其與眞古文不同有如此者不同於古文宜同於今文矣而石經久失傳然殘碑遺字猶頗收於宋洪适隸釋中盤

庚百七十二字高宗肜日十五字牧誓二十四字洪
範百八字多士四十四字無逸百三字君奭十一字
多方五字立政五十六字顧命十七字合五百四十
七字洪氏以今孔書校之多十字少二十一字不同
者五十五字借用者八字通用者十一字孔敘三宗
以年多少爲先後碑則以傳序爲次碑又云高宗之
饗國百年亦與五十有九年異其與今文不同又有
如此者余然後知此晚出於魏晉閒之書蓋不古不
今非伏非孔而欲別爲一家之學者也嗚呼悠悠千
年學者如林乃復曾無一人焉爲之考辨及此京山
郝氏嘗發憤歎息謂千載少讀書人誠怪其言之太

過由今思之抑豈可盡非也乎

或謂余古人經傳或是口授或是筆錄師既不同字讀亦異其小小異同誠有不能免者安在遂據以爲說邪余曰不然石經論語殘碑載洪氏隸釋中者九百七十一字洪氏以今板本校之不至甚異視尚書迥別安在不足以爲說耶劉向以中古文校歐陽大小夏侯三家經文字異者七百有餘脫字數十劉陶推三家尚書及古文是正文字三百餘事名曰中文尚書班范各著其說于史以爲今古文之別豈無故哉

按宅嵎夷四條見孔疏云出夏侯等書是今文也

而以孔書當之者以與孔書合但微異剟刻爲點
然音義亦不相遠云
又按洪氏總計尚書論語字數頗誤當云尚書五
百五十五字論語九百七十三字又無逸篇百二
字二誤爲三
又按張守節史記正義論例曰史記文與古文尚
書同者則取孔傳注之與伏生書同者則用馬鄭
王肅三家愚謂三家皆註眞古文書不特與今文
不同抑與今孔書互異安得取三家以當伏生乎
守節唐代人已不能致辨于此矣
又按楊升菴有石經考說多錯余爲刊正之曰漢

靈帝熹平四年蔡邕書六經於碑使工鐫刻立於太學門外此所謂一字石經也魏邵陵厲公正始中邯鄲淳書石經亦立於太學此所謂三字石經也晉裴頠爲祭酒奏脩國學刻石寫經是爲晉石經後魏孝明帝神龜元年祭酒崔光請補漢所立三字石經之殘缺此魏立也非漢唐文宗開成二年國子監九經石壁成從宰相領祭酒鄭譚之請也今尚在孟蜀廣政十四年鐫周易至宋仁宗皇祐元年公羊傳工畢是爲石室十三經仁宗慶歷初命刻篆隸二體石經後僅孝經尚書論語畢工是爲嘉祐石經高宗紹興間親書易書詩左氏傳

論語孟子及禮記五篇刊石孝宗淳熙四年詔建
閣以覆之是爲紹興御書石經蓋古來凡七刻矣
爲附其說於此

第二十四

其不同於古文不特如前所列而已也漢書儒林傳
安國授都尉朝而司馬遷亦從安國問故遷書載堯
典禹貢洪範微子金縢諸篇多古文說余嘗取遷書
所載諸篇讀之雖文有增損字有通假義有補綴及
或隨筆竄易以就成己一家言而要班固曰多古文
說則必出於古文而非後託名古文者所可並也余
故備錄之以俟好古者擇焉五帝本紀云能明馴德

以親九族九族既睦便今文作辯按今文久失傳此錄從史記註章百姓
百姓昭明合和萬國乃命羲和敬順昊天數法日月
星辰敬授民時分命羲仲居郁夷曰暘谷敬道日出
便程東作日中星鳥以殷中春其民析鳥獸字微申
命羲叔居南交便程南譌敬致日永星火以正中夏
其民因鳥獸希革申命和仲居西土曰昧徐廣曰一作柳谷
敬道日入便程西成夜中星虛以正中秋其民夸易
鳥獸毛毨申命和叔居北方曰幽都便在伏物日短
星昴以正中冬其民燠鳥獸氄毛歲三百六十六日
以閏月正四時信飭百官衆功皆興堯曰誰可順此
事放齊曰嗣子丹朱開明堯曰吁頑凶不用堯又曰

誰可者讙兜曰共工旁聚布功可用堯曰共工善言其用僻似恭漫天不可堯又曰嗟四嶽湯湯洪水滔天浩浩懷山襄陵下民其憂有能使治者皆曰鯀可堯曰鯀負命毀族不可嶽曰异哉試不可用而已堯於是聽嶽用鯀九歲功用不成堯曰嗟四嶽朕在位七十載汝能庸命踐朕位嶽應曰鄙德忝帝位堯曰悉舉貴戚及疏遠隱匿者衆皆言於堯曰有矜在民間曰虞舜堯曰然朕聞之其何如嶽曰盲者子父頑母嚚弟傲能和以孝烝烝治不至姦堯曰吾其試哉於是堯妻之二女觀其德於二女舜飭下二女於嬀汭如婦禮堯善之乃使舜愼和五典五典能從乃徧

入百官百官時序實於四門四門穆穆諸侯遠方賓客皆敬堯使舜入山林川澤暴風雷雨舜行不迷堯以爲聖召舜曰女謀事至而言可績三年矣女登帝位舜讓於德不懌（今文作怡）正月上日舜受終於文祖文祖者堯太祖也於是帝堯老命舜攝行天子之政以觀天命舜乃在璿璣玉衡以齊七政遂類於上帝禋于六宗望於山川辯於羣神揖五瑞擇吉月日見四嶽諸牧班瑞歲二月東巡狩至于岱宗柴望秩於山川遂見東方君長合時月正日同律度量衡修五禮五玉三帛二生一死爲摯如五器卒乃復五月南巡狩八月西巡狩十一月北巡狩皆如初歸至于祖禰

廟用特牛禮五歲一巡狩羣后四朝徧告以言明試以功車服以庸肇十有二州決川象以典刑流宥五刑鞭作官刑扑作教刑金作贖刑眚裁過赦怙終賊刑欽哉欽哉惟刑之静（今文作謐）哉讙兜進言共工堯曰不可而試之工師共工果淫辟四嶽舉鯀治鴻水堯以爲不可嶽彊請試之試之而無功故百姓不便三苗在江淮荆州數爲亂於是舜歸而言於帝請流共工于幽陵以變北狄放讙兜于崇山以變南蠻遷三苗于三危以變西戎殛鯀于羽山以變東夷四辠而天下咸服堯立七十年得舜二十年而老令舜攝行天子之政薦之於天堯辟位凡二十八年而崩百姓

悲哀如喪父母三年四方莫舉樂以思堯又云於是舜乃至於文祖謀於四嶽辟四門明通四方耳目命十二牧論帝德行厚德遠佞人則蠻夸率服舜謂四嶽曰有能奮庸美堯之事者使居官相事皆曰伯禹爲司空可美帝功舜曰嗟然禹汝平水土維是勉哉禹拜稽首讓於稷契與皐陶舜曰然往矣舜曰棄黎民始（今文作祖）饑汝后稷播時百穀舜曰契百姓不親五品不馴汝爲司徒而敬敷五教在寬舜曰皐陶蠻夸猾夏寇賊姦軌汝作士五刑有服五服三就五流有度五度三居維明能信舜曰誰能馴予工皆曰垂可於是以垂爲共工舜曰誰能馴予上下草木鳥獸皆

曰益可於是以益爲朕虞益拜稽首讓于諸臣朱虎熊羆舜曰往矣汝諧遂以朱虎熊羆爲佐舜曰嗟四嶽有能典朕三禮皆曰伯夷可舜曰嗟伯夷以汝爲秩宗夙夜唯敬直哉維靜潔伯夷讓夔龍舜曰然以夔爲典樂教稺子直而溫寬而栗剛而毋虐簡而毋傲詩言意歌長言聲依詠律和聲八音能諧毋相奪倫神人以和夔曰於予擊石拊石百獸率舞舜曰龍朕畏忌讒說殄僞振驚朕衆命汝爲納言夙夜出入朕命惟信舜曰嗟女二十有二人敬哉惟時相天事三歲一考功三考絀陟遠近衆功咸興分北三苗又云舜年二十以孝聞年三十堯舉之年五十攝行天

子事年五十八堯崩年六十一代堯踐帝位踐帝位三十九年南巡狩崩於蒼梧之野夏本紀云禹命諸侯百姓興人徒以傅土行山表木定高山大川又云冀州既載壺口治梁及岐既修太原至於嶽陽覃懷致功至於衡漳其土白壤賦上上錯田中中常衛既從大陸既爲鳥夸皮服夾右碣石入于海濟河維沇州九河既道雷夏既澤雍沮會同桑土既蠶於是民得下邱居土其土黑墳草繇木條田中下賦貞作十有三年乃同其貢漆絲其篚織文浮於濟漯通於河海岱維青州嵎夸今文作禺鐵鐵古夸字既略濰淄既道其土白墳海濱廣潟厥田斥鹵田上下賦中上厥貢鹽絺

海物維錯岱畎絲枲鉛松怪石萊夷爲牧其篚檿絲浮於汶通於濟海岱及淮惟徐州淮沂其治蒙羽其藝大野既都東原底平其土赤埴墳草木漸包其田上中賦中中貢維土五色羽畎夏狄嶧陽孤桐泗濱浮磬淮夷蠙珠臮魚其篚玄纖縞浮于淮泗通于河淮海維揚州彭蠡既都陽鳥所居三江既入震澤致定竹箭既布其草惟夭其木惟喬其土塗泥田下下賦下上上雜貢金三品瑤琨竹箭齒革羽毛鳥夷卉服其篚織貝其包橘柚錫貢均江海通淮泗荊及衡陽維荊州江漢朝宗于海九江甚中沱涔已道雲夢土爲治其土塗泥田下中賦上下貢羽旄齒革金三

品杶榦栝栢礪砥砮丹維箘簵楛三國致貢其名包
匭菁茅其篚玄纁璣組九江入賜大龜浮於江沱涔
於漢踰于雒至於南河荆河惟豫州伊雒瀍澗既入
於河滎播既都道菏澤被明都今文作孟諸其土壤下土
墳壚田中上賦雜上中貢漆枲絺紵其篚纖絮錫貢
磬錯浮於雒達於河華陽黑水惟梁州汶嶓既蓺沱
涔既道蔡蒙旅平和夷底績其土青驪田下上賦下
中三錯貢璆鐵銀鏤砮磬熊羆狐狸織皮西傾因桓
是來浮于潛踰于沔入于渭亂于河黑水西河惟雍
州弱水既西涇屬渭汭漆沮既從灃水所同荆岐已
旅終南敦物至于鳥鼠原隰底績至于都野三危既

度三苗大序其土黃壤田上上賦中下貢璆琳琅玕浮于積石至于龍門西河會于渭汭織皮昆侖析支渠搜西戎既序道九山汧及岐至于荆山踰于河壺口雷首至于太嶽砥柱析城至于王屋太行常山至于碣石入于海西傾朱圉鳥鼠至于太華熊耳外方桐柏至于負尾道嶓冢至于荆山内方至于大別汶山之陽至于衡山過九江至于敷淺原道九川弱水至于合黎餘波入于流沙道黑水至于三危入于南海道河積石至于龍門南至華陰東至砥柱又東至于盟津東過雒汭至于大邳北過降水至于大陸北播爲九河同爲逆河入于海嶓冢道瀁東流爲漢又

東爲蒼浪之水過三澨入于大别南入于江東匯澤爲彭蠡東爲北江至于海汶山道江東别爲沱又東至于醴過九江至于東陵東迆北會于匯東爲中江入于海道沇水東爲濟入于河泆爲滎東出陶邱北又東至于荷又東北會于汶又北東入于海道淮自桐栢東會于泗沂東入于海道渭自鳥鼠同穴東會于灃又東北至于涇東過漆沮入于河道雒自熊耳東北會于澗瀍又東會于伊東北入于河於是九州攸同四奥既居九山栞旅九川滌原九澤既陂四海會同六府甚修衆土交正致慎財賦咸則三壤成賦中國賜土姓祇台德先不距朕行令天子之國以外

五百里甸服百里賦納總二百里納銍三百里納秸服四百里粟五百里米甸服外五百里侯服百里采二百里任國三百里諸侯侯服外五百里綏服三百里揆文教二百里奮武衛綏服外五百里要服三百里夷二百里蔡要服外五百里荒服三百里蠻二百里流東漸于海西被于流沙朔南暨聲教訖于四海於是帝錫禹玄圭以告成功于天下宋微子世家云微子乃問於太師少師曰殷不有治政不治四方我祖遂陳於上紂沈湎於酒婦人是用亂敗湯德於下殷既小大好草竊姦軌卿士師師非度皆有罪辜乃無維獲小民乃並興相為敵讎今殷其典喪若涉水

無津涯殷遂喪越至于今曰太師少師我其發出往吾家保于喪今女無故告予顛躋如之何其太師若曰王子天篤下菑亡殷國乃毋畏畏不用老長今殷民乃陋淫神祇之祀今誠得治國國治身死不恨爲死終不得治不如去遂亡又云武王既克殷訪問箕子武王曰於乎維天陰定下民相和其居我不知其常倫所序箕子對曰在昔鯀陻鴻水汨陳其五行帝乃震怒不從鴻範九等常倫所斁鯀則殛死禹乃嗣與天乃錫禹鴻範九等常倫所序初一曰五行二曰五事三曰八政四曰五紀五曰皇極六曰三德七曰稽疑八曰庶徵九曰嚮用五福畏用六極五行一曰

水二曰火三曰木四曰金五曰土水曰潤下火曰炎上木曰曲直金曰從革土曰稼穡潤下作鹹炎上作苦曲直作酸從革作辛稼穡作甘五事一曰貌二曰言三曰視四曰聽五曰思貌曰恭言曰從視曰明聽曰聰思曰睿恭作肅從作治明作智聰作謀睿作聖八政一曰食二曰貨三曰祀四曰司空五曰司徒六曰司寇七曰賓八曰師五紀一曰歲二曰月三曰日四曰星辰五曰曆數皇極皇建其有極斂時五福用傅錫其庶民維時其庶民于女極錫女保極凡厥庶民毋有淫朋人毋有比德維皇作極凡厥庶民有猷有爲有守女則念之不協于極不離于咎皇則受之

而安而邑曰予所好德女則錫之福時人斯其維皇之極毋侮鰥寡而畏高明人之有能有爲使羞其行而國其昌凡厥正人既富方穀女不能使有好于而家時人斯其辜于其毋好女雖錫之福其作女用咎毋偏毋頗遵王之義毋有作好遵王之道毋有作惡遵王之路毋偏毋黨王道蕩蕩毋黨毋偏王道平平毋反毋側王道正直會其有極歸其有極曰王極之傅言是夸是訓于帝其順凡厥庶民極之傅言是順是行以近天子之光曰天子作民父母以爲天下王三德一曰正直二曰剛克三曰柔克平康正直彊不友剛克內友柔克沈漸剛克高明柔克維辟作福維

辟作威維辟玉食臣無有作福作威玉食臣有作福作威玉食其害于而家凶于而國人用側頗辟民用僭忒稽疑擇建立卜筮人乃命卜筮曰雨曰濟曰涕曰霧曰克曰貞曰悔凡七卜五占之用二衍貣立時人爲卜筮三人占則從二人之言女則有大疑謀及女心謀及卿士謀及庶人謀及卜筮女則從龜從筮從卿士從庶民從是之謂大同而身其康彊而子孫其逢吉女則從龜從筮從卿士逆庶民逆吉卿士從龜從筮從女則逆庶民逆吉庶民從龜從筮從女則逆卿士逆吉女則從龜從筮逆卿士逆庶民逆作内吉作外凶龜筮共違于人用静吉用作凶庶徵曰雨

曰暘曰奧曰寒曰風曰時五者來備各以其序庶草繁廡一極備凶一極亡凶曰休徵曰肅時雨若曰治時暘若曰知時奧若曰謀時寒若曰聖時風若曰咎徵曰狂常雨若曰僭常暘若曰舒常奧若曰急常寒若曰霧常風若王眚維歲卿士維月師尹維日歲月日時毋易百穀用成治用明畯民用章家用平康日月歲時既易百穀用不成治用昏不明畯民用微家用不寧庶民維星星有好風星有好雨日月之行有冬有夏月之從星則以風雨五福一曰壽二曰富三曰康寧四曰攸好德五曰考終命六極一曰凶短折二曰疾三曰憂四曰貧五曰惡六曰弱魯周公世家

云武王克殷二年天下未集武王有疾不豫羣臣懼
太公召公乃繆卜周公曰未可以戚我先王周公於
是乃自以爲質設三壇周公北面立戴璧秉圭告于
大王王季文王史策祝曰惟爾元孫王發勤勞阻疾
若爾三王是有負子之責於天以旦代王發之身旦
巧能多材多藝能事鬼神乃王發不如旦多材多藝
不能事鬼神乃命於帝庭敷佑四方用能定汝子孫
于下地四方之民罔不敬畏無墜天之降葆命我先
王亦永有所依歸今我其即命於元龜爾之許我我
其以璧與圭歸以俟爾命爾不許我我乃屏璧與圭
周公已命史策告大王王季文王欲代武王發於是

乃即三王而卜卜人皆曰吉發書視之信吉周公喜開籥乃見書遇吉周公入賀武王曰王其無害旦新受命三王維長終是圖茲道能念予一人周公藏其金縢匱中誠守者勿敢言明日武王有瘳其後武王既崩成王少在襁褓之中周公恐天下聞武王崩而畔周公乃踐祚代成王攝行政當國管叔及其羣弟流言於國曰周公將不利於成王周公乃告太公望召公奭曰我之所以弗辟而攝行政者恐天下畔周無以告我先王大王王季文王三王之憂勞天下久矣於今而后成武王蚤終成王少將以成周我所以爲之若此又云東土以集周公歸報成乃爲詩貽王

命之曰鴟鴞王亦未敢訓周公又云周公卒後秋未
穫暴風雷雨禾盡偃大木盡拔周國大恐成王與大
夫朝服以開金縢書王乃得周公所自以爲功代武
王之說二公及王乃問史百執事史百執事曰信有
昔周公命我勿敢言成王執書以泣曰自今後其無
繆卜乎昔周公勤勞王家惟予幼人弗及知今天動
威以彰周公之德惟朕小子其迎我國家禮亦宜之
王出郊天乃雨反風禾盡起二公命國人凡大木所
偃盡起而築之歲則大熟

按人在而遽稱以謚史記此類甚多左氏僅一處
陳桓公方有寵於王是也兩稱成王皆係見在爲

遷所增竄不問可知以開金縢書爲周公卒後亦是妄說非出古文何以明之鄭康成受古文者果爾何以箋毛詩云成王既得金縢之書親迎周公歸乎先儒以秋大熟爲即上文居東二年之秋情事最得余故曰讀遷書者擇焉可也

又按高宗享國百年亦見漢書五行志及劉向杜欽兩傳蓋用今文書也成王葬周公而雷風著災亦見梅福傳顏師古註謂出尚書大傳乃知遷書又雜用今文說余故曰非出古文

又按漢地理志班固于縣名下自註某山古文以爲某某澤古文以爲某凡十條古文者尚書古文

禹貢之辭今取以對安國書並合雖浙作㳙敦作惇倍作陪傅作敷字畫少異音讀却同不足據以爲辯仍附其說于此

又按閩陳第季立有尚書評一篇謂太史公述尚書失尚書之意處曰尚書之文簡短而深閎明雅而突奧玩之愈淵行之愈切測之不可以爲象卒然而置于前則令人驚怪不知何從而得之也誠宇宙間至文哉故自漢至今文士多矣然必以太史公爲絶匠何者以奇勝也故當世人物一經序傳班固兢兢錄之稍改句字一二適以顯其益奇故後世論史或病其取與之謬或譏其稽考之疎

此誠有之然至於文章之奇妙未有不嘆賞而拱手推服之也觀其於左國國策世本楚漢春秋諸書蒐綴而運量之揚搉而變化之縱其所至若波濤萬里而不知其所歸孰爲太史公孰爲非太史公若淄澠混合但見其淪漣浩渺而已不能以目辨之也蓋得其意放其詞伸縮自在行止由己想其致思運筆之趣若飄飄乎天馬騰空不自知其奇矣乃臨當尚書之文眴然而目眩怵然而手拙故于堯舜禹湯武皆兢兢典謨誓誥錄焉卬有句字之改亦猶班固之於太史公也蓋其意不足以包貫之詞欲踴躍而馳騁可乎高宗肜日曰罔非

天胤典祀無豐于昵令曰罔非天繼常祀毋禮于棄道其義不可通也不寧惟是金縢一書破斷爲二前序冊祝之意以及鴟鴞之貽末言周公卒後暴風雷雨王開金縢見書曰朕小子其迎夫旣卒矣又何迎乎此不無少舛也不寧惟是文侯之命平王命晉文侯仇作也今以爲襄王命文公重耳之詞蓋見左傳彤弓矢旅弓矢秬鬯一卣之賜同未及察其詞之異也凡若此類皆如涇渭之合清濁判然欲新奇而弗得矣其惟孟子乎孟子述堯舜湯武不一而足猶然孟軻氏之文人不得而窺其間也意得也其嘗謂孟子之文在太史公之上

第二十五

其不同於古文又不特如前所列而已也許慎說文解字序云其偁易孟氏書孔氏詩毛氏禮周官春秋左氏論語孝經皆古文也愼子沖上書安帝云臣父本從賈逵受古學考之於逵作說文是說文所引書正東漢時盛行之古文而非今古文可比余嘗取之以相校除字異而音同者不錄錄其俱異者於左引虞書方鳩僝功方鳩爲旁救一爲旁逑孱功竄三苗爲𣪠三苗朋淫于家朋爲堋予乘四載下有水行乘舟陸行乘車山行乘欙澤行乘輴四句教冑子爲育子帝乃殂落帝爲放勛夏書浮于淮泗達于河河爲

渮東出于陶卯北爲東至于陶卯惟箘簵楛爲枯商書高宗夢得說使百工營求諸野得諸傅巖營爲夐無諸野二字下諸字亦爲之祖伊反爲祖甲返周書在後之侗爲在夏后之詞其丕能誠于小民丕能爲不能唯其塗丹臒塗爲敳其在受德暋爲在受德忞罔不憝上有凡民二字一人冕執銳爲執鈗至于屬婦爲嬶婦盡執拘以歸于周爲盡執抲爰始淫爲劓刵椓黥爲刖劓斀黥敷重蔑席敷爲布民罔不衋傷心罔爲妄峙乃糗糧爲餱粻用勸相我國家爲邦家

按說文所引書重在字多約共成文如重龠字則約予創若時娶于塗山爲予娶嵞山重載字則約

有太艱于西土西土人亦不靜越茲蠢爲我有載于西非眞有是句他可類推

又按孟子引今文書六條三見於說文字句並合罔不憝同有凡民帝乃殂落同爲放勛唯殺三苗作竄三苗然唯竄字方譌爲殺若竄則相遠矣此許氏本之號近古者

又按堋淫于家今本作朋安國傳朋羣也穎達疏言羣聚妻妾恣意淫之無男女之别余謂丹朱之惡尚未至此蓋古文本堋說文云堋喪葬下土也此如楚王戊爲薄太后服私姦服舍詔削其支郡之事亦與上文罔水行舟一例于義爲長浮于淮

泗達于菏今本作河二孔無傳疏止陸德明引說文作菏又未明其是余考之菏是也蓋菏者澤名爲濟水所經又東至于菏者是在豫之東北即徐之西北舟則自淮而泗自泗而菏然後由菏入濟以達于河此徐之貢道也或曰曷不詳言之余曰以上文兗州浮于濟漯達于河次青州便浮于汶達于濟不復言達于河矣又次徐州浮于淮泗達于菏亦不復言達于濟矣至揚州則沿于江海達于淮泗且不復言達于菏不復言者蒙上文也一層脫卸一層雖由當日水道之自然而其敘法從變字法從簡眞屬聖經之筆蔡氏徒執今本爲河

求其說而不得見說文有濉水入泗之文遂意由濉可以達河不知考之水經陰溝出蒗蕩渠東南至下邳入淮陰溝即濉水入淮不入泗果爾當日止云浮于淮曷爲復繼以泗邪又見說文有泗受泲水之文遂謂由泲亦可達河果爾古文達于菏之說益合矣總之直言達于河不識其何從之從惟言達于菏而水道歷歷然在人目前矣此一字之長有助於國史不小其亦昔人謂觀書貴博證尤貴得古善本以爲之證者與

又按水經泗水南過方與縣東菏水從西來注之菏與泗合在此方與在今魚臺縣北前編亦從說

文本淯但謂泗水上可以通淯下可以入淮泗通淯去發源處據水經已得泗水經過地之半豈得謂之上仁山於水道多不詳穎達謂徐州北接青州既浮淮泗當浮汶入濟以達于河古汶泗不相連何由而達亦誤又謂漢末有公孫度竊據遼東自號青州刺史越海收東萊諸郡是堯青州越海而有遼東余按三國志度爲遼東太守越海收東萊諸縣置營州刺史自立爲遼東侯平州牧無青州刺史之號所收僅諸縣非諸郡只越海有遼東一語是耳因思堯末青州分越海東北之地遼東置營州漢末遼東即收越海西南之地東萊置營

州亦足見兩州本一州云

又按一人冕執鈗今本作銳安國傳銳矛屬穎達疏未知何所據余謂銳字說文止云芒也無兵器解意安國亦臆言之蔡傳知其不安亦從說文本鈗鈗侍臣所執兵從金允聲周書曰一人冕執鈗讀若允因思左傳成二年銳司徒免乎杜註銳司徒主銳兵者漢書高帝紀朕親被堅執銳顏注被堅謂甲冑執銳謂利兵銳皆作虛字無兵器解亦一證或曰銳矛屬康成蓋有是說余曰康成亦多臆寧足信然則孔之誤又實沿於康成

又按古今韻會舉要渮字下亦云浮于淮泗達于

河河蓋後人傳寫之誤不知从艸例以禹貢上下文達于河爲句改菏爲河不如從許愼所見古文尚書河作菏爲合不然古淮泗于河既無可達之理又焉得指後代所引入者蒙以禹之迹復引新安王氏濟入河溢爲滎會于河注于泗則河爲菏益明矣之二說眞先得我心

第二十六

理學之明肇自周程而朱子謂先此諸儒歐陽永叔劉原父孫明復亦多有助蓋運數將開義理漸欲復明於世也此說是也書無逸稱文王受命惟中身厥享國五十年詩大雅稱文王受命有此武功其所爲

受命之說如是而已無稱王改元事也自周書以文王受命九年春在鄗而改元之說與自太史公書以詩人道西伯蓋受命之年稱王而稱王之說與由漢迄唐容有辯其不稱王未有辯其不改元者歐陽永叔泰誓論出而文王之冤始白禮記中庸稱武王壹戎衣而有天下樂記稱武始而北出再成而滅商無所爲觀兵更舉之事自僞泰誓三篇與以觀兵爲上篇伐紂爲中下二篇以合于書序十一年伐殷一月戊午渡孟津之别太史公書悉詳載之由漢迄宋初未有敢辯其非者而伊川程子出則謂武王無觀兵而武王之冤始白是即張子所謂此事間不容髮一

日之間天命未絕則是君臣當日命絕則爲獨夫之意也大哉言乎三代以下所未有也今試平心易氣取晚出武成篇讀之我文考文王誕膺天命以撫方夏惟九年大統未集非即受命改元之妄說乎泰誓上篇曰我文考肅將天威大勲未集肆予小子發以爾友邦冢君觀政于商非即三年服畢觀兵孟津之說乎又曰惟受罔有悛心云云予小子夙夜祗懼以爾有衆底天之罰非即歸居二年聞紂虐滋甚更徧告諸侯東伐紂之說乎凡此書出於魏晉之間羣言淆亂之日皆歷有明徵而世之儒者必欲曲爲文解以九年爲自專征始觀政爲非觀兵若以此晚出諸

篇爲大有異于僞泰誓者嗚呼其亦未之思也已矣
按朱子又謂歐公泰誓論歷破史遷之說亦未見得史遷全非歐公全是蓋武成有惟九年大統未集以文王享國五十年推之九年當從何數起且如武王初伐紂曰惟有道曾孫周王發此豈史臣于未即位前便書爲王邪到這裏總難理會不若只兩存之余謂朱子猶未確信梅氏書爲僞撰若果信爲僞撰則此等難理會處俱可不攻自破西伯不稱王說已彰著武王稱有道曾孫周王發則從未經拈出蓋墨子兼愛中篇云昔者武王將事泰山隧傳曰泰山有道曾孫周王有事大事既獲

仁人尚作以祗商夏變夸醜貉雖有周親不若仁人萬方有罪惟予一人玩其文義乃是武王既定天下後望祀山川或初巡守岱宗禱神之辭非伐紂時事也僞作武成者移爲伐紂時事自難理會論語載雖有周親四語于大賚後謹權量之前俱初定天下事亦自相類僞作泰誓者又割入中篇中更間隔以眞泰誓反若墨子引古一似今人好集句爲文章者矣

又按西伯受命稱王亦不始史記伏生尚書殷傳已有之其遠則自文王世子篇來武王對文王曰西方有九國焉君王其終撫諸鄭氏註言君王則

既受命之後不爾何以呼王余謂夢齡事之虛妄先儒具有明辯獨怪孔穎達疏尚書見孔傳無稱王字遂力以文王稱王爲無疏毛詩見鄭箋有稱王説遂力傳會稱王當在六年伐崇後以至疏禮記亦然眞所謂從孔則廢鄭從鄭則廢孔唐人義疏之學之拘如此

又按史記楚世家楚武王伐隨隨曰我無罪楚曰我有敝甲欲以觀中國之政請王室尊吾號左氏宣三年傳楚莊王伐陸渾之戎遂觀兵于周疆問鼎之大小輕重焉觀政觀兵皆咄咄偪周同一無君舉動以擬武王非其倫矣

又按國語先王耀德不觀兵韋昭註觀示也據此當讀爲貫非觀視之觀下文又有且觀之兵義益見然史記東觀兵至于盟津左傳僖四年觀兵於東夸宣十二年觀兵以威諸侯皆讀如字亦可惟蔡氏集傳于西伯戡黎篇目下云史記嘗載紂使膠鬲觀兵膠鬲問之曰西伯曷爲而來此觀兵二字用得不妥且史記並無其事出呂氏春秋耳呂氏原文是殷使膠鬲候周師候周師自勝觀兵古人書籍豈容妄更之乎

又按孟子集註引張子語下繼曰諸侯不期而會者八百武王安得而止之哉分明不信殷周兩本

紀齊太公世家還師復歸之事既不信胡得又襲用其上文不期會盟津云云余曰史記劉敬傳說高帝曰武王伐紂不期而會孟津之上八百諸侯皆曰紂可伐矣遂滅殷朱子正本此豈若蔡傳之荒畧乎

第二十七

言一也言者異則人心變矣此至言也戰國策樓緩述公甫文伯母之言以爲從母言之是爲賢母從婦言之是必不免爲妒婦眞可令人絕倒故愚嘗以爾有嘉謀嘉猷入告爾后于內等語出於臣工之相告誠則爲愛君出於君之告臣則爲導諛導諛中主所

不爲而謂三代令辟如成王爲之乎蓋成王之寬於是且千餘年矣今亦未敢定著此語出何人但此語之所自來則孔子引入禮坊記者也試取今坊記讀之子云善則稱君過則稱己則民作忠君陳曰爾有嘉謀嘉猷入告爾君於內女乃順之於外曰此謀此猷惟我君之德於乎是唯良顯哉子云善則稱親過則稱己則民作孝大誓曰予克紂非予武惟朕文考無罪紂克予非朕文考有罪唯予小子無良以取證大誓爲人子之言則取證君陳亦必爲人臣之言例可知也假若文王告武王曰汝克紂非汝武唯朕無罪可乎不可也僞作君陳篇者止見書序有周公既

没命君陳分正東郊成周作君陳遂通篇俱作成王語安知當日不更爽以臣語如顧命篇體例耶嗚呼自斯言一啟君以正諫爲要名臣以歸美爲盛節而李斯分過之忠孔光削槀之敬遂爲後世事君之極則雖有賢者亦陰驅潛率以爲容悅之徒而不自知矣甚且臣以諫諍事付史官君怒之薄其恩禮晚年漸不復聞天下失得其流弊有不可勝言者誰謂此書固粹然正哉韓昌黎著爭臣論以入則諫其君出不使人知者爲大臣宰相者之事非諫官之所宜行夫諫官猶不可而謂君顧可以此爲命乎成王免喪朝于廟述羣臣進戒之辭而作敬之詩又延訪羣臣

而作小毖詩其孜孜求言若此曾幾何時而變爲君
陳此語邪果爾則謂成王之失言也亦宜
按二十五篇書以此人之語入彼人口中而不顧
所處之地所値之時有不侔者不特君陳篇而已
也孟子稱舜舍已從人今入于舜口中以稱堯當
堯之時引書曰洚水警余余字自屬堯又入舜口
中以屬舜文王世子語曰樂正司業父師司成一
有元良萬國以貞世子之謂也今入元良二語于
伊尹口中以訓長君孟子書曰徯我后后來其無
罰向疑爲初征自葛情事僅可仲虺用之以釋湯
慙今重出於伊尹口中以訓太甲迂遠不切殊屬

無聊塡寫湯誓曰今朕必往此自湯初興師告諭亳衆之言今亦入武王口中其時武王師已次河朔羣后畢會何必爲此言不幾眯目而道黑白者邪余故連類及之以俟觀者思焉

又按余辯君陳時尚未見京山郝氏尚書解後見之喜余固與郝氏不謀而合者故亦不忍削去

又按姚際恒立方論咸有一德與上君陳論彷彿蓋一以人一以朝並錄于此曰詳篇義疑史臣所紀當是尹與湯如虞之君臣作明良喜起歌相似故曰咸有一德但此不爲歌爲文耳諸經傳記於伊尹並無告歸致仕之事作僞者見書序茫無可

據遂鑿空撰出伊尹復政一節以取配合周公復政之意將咸有一德篇本屬尹在湯朝贊襄於湯者移入在太甲朝陳戒於太甲夫贊襄於湯而曰咸有一德似乎喜君臣同德之助慶明良交泰之休于義可也若陳戒于太甲而曰咸有一德是尹以已德告太甲則爲矜功伐善非人臣對君之言矣且事其孫而追述與其祖爲一德得無鞅鞅非少主臣乎此是非之至明而易曉者司馬貞反據此以史遷記於成湯朝爲顛倒失序其嘗謂其譌一經而譌及他經至此又知譌及諸史傳志者更不少可慨也

第二十八 闕

第二十九 闕

第三十 闕

第三十一

二十五篇之書其最背理者在太甲稽首於伊尹其精密絕倫者在虞廷十六字今既證太甲稽首之不然而不能滅虞廷十六字爲烏有猶未足服信古文者之心也余曰此蓋純襲用荀子而世舉未之察也荀子解蔽篇昔者舜之治天下也云云故道經曰人心之危道心之微危微之幾唯明君子而後能知之此篇前又有精於道一於道之語遂隱括爲四字復

續以論語允執厥中以成十六字僞古文蓋如此或曰安知非荀子引用大禹謨之文耶余曰合荀子前後篇讀之引無有作好四句則冠以書曰引維齊非齊一句則冠以書曰以及他所引書者十皆然甚至引弘覆乎天若德裕乃身則明冠以康誥引獨夫紂則明冠以泰誓以及仲虺之誥亦然豈獨引大禹謨而輒改目爲道經耶予是以知人心之危道心之微必眞出古道經而僞古文蓋襲用初非其能造語精密至此極也

按荀子引今文古文書者十六惟一人有慶兆民賴之作傳曰傳疑書字之譌然孟子於傳有之亦

指書言也

又按仲虺之誥在荀子作中蘬之言左傳作仲虺之志史記殷本紀作中𤳹小司馬註𤳹音壘蓋虺有二音

或難余曰虞廷十六字爲萬世心學之祖子之辭而闢之者不過以荀卿書所引偶易爲道經而遂槩不之信吾見其且得罪於聖經而莫可逭也余曰唯唯否否堯曰咨爾舜允執其中傳心之要盡于此矣豈待虞廷演爲十六字而後謂之無遺蘊與且余之不信而加闢之者亦自有說讀兩漢書見諸儒傳經之嫡派既如此矣讀註疏見古文卷

篇名目之次第又如此矣然後持此以相二十五篇其字句之脱誤愈攻愈有攟拾之繁愽愈證愈見是以大放厥辭昌明其僞不然徒以道經二字而輒輕議歷聖相傳之道統則一病狂之人而已矣豈直得罪焉已哉且此十六字以上如汝唯不矜天下莫與汝爭能荀子君子篇語也十六字以下無稽之言勿聽弗詢之謀勿庸亦荀子正名篇語也其各各有依傍而初非能自撰出者或曰荀卿之造語却若是其精乎余曰語之尤精者荀子固自言爲道經矣作者之謂聖述者之謂明荀子縱不得儒之醇將不得爲述者乎哉嗟乎人心之

危道心之微此語不知創自何人而見之道經述之荀子至魏晉間竄入大禹謨中亦幾沈埋者七八百年有宋程朱輩出始取而推明演繹日以加詳殆眞以爲上承堯統下啓孔教者在此蓋以其所據之地甚尊而所持之理原確也噫抑孰料其乃爲僞也乎或曰朱子於古文嘗竊疑之獨至大禹謨及十六字則闡發之不遺力子與其疑也寧信余曰荀子固有言矣信信信也疑疑亦信也余之疑僞古文也正以其信眞聖經也不然大學一篇於記者千餘年而經兩程子出始尊信表章迄今翕然無異議余豈獨私有憾於二十五篇者而

黨同伐異嘵嘵然不置若此哉

又按老子書五千言名道德經則知此引道經必古來原有是書而非荀子所改題者

又按余著此未匝月而從弟自旌德歸授余以縣志有縣人梅鷟百一者正德丁丑進士未仕卒撰述頗夥亦疑今古文亦謂人心道心本出道經與余向辯君陳事相類

第三十二

人心道心本出荀子以竄入大禹謨遂尊為經久而忘其所自來矣竊以古今若此類者頗多如谷神不死是謂玄牝玄牝之門是謂天地之根緜緜若存用

之不勤列子引黃帝書也今見老子上篇將欲敗之必姑輔之將欲取之必姑與之戰國策引周書也亦見老子上篇今孰不以爲此老子語與非澹泊無以明志非寧靜無以致遠出淮南子主術訓而諸葛武侯引以戒其子今遂爲武侯語膽欲大而心欲小智欲圓而行欲方亦出淮南子主術訓而孫思邈引之而程子稱之今遂爲孫思邈語不獨此也文子引老子曰人生而靜天之性也感物而動性之害也云云河間獻王作樂記採之今且爲經是即以子爲經之證也荀子有禮論篇今自三年之喪何也至古今之所一也一段載入禮記名曰三年問是又即以荀子

爲經之證也而必以人心道心爲無本焉亦過矣

按朱子云以曾子問言禮證之則老子述而不作信而好古皆可見五千言或古有是語而老子傳之谷神不死章即黄帝書又云老子柱下史故見周書周書多權謀欲取姑與之類是也余因此忽悟人生而静安知非古有是語而老子傳之而記禮者亦傳之非必有取於老也何以故有以禮記是漢儒説非出孔門之徒者朱子述許順之之言曰恐不然漢儒之純者莫過董仲舒董仲舒文之純者莫過三策如樂記天高地下萬物散殊等語董仲舒何曾道得來蓋必古來流傳得這種文字

如此卓哉見也因又笑近代楊慎輩苦欲聚剝考亭謂其詩傳序首用人生而靜爲不知出於老子也者若知出老子肯以共異端語而用之乎不知朱子博極羣書洞如觀火豈不記及文子蓋未嘗以禮記爲有取老子而襲用之也

又按藝文志樂記二十三篇劉向校書得之王禹記二十四篇方屬獻王所作而禹獻之二書各不同今之樂記乃二十三篇之十一篇合爲一篇篇名有樂本樂論之類見別錄及孔穎達疏劉獻以爲公孫尼子作者是則上云河間獻王所作大誤特正於此

又按今之樂記程子稱其最近道朱子謂非聖人之書戰國賢士爲之說亦是獨胡致堂謂是子貢作則非此書載魏文侯子夏問答文侯受子夏經藝爲二十五年事見魏世家是年子夏巳一百有八歲可爲高壽子貢若存當又一百二十一歲況更不止此數事與理所無儒者之不核實如是

或問余人之論議先後容有互異子書尚未成何不舉前說之誤者而悉削之而必以示後人乎余曰此以著學問之無窮而人之不可以自是也近見世之君子矜其長而覆其短一聞有商畧者輒同仇敵余用是數困于世昔王荆公註周禮贊牛

耳云取其順聽有人引一牛來與荆公辯牛之聽不以耳蓋以鼻荆公遂易前註以荆公之執拗文過古人中無兩猶不能不屈服於引牛者之言吾不知世之君子自視於荆公何如也

又按有明知爲緯書而羣以爲聖人之言者吾志在春秋行在孝經是也此出孝經鉤命訣緣何休註公羊載入序中迄今無異議亦以理近是爾

又按春秋者魯史記之名自宜稱入聖人口中若孝經乃門弟子所爲書所命名豈容自稱善乎史通有云此之不實昭然可見

又按德清胡渭生朏明告予子以行在孝經爲不

應出夫子口中似矣竊考公羊傳疏載此原文云孔子在庶德無所施功無所就志在春秋行在孝經未嘗以二句爲孔子自云蓋何休序引而失之其失與晚出古文書將禮記引君陳曰入成王口中將左傳引夏書曰連德乃降入大禹口中正相類視彼造緯書者又下一等矣凡著書引古須直溯其崑崙源不可從半路中鈔襲倘鈔襲鮮有不誤子宜慎之斯言也殆吾之諍友哉

又按余嘗有一疑義謹標出以俟後之君子者大學一書程子謂孔氏之遺書朱子謂正經意其或出於古昔先民之言又分有經有傳洵是獨謂傳

文成於曾氏門人之手則未敢以爲決然也何也朱子意不過見誠意章有曾子曰三字以古弟子於師方稱子如論語之於有子曾子實然者不知禮記四十九篇稱曾子者一百一爲曾申餘俱曾參析而數之檀弓二篇曾子四十三雜記二篇曾子五曾子問曾子四十祭義曾子八可見曾子爲記禮者之通稱不必弟子謂其師若又以大學止一引曾子曰與他屢引者不同試問禮器亦只一引曾子曰周禮其猶醵與內則亦只一引曾子曰孝子之養老也云云豈此二篇亦曾氏門人作乎不惟此也孟子七篇輒所自著聖門高第若顏淵

或名之或字之或子之不似純稱曾子者二十二益驗其爲通稱或曰朱子以大學之言多與中庸孟子者合故明其一脈相傳不知先儒曾言大學一書六經之名例也中庸一書六經之淵源也既謂之名例推諸羣書自悉合矣奚啻庸孟或又曰世以禮記漢儒書然則大學竟成於漢儒之手乎余曰否爾雅始自周公釋言以下或曰仲尼所增子夏所足叔孫通所益梁文所補爾雅釋訓篇載及如切如磋道學也十二句班固謂記百三十一篇七十子後學者所記則知大學出於七十子之後叔孫通梁文以前必矣若必以爲曾子門人記

者吾無徵

尚書古文疏證卷二終

清乾隆眷西堂本尚書古文疏證

第二册

清 閻若璩撰 清 閻詠輯

山東省圖書館藏清乾隆十年太原閻氏眷西堂刻本

山東人民出版社·濟南

尚書古文疏證目錄

第五十五言僞泰誓明兩載漢志今仍與之同

第五十六言爾雅解鬱陶爲喜今誤認作憂

第五十七言大禹謨讓皋陶不合堯典讓稷契

第五十八言晚出書增帝曰竄僉曰不合唐虞

世大公

第五十九言重華文命與放勲皆帝王號僞作

者不知

第六十言僞作者依書序撰太甲事不合孟子

第六十一言伊尹稱字于太甲爲誤倣緇衣亦

兼爲序誤

第六十二言周官從漢百官公卿表來不合周

禮
第六十三言泰誓有族誅之刑爲誤本荀子
第六十四言胤征有玉石俱焚語爲出魏晉間
尚書古文疏證卷四目錄終

尚書古文疏證卷四

太原閻若璩百詩撰
平陰朱續晫近堂梓

第四十九

史家有追書之辭每以後之官名制度敘前代事讀者要以意會不必以爲核其類甚多今姑舉一事如郡守更爲太守始景帝中二年七月太史公書於景帝前輙曰太守豈當日之實稱乎抑偶誤爾竊謂伶州鳩與景王論武王曰王以黃鐘之下宮布戎于牧之野故謂之厲所以厲六師也斯時武王僅有三軍六師未備觀牧誓可見州鳩蓋以其終有天下故以有天下之制稱之亦追書者之常若當武王時敘武

王所統軍而曰王乃大巡六師則大不可矣序書者遂出刪書者之後故流傳說頗謬見召誥有太保字及顧命康王之誥皆然遂以太保爲召公之官曰西旅獻獒大保作旅獒不知武王時召公尚未也然史家多以其人所終之官言之初不計其時亦追書者之常若當武王時敘召公所居官而曰大保乃作旅獒則大不可矣凡僞書之以追書爲實稱其誤如此

按伶州鳩又曰以大蔟之下宮布令於商昭顯文德底紂之多辠故謂之宣所以宣三王之德也三王即金縢所云三王大王王季文王故作武成者亦有大王肇基王迹等語似當日未必及后稷且

尊之爲先王何則果爾是宣四王之德矣奚啻三
余是以信國語不信晚出武成者以此
或曰太守字在史記固多追書若戰國策韓陽曰
使陽言之太守太守其効之豈亦追書乎余曰昔
人已疑到此著有明辯蓋校寫國策者不通古今
妄增入非原文因笑近時刻日知錄者遽謂戰國
眞有太守稱亦不善于論世矣
又按左氏亦間以其人所終之官言之不知其時
尚未者昭元年四月子産稱公孫黑子晳曰上大
夫王制諸侯之上大夫卿鄭有六卿時乃罕氏虎
國氏僑豐氏段印氏段游氏吉駟氏帶爲之安得

復有一卿以位黑黑得爲卿者蓋後六月丁巳强
與於六卿之盟子產弗討遂以爲卿以至明年秋
被殺亦書于經當子產數子南之時固未也然則
子皙宜何官曰子產稱子皙貴於嬖大夫子南則
亞大夫可知也或上字爲亞字之譌然此等誤稱
左氏煞少亦千慮中之一失乎

又按成三年臧宣叔曰次國之上卿當大國之中
中當其下下當其上大夫小國之上卿當大國之
下卿中當其上大夫下當其下大夫是春秋時列
國別有上大夫未遂爲卿與周禮王制不合又因
悟王制諸侯之上大夫卿是本周禮次國之上卿

一段則用左氏獨不思周禮屬國之初制變至春秋已大不侔而會稡成一書者何哉

又按左傳桓三年有上卿下卿上大夫昭五年有上卿上大夫益驗上大夫與卿各别叅以文六年亞卿昭四年介卿哀十四年次卿臧宣叔所謂中卿是也則卿信有三又叅以信四年中大夫昭元年孽大夫昭七年亞大夫哀二年下大夫蓋亞大夫即中大夫孽大夫即下大夫也則大夫等亦有三然則前所云上大夫即卿者不可削去乎曰亦未可盡主一說也莊十四年鄭厲公謂原繁曰吾皆許之上大夫之事註曰上大夫卿也意是時鄭

官制猶未變不然此乃史家之文非當日之實稱請更證以一事覲禮同姓大國則曰伯父小邦則曰叔父晉非小國也且勿論而自唐叔以迄文公景公皆稱爲叔父何昭九年三十二年傳于平公定公反改稱伯父當其伯父也并惠公亦伯父之或曰周自景王以下實然然昭十五年景之十八年也何又曰叔父疑左氏不畫一處亦未必盡得當時之眞云

又按史記周書兹稱武王克殷有召公奭不言太保言太保自昔者周成王幼在襁褓之中召公爲太保保保其身體始見賈誼新書至顧命篇猶然

唯不知周公未薨前召公於六卿中何官或曰詩
集傳明云韓初封召公爲司空王命以其衆爲築
城余曰韓侯是武王子計其封當在成王之世聃
季爲司空衛康叔封聃季授土見定四年傳豈召
公爲之哉疑臆說或曰朱子本王肅余曰肅註王
命召伯定申伯之宅下云召公爲司空主繕治此
蓋指宣王時召穆公虎非召康公奭也又錯認且
朱子以築城爲必屬司空乎仲山甫城齊何以時
爲冢宰朱子以司空爲必主繕治乎又何以平定
淮夸命召穆公虎蓋古者人雖有專官官雖有定
職至國有大事則推賢而任人不以爲忌已亦不

以爲嫌徃而輙能成功還報天子後世幾此意者解矣

第五十

傳註家有錯解之辭要久而後錯始見論始定亦朱子所謂後出者巧爾無逸篇其在祖甲不義惟王孔傳曰湯孫太甲也唐孔氏亦因之至蔡氏集傳出而論始定尤快在據下文周公言自殷王中宗及高宗及祖甲及我周文王及云者因其先後次第而枚舉之辭也則祖甲之非太甲也明甚祖甲既非太甲則不義惟王之非太甲事也亦明甚高宗肜日序以爲高宗祭成湯蔡傳則謂其祭禰廟蔡傳近是矣然終

至金氏前編出而論始定曰高宗肜日高宗之訓史遷繫於祖庚之紀内則是祖已爲祖庚作凡書之訓告其君多繫其所言之臣如曰仲虺之誥曰伊訓無繫之君者而此二書皆訓體乃繫之君既非義例矣凡書之本序多稱其君之名或曰王未有以廟號稱者而此曰高宗肜日則似果若追書之云者繹之於廟門之外西室主事以士行君不親也夫君既不親矣而曰高宗目君且以廟號稱之曰典祀無豐于昵詳味其辭安知非祖庚之時繹於高宗之廟而有雊雉之異乎則二書祖已以訓祖庚也明甚既祖已以訓祖庚則典祀無豐于昵之非高宗事也亦明甚作

古文者生于蔡金兩氏之前錯解未正之日故太甲上曰茲乃不義習與性成說命中曰黷于祭祀時謂弗欽若與彼二篇爲實相表裏者抑豈料其錯解也哉凡晚出書之以錯解爲實事其誤如此

按無逸篇泛言自三宗之後或十年或七八年或五六年或四三年以邵子經世書證之或十年者則太戊後仲丁十三年河亶甲九年或七八年者則太戊後陽甲七年武丁後祖庚七年或五六年或四三年者則祖甲後廩辛六年武乙四年太丁三年歷歷皆合且與由少以至益少者次第亦不紊然則安得謂祖甲即太甲反在太戊前乎孔傳

謂殷家祖其功故稱祖不知太甲在史記有宗稱無祖稱至南軒予不識其爲何人當論定之後而猶以兩孔氏爲確論傎已甚矣

又按孔傳之誤因於王肅王肅之誤因於史記史記之誤又因於國語於是祖甲一人忽上而冒太甲之賢復降而同帝甲淫亂其幸不幸如此

又按以錯解爲實事復得二條一此書專主王肅之學肅錯解中月而禫爲在二十五月之中二十六月朔輒即吉故撰於太甲中三祀十有二月朔嗣王被冕服歸一金縢我之弗辟馬鄭皆讀辟爲避周公居東二年謂避居東都至王肅始錯解爲

東征孔傳因之則上文解辟爲法亦用王肅說可知故撰於蔡仲之命周公以流言致辟管叔于商嗟乎此古今二大關鍵也服闋於二十五月于是兩晉諸帝俱短喪而陷於不孝矣周公身誅管蔡于是唐太宗臨湖之變推刃同氣而莫之恤周公可以藉口矣王克有言俗語不實成爲丹青丹青之文賢聖惑焉夫苟至於惑賢聖則其流毒正無窮無極安得不使有識者昌言以辯哉

第五十一

趙氏稱孟子尤長詩書其於書之辭必熟習必不以古人口中語認爲敘事又必不以古人口中語妄續

之於後與或妄增之於前自亂其引古之例斷斷然已柰何晚出書以校之孟子有不然者書曰天降下民一節自武王恥之上皆書辭蓋史臣所作故孟子從而釋之曰此武王之勇也亦猶上文引詩畢然後從而釋之曰此文王之勇也正一例也僞作者欲竄入武王口不得不去其末二語又改天下曷敢有越厥志爲予曷敢有越厥志試思此段在泰誓上者曾有一毫似武王之勇而孟子乃引之乎又有攸不爲臣一段亦史臣作紹我周王見休惟臣附於大邑周則史臣述士女之辭僞作者亦欲竄入武王口自不得不去其首句又改爲昭我周王天休震動用附我

大邑周試思今文書大誥曰天休于寧王興我小邦周多士曰非我小國敢弋殷命其自畀如此于勝國一曰大國殷再曰大邦殷甚且曰天邑商其尊人如此豈有武王當初得天下日徧告羣后而乃侈然自尊爲大邑周乎即文理亦不可得通凡晚出書之以敘事爲議論其誤如此

按書曰湯一征自葛始一節書辭孟子語頗相雜僞作者以天下信之與十一征而無敵於天下互異故不援入書以東面而征西夷怨至奚爲後我凡三見斷爲書辭入書民望之以下又孟子語蓋以别於書曰徯我后故此最其苦心分疏處但味

湯一征自葛始亦史臣所作若仲虺面對成湯自不得斥其號于是僞作者輒變其辭曰初征自葛始又其苦心閃縮處乎

又按東面而征西夷怨南面而征北狄怨仲虺之誥縮其辭爲東征西夷怨南征北狄怨便蠢拙乎嘗謂鶴脛不得不長鳧脛不得不短此文章家法也司馬公約諸史之文而成通鑑已屬從簡作綱目者不知務於字句閒處損徃徃致有文理不通足資嗢噱處或曰朱子可若是其輕詆與余曰此原不盡出朱子多其門人爲之若眞出朱子手其大書必一依凡例分注必不擅改司馬氏原文耳

又按余嘗謂聖人之言述於賢人口中少有改易便不如聖人之確何況僞作古文書者殆無怪其然或請徵其義余曰論語杞不足徵宋不足徵中庸易其文曰有宋存案孔子七世祖正考甫得商頌十二篇於周之大師歸以祀其先王而孔子錄詩時亡其七篇此非宋不足徵之切證乎衆言淆亂折諸聖未聞折諸賢或曰論語蓋孔子一時之言中庸又一時言之故不同觀竝提三代與僅論二代者亦不同余曰年有蚤暮識有淺深論因有定否此豈所論于聖人乎杞用夷禮見魯僖公時出左傳微子至于戴公其閒禮樂廢壞戴公當周

宣王時出毛詩序葢惟禮樂廢壞方就周大師校之得頌之全本旋復遺放失孔子習詩不及半矣尚得謂載論語者乃其暮年之言宋固如此載中庸者則其初年宋猶有文獻存焉者耶觀中庸其至矣乎及明乎郊社之禮分明是子思增損隱括論語之文此則改論語而失其意故不確知我罪我一聽世之君子予則信孔子過篤者耳

又按古書有天降下民作之君作之師後師𪿔述之曰天生民而立之君後又荀卿釋之辭愈顯而意益加警曰天之生民非爲君也天之立君以爲民也然皆一脉相傳足徵孟子所引之確今泰誓

上攺降爲佑意覺索然吾直不省作僞者是何心或曰有宋存焉蓋言其勵有存者亦是宋不足徵意特比杞差勝耳余曰孔子又有言矣我欲觀夏道是故之杞而不足徵也吾得夏時焉我欲觀殷道是故之宋而不足徵也吾得坤乾焉安在杞一無所存者乎大抵當時列國文獻惟魯爲最備故曰吾舍魯何適矣二國自俱不足徵或曰二國俱不足徵孔子于何處考訂而能言之雙峰饒氏有云聖人生知得其一二則可以識其餘亦信然乎余曰此最無稽之説也聞一知十自就義理言若世遠言湮典文殘缺雖聖人亦不能臆爲説矣孔

子嘗問禮於老聃曾子問一則曰吾聞諸老聃再則曰吾聞諸老聃其所述夏后氏之禮殷人之禮必備講學於老聃而不僅如今之寥寥者然則孔子亦何俟杞宋存焉而後能言其先王之制與

第五十二

吾嘗疑孟子引太誓曰我武惟揚侵于之疆則取于殘殺伐用張于湯有光必史臣美武王之辭非武王自語蓋紂之惡甚於桀而武王除殘之功亦遂高於湯史臣正紀其實處曰于湯有光非誇也僞作者以三篇俱武王語一例竄入之于口中試思禮記引大誓曰予克紂非予武惟朕文考無罪紂克予非朕文

考有罪惟予小子無良謙謙于父之前而于商先王便侈然自多其功聖人氣象豈至於此吾故疑焉今讀管子又得一條法禁篇引泰誓曰紂有臣億萬人亦有億萬之心武王有臣三千而一心亦史臣辭亦被竄入于其口試思紂有億兆夷人亦有離德余有亂臣十人同心同德萇弘引大誓語也論語引之即作武王曰予有亂臣十人其相同如此何至管子引泰誓辭出史臣晚出書却撰作武王自語抵捂至此後世必有能辨之者

按張霸百兩篇史稱其采左氏傳書敘爲作首尾竊以晚出書亦然其二十五篇無一語與書序相

違左氏引逸書復捃拾殆盡然亦有不必捃拾而捃拾之露破綻出者昭二十四年萇弘引大誓曰紂有億兆夸人云云上文同德度義分明繫萇弘自語不然有不冠以大誓乎即另出一篇亦應先作大誓曰同德度義次作又曰紂有億兆夸人方協左氏引書之例更可笑蔡傳寡陋以同德度義爲古者兵志之詞世竟有不讀左氏傳者

又按管子引泰誓古文書縮其辭爲紂有臣億萬惟億萬心予有臣三千惟一心便減却無限風致自擬爲古祇增其拙予嘗以四子書有從毛詩出者如小旻之詩不敢暴虎不敢馮河論語曰暴虎

馮河蕩之詩曾是掊克曾是在位孟子曰掊克在位桑柔之詩予豈不知而作孔子則變之曰蓋有不知而作之者我無是也閟宮之詩至于文武纘大王之緒子思則變之曰武王纘大王王季文王之緒角弓之詩綽綽有裕孟子則變之曰豈不綽綽然有餘裕哉一經點用或繁或簡無不從火中鎔鑄而成無補綴之迹豈若古文之多可嗤笑與

第五十三

二十八篇之書有單書月以紀事多士惟三月周公初于新邑洛是也有單書日以紀事牧誓時甲子昧爽王朝至于商郊牧野是也然亦以武成篇有粤若

蒙二月既死霸粵五日甲子之書故讀者可以互見不必復冠以二月此省文也未有以此月之日紀事而仍蒙以前月之名使人讀去竟覺有三十四日而後成一月者有之自晚出武成始載考召誥篇先書丙午次戊申又次庚戌甲寅乙卯丁巳戊午甲子皆冠以三月顧命篇先書甲子次乙丑又次丁卯癸酉皆冠以四月至洛誥篇戊辰王在新邑烝祭歲止書日而必于後結一句曰在十有二月其詳明如此今晚出武成先書一月壬辰次癸巳又次戊午師逾孟津已在月之二十八日矣復繼以癸亥陳于商郊甲子昧爽受率其旅若林是爲二月之四日五日不見

冠以二月豈今文書法耶或曰洛誥亦嘗稱乙卯費誓兩稱甲戌皆止有日余曰此自周公伯禽口中之辭指此日有此事云爾豈若史家記事垂遠必繫日於月有一定之體耶

按國語伶州鳩對景王曰昔武王伐殷二月癸亥夜陳未畢而雨癸亥上加二月其敘事之密如此

又按召誥惟二月既望越六日乙未望者十六日庚寅自庚寅數至二十一日乙未正六日蓋連望日而數非離本日此今文書法也孔安國不達茲例謂望爲十五日果爾何得曰越六日此與晚出武成越三日庚戌誤同益驗古文與傳出一手

又按余向謂孔傳多同王肅註乃孔竊王非眞漢武時之孔氏預與三國魏之王氏合也以三年之喪二十六月即吉驗之今又得一事是堯典禋于六宗說六宗者人人各異義至魏明帝詔令王肅議六宗肅取家語孔子曰所宗者六以對肅以前未聞也今安國傳正同孔竊王又一證矣

又按三年之喪謂祥禫閒月者鄭學之徒祥禫共月者王學之徒王學所以可廢者以前無所本特王氏鑿空耳鄭學則遠有師承劉熙釋名曰閒月而禫白虎通德論曰二十七月而禫大戴喪服變除禮曰二十五月大祥二十七月禫更溯而上之

僖公薨于十二月乙巳杜氏推歷乙巳在十一月至文二年冬僖之喪已二十六月矣公子遂如齊納幣公羊譏其喪娶則公羊氏亦主二十七月遥與鄭氏合可知也若王肅者議禮必反鄭氏以檀弓祥而縞是月禫徙月樂爲據夫所謂是月禫者所以發下文而不繫於上也論語子於是日哭則不歌而文無所繫孰謂是月禫云者乃祥月乎果禫在祥月應曰月中而禫不可謂之中月也自王氏誤標茲義宗之者尤盛於魏晉間若孔傳者殆亦魏晉間王學之徒也哉

又按儀禮士虞禮朞而小祥又朞而大祥中月而

禫是月也吉祭此是月也則承上文又與檀弓别若謂中月爲大祥月之中既云中月又云是月不太贅乎益驗王氏說非是

第五十四

朱子有古史例不書時之說以二十八篇書考之如康誥惟三月哉生魄多方惟五月丁亥書三月五月皆不冠以時洪範惟十有三祀金縢既克商二年書十三祀二年皆不繼以時確哉朱子見也唐孔氏謂春秋主書動事編次爲文於法日月時年皆具其不具者史闕耳尚書惟記言語直指設言之日如牧誓等篇皆言有日無月史意不爲編次故不具也更以

逸書考之伊訓惟太甲元年十有二月乙丑朔畢命惟十有二年六月庚午朏書年書月書日并書朔朏絕不繫以時不益見朱子確耶大抵史各有體文各有例書不可以爲春秋猶春秋不可以爲書今晩出泰誓上開卷大書曰惟十有三年春豈古史例耶予故備論之以伸朱子以待後世君子

按朱子有答林擇之書使之求汲冢竹書紀年此書今不傳傳者贋本杜元凱稱其著書文意大似春秋經推此足見古者國史策書之常疑亦書時及考魏世家裴駰引紀年曰梁惠成王九年四月甲寅徙都大梁四月上不見夏字乃知古人文各

有例雖似春秋終有不盡同處馬遷踵秦記成秦本紀頗書時然多畧不似漢書于秦二世元年書秋七月漢元年書冬十月盡從而整齊其體疑後代史册遵春秋例者自班氏始

又按春秋書時胡安國傳謂爲夏時先儒已歷歷辨析尤莫善於鄱陽吳仲迂之言曰若從胡氏則是周本行夏時而以子月爲冬孔子反不行夏時而以子月爲春矣其破的如此胡傳旣非則蔡傳以泰誓春爲非建子之月又不足攻矣

又按朱子又疑竹書紀年純用夏正似胡氏之說亦有據非也紀年爲魏史記魏出于晉當時列國

惟晉擅用夏正以左氏驗之僖五年卜偃曰其九月十月之交乎襄三十年絳縣人曰臣生之歲正月甲子朔皆謂夏正杜氏亦經註出但未補明一句曰于時晉獨用夏正所以然者何也成春秋在前見竹書在後故也憶己未留京師富平李因篤天生告予曰晉用夏正子知之乎予曰然天生曰周天王固許之用也觀定四年啟以夏正疆以戎索可見予曰左氏乃政字非正字即政與正通然則于伯禽康叔曰皆啟以商政疆以周索魯衛乃又建子乎何周初自亂其正朔也天生爲語塞

又按胡渭生朏明告予竹書紀年文意簡質雖頗

似春秋經然此書乃戰國魏哀王時人所作往往稱謚以記當時之事如魯隱公及邾莊公盟于姑蔑晉獻公會虞師伐虢滅下陽周襄王會諸侯于河陽明係春秋後人約左傳之文倣經例而爲之與身爲國史承告據實書者不同杜氏後序則謂推此足見古者國史策書之常不亦過乎予曰竹書今不傳然散見史記中如魏世家索隱引紀年曰二十九年五月齊田肦伐我東鄙九月秦衛鞅伐我西鄙十月邯鄲伐我北鄙王攻衛鞅我師敗績此非當時史官據實書當時之事乎與春秋曷異乎杜所見蓋全書今所譏乃杜舉之數條竊恐

考有未詳而立論太果杜正未肯受過耳、

第五十五

余向謂作僞書譬如說謊雖極意彌縫信人之聽聞然茍精心察之亦未有不露出破綻處不獨墨子所引三語也今且見漢書矣漢刑法志引書曰立功立事可㠯永年魏晉間作書者似以此爲逸書之文於泰誓中篇微易其文竄入之曰立定厥功惟克永世不知郊祀志明云太誓曰正稽古立功立事可㠯永年丕天之大律顏注今文泰誓周書也蓋僞泰誓唐代尚存故師古得以知之今將以僞泰誓爲足信乎不應爲晚出書遂廢以僞泰誓不足信乎又不應晚

出書復與之同蓋魏晉間此人正以鄙薄僞泰誓不
加熟習故不覺己之所撰釐革之未盡耳
按寧都魏禧冰叔著左氏經世編亦有分明現露
破綻之論是襄公三十年子產從政一年輿人誦
之曰取我衣冠而褚之取我田疇而伍之叔子曰
此輿人如今一二無賴秀才出沒頭帖稱兩學公
約者名假輿人却口中便露出造謗人本色細看
他褚衣冠伍田疇只是平日豪侈及侵占人田土
者在内耳又如管蔡流言而曰公將不利於孺子
孺子二字明明露出叔父口語余謂叔子祇緣今
文書有周公稱孺子者七遂認孺子之稱爲眞叔

父之於兄子也者不知古人稱人多以年年長則叟之年幼則孺子之初不計其爵亦見古人質處禮記天子未除喪曰予小子生名之死亦名之鄭氏註爲生名之曰小子王死亦曰小子王也故晉有小子侯以此禮律成王正當喪之日其稱尤屬不易豈得偏疑自叔父且周公曰沖子曰小子與孺子何異而召公不嘗亦稱沖子乎豈叔父乎通鑑平帝崩王莽立宣帝玄孫嬰年二歲者號曰孺子嬰豈莽亦叔父乎凡著一書必明於古人名物訓故而後可以號通識今叔子經解若此豈得謂其地素通古學哉

又按僞泰誓仍有釐革未盡者曰自絕于天見史記周本紀漢書谷永傳漢紀孝昭皇帝紀曰㠯說婦人見漢書禮樂志

又按漢書平當傳當上書引書云正稽古建功立事可㠯永年視郊祀志少末一語刑法志多首一語雖引法各異要爲僞泰誓辭無疑

又按僞泰誓不獨唐師古得知章懷太子賢於後漢書班固傳典引注亦知

第五十六

又余向謂文有承譌踵謬千載莫知其非而一旦道破眞足令人笑者不獨大禹謨之於左傳抑且見五

子之歌之於爾雅矣爾雅釋詁篇鬱陶繇喜也郭璞註引孟子曰鬱陶思君禮記曰人喜則斯陶陶斯詠詠斯猶猶即繇也邢昺疏皆謂歡悅也鬱陶者心初悅而未暢之意也又引孟子趙氏注云象見舜正在牀鼓琴愕然反辭曰我鬱陶思君故來爾辭也忸怩而慙是其情也又引下檀弓鄭注云陶鬱陶也據此則象曰鬱陶思君爾乃喜而思見之辭故舜亦從而喜曰惟茲臣庶汝其于予治孟子固已明下註脚曰象喜亦喜蓋統括上二段情事其先言象憂亦憂特以引起下文非眞有象憂之事大凡凶惡之人僞爲憂尚易僞爲喜實難故象口雖云然而色則否趙氏

汪一段頗爲傳神僞作古文者一時不察幷竄入五子之歌中曰鬱陶乎予心顔厚有忸怩不特敘議莫辨而且憂喜錯認此尚可謂之識字也乎歷千載人亦未有援爾雅以正之者抑豈可獨罪僞作者乎噫余蓋不敢深言矣

按廣韻云陶喜也薛君韓詩章句云陶暢也從不作憂字解廣韻云鬱氣也又悠思也亦不盡作憂鬱解惟魏晉間孔安國書傳出始云鬱陶哀思也然其誤亦有自來王逸註九辯豈不鬱陶而思君兮曰憤念蓄積盈胸臆也不知九辯此一章上云閔奇思之不通兮將去君而高翔又云心閔憐之

慘悽兮顧一見而有明重無怨而生離兮中結軫而增傷皆極憂懣語若果鬱陶爲哀思則應正接不應用豈不二字惟鬱陶思君乃喜而思見之辭故曰豈不鬱陶而思君兮君之門以九重猛犬狺狺而迎吠兮關梁閉而不通仍復終窮此騷人說而又說處王逸亦偶因鬱之一字遂并誤解鬱陶至選詩謝靈運嚶鳴以悅豫憂居猶鬱陶謝玄暉朋情以鬱陶春物方駘蕩江文通解纜候前侶還望方鬱陶皆沿王註之誤而誤詞人之學固無庸多責耳又按楚辭十七卷有曰鬱邑曰鬱結曰鬱鬱曰怫鬱曰鬱佛曰紆鬱者皆解憂也惟鬱陶字

不可一例解王逸固善訓亦偶失之殆亦昔人所
謂卿讀爾雅未熟者與
又按謂誤解鬱陶斷自王逸然太史公五帝本紀
象乃止舜宮居鼓其琴舜往見之象愕不懌曰我
思舜正鬱陶舜曰然爾其庶矣尋其文義似亦認
鬱陶爲憂何則上文明著不懌字又倒其語爲我
思舜正鬱陶宛然辭與色一豈得以喜也解之乎
宋倪思謂史遷好易經文務趣平易體固應爾然
因易而失其意甚與本事背馳者不可勝計於是
輯遷史删改古書異辭十二卷以行世誠有以哉
又按禮記檀弓疏云陶者鬱陶鬱陶者心初悅而

未暢之意也言人若外竟會心則懷抱欣悅但始發俄爾則鬱陶未暢故云斯陶也爾雅云鬱陶繇喜也何肩云陶懷喜未暢意也孟子曰鬱陶以思君又云陶斯咏者鬱陶情轉暢故口歌咏之也此解陶字尚詳及鬱陶然則鬱陶之非哀思益勿問矣

又按孟子集註云鬱陶思之甚而氣不得伸也氣不得伸可解鬱字若思與陶字何涉而乃作註脚乎予嘗謂古來相傳訓詁之學至宋人而亡朱子尤其著者

又按揚雄方言十三卷宋洪景盧疑其依託而郭

璞註却眞但註自謂據爾雅以正方言然亦有忘
却爾雅處如鬱陶爲喜與方言所云鬱悠思也本
別義璞乃註鬱悠猶鬱陶也何與幾令人疑非出
璞手
又按魏博士張揖廣雅十卷以爲補爾雅未備曰
陶喜也憂也從來訓義之反覆用之者惟以臭爲
香亂爲治擾爲安苦爲快未聞以喜爲憂如陶字
此訓義竊恐亦因王註而誤大抵魏時已然如曹
子桓燕歌行鬱陶思君未敢言與前首憂來思君
不敢忘正同一意則魏晉閒孔傳竟認爲哀思殆
無足怪所怪者五子之歌託三代以上人所撰不

應不識字乃爾

第五十七

舜之佐二十有二人其最焉者九官又其最焉者五臣而五臣之中禹爲最稷契次之皋陶次之益又次之此定評也當舜問誰可宅百揆僉舉禹禹拜稽首讓于稷契暨皋陶則可知也已矣胡舜欲薦禹於天禹只諄諄然皋陶是讓而幷不復及稷契焉何哉或曰稷契乃堯之親弟計其年已高其或不逮是時也而卒禹故弗及不然禹豈遺賢者哉然愚考之春秋內外傳展禽曰夏之興也周棄繼之故祀以爲稷詹桓伯曰我自夏以后稷魏駘芮岐畢吾西土也祭公

謀父曰昔我先世后稷以服事虞夏稷固逮禹之世即降而遷書亦云契興於唐虞大禹之際功業著於百姓又云后稷之興在陶唐虞夏之際皆有令德吾意此二臣縱未必入夏朝要當禹攝天子政天下有浸浸然歸于夏之勢此二臣必在故諸書俱斥言之僞作大禹謨者止緣莊八年傳有引夏書曰臯陶邁種德德乃降遂援之以作讓臯陶而不知與當日人物情事脱漏者多矣

按禮記祭法云是故厲山氏之有天下也其子曰農能殖百穀夏之衰也周棄繼之故祀以爲稷夏之衰當如外傳作夏之興爲是孔疏即從衰字曲

爲說吾無取嘗熟顧大韶仲恭謂世固有本書脫誤而他書可證者爲益不小其此類之謂乎然予觀祭法却又是取展禽語刪潤竄置之以成篇特筆力高可列爲經然間小有不及處亦不可不參考

又按作大禹謨者以舜將薦禹於天斷自在帝位三十有三載最爲巧合蓋薦禹於天十有七年舜崩此孟子文也五十載陟方乃死此今文堯典文也以五十載去十七正得三十三載攝位者須始正月元日而禪位者又必于前一年有辭後一年受命方成唐虞故事人止見其顯合堯典而不知

巧在陰用孟子而人弗覺但欠卻稷契一讓遂來
予掇拾其後於今日耳
又按蔡傳于朕宅帝位三十有三載云舜至是年九十三矣非也蓋舜生三十年堯方召用歷試三載年三十二明年居攝攝二十八載堯崩年六十遭堯三年之喪畢三年之喪其實二十五月耳又二載是月正元日舜格于文祖時年六十三越三十有三載年已九十五矣豈九十三乎或曰如此於三十在位頗不合余曰三十在位乃自居攝數之以迄居喪蓋居喪仍居攝也不見古君薨以聽於冢宰之禮乎臣居君喪豈猶夫子居父喪一無

所爲者乎故曰通三十年乃即帝位若歷試三載當在徵庸句之内或曰如此又於兩三十字不合余曰此敘舜之歷年非計舜壽數也既曰徵庸矣自包有歷試在内若必以歷試與居攝合數又三十一載亦於三十不合且安所置堯三年之喪地耶抑竟忘此歲月耶蔡氏聞之亦應啞然自笑也

又按舜生三十徵庸一節爲今文堯典通篇大結束自朕在位七十載至舜讓于德弗嗣皆結於三十徵庸一句自正月上日至四海遏密八音皆結於三十在位一句自月正元日至分北三苗皆結於五十載陟方乃死一句余因益悟晚出書釐析

爲二篇之非又悟中庸集註舜年百有十歲亦少却居喪二載又悟金氏前編書稱五十載蓋自堯崩之後通數也亦非歐陽氏辯武王不上冒先君之元年並其居喪稱十一年武王既爾舜獨不然乎竹書紀年起自夏其年帝陟後定空二年第三歲方屬嗣天子之元夏既爾唐虞獨不然乎又悟蔡傳云堯在位通計一百單一年以歷試三載在七十載之外故不知七十載既闕舜曰我其試哉試始于此矣七十二載試且畢何得復增一年此前編之以受終繫於丙辰載爲獨得也

或問昔我先世后稷以服事虞夏說者謂連不窋

在內譙周疑不窋至文王千餘歲僅十四世不窋未必親棄之子余曰否也外傳明云不窋失官當夏之衰夏之衰指太康言內傳昭二十八年云昔后夔取於有仍氏實生伯封有窮后羿滅之夔是以不祀后稷后夔同時人其子皆當夏之衰一失官一覆其祀何疑之有顧仲恭謂自公劉以後世數必無誤惟不窋竄於戎翟間其時不過西戎一部落耳國無史官家無譜牒及傳至鞠不知凡幾世矣公劉遷豳始復爲聲教之國始有文字紀事故後君長名氏悉歷歷可數余謂是則辯矣然史漢竝稱居豳由避桀公劉至文王亦僅十二世以

十二世歷商六百二十九歲必毎世在位皆五十許年又必即位後二三十年生冢嗣方可充其數不然有一甫即位生子者子且如百齡之文王享國百年之穆王矣以情以理實難據信然則仲恭之論亦未必爲定云

或又問禹稷契皐陶伯益品第的然如是但孟子舜以不得禹皐陶爲己憂上文無皐陶玆特補出非爲唯皐陶始足以配禹與余曰顧夢麟有云獨禹皐竝列者亦大概之言不屑分配耳或古人原以竝稱而順口因之或曰若禹皐陶則見而知之且以道統屬皐陶益明非皐陶不足以配禹矣余

曰讀歸熙甫孟子此章叙道統不及周公顏子論亦可恍然于其故矣蓋古之聖賢有遺言而無遺意觀言者誠得其意太公望散宜生可以爲見知則周公不居其下矣孟子以此自任則顏子不在其後矣呂散謂之見知非過也然而虎踞鷹揚視夫忻忻休休之氣象何如也其不叙周公者夫亦以文王言之則周公之所師即敬止之家學其視文王若一人焉父子一道舉乎此可以該乎彼矣易作于羲文周孔而班固曰易更三聖至于談之與遷同稱太史彪之與固同號班書蓋昔人之恒辭也苟執其辭焉則武王何以不舉乎他日稱三

王而繼之以思兼孟子之意可知也孟子之自任
以道非僭也然而泰山巖巖視夫和風慶雲之氣
象何如也其不敍顔子者夫亦以在我者言之則
孟子之私淑蓋自附于及門其視顔子猶儕輩焉
彼此一道方自論則不暇于及人矣周有亂臣十
人而君奭曰惟兹四人至于序大孝則稱曾子論
好學則獨予顔淵蓋昔人之專辭也茍執其辭焉
則曾子子思又何以不舉乎他日論禹稷而歸之
于同道孟子之意可知也玅哉論也豈惟禹臯竝
稱五臣中有以禹稷竝稱者躬稼有天下當平世
是也意當舜朝禹臯陶相與陳謨帝前無他人不

見其道之同乎帝禹立稷契俱已前卒而舉皋陶薦之且授政焉不又見其君臣同代乎古以竝稱其此故與然則陸象山謂唐虞之際道在皋陶者似止見謨有皋陶而不知另有棄稷又似篤信今大禹謨舜欲傳位禹而禹只讓皋陶不及稷契遂專以道統歸之亦少過矣

又按舜以不得禹皋陶爲己憂若禹皋陶則見而知之禹皋陶竝稱者恒辭也禹稷躬稼而有天下禹稷當平世三過其門而不入禹稷竝稱者專辭也亦尠

第五十八

晩出書未論二十五篇雜亂而即與馬鄭王三家本同者亦多所增竄三家本俱不傳僅散見一二於孔穎達正義如堯典帝曰我其試哉三家本無帝曰二字四岳之言也以上文岳薦鯀云試則此試哉亦屬岳鄭康成註試以爲臣之事愼徽五典原接帝曰欽哉之下試即指愼徽五典等下女于時二語乃另一意蓋足㫖帝女嫁及期舜又未娶其賢聖如此可以爲二女之觀刑原僞作者心必欲增以帝曰不過以擇壻大事宜斷自宸衷非外廷諸臣所可與不知唐虞朝大公何事不聽其臣博議況擇壻乎蓋當師錫帝曰有鰥在下已含有可妻也之意矣又僉曰益哉

三家本僉作禹蓋禹同治水者二人曰益曰稷稷既命之仍舊職矣益是時烈山澤之功又畢虞適缺官禹蓋深知其才習於草木鳥獸故特薦之原僞作者心必欲竄爲僉曰不過以上文薦禹及垂下文薦伯夸皆屬僉曰此不宜别一例不知唐虞朝大公衆知其賢則交口譽之而不爲朋黨若獨知其賢即越衆以對而亦不以爲異愚于是嘆晚出書之紛紛多事也

按史記五帝本紀堯曰吾其試哉皆曰益可晚出書正本此

又按禹讓稷契皋陶舜不聽其讓而下即命之仍

播穀敷教明刑伯夷讓夔龍舜不聽其讓而下即
命之典樂作納言何垂讓殳斨伯與益讓朱虎熊
羆舜止不聽其讓而於彼七臣者漫無所命豈舜
竟遺才耶既讀五帝本紀云舜遂以朱虎熊羆爲
益之佐則前殳斨伯與爲垂之佐例可知也因悟
所謂往哉汝諧者諧不指其職言諧則皋陶謨同
寅之同協恭之協和衷之和蓋飭垂與益往就職
而并和其僚屬耳彼七臣者蚤已統攝入此句内
聖朝無一才或遺聖經無一字空設其眇至如此
又按朱子云孟子說益烈山澤而焚之是使之除
去障翳驅逐禽獸未必使之爲虞官至舜命作虞

然後使之養育其草木鳥獸耳洵是但謂未必使之爲虞官孟子明言益掌火陶唐氏掌火官名火正閼伯爲堯火正居商邱見左傳襄九年舜登庸則益爲之舜即帝位後益又遷作虞分明各爲一職何必致疑蓋緣朱子時已久無火官故亦不暇詳晰耳古者火官最重高辛世祝融能昭顯天地之光明以生柔嘉材周禮司爟掌行火之政令四時變國火以救時疾火不數變疾必興聖人調燮微權正寓於此觀一藏冰啓冰間尚足和四時而免夭札況火爲民生不容一日廢者其出之内之所關於氣化何如乎噫後代庶官咸備[redacted]政獨缺

飲知擇水烹不擇火民必有陰感其疾而莫之云
救者其不幸可勝道與
又按陸德明音義謂益即皋陶之子此自違從曹
大家注列女傳高誘注呂氏春秋及詩譜得來金
仁山謂其果如是則當楚滅六與蓼時伯翳之後
嬴姓若秦若徐若趙見存何得臧文仲曰皋陶不
祀乎明非屬父子非也臧文仲自傷楚彊盛日蠶
食上國而爲上國之祖者祀亦廢非謂皋陶盡無
後何以驗之皋陶偃姓羣舒皆偃姓則自出于皋
陶滅六與蓼見文五年傳矣而文十二年不猶有
羣舒叛楚乎或曰皋陶偃姓伯翳嬴姓將父子異

姓乎愚曰古者天子建德因生以賜姓堯祁姓丹朱爲其胤子自貍姓何父子同姓之有愚因又思舜五臣功皆高德皆盛當禹讓于稷契暨皋陶而不及益蓋以益爲皋陶之子也不然禹他年尚薦益於天豈此日不堪宅百揆乎又思舜五臣其四人沾新命而益尚否故禹當疇若予上下草木鳥獸之問輒以益對其情踪種種皆合益信眞古文之不可一字移易如此

又按金仁山辨伯益伯翳爲一人史遷誤析而二又以史遷作齊世家四嶽爲其祖而總敘齊又伯夷之後則是齊有二祖亦誤愚謂其誤亦遠自國

語來仁山未知周語大子晉曰胙四岳國命爲侯伯賜姓曰姜氏曰有呂又曰申呂雖衰齊許猶在鄭語史伯曰姜伯夷之後也伯夷能禮於神以佐堯者也又曰齊侯姜之儁也一以爲四岳一以爲伯夷同出一人手而錯互至此然則宜何從曰云四岳者是也觀太公望曰呂尚子丁公曰呂伋系出四岳也明甚韋昭曰伯夷四岳之族也詎便爲一人且伯夷典舜三禮未聞佐堯已明與書悖他尚足信哉

又按邵文莊寶簡端錄曰周六卿即虞九官也冢宰禹宅百揆也司徒稷播穀契敷教也宗伯夷典

禮夔典樂龍納言也司馬司寇皐陶作士也司空垂共工益作虞也配合頗當但以益作虞爲司空此不過習見近代工部有虞衡清吏司故云爾不知周禮屬地官蔡氏則云在虞曰虞在周曰虞曰衡竝屬夏官又不知所本是何等周禮蔡傳舛誤殊爲章章

或謂蔡傳曾氏曰新命者六人禹夷垂益夔龍非稷契皐陶稷契皐陶則舊職而已愚曰舊職也而命則加新矣故亦新之

又按范祖禹論立后疏云一曰族姓一曰女德一曰隆禮一曰博議博議蓋專破此陛下家事非外

人所預一輩人之語愚謂擇婦既爾擇壻何獨不然舜出虞幕幕成天地之大功其後爲王公矦伯是族姓貴也父頑母嚚弟傲能和以孝烝烝治不至姦是士德著也堯治裴下嫁二女於嬀北使爲舜婦于虞氏之家是禮之隆也四岳及羣臣諸侯同辭以對是議之博也一舉而四善咸備尚得謂之輕以天子女與匹夫而嘗試其觀刑哉故試乃别試以爲人臣非爲人夫於此尤易見云

第五十九

崑山顧炎武寧人著書言自夏以前純乎質帝王有名而無號商以下浸乎文有名有號堯舜禹皆名也

時未有號故帝王皆以名紀臨文不諱也考之書帝曰格汝舜咨禹名其臣也堯崩之後舜與其臣言則曰帝無言堯者不敢名其君也其説善矣而亦未盡然也堯舜禹亦皆有號放勳也重華也文命也三者即是也何以别之孟子引古堯典曰放勳乃徂落許氏説文正同他日引堯之言爲放勳曰則可知其以是爲號也矣唯至僞古文出重華協于帝文命敷于四海不將重華文命二字各斷爲句與今文放勳字面一例而竟連下文協于帝敷于四海自不得解作號而謂是史臣贊頌之辭矣予痛其以僞亂眞而并古帝王之休稱鴻號冠絶千載者亦掩没而不彰豈

不甚哉

按曲禮臨文不諱盧植註云臨文謂禮文也禮執文行事故言文陳氏集說云不因避諱而改行事之語蓋恐有誤於承用也文字解如此顧氏頗誤用要須易爲詩書不諱耳

又按蔡傳載蘇氏曰史記以文命爲禹名則敷于四海者爲何事耶此亦是過信晚出書故爾其實五帝本紀曰虞舜者名曰重華夏本紀云夏禹名曰文命名者號也言虞舜號曰重華夏禹號曰文命云爾唐孔氏疏人有號謚之名余謂名曰重華名曰文命此生號之名也孟子名之曰幽厲此死

謚之名也皆得謂之名

又按孟子足信不待論而屈原賦二十五篇亦近古離騷曰就重華而敶詞九章涉江曰吾與重華遊兮瑤之圃懷沙曰重華不可遻兮重華凡三見皆實謂舜豈得如放勳集註曰重華本史臣贊舜之辭屈子因以爲舜號也乎

又按漢之羣帝有號有謚如太祖其號也高皇帝其謚也此既葬後孝惠與羣臣至太上皇廟上其父之稱著見史記遷忽譌而爲高祖班固撰漢書即正之曰高帝紀但史文未盡釐正耳夫遷世掌史官于本朝開天之聖曰號曰謚猶不能置辨而

況魏晉間及齊時人遠論上古帝王乎其誤會也
固宜
又按漢書較史記加嚴而霍光傳尤其第一作予
讀之昭帝崩昌邑王未立斯時僅有皇后上官氏
無皇太后也傳却云即日承皇太后詔迎昌邑王
賀光薨宣帝已立六七年久尊上官氏爲太皇太
后斯時無皇太后也傳却云上及皇太后親臨光
喪史文之不易核實也如是
又按宋有眞宗即玄宗也蓋避其聖祖諱故唐有
代宗即世宗也蓋避太宗之諱故嘗私詡明既有
卅宗矣而弘光朝又上景帝號曰代宗不重出乎

雖宋仁宗前有文貞無文正仁宗來易爲文正繼宋之代兩謚竝行然正與貞可以兩義解而代與世不可以兩義解也終屬重意牧齋宗伯掌邦禮或不應至此詒書與化李公清問之公復書曰此當刂出顧瑞屛手瑞屛時文名家未諳舊典宜來吾子之譏耳老夫耄矣幸及未死得聞高論其虛

如是洵有前輩風範云

第六十

孟子太甲顚覆湯之典刑伊尹放之於桐三年太甲悔過自怨自艾於桐處仁遷義三年以聽伊尹之訓已也復歸于亳一段玩其文義自以伊尹放之於桐

三年爲句於桐處仁遷義爲句三年以聽伊尹之訓己也爲句蓋太甲被放後三年始悔過又三年惟伊尹訓是聽蓋凡六年始復歸于亳踐天子位焉亦猶孟子昔者孔子没一節有兩三年字史記孔子世家謂子貢凡六年然後去是也雖殷本紀載帝太甲既立三年不明暴虐不遵湯法亂德於是伊尹放之於桐宮三年伊尹攝行政當國以朝諸侯帝太甲居桐宮三年悔過自責反善於是伊尹廼迎帝太甲而授之政首三年字指初即位後不指被放之後與孟子少異要爲六年之久復辟親政則與孟子無異古大臣格君非之難如此僞作古文者生於魏晉間時皆

以書序爲孔子作故所撰二十五篇盡依傍之此序則云太甲既立不明伊尹放諸桐三年復歸于亳思庸伊尹作太甲三篇遂將放桐事撰於上篇中三年復歸事撰於中篇中以合書序而不顧不合孟子夫成王幼而即位未聞失德若太甲比然且一聞流言聽周公居東二年罪人已得矣又後鴟鴞之詩已見矣猶未悟也直至風雷示變然後迎公以歸曾謂太甲固顛覆典刑者纔放桐宮而即翻然改悟有如是其易乎哉

按殷本紀註引鄭康成曰桐地名也有王離宮焉似註書序之語宮字則從史記得來初不指桐爲

湯葬地魏晉間孔傳出始有是說愚謂此說果眞是漢武帝時巳知湯葬處矣柰何博極羣書如劉向告成帝猶曰殷湯無葬處乎蓋直至哀帝建平元年大司空御史長卿案行水災因行湯冢始得之劉向固不知也向且不知而謂孔安國知之乎其誰欺

又按趙岐註桐爲邑亦不云是葬地余讀後漢郡國志梁國有虞縣有薄縣虞則有空桐地有桐地有桐亭薄下註云有湯冢雖相去未遠判然各爲一縣所有豈得指桐爲湯陵墓地乎緣孔傳欲附會太甲居近先王則訓於義致生此說後儒見有

居憂字並謂桐宮乃諒陰三年之制非關放廢顯悖孟子尤爲怪矣

又按亳有三一南亳後漢梁國穀熟縣是湯所都也一北亳梁國蒙縣是即景亳湯所盟地一西亳河南尹偃師縣是盤庚之遷都也鄭康成謂湯亳在偃師皇甫謐即據孟子以正之曰湯居亳與葛爲鄰葛即今梁國寧陵之葛鄉也若湯居偃師去寧陵八百餘里豈當使民爲之耕乎亳今穀熟縣是也其說精矣史記註謂湯即位都南亳後徙西亳余即如皇甫謐以正之曰放太甲于桐桐在今虞城縣去偃師亦八百餘里伊尹既以身當國於

偃師又焉能時時於桐訓太甲乎仍屬穀熟方近
或曰証曷由而誤余曰誤自史記正文正文云盤
庚渡河南復居成湯之故居詎遂謂湯亦曾都偃
師以實其說不知盤庚三篇一則曰新邑再則曰
新邑曷嘗有復故居字面止下篇云古我先王將
多于前功適于山蔡傳謂先王即湯適于山即往
于亳殷亳殷三面依山鄭氏謂東成皋南轘轅西
降谷是也湯復往居此不知此原泛言古者我之
先王將欲多大於前人之功是故徙都而適於山
險之處如上所遷五邦多是非必定指湯或曰即
指湯湯或者曾有意亳殷山險往視之如武王告

周公營周居于雒邑而後去後成王卒成其志周則仍都豐鎬商或類此故當曰致有三亳鼎稱二在梁國一在河洛之間俱不出邦畿千里之外非必湯親身徙西亳若徙西亳終無以爲孟子於桐解矣凡此皆商有天下規模形勝之大者余不可以不論

或獻疑曰康成以湯都必在偃師者非獨本漢地理志實以商頌天命玄鳥降而生商宅殷土芒芒其箋云自契至湯八遷始居亳之殷地而受命亳之殷地止可謂偃師不得及穀熟與蒙既宅殷土是湯親曾居此矣康成說所自來子何獨於此說

而必達鄭余曰是則然矣湯有天下厥號曰商盤庚徙都改號曰殷盤庚以前不得有殷稱也然史記殷本紀首稱殷契呂氏春秋仲夏紀稱殷湯蓋作文字者以後代子孫所建之號通稱其先人豈得執契與湯之時已有此號豈惟此二書無逸篇云昔在殷王中宗又云自殷王中宗中宗太戊遠在盤庚前周公已不妨以殷加之則玄鳥之詩作者出武丁後又何妨以武丁所都之地名上歸其先人乎且上既云降而生商下自不得云宅商土芒芒易商爲殷文字宜然凡讀書固須論世而觀文字尤不可不會其意也

又按昧爽丕顯見左傳昭三年爲讒鼎之銘讒鼎乃魯鼎坐以待旦見孟子乃周公中夜以思此理忽得不復寐遂坐以待旦昧爽云者欲明未明之時也旦早也明也相去時僅幾希此何足以見成湯憂勤惕厲之盛而舉以告嗣王乎朝辨色始入君日出而視之辨色黎明之時日出則曰旦矣雖分有先後實相去無幾若漢劉向傳專積思於經術晝誦書傳夜觀星宿或不寐達旦鄭當時傳請謝賓客夜以繼日至明旦趙廣漢傳天性精於吏職見吏民或夜不寢至旦晉傳玄傳每有奏劾或值日暮捧白簡整簪帶竦踊不寐坐而待旦皆自

夜至旦或竟自晝日日暮至旦歷時甚久故史志
其異豈所謂於昧爽與旦之間哉連綴此語者不
惟文理弗通亦大不曉事矣
又按太甲三篇標出篇名爲禮記所引者四一表
記民非后無能胥以寧后非民無以辟四方一緇
衣毋越厥命以自覆也若虞機張往省括于度則
釋又天作孽可違也自作孽不可以逭一大學顧
諟天之明命今古文於顧諟天之明命上有先王
字於毋越厥命以自覆也無也字有愼乃儉德惟
懷永圖二語於無能胥以寧則重盤庚上篇爲罔
克胥匡以生使古文果眞吾不知作禮記者必於

先王顧諟天之明命去先王字於毋越厥命以自覆下增也字去愼乃儉德等語於罔克胥匡以生不使之重盤庚易爲無能胥以寧是何心也

又按余少嘗有一論其畧曰人主不患其有過惟患其不悔苟有過而悔未有不卓然爲一代之令主者天子之悔過商太甲尚矣周穆王次之一以桐宮之放而悔悔而作太甲一以祈招之詩而悔悔而没祗宮是皆待人而悔者也其爲從諫如流之美則一也諸侯之悔過衛武公尚矣秦穆公次之一以飲酒而悔悔而作賓之初筵一以師敗于殽而悔悔而作秦誓是皆因事而悔者也其爲陳

其既往之失則一也逮後世漢武帝悔於輪臺唐
太宗悔於遼左或舉其生平而悔之或偶懲一事
而悔之是皆有絕人之智屈己之勇而後能如此
雖然諸君皆悔之於銳氣既衰耆念易萌之日固
猶未足爲難也惟商太甲悔之於蚤年成之於六
載上以法其祖下以順其師褒稱太宗配天亡極
是誠爲不可及也夫喜其不涉僞古文中一事錄
之

又按或者聞余謂武丁都西亳引詩玄鳥景員維
河殷武陟彼景山以爲都當在景亳景亳者北亳
是以括地志寰宇記玉海爲證詞甚辯余曰此第

讀朱子詩集傳熟耳集傳兩處竝云景山名商所都也不知毛傳訓景爲大陎彼景山是使人升彼大山之上姑勿論而即眞屬山名取彼松栢成兹寢廟何必近在郊之間下文是斷是遷說者曰斷之于生植之處遷之于造作之所一遷字非無謂證以魯頌閟宮徂來之松新甫之栢是斷是度是尋是尺徂來在今泰安州新甫在今新泰縣余屢經過之去魯都曲阜尚遥未嘗不可掄其材木以成魯新廟侯國既然天子抑又可知而必以就近始得者書生寒儉之語可發一笑耳至景員維河集傳始云未詳下方有或曰景山名一段此惟孔

穎達疏最合云鄭氏轉員爲云河爲何者以頍弁旣醉言維何者皆是設問之辭與下句發端此下句言殷受命咸宜是對前之語則此言維何當與彼同不得爲水傍河也故知河當爲何維何旣是問辭則大員是諸侯大至口之所云亦不得如毛傳爲大均且古文員與云同字耳

第六十一

君前臣名禮也雖周公以親則叔父尊則師保亦自名於王前曰予旦召公亦名之爲旦曰斷未有敢自稱其字者或君於臣字而不名所以示敬如王若曰父義和之類亦未多見何晚出書所載太甲旣稽首

於伊尹矣伊尹又屢自稱其字于太甲豈不君臣交相失乎君之失緣誤倣洛誥臣之失則緣誤倣緇衣何者緇衣兩引咸有壹德一曰惟尹躬及湯咸有壹德一曰惟尹躬先見于西邑夏自周有終相亦惟終此篇鄭康成序書在湯誥後咎單作明居前馬遷亦親受逸書者即繫於成湯紀内是必於太甲無涉矣康成註書序于咸有一德下云伊陟臣扈曰此頗不可曉要王肅註云言君臣皆有一德是必當時臣工贊美湯君臣之辭故君則號臣則字不必作於湯前僞作者止見書序爲伊尹作咸有一德遂將緇衣所引盡竄入於其口又撰其辭於前曰惟尹躬克左右

厥辟宅師喋喋稱字不已不大可嗤乎或曰然則伊尹宜曷稱曰稱朕孟子朕載自亳是也稱予予不狎于不順是也稱臣若召公予小臣是也稱摯若周公予旦是也至於稱字烏乎敢

按孔安國太甲中傳云君而稽首於臣予則對之曰臣而稱字於君冠履倒置莫此爲甚果商初有此孔子讀書必有天下殆哉岌岌乎之嘆

又按說苑伊尹對湯曰君之所不名臣者四諸父臣而不名諸兄臣而不名先王之臣臣而不名盛德之士臣而不名周公當成王世有其三伊尹當太甲世有其二要太甲自無名伊尹若成王于周

公止呼公而謂伊尹便緣此不自名名其字恐無此事殆又一義證云

又按孔疏云孫武兵書呂氏春秋皆有伊尹名余謂呂氏春秋止有商之向摯無伊摯

又按立政其在受德暋安國以受德爲紂之字乃其父帝乙所作說與康成同康成則違從周書克殷解殷末孫受德呂氏春秋仲冬紀其次曰受德受德乃紂也得來頴達謂受之與德共爲紂字而經或言受或言受德者呼之有單復爾亦佳因悟向來皆謂受即紂字者非葢帝乙少子名辛字受德紂則其號爾

又按天子字諸侯僅見書文侯之命覲禮則伯父伯舅叔父叔舅之恒稱無稱其二十字者降而字陪臣惟春秋中葉後有之宣十六年王於士會曰季氏成二年王於鞏朔曰伯昭十五年王於荀躒曰伯氏籍談曰叔氏竟稱其五十字較之僖十二年王謂管仲舅氏杜預註伯舅之使故曰舅氏者已少不同豈非世降變禮之一端乎因思諸侯既異姓其臣雖與我同姓且同出自穆王之後如管仲者亦只謂之舅氏蓋即孔子名從主人之義則同姓諸侯之臣之稱從可知已或伯父之使則曰伯氏或叔父之使則曰叔氏一以國之大小而分

伯叔不以其人之字而伯氏叔氏焉斯協乎禮矣

第六十二

周禮眞聖人之書其猶有疑焉者亦不盡在煩文碎節而在一二大端處如封公以方五百里遞而降之男百里則不合於孟子止載冢宰以下六卿職掌而不上及太師太傅公孤等官則不合於書周官篇不知不合於孟子誠屬可疑不合於書周官篇蓋無足疑也周官篇其自漢書百官公卿表來乎表云夏殷亡聞焉周官則備矣天官冢宰地官司徒春官宗伯夏官司馬秋官司寇冬官司空是爲六卿各有徒屬職分用於百事太師太傅太保是爲三公蓋參天子

坐而議政無不總統故不吕一職爲官名又立三少
爲之副少師少傅少保是爲孤卿與六卿爲九焉記
曰三公無官言其有人然后充之以此運爲中一段
禮記明堂位有虞氏官五十夏后氏官百殷二百周
三百文王世子設四輔及三公不必備唯其人又運
爲首一段及中或曰然則太師太傅等竟無復有是
官與余曰是何言哉箕子父師即太師也比干少師
乃孤卿之首見今文書以西伯昌九矦鄂矦爲三公
見史記降至周太公爲太師太公罷周公由太傅遷
太師周公薨畢公繼之若召公則終身焉官太保皆
班班可考安得謂之無是官與或曰然則曷不載周

禮余曰古者三公多繫兼官唯六卿是實職周禮蓋載其實職者也其中有三公云何孤云何皆六卿職之所及亦莫或遺安得以不冠諸首而謂周禮非成書與又安得以晚出書旁採漢表而忘其所自出與

按一代有一代之官制各不相蒙西漢三公則丞相太尉御史大夫者是丙吉爲丞相道逢人逐牛牛喘吐舌吉止問之曰三公典調和陰陽職所當憂此自謂其丞相爲三公耳與太師太傅太保之三公了不相涉僞作周官者不通西漢時三公而妄以太師太傅太保當之曰兹惟三公燮理陰陽失之遠矣

又按一代有一代之官名與其職任不得相混竊以唐虞時四岳自官名百揆非官名也蓋其官以揆度百事爲職任必欲認以爲名則非何以驗之後文契作司徒司徒其官名也敷五教則其職臯陶作士士其官名也明五刑則其職以至伯夸官名秩宗而職典三禮龍官名納言而職出納朕命是舜所謂百揆亦典三禮敷五教之類耳不得爲官名苟以爲官名則五典四門大麓一例字面豈有一官名在内者乎或曰然則此爲何官余曰此即舜相堯禹相舜之相也有君則有相百王之所同未有知其所由來者也然其名亦隨在而異在

周曰冢宰在商曰阿衡又曰保衡若唐虞則不可的知矣或曰然則舜他日又曰使宅百揆非使之作相者乎余曰宅者居也言使之居揆度百事之任耳非如伯禹作司空司空則官名矣此亦幾微之辨僞作周官者不通此義竟認百揆與四岳俱官名曰内有百揆四岳其殆昔人所謂圖對偶親切者與

又按納于百揆百揆時敘惟左傳解得最分明曰以揆百事莫不時序又即孟子使之主事而事治之謂也益驗決非官名

又按陳氏振孫疑邦土邦事灼然不同予謂周禮

太宰之職一曰治典二曰教典三曰禮典四曰政典五曰刑典六曰事典小宰之職一曰天官掌邦治二曰地官掌邦教三曰春官掌邦禮四曰夏官掌邦政五曰秋官掌邦刑六曰冬官掌邦事又一曰治職二曰教職三曰禮職四曰政職五曰刑職六曰事職則司空斷宜曰掌邦事彼易事爲土者亦以左傳定四年聃季爲司空又曰聃季授土今文書禹作司空平水土遂以爲所自出乎不知司空之職鄭氏謂其掌營城郭建都邑立社稷宗廟造宮室車服器械不止邦土惟事字方包括得盡益見周禮聖人書雖一字不可擅易如此

又按記曰虞夏商周有師保有疑丞設四輔及三公不必備唯其人似三公之官起自虞夏不特如上所論見商周禮記此一段從來解皆錯有師保者太師太傅太保即下三公有疑丞者前疑後丞左輔右弼即下四輔上從省文下文相足古人文多如此因笑蔡傳云立始辭也立三公爲周家定制則始於此獨不記賈誼言昔者成王幼召公爲太保周公爲太傅太公爲太師此三公之職又言凡此其屬太師之任也古者齊太公職之以及太傅之任魯周公職之太保之任燕召公職之又言凡此其屬少師之任也古者史佚職之凡成王之

成就君德爲周令辟者端由於此安得謂六年作
周官方立太師太傅太保哉蔡氏之妄至矣
又按禹貢五服曰甸曰侯曰綏曰要曰荒通帝畿
在内周禮六服不數王畿曰侯曰甸曰男曰采曰
衞曰要又有九服與九畿同皆不數王畿則侯甸
男采衞蠻夷鎮藩並無五服字面作周官者於本
序曰六服合周制矣後文却曰六年五服一朝將
以此五服爲同禹貢乎不應内諸侯與外諸侯同
一朝期以五服爲仍周制而除去要服乎又不應
周家初盛大一統之時而即有荒服者不至之事
反覆皆不可通于是蔡氏爲之辭曰周五服在王

畿外與禹異六服則並畿内數之似目曾不覩周禮之書其妄尤甚于作古文者矣

又按今文康誥篇首云侯甸男邦采衞所列五服名色次第與周禮無異不見要服者鄭氏云以遠於役事而恒闕焉余笑謂要服路遠斧斤版築之事可以弗及未有六年一朝可寬之而不數如唐孔氏云爾者且要服猶在九州内不比夷鎮藩三服則在九州外謂之蕃國矣世壹見矣益驗周禮亶出周公而僞作者之多所牴牾云

又按周禮治官專指天官冢宰非可以泛及僞作者于篇首云董正治官似未諳治字之義

又按周禮大司徒之職施十有二教焉一曰以祀
禮教敬則民不苟云云與唐虞時司徒敷五教者
名數迥别不應成王訓迪教官不以本朝職掌而
迺遠引上古之制得毋類舍其田而芸人之田乎
殆必不爾後代儒者竟有於大司徒之職下撰其
文以補之曰掌建邦之五典以佐王擾邦國訓萬
民一曰父子有親二曰君臣有義三曰夫婦有别
四曰長幼有序五曰朋友有信異哉
又按王曰嗚呼三事暨大夫蔡傳云三事即立政
三事也予謂立政自立政周官自周官安得彊爲
引證蓋僞作者特以詩有三事大夫鄭箋專指三

公此則欲並孤與六卿之屬皆及故曰曁大夫總承上文之辭蔡氏不達遽謂上自三事下至大夫而申戒勅之不及公孤者公孤德尊位隆無煩訓戒考周禮王之三公八命其卿六命孤命數與卿同故賈誼言爲置三少皆上大夫也周禮卿即上大夫考工記九卿朝焉鄭氏謂六卿三孤爲九卿可見孤與卿不相遠安得謂之位隆大抵蔡氏不甚通古今官制每每舛如此

又按蔡傳云司寇掌邦刑不曰刑而曰禁者禁於未然也亦似是而非小宰職云秋官掌邦刑秋官篇首序云掌邦禁又云刑官之屬蓋禁即刑也與

以土易事者殊不同

又按冬官亡漢儒以考工記補之說者謂考工記前代之制秖周典大不類余亦謂冬官亡魏晉間作書者以王制補之王制漢儒所作秖周典亦不類或請徵其義余曰王制司空執度度地居民山川沮澤時四時非司空掌邦上居四民時地利之所出乎大抵魏晉間此人學亦儘博材亦儘富不肯專主一說以使人可測其亦柳子厚所謂衆爲聚斂以成其書者與

又按明堂位周三百鄭氏註云周之六卿其屬各六十周當三百六十官此云三百者記時冬官亡

矣解特玅忽憶趙歧註孟子而皆去其籍云今周禮司祿之官無其職是則諸侯皆去之故使不復存皆以經解經之切證也嘗嘆既久因附著之

又按鄭志十一卷追論康成生平應對時人者今不傳疑亦多爲後人所羼非本文何以驗之周禮保氏疏引鄭志趙商問曰案成王周官立太師太傅太保茲惟三公此二語分明是古文書康成及時人安得預見以相咨問予謂學者凡遇此等處盡從抹殺不必復疑焉以藉口可也

第六十三

嗚呼痛哉作僞書者可謂之不仁也乎古未有夸族

之刑也即苗氏之虐亦只肉刑止爾初何嘗舉人之三族而殲絶之有之自秦文公二十年始蓋秦近於戎戎法至重秦亦相承用之他國未之見也入春秋一百二三十年楚始滅若敖氏之族矣晉始滅先縠之族矣君子謂其誅已甚矣愚嘗爲之說曰古未有以人從死也有之亦自秦始亦戎法也秦本紀曰二十年武公卒初以人從死降及穆公以三良爲殉渡及晉國魏武子以嬖妾爲殉至成公二年八月宋文公卒書曰始用殉蓋傷中國而亦然也滔滔者于是不可止矣使孔子讀史至此有不太息流涕歸秦人以作俑者之罪也哉僞作古文者偶見荀子有亂世

以族論罪以世舉賢之語遂竄入泰誓篇中無論紂惡不如是甚而輕加三代以上以慘酷不德之刑予後世人主嗜殺者之口實且習其讀者羣以爲固然也苟一詳思未有不痛其言之易者我故曰作僞書者可謂之不仁也乎

按漢書刑法志高后元年嘗除三族罪孝文二年又詔除之後卒以新垣平故復行三族誅可見文帝一身旋禁之而旋復之蓋天下虐政與邪說等莫患乎倡其端端一倡後遂河決魚爛而不可救止猶秦獻公元年止從死可謂不世出之主後一百七十四年始皇崩仍令後宮非有子者皆從死

死者甚衆以例殺人無論死者莫知所避而並死死者亦恬且安之矣生人至此詎不重可悲哉予尤怪如淳註三族云父族母族妻族也夫孝文詔明指父母妻子及同產爲三族今復妄增母妻二異姓嗚呼爲斯言者簡牘之上聞鬼哭聲矣

或問莊二十三年晉患桓莊之族偪後盡殺之非滅族之首見者乎余曰桓莊之族偪故盡殺之非謂一人有罪刑及三族者比余故弗引或又問宣四年楚滅若敖氏之族實以其族謀反故却非一人有罪刑及三族者比何得引及余曰觀越椒初生子文曰弗殺必滅若敖氏矣將死聚其族而泣

曰若敖氏之鬼不其餒而則知當時已有此族滅法不必徵之於反而必以反言者特以其年可數耳予獨怪晉惠桓莊之族偪盡殺之後快不知桓叔之子萬受韓以爲大夫是爲三家之韓卒分晉國而滅之者桓叔之族也天道好還蓋可懼哉

又按秦本紀于作法之始皆書曰初有出於戎翟之俗而秦初有者三族從死是也有出於中國而秦初有者臘是也說者疑左氏虞不臘矣爲作於秦以後不知惠文君十二年初臘下張守節註曰秦蓋始效中國爲之故曰初臘余嘗譬之秦文公初有史以紀事秦宣公初志閏月史與閏月豈中

國所無待秦獨創哉然亦有秦所創者德公二年初伏是也雖然此俱未足關大重輕也予獨服史遷識力卓絶處秦襄公始列爲諸侯於本紀書之年表書之封禪書書之諸世家幾徧書之列傳亦間書焉諄諄然若不憚煩者何哉蓋秦有天下古今一大阨運也有天下始於爲諸侯爲諸侯自襄公始在易坤之初六云履霜堅冰陰始凝也馴致其道至堅冰也然則始皇雖漸至冰襄公則已霜矣太史公當陰凝之會懷憂懼之心安得不大書特書不一書而足故揚子曰太史公聖人猶有取焉

又按檀弓孔子謂不殆於用殉乎哉又不殆於用人乎哉用人與用殉有别蓋殉是殺生以衛死者用人則生納之壙中秦黄鳥之詩所謂臨其穴惴惴其慄是也予獨怪鄭康成註周禮於鸞車象人不從鄭司農注象人謂以芻爲人而以象人即偶引檀弓謂爲偶者不仁周公之制竟爲孔子所非乎後註大喪飾遣車之馬及葬埋之曰言埋之則是馬塗車之芻靈蓋以言埋之則此馬非眞馬乃塗車芻靈耳馬既以芻爲之人亦必以芻可互相證又怪孟子集註云古謂之芻靈中古易之以偶中古正周公制禮時亦惑于鄭註殆亦昔人所謂

註經誤甚于註本草誤者與

又按古之仕者世祿不得世位世卿兩見譏於公羊傳一隱三年尹氏卒一宣十年齊崔氏出奔衛公羊皆曰譏世卿世卿非禮也似即起自春秋之世然左傳襄二十五年大叔文子謂甯喜曰九世之卿族甯氏出自武公武公卒春秋前者三十六年春秋前有世卿矣又考之詩宣王有文武吉甫幽王則有赫赫師尹宣王有蹶父孔武幽王則有蹶維趣馬宣王有大師皇父幽王則有皇父卿士皆相接連其爲傳世無疑殆起自幽王世乎晚出書以受實官人以世吾無徵焉爾

第六十四

荀卿曰誥誓不及五帝故司馬法言有虞氏戒於國中夏后氏方誓於軍中殷誓於軍門之外周將交刃而誓之當虞舜在上禹縱征有苗安得有會羣后誓于師之事此不足信司馬法曰入罪人之地見其老弱奉歸無傷雖遇壯者不校勿敵敵若傷之藥醫歸之其以仁爲本如此安得有火炎崑岡玉石俱焚如後世檄文以兵威恐敵之事既讀陳琳集有檄吴將校部曲文末云大兵一放玉石俱碎雖欲救之亦無及已三國志鍾會傳會移檄蜀將士吏民曰大兵一發玉石俱碎雖欲悔之亦無及已會與琳不相遠辭

語竝同足見其時自有此等語而僞作者偶忘爲三代王者之師不覺闌入筆端則此書之出魏晉間又一佐已

按荀子大畧篇誥誓不及五帝盟詛不及三王交質子不及五伯文竝同穀梁隱八年傳但傳本是交質子不及二伯二伯自確余嘗笑僖十七年夏晉大子圉爲質於秦非穆公手中事乎荀卿其忘諸乎疏稱荀受經于穀梁巳一傳而譌雖文字小失然於事有礙故程子曰傳經爲難

又按司馬法漢志本百五十五篇宋元豐間僅五篇編入武經傳至今余嘗愛仁本天子之義二篇

眞太史公所謂閎廓深遠與所謂揖讓爲三代王師之遺言無疑頗怪小戴氏輯禮記不採入之刻爲經頒之學官置師弟子伏而讀之惜哉

又按疏稱荀卿傳魯人申公申公傳博士江翁申傳江見儒林傳申受于荀尚不足信楚元王傳少時與申公等受詩浮邱伯伯荀卿門人申於詩爲再傳何獨於春秋而親受業乎且申至武帝初年八十餘計其生當在秦初並天下曰荀卒已久疏凡此等俱譌謬不勝辨聊發憤一道以爲舉隅云爾

又按陳琳檄文中云元惡大憝必當梟夸至於枝

附葉從皆非詔書所特禽疾又云誅在一人與衆
無忌亦殲厥渠魁脅從罔治意
又按白居易記其白氏文集家藏外別錄三本一
本寘於東都聖善寺鉢塔院律庫中一本寘於廬
山東林寺經藏中一本寘於蘇州南禪院千佛堂
內蓋樂天佛弟子也故欲廣藉佛力護持余非學
佛者雅愛太史公自序有藏之名山之例此疏證
第四卷成時別錄四本一寄寘太華山頂友人王
弘撰司之一寄寘羅浮山應屈大均之請是所謂
藏之名山其二本則寄千頃堂傳是樓之主人官
長安者又所謂副在京師也至於俟後世聖人君

子愚竊有斯志深恐未足以當之云

尚書古文疏證卷四終

補遺

第四十九

又按燕召公世家其在成王時召公爲三公則可證武王時未爲太保矣

第五十二

又按上元黄虞稷俞邰謂予泰誓辭兼敘事固已牧誓有王字猶曰史臣追稱之時無幾也若管子引泰誓有武王字死然後有謚豈此三篇竟作于武王之崩後乎余曰此難甚善然古書爲後人增加改易者不少孟子七篇手所親著所見諸侯王若梁襄齊宣鄒穆滕文魯平不應皆前死於孟子

之手盡繫以謚意必有一二闕謚者謚爲後人塡補請證以春秋春秋絶筆獲麟哀公見存焉得有謚亦必後人欲與襄昭定一例改繫以謚然則孔子當日實以何書曰汲冢書稱哀王曰今王太史公書稱武帝曰今上其必稱今公可知也列子天瑞篇子列子張湛註載子於姓上者或是弟子之所記余謂非弟子所記乃弟子之所增以尊師則列子中有增蓋泰誓三篇成於初有天下日止稱王武或後史官增入與管子引時如是未可定且不聞向所辯國策有太守字乎俞部曰于此又得讀書一法矣

第五十四

又按趙子常言有見殷周古書書月則不書時以春秋書月又書時爲夫子特筆者蓋古書乃簡牘記言之體得以從畧春秋策書國之正史以事繫日以日繫月以月繫時以時繫年實三代正史遺法也借令不書時則事有不得書月者當何所繫乎此言亦破的余謂春秋魯史記之名孔子前已然年有四時不可徧舉四字以爲書號故交錯互舉取春秋二字耳此豈聖人特筆哉朱子曰孔子作春秋然後以天時加王月以明上奉天時下正王朔之義議論雖大殊傅會矣

第五十六

又按嵇叔夜難自然好學論云處在闇室覩烝燭之光不教而悅得於心況以長夜之冥得照太陽情變鬱陶而發其蒙鬱陶非作喜用而何至有因喜借作藴隆蟲蟲一類字用者晉摯虞思游賦尋凱風而南暨兮謝太陽於炎離戚溽暑之陶鬱兮余安能乎留斯夏侯湛大暑賦何太陽之赫曦乃鬱陶以興熱蓋喜近燠憂近寒亦洪範之理與

第五十八

又按劉寔崇讓論云昔舜以禹爲司空禹拜稽首讓于稷契及咎繇使益爲虞官讓于朱虎熊羆使

伯夸典三禮讓于夔龍唐虞之時衆官初除莫不皆讓也後人臣初除通表上聞名之謝章其義蓋取諸此逮季代不復有讓賢者虛謝見用之恩而已竊以人臣初除各思推賢能而讓之讓之文則付主者掌之三司有缺擇三司所讓最多者而用之此爲一公缺三公已豫選之矣且主選之吏不必任公而選三公不如令三公自共選一公爲詳也推之四征八尚書百郡守皆然蓋世之功莫大於此

第六十

又按姚際恒立方曰先王昧爽丕顯易左傳旦字

爲爽字者避下句襲孟子坐以待旦旦字也

第六十一

又按姚際恒立方論咸有一德曰篇中凡句末用德字者十一乃陳戒于德常厥德夏王弗克庸德眷求一德咸有一德惟天佑于一德惟民歸于一德惟天降災祥在德惟新厥德臣爲上爲德可以觀德是也句末用一字者四德惟一終始爲一惟和惟一協于克一是也句末用一德字者四眷求一德咸有一德惟天佑于一德惟民歸于一德是也其句内所用一字德字又不在此數通篇將題字面糾纏繳繞此殆學語者所爲耳

又按留青日札曰尚書重疊用字只以多方一篇論惟五月丁亥起共惟字四十有三多方字十一見多字又九見文法與他不同余謂此今文也正可與上古文疊用字者參觀

第六十二

又按姚際恒立方曰周家想三年一朝故叔向曰明王之制使諸侯間朝以講禮杜註謂十二年有四朝是也逮春秋降文襄世霸簡之至五歲而朝子大叔稱其不煩諸侯果如僞書六年一朝子大叔不妄語乎且上云六服此云五服少却一服則多却一年又不知如何分年作朝法耳

又按朱子亦有如周官篇既謂爲官樣文字又謂只如今文字太齊整了是在古文可疑中矣語類復有一段引漢百官表太師太傅太保是爲三公及或說司馬主天司徒主人司空主土是爲三公曰其說與周官篇合豈孔氏書所謂傳之子孫以貽後代者至是私有所傳授故班固得以述之歟盡反却平生之論余方以周官從漢表出此忽以漢表述之孔書殆顛倒見亦當盡從抹殺

又按姚際恒立方曰周本紀云成王既絀殷命襲淮夷歸在豐作周官與書序同而魯周公世家則云成王在豐天下已安周之官政未次序于是周

公作周官官别其宜作立政其云成王作者不必成王自作云周公作者亦奉成王命爲之也君臣一體正可想見序與史本不抵捂作僞者僅見序合周紀不察以魯世家遂謂成王作周官矣考立政所敘官名與周官之六卿卿有其四而爵位復迥别自餘則無一同者作僞者蓋以立政周公作周官成王作庶可掩其不同之迹不知成王作周官時周公尚在乎不應成王顯與之違周公既沒乎又可以周公肉未寒而盡反之乎必不爾矣況立政周官實皆出周公一人手筆決不自矛盾祇惜秦火以後無由覩當日眞周官云何耳又曰自

皁成兆民以上皆爲王言下又王曰忽於中間入六年至大明黜陟一段爲史臣紀事語夾雜凌亂無此體格

第六十三

又按古人於刑旋禁而旋復者不獨三族已也即宮刑亦爾漢文帝十三年感緹縈上書爲除墨劓及剕而宮尚存後漢陳寵之子陳忠上除蠶室刑事施行矣然康成註周禮云宮者丈夫割其勢女子閉於宮中若今宦男女是是暫罷旋復矣直至隋文帝開皇元年方永行停止嗚呼仁哉王伯厚以通鑑西魏大統十三年除宮刑疑周禮疏宮刑

至隋乃赦尚書疏隋開皇之初始除宮刑爲不確周禮疏則出賈公彥尚書疏出孔穎達二公皆隋唐之間人目所親覩者余衆以隋刑法志開皇元年新定五刑曰死曰流曰徒曰杖曰笞而前代鞭刑及梟首轘裂之法悉蠲除詔曰鞭之爲用殘剥膚體徹骨侵肌酷均臠切雖云遠古之式事乖仁者之刑鞭尚爾況閹割乎殆去之無疑穎達疏又云漢除肉刑三近代反逆緣坐男子十五以下不應死者皆宮之隋初始革男子宮刑婦人猶幽閉於宮其明析至此伯厚安得以魏暫除孫思[illegible]沒隋永停之仁與

右十一則係刻成後從先徵君手書他本中檢出不敢佚漏亟附四卷末以備叅考孫男學林謹識

尚書古文疏證目錄

卷五上

尚書古文疏證卷五上目錄終

尚書古文疏證卷五上

太原閻若璩百詩撰
平陰朱續晫近堂校

第六十五

今之堯典舜典無論伏生即孔安國原只名堯典一篇蓋别有逸書舜典故魏晋閒始析爲二然愼徽五典直接帝曰欽哉之下文氣連注如水之流雖有利刃亦不能截之使斷惟至姚方興出妄以二十八字橫安於中而遂不可合矣今試除去讀之堯旣嫁二女于舜矣初而歷試旣而底績繼而受終次第及於齊七政輯五瑞肇州封山濬川明刑流放四凶雖舜之事何莫非帝之事哉至是而帝乃殂落而帝之事

終矣月正元日以後則舜之事也而舜何事哉用先帝之人行先帝之政則舜之事而已如是又五十載而舜之事亦畢矣故以陟方乃死終焉惟除去二十八字耳而以殂落終堯以陟方終舜以爲一篇可以爲一人可以爲虞史欲紀舜而追及堯行事可以爲虞史實紀堯而並舜行事統括之亦無不可也推而合之他書又無往而不合也再試析爲二帝曰欽哉何以蹶然而止愼徽五典何以突如其來不可通者固多矣又況二十八字無一非勦襲陳言者乎善乎同里老友劉珵先生之言曰欲黜僞古文請自二十八字始

按鄭端簡曉予得其手批吴氏尚書纂言於二十八字上批云曰若句襲諸篇首重華句襲諸史記濬哲掠詩長發文明掠乾文言溫恭掠頌那允塞掠雅常武玄德掠淮南子鴻烈乃試以位掠史伯夸傳正見其蒐竊之踪

又按朱子謂呂伯恭言舜典止載舜元年事則是若云此係作史之妙則不然焉知當時別無文字在朱子此等識見信高明蓋書序有舜典有汨作九共稾飫十一篇皆爲舜事朱子不信序而暗與之合者如此余因悟此即後代作史法也史之有本紀爲一史之綱維猶書之有帝典體以謹嚴爲

主故今二典所載皆用人行政大者若他節目細事如設官居方别生分類則散見汨作諸篇蓋即後代志與傳所從出也近作史者舉凡志傳所不勝載之瑣事究語悉羅而入於本紀尚得謂諳史家體要哉

又按蔡傳吳氏謂肇十有二州一節在禹治水後不當在四罪之先蓋史官泛記舜行事耳初不計先後之序非也既知肇州在平水土後自應在五載一巡守後可知其四罪繫末簡者蓋因刑而附記之孔安國傳所謂作者先敘典刑而連引四罪明皆徵用所行於此總見之最確泛記舜行事初

不計先後之序若指此二節而不指彼一節亦可矣

又按胡渭生朏明謂予升聞二字又掠大戴禮記用兵篇姚際恒立方曰濬哲文明溫恭允塞八字襲詩與易夫人知之獨不知王延壽魯靈光殿賦云粤若稽古帝漢祖宗濬哲欽明王粲七釋云稽若古則叡哲文明允恭玄塞方興所上較延壽賦易欽爲文粲七釋易叡爲濬允爲溫而玄字乃移用於下則是皆襲前人之文又不得謂襲詩與易也夫舜典出於南齊延壽漢人粲漢魏人何由皆與舜典增加之字預相暗合耶其爲方興所襲自

明又漢魏時人以詩易所稱稱後王可也今以商王之濬哲溫恭周王之允塞混加之於舜烏乎可也竊以論至此眞無復餘蘊矣

又按經典釋文載齊明帝建武中吳興姚方興采馬王之注造孔傳舜典一篇言於大航頭買得上之梁武時爲博士議曰孔序稱伏生誤合五篇皆文相承接所以致誤舜典首有曰若稽古伏生雖昏耄何容合之遂不行用卓哉斯識眞可稱制臨決非一切儒生所能彷彿柰何隋開皇初不爾

第六十六

劉珵先生字超宗嘗告予曰二典爲一三謨去二子

著疏證誠不可不加意予曰然今試取皋陶謨益稷讀之語勢相接首尾相應其爲一篇即蔡氏猶知之但謂古者以編簡重大故釐而二之非有意於其閒則非通論也自曰若稽古皋陶至往欽哉凡九百六十九字比禹貢尚少二百二十五字洪範少七十三字何彼二篇不憚其重大而獨於皋陶謨釐而工乎說不可得通矣且益稷據書序原名棄稷馬鄭王三家本皆然蓋别爲逸書中多載后稷之言或契之言是以揚子雲親見之著法言孝至篇或問忠言嘉謨曰言合稷契之謂忠謨合皋陶之謂嘉不然如今之虞書五篇皋陶矢謨固多矣而稷與契會無一話一

言流傳於代子雲豈鑿空者耶胡輕立此論蓋當子雲時酒誥偶亡故謂酒誥之篇俄空焉今亡夫賴劉向以中古文校今篇籍具存當子雲時棄稷見存故謂言合稷契之謂忠以篇名無謨字僅以謨貼皐陶惜永嘉之亂亡失今遂不知中作何語凡古人事或存或亡無不歷歷有稽如此

按吳氏尚書纂言不信魏晉間古文一以今文篇第爲主但曰若稽古皐陶本出今文吳氏以篇首四字爲增斷自皐陶曰以下又不合伏生其亦揚子太玄所謂童牛角馬不今不古者與

又按困學紀聞謂葛伯仇餉非孟子詳述其事則

異說不勝其繁矣又謂孟子之時古書猶可攷今
有不可彊通者也此等識見最確予謂讀言合稷
契者亦當以是求之
又按馮班定遠謂古人文字中所用事與今所傳
不同者古書有之今人不見也亦屬此義因舉張
博望乘槎事以例曰古人多通用近焦弱侯以爲
杜詩之誤不知此出東方朔别傳見太平御覽自
與博物志所記不同焦未之知予謂洪景盧疑稷
與契無一遺言子雲何以遽立此論不知揚子之
談經杜公之徵事豈有誤者哉洪失未知亦正與
焦氏等

又按蔡邕獨斷云漢明帝詔有司採尚書皐陶篇制冕旒今其制正在益稷内邕距魏晉閒不甚遠古文孔書未出二篇猶合爲一如此至光武時張純奏宜遵唐堯之典二月東廵狩章帝時陳寵言唐堯著典眚災肆赦舜典合於堯又無庸論然晉武帝初幽州秀才張髦上疏引肆類于上帝至格于藝祖用特亦不曰舜典曰堯典蓋爾時雖孔書出未列之學官故臣下章奏亦莫敢據爲説

又按漢王莽列傳兩引十有二州皆云堯典今在舜典中此與孟子以二十有八載四句爲堯典正同竊怪朱子不信孔書而於堯典舜典原合爲一

處猶未加討論集註云蓋古書二篇或合爲一耳見猶未徹

又按後漢周磐列傳學古文尚書臨終寫堯典一篇置棺前示不忘聖道正惟彼時堯典舜典合爲一無問今古文皆然方單稱堯不及舜不然孔書列學官以後志聖道者有不並舉二典之名乎此亦可爲根證

第六十七

晚出武成篇孔傳不言其有錯簡唐孔氏疏始言之於是宋儒劉氏王氏輩紛紛考正逮朱子而益密蔡傳從之以底商之罪至罔不率俾七十八字又惟爾

有神四語皆繫于于征伐商下爲初起兵禱神之辭是已不知紂爲天下逋逃主萃淵藪在左傳昭七年爲武王數紂之罪以告諸侯之辭非告神者左氏不應有誤故僞作者只繫于予小子其承厥志下爲王若曰之辭蓋諸侯來受命王特告之並追述初起兵禱神如此以見天與人歸亦猶湯誥篇援予小子履散作初請命伐桀之辭又告諸侯之辭亦追述之也此最作者苦心湊泊處朱蔡移置必反爲所笑昔人有言千載之下難以情測也余殆欲測其情云

或問孔書援左氏以爲重其遵若繩尺莫敢或爽固矣不識左氏傳果一無所誤乎抑有乎余曰誤

亦未免特比他書差密耳憶戊申夏王源崑繩讀左傳以閔二年及狄人戰于熒澤衛師敗績遂滅衛衛侯不去其旗是以甚敗來問曰衛侯不去其旗是以甚敗此左氏推原敗之故而上文並不見懿公死下落得毋亦如史記刺客傳遺秦舞陽下落乎所關亦不細余曰文十五年凡勝國曰滅之襄十三年用大師焉曰滅此左氏書滅例也經昭公二十有三年秋七月胡子髡沈子逞滅杜氏註國雖存君死曰滅此又一例也說本公羊以此例讀閔二年傳則所謂遂滅衛者懿公已死於此句中矣下文狄入衛蓋方是入其國都孔氏疏傳言

滅而經書入引釋例爲從齊桓告諸侯之文不知狄入衞書法經傳悉同而先言滅乃是君死之謂於社稷無涉烏得謂之無下落乎古人字不虛設文章密如此

按左傳多引而不發賴註以發之註亦未盡賴疏以盡之今試舉一事論語祿之去公室五世矣斷自宣公政逮於大夫四世矣則自武子武子立襄五年上泝宣元年凡四十有一年此四十一年政將何歸乎豈論語妄語耶論語既不妄則集註誤可知然自文子數起以爲實相三君又無以位置桓子反覆皆不合讀昭二十五年傳政在季氏三

世矣註曰文子武子平子讀昭十二年傳季悼子之卒也疏曰悼子卒不書經其卒當在武子之前平子以孫繼祖武子卒後即平子立也始曉然于論語四世蓋文武平桓而悼子不在此數又孔子世家年十七是歲季武子卒平子代立皆足證前說之不誣誣不誣亦曷足深計獨怪季孫行父身爲權姦流毒累葉而享有忠公室無私積之僞名甚至明著聖經歷二千年爲傳註者莫能指以實之嗚呼何以誅姦諛於既死哉愚謂有當請於朝乞早加刊正無誤後人者此類是也

又按文武平桓相繼而立不數悼子者專謂其執

魯國之政非盡悼子不爲大夫特未命爲卿耳苟爲卿卒且書經矣不爲大夫卒恐無諡矣春秋父子並時而仕者多有如鄢陵之役欒書將中軍適子黶如魯乞師次子鍼爲厲公車右故皆大夫也佐中軍者父士燮趨進而謀戰者其子匄豈必疑甯氏父子當成公元年速猶盟向三年俞盟于宛濮爲父死子始繼而俞不會逮事文公也哉蓋文公末俞已仕爲大夫値國無事故曰有道則知成公立而艱險備至故集註以有道屬文無道屬成先文後成其次第固不紊矣

或問城濮之役先軫將中軍子先且居趙衰稱其

佐軍也善非父子並時而仕者何余曰此出晉語恐不若左氏足據左氏佐中軍者郤溱佐上軍狐偃佐下軍胥臣未聞復有一軍置且居也

又按孔安國註此章四世亦自文子數起但不知悼子宜去只得斷至平子止果爾此章發歎其在定公五年六月丙申平子未卒前乎然則桓子尚未立陽虎未囚其主何由而有三桓微矣之歎亦不合要須易註曰魯自宣公八年襄仲卒季文子始專國政歷子武子曾孫平子玄孫桓子凡四世而爲家臣陽虎所執耳

又按論語不曰自陪臣出而曰陪臣執國命者蓋

當時陪臣如南蒯陽虎公山弗擾輩俱在家制其主專其政橫行於國之中尚不似大夫得將兵於外與與列國盟會聲迹及天下故變其文不與大夫同或曰是固然矣但三世希不失矣虎輩僅及身止豈聖人反爲陪臣寬言之耶予曰否馬融論語註云陽氏爲季氏家臣至虎三世而出奔齊融號博洽嘗自稱吾見書傳多註必有徵叅以杜氏註昭十二年蒯南遺之子昭四年南遺季氏家臣則南氏亦在再世主之之列是又當爲集註補其闕爾

又按孔疏固詳博疏以解名物制度猶多未備亦

試舉一事壬子秋過陽曲松莊傅山先生字青主者適讀左傳以哀二十五年褚師聲子韈而登席公怒下問曰古人既脫屨復脫韈乎雖杜註古者見君解韈然書傳中僅此一見無別證何也余不能對久之讀陳祥道禮書始用以報曰禮書謂漢魏以後朝祭皆跣韈又謂梁天監間尚書參議案禮跣韈事由燕坐今極恭之所莫不皆跣清廟崇嚴既絶常禮凡有履行者應皆跣韈蓋方是時有不跣韈者故議者及之可見六朝時猶然而尤妙者在案禮跣韈事由燕坐二語古祭不跣所以主敬朝不脫履以非坐故惟登坐於燕飲始有跣爲

歡後則以跣示敬此亦古今各不同處因怪杜註見君解韈見君字不確要須易爲古者燕飲解韈耳先生得之喜甚曰此一段直可以正杜註補孔疏爲劉炫趙汸所未及余不敢當茲已忽忽十年聊牽連書之以見一時知己之情云

又按燕禮鄭康成謂飲酒以合會爲歡者敘立司正安燕一節曰賓反入及卿大夫皆說屨升就席說屨便包有解韈在內觀下文曰司正升受命皆命君曰無不醉賓及卿大夫皆興對曰諾敢不醉皆反坐其有跣爲歡可知左傳則以足有創疾韈不敢解乃禮之變者褚師聲子循禮之變遭公怒

詈以致君臣相攻正足補儀禮註之不逮大抵三代禮文具在一節一目人所通曉讀燕禮至說屨升就席知幷解其韈讀他禮或至說屨升就席有不必跣韈者以非燕故或曰杜預謂古者解韈與張釋之傳王生曰吾韈解同耶否耶余曰否解韈謂解去足之衣韈解則韈之帶解散耳證亦有二一呂氏春秋武王至殷郊係墮五人御于前莫肯之爲曰吾所以事君者非係也一哀帝紀中山孝王來朝賜食於前後飽起下韈繫解武王之係也中山孝王之繫也並音計皆韈所束之帶也張廷尉之跪而結也亦音計則以手從事非指物言矣

烏乎同

又按古人脱屨則有韈在脱韈則將跣足矣謝承會稽先賢傳賀劭爲人美容止在官府常着韈希見其足君臣羣而飲酒悉解其韈若徒跣謝罪者然此何禮焉曰脱韈固尚有行縢在行縢今俗名裹足是也六朝人謂之行纏或曰豈即詩小雅所謂邪幅音福桓二年傳臧哀伯所云幅音逼歟余曰近矣而實非也行縢與今裹足皆有韈以蒙其上者也邪幅與幅則無韈以蒙其上者也小雅曰赤芾在股邪幅在下邪幅以上配赤芾臧哀伯諫曰袞冕黻珽帶裳幅舄幅上以配袞冕等下以配赤舄

蓋人君之盛服也非行縢者比當康成及預時已無復其制故第曰若今行縢而已至内則有偪則常人之服也康成直註爲行縢不言若其密如此憶余至福建會城見荷蘭國人之游於市者皆以綵帛纏其足由脛以上至膝整比異常非似行縢之蓬鬆因想見古者邪幅之制禮之失也而謂竟不復遇諸四裔耶

又按後漢書始有輿服志朱子稱其詳爲前史所無間一及韈皆作絑末若隋禮儀志之詳梁天監十一年尚書參議跣韈事亦具載此臺官問訊皇太子皆朱服著韈著韈者止跣履不必跣韈蓋下

於宗廟崇嚴一等又以見爾時問訊于君則跣襪所以示極恭我固嫌杜預古者二字不確或易其註曰今見君猶解韈亦可終不若古者燕飲解韈六字爲至當又志云省閤内得著履則非唯襪不解履亦不跣至三公黄閤下履過閤還著履其分別履與襪處極爲明析矣

又按今武成列爵惟五分土惟三疏引孟子班爵祿章非是孟子爵雖五等却連天子在内地又四等與分土惟三不合蓋直用漢地理志周爵五等而土三等之説也益驗晚出書多出漢書

又按晚出書多出漢書雖字與義較今文及遷書

古文說不合亦不顧如刑法志書不云乎惟刑之
恤哉恤今文作謐遷書作靜蓋謐即靜也但字異
耳王莽列傳書曰舜讓于德不嗣嗣今文作怡遷
書作懌蓋怡即懌也亦字異他日太史公自序唐
堯遜位虞舜不台索隱曰台音怡悅也則又用今
文益驗向所謂遷書頗雜出今文
又按胡渭生朏明告予孔氏疏云君存稱滅則滅
文在上莊十年滅譚定六年滅許是也國存君死
則滅文在下胡子沈子是也據此遂滅衞自仍指
國而言非君予曰然則衞懿公尚存乎胡得有如
世所傳弘演內肝事朏明曰上敗績屬師下甚敗

屬君懿公之死隱具此二句中不必於遂滅衛句尋下落莊九年乾時之戰我師敗績公喪戎路傳乘而歸秦子梁子以公旗辟于下道是以皆止可見旗之所在敵人咸屬目焉二子以公旗辟于下道以誤齊師齊師失追莊公故得免今衛侯不去其旗去藏也除也不藏不除狄人望而知爲君遂直趨而害之甚敗之爲君死復何疑竊以此與史記跡漏處殊不同

又按詩載馳序云衛懿公爲狄人所滅鄭箋云滅者懿公死也君死於位曰滅孔疏云君死於位曰滅公羊傳文春秋之例滅有二義若國被兵寇敵

人入而有之其君雖存而出奔國家多喪滅則謂之滅故左傳凡勝國曰滅齊滅譚譚子奔莒狄滅溫溫子奔衛之類是也若本國雖存君與敵戰而死亦謂之滅故云君死於位曰滅即昭二十三年胡子髡沈子逞滅之類是也愚謂仍有用大師曰滅僖二年虞師晉師滅下陽昭十三年吳滅州來皆邑而言滅是也疏漏此一義以懿公死爲滅康成已先我而作是說雖或未可以之解左氏要說有攸據不妨兩存

又按里中顩諟在瞻問晉文公在齊妻姜氏後亦不見下落不比秦文嬴狄季隗一逆之一歸之何

也余曰蓋未及公子反國而已前死云曷徵乎爾徵諸文六年趙孟之言古者諸侯娶有九女文嬴嫡也班第一偪姞世子母也班第二季隗文公託狄時妻班第三杜祁以讓此二人也故班在四然則趙孟獨不曰以齊故讓姜氏而已又次之故班在五則姜氏不在九人之列可知其不在九人之列意其蚤死也不然文公豈得寵而忘舊者不一迎歸之乎姜豈不若季隗請待子而不嫁乎齊倘若蔡嫁蔡姬晉不興師伐之乎此等須從空中看出方識左氏文章之密劉向列女傳稱晉文迎之以歸爲夫人果爾置文嬴何地不足據

又按秀水朱彝尊錫鬯告予宋胡洵直亦有考定武成次第移既生魄庶邦冢君暨百工受命于周一十四字於于征伐商之下仍在王若曰之上移厥四月哉生明二節於列爵惟五之上曰洵直以樂記攷之孔子告賓牟賈以大武遲久之意言初久立於綴以待諸侯之至則庶邦冢君受伐商之命于周乃其時也故克商也有未及下車爲之者有下車爲之者有濟河而西然後爲之者云云其先後有倫如此則武成之次序可槩見矣予曰既生魄據漢志爲四月十六日甲辰望方協忽移作正月十六日丙午望是日武王逮師去鎬京已五

百七十里未至孟津者三百三十里在途之中豈得謂其初時乎且綴者南頭之初位久立於綴蓋未舞之前舞者持盾屹立象武王待諸侯之至計其日尚當在戊子師初發癸巳武王始發之先斷不在既望丙午大抵錫鬯平生不敢疑古文見諸贈余詩所援引每如此

又按元熊朋來亦疑武成月日曰武王以正月初三日癸巳起程再歷庚戌方爲四月一百二十八日矣雖前十九日爲辛卯王來自商至于豐仍一百十有九日克商之後逗留日久乃歸沛公欲留秦樊噲輩猶能勸以還軍豈武王反出其下可疑

一也或云死魄晦也非朔也朔則魄蘇矣上饒謝
氏疑壬辰爲正月二十九日癸巳爲二月朔若然
癸亥陳于商郊移至三月一日又與國語二月癸
亥夜陳未畢而雨不合癸亥繫二月乃左氏正文
未易改終無以釋在商淹久之疑耳予曰此不必
疑也武王往三十一日回亦三十一日共六十二
日仍餘五十七日在商熊氏徒見今武成所載反
商政至大賚數事以爲旬日可了不知樂記未及
下車而封黄帝之後於薊封帝堯之後於祝封帝
舜之後於陳下車而封夏后氏之後於杞投殷之
後於宋正論語興滅國繼絶世者蓋或有子孫而

無爵土或有爵土而無子孫武王須求訪其後以來擇地以封之此豈旬日可了孟子滅國者五十與紂共爲亂政者五十國須及在商遣兵四出薦滅以遂救民取殘之志亦豈旬日可了故五十七日人以爲久吾以爲速人以爲疑吾以爲決仁山前編繫封康叔于殷東於是歲三月內曰康誥云在兹東土酒誥云肇國在西土又云我西土棐徂則此時武王似未來自商以前也蓋武王克商留處三月而後反封康叔意此時與最合則康誥酒誥兩篇並作于在商日惜乎儒生所見於古人既不能設身處地揣度事機又不能叅考往籍補經

文之殘闕而反以後代君臣所僥爲者上疑三代
過矣夫
又按武成聞有錯簡未聞有錯句如前編武成次
第一依蔡本獨移底商之罪四字於大邑周之下
曰從子王子叅訂粗爲可讀是有錯句矣殆不足
辨者
第六十八
嘗疑劉歆三統歷末又引畢命豐刑曰惟十有二年
六月庚午朏王命作策豐刑凡十有六字今古文皆
無不知歆從何處得之而載于此既而思書大傳有
九共帝告篇之文安知非安國所得壁中書整篇外

零章剩句如伏生所傳者乎歆去安國未遠流傳定眞而所載康王年月日復關於歷法故不忍棄之僞作古文者以王命作策豐刑與已不合特爾遺去亦猶作伊訓者遺誕資有牧方明作武成者遺粤若來二月以下之辭爲露其肘也

按朱彝尊錫鬯謂予子欲集先儒疑古文尚書者曷不及元儒陳師凱乎請徵其說曰旣歷三紀當三十六年今自成王七年周公留治洛公薨君陳繼之君陳卒然後命畢公是爲康王十二年逆數至成王七年已四十有三年言三紀者舉大數固不必一一脗合予曰然然別有說三統歷載周公

攝政七年作召誥洛誥此七年在武王崩之後成王未立之先故下載成王僅三十年邵子皇極數始通以此七年繫於成王之下成王爲三十七年邵子歷是也陳師凱以邵子歷推之自覺三紀不合僞作古文者却似誤讀三統歷之攝政七年以爲即在成王三十年之內成王七年作召誥洛誥三十年作顧命凡二十四年接以康王十二年作畢命正得三十六年故曰既歷三紀若使知攝政在外既逾三紀何難變其文以求合而敢故與歷背馳哉此誤所由來也凡欲攻古文譬若攻病須洞見癥結方克直陳其狀不然大樹也豈蚍蜉所

能撼與

或曰三統歷載成王元年命伯禽侯于魯後三十年有顧命作則成王在位乃三十一年予曰下文云推伯禽即位四十六年至康王十六年薨以此證之成非三十年而何所云後三十年乃實指其紀數之年非離元年而數者

或又問曰子於古人有信有疑何此書惟劉歆之是信余曰歆之人雖非而於經學也甚精適當王莽委任之日諸所建立亦甚正反惜建武中興一切以人廢耳然其於歷法亦有未盡如推洛誥戊辰爲十二月晦日又曰是歲三月甲辰朔予以三

月甲辰朔推之須三月後十二月前置一閏方合
猶武成欲四月有庚戌辛亥亦必至閏於二月方
得不然戊辰那得在亥月盡耶要爲脱漏一筆顧
命惟四月哉生魄王不懌成王蓋自望日始病不
知幾日至甲子大漸乙丑遂崩今歷以甲子爲十
五日推是月庚戌朔是誤會經文而並歷法亦錯
算矣凡古人不能有得而無失故予因有信復有
疑予豈一槩信劉歆者哉

又按唐孔氏疏引畢命豐刑曰云云于策字下增
一書字今漢書本闕

又按姚際恒立方曰今畢命較三統歷所引增至

于豐者案宅洛係大事須告文王之廟故言至于豐命畢公何必爾且君陳畢公等果至豐告廟兩人自當一例而獨畢命云然者蓋因逸書畢命有豐刑二字既不可解故就用其豐字傅會以爲至于豐亦猶今伊訓以逸書伊訓方明作乃明耳

又按孔疏引鄭康成曰今其逸篇有冊命霍侯之事不同與此序相應非也此序指畢命書小序言予考之周書七十篇無冊命霍侯而齊梁間所出康成又不及見然則其所謂逸篇者必另有一書今不可見李氏燾陳氏振孫謂周書戰國人撰予又考之戰國策荀息引周書曰美女破舌美男破

老蘇秦引周書曰緜緜不絶蔓蔓若何毫毛不拔
將成斧柯左傳狼瞫引周志曰勇則害上不登於
明堂皆見七十篇内則此書不惟高戰國抑笑出
春秋前矣
又按孔疏云此歲入戊午蔀五十六年三月甲辰
朔大九月辛丑朔大又有閏九月辛未朔小十二
月己亥朔大故戊辰爲三十日可補漢志之闕
又按余嘗有感南沙熊氏將註春秋先求明歷共
明志錄序曰於是問歷於劉仲敬以正諸家之失
幷列所課而正之癸亥三載於京師就吳任臣志
伊學歷歸而交秦淵雲九里中益研窮之久之始

通其術案漢志成王元年癸巳歲正月己巳朔壬申日南至步至成王三十年壬戌歲正月辛巳朔甲辰日南至以授時法通漢三統歷推算之自元年正月日南至至三十年正月日南至中積一萬○五百九十二日○三刻二十五分加氣應八日三十一刻四十分爲通積滿旬周去之不盡四十○日○三刻四十六分五十秒爲甲辰日南至又置中積加閏應二日七十一刻八十八分四十二秒爲閏積滿朔實去之不盡爲閏餘二十二日七十九刻九十○分四十八秒以減冬至分餘一十七日二十三刻五十六分○二秒爲正月經朔辛

已日累加朔策二十九日五十三刻〇五分九十三秒得二月經朔庚戌日四十六日七十六刻六十一分三月經朔庚辰日一十六日二十九刻六十七分四月經朔己酉日四十五日八十二刻七十三分加一望策一十四日七十六刻五十二分九十六秒得四月經望甲子日〇日五十八刻七十九分減去太陰疾差六十二刻七十一分得四月定望癸亥日五十九日九十六刻〇八分則惟四月哉生魄王不懌十五日也甲子王乃洮頮水十六日也越翼日乙丑王崩十七日也益覺歆併哉生霸與甲子爲一日非是此足正漢志之失

又按經世之書莫尚通典其門凡八曰食貨曰選舉曰職官曰禮曰樂曰刑大刑用甲兵其次五刑曰州郡曰邊防文獻通考就其八門析而爲十九曰田賦曰錢幣曰户口曰賦役曰征榷曰市糴曰土貢曰國用曰選舉曰學校曰職官曰郊祀曰宗廟曰王禮曰樂曰兵曰刑曰輿地曰四裔又補其闕者五門曰經籍曰帝系曰封建曰象緯曰物異嘗舉似吳志伊志伊曰尚闕一門曰歷予曰仍闕一門曰河渠蓋自遷書河渠漢志溝洫厥後一統之世之史無河渠者東漢晉隋及唐偏安之世史獨有河渠者金唐無河渠說有二一程子曰漢火

德多水災唐土德少河患一宋敏求曰唐河朔地天寶後久屬藩臣縱有河事不聞朝廷故一部唐書僅載者薛平爲鄭滑節度使河決瓠子一事耳又裴耀卿傳爲濟州刺史蕭倣傳爲義成軍節度使皆有治河事金有河渠則宋史序論所謂始自滑臺大伾嘗兩經汎溢復禹蹟矣一時姦臣建議必欲回之俾復故流竭天下之力以塞之屢塞屢決至南渡而後貽其禍於金源氏是也馬端臨生於晚宋僻處鄱陽目不覩中原河流決溢之患遂闕此考要須亟補之志伊曰弟補歷考子補河渠考可也

又按羅敦仁尚書是正極闢古文書其於堯典有

言古今不同有三大事一者治邊古人薄伐粗安不與人爭命今也防之逾深增亭隧者數矣亦不能制其入也一者治河古人因便利導不與地爭勢今也持之逾急沈璧馬者數矣亦不能制其徙也一者治歷古人隨宜脩改不與天爭時今也求之逾密具表漏者數矣亦不能制其差也易曰易簡而天下之理得詩曰我思古人實獲我心嘗舉似秦雲九雲九曰治歷隨宜脩改不與天爭時是已但隨時脩改與天相應舍表漏其奚從也歷家首重日至欲得日至眞時刻必取日景爲據次驗交食欲知交食眞時刻必以水漏爲據是表漏者

治歷之規矩準繩也乃云不能制其差何哉以弟
意改作測轉交者數矣亦不能制其差也庶乎可
余曰然儒者鮮通歷故有所撰述輒舛以我思古
人實獲我心貼治歷說亦未允蓋古歷疏不比今
人如日食有推術謬誤至期不驗者若劉劭傳論
建安中正旦當日蝕是亦有卒暴有之官不及覺
天子諸侯仍行禮者若曾子問以日食與大廟火
后之喪雨霑服失容一例是皆因加時早晚食分
淺深以致立法疏闊不能預推若論其理豈有當
食不食與今時法豈有卒暴不可知之事哉蓋歷
至元郭守敬得其七分西法入中國得其九僅有

火星半度之差譬猶圍棋者實高古人四子豈非今有勝古處云九曰頃與子遊覺考核之學今亦有密於古人處乎笑而不敢答

第六十九

傳註之起實自孔子之於易孔子自卑退不敢干亂先聖正經之辭故以己所作十翼附于後漢藝文志易經十二篇十二篇者經分上下二篇餘則十翼是也一亂於費直再亂於王弼而古十二篇之易遂亡有宋諸儒出始一一復古唐孔氏詩疏謂漢初爲傳訓者猶與經别行三傳之文不與經連故石經書公羊傳皆無經文而藝文志所載毛詩故訓傳亦與經

别及馬融爲周禮註乃云欲省學者兩讀故具載本文而就經爲註朱子曰據此則古之經傳本皆自爲一書故高貴鄉公所謂彖象不連經文者十二卷之古經傳也所謂注連之者鄭氏之注具載本經而附以彖象如馬融之周禮也愚考諸藝文志周官經六篇周官傳四篇果各自爲書然則馬融以前不得有就經爲註之事決矣今安國傳出武帝時詳其文義明是就經下爲之與毛詩引經附傳出後人手者不同豈得謂武帝時輒有此耶善乎史鑑明古趙秉文畫跋考云世之作僞者幸其淺陋不學故人得而議之使其稍知時世先後而飾詞以實之尚何辨哉噫

明古之論殆爲斯傳發歟

按朱子周易本義本十二卷經二卷傳十卷盡復孔氏之舊乃爲永樂中輯大全者所殽亂後又從大全提出本義單行仍是王弼次序非朱子書顧炎武寧人告予嘗覓宋版翻刻以頒示學官甚盛心也

又按子夏易傳十卷今不傳陳氏振孫以其經文彖象爻辭相錯正用王弼本決非漢代古書最紗或曰唐張弧作也余因思關子明易傳爲阮逸僞作麻衣道者正易心法爲戴師愈僞作皆歷有確據而世之好異者猶不能舍以從之謂之何哉

又按陸德明釋文有王云者王肅之註馬云者馬融之註今監本舜典肆類于上帝下傳引王云馬云明是誤刊釋文入傳中非傳本然雖相承云梅獻孔書亡舜典一篇時以王肅註頗類孔氏遂從愼徽五典以下爲舜典用王肅註以補之不應復標王云讀者宜辨之

又按愚嘗言十三經經皆有傳傳即在經之中不必外求如十翼傳易三傳傳春秋皆不待言爾雅書詩傳也戴記儀禮傳也儀禮又自有子夏喪服傳孟子即謂論語之傳也可孝經內有經有傳其無傳者獨周官耳又思子夏喪服傳初必另爲卷

帙不插入經何者傳固自有體也毛公學自謂出于子夏傳與經別公羊高穀梁赤親受經子夏作傳皆無經文且人以喪服傳爲子夏所作者特以語勢相連與公羊體類因弟子而決先師其淵源如此何獨至喪服傳子夏輒自亂其例乎必不爾矣是宜心通其意焉可矣

又按馬端臨之父碧梧先生言朱文公於易書之合者離之於禮書之離者合之皆學者所當知也余謂合者離之即上經二卷傳十卷悉還孔氏之舊者是離者合之則答應仁仲書謂儀禮難讀只是經不分章記不隨經而註疏各爲一書者是近

時馬公驌著繹史內儀禮十七篇分章句附傳記又兼及大小戴諸書眞是繭絲牛毛讀之每令人心氣俱盡復叩其家公生長北方實不曾見朱子古禮經傳通解但以其答應氏書二語依義編次凡五年而告竣尤可嘉嘆云

又按書序引之各冠其篇首者魏晉間孔安國本然也亦從毛公分詩序以寘諸篇之首學來朱子出始復併爲一編各綴於經後曰以存古曰以還其舊離者合之是又學者所當知也

又按余謂喪服傳初必另爲卷帙不揷入經後讀元敖氏儀禮集說辨之尤悉遂備載其辭曰他篇

之有記者多矣未有有傳者也有記而復有傳者惟喪服此篇耳先儒以傳爲子夏所作未必然也今且以記明之漢藝文志言禮經之記顔師古以爲七十子後學者所記是也而此傳則不特釋經文而已亦有釋記文者焉則是作傳者又在於作記者之後明矣今考傳文其發明禮意者固多而其違悖經義者亦不少然則此傳亦豈必皆知禮者之所爲乎而先儒乃歸之子夏過矣夫傳者之於經記固不盡釋之也苟不盡釋之則必間引其文而釋之也夫如是則其始也必自爲一編而置於記後蓋不敢與經記相雜也後之儒者見其爲

經記作傳而別居一處憚於尋求而欲從簡便故分散傳文而移之於經記每條之下焉此於義理雖無甚害然使初學者讀之必將以其序爲先後反謂作經之後即有傳作傳之後方有記作記之後又有傳先後紊亂轉生迷惑則亦未爲得也但其從來既久其亦未敢妄有釐正姑識于此以俟後之君子云案漢志記百三十一篇下注七十子後學者所記也乃班固語非小顏繼公認頗誤

又按有僞書出近代證佐分明苟一言及輒譁然起被以大不韙之名且以寧可信其有者莫過史彬之致身錄鄭所南之心史一爲史兆斗所撰一

爲姚士粦所撰前說余徵諸牧齋後說聞諸曹秋
岳云

第七十

顧命正義曰其人高官兼攝下司者漢世以來謂之爲領余謂霍光以大將軍領尚書事張安世以車騎將軍領光祿勳事是也其人職卑上攝高官者謂之爲行杜君卿謂韓安國爲御史大夫行丞相事太常周澤行司徒事如眞是也余向論周官六卿是實職三公繫其兼官成王當疾困將發顧命乃同召實職之六卿觀其次第一以六卿爲序不重在三公孔安國作傳當云冢宰第一召公爲之兼太保司徒第二

芮伯爲之宗伯第三彤伯爲之司馬第四畢公爲之

兼太師司寇第五衛侯爲之司空第六毛公爲之兼

太傅如此於戹上之太保字畢毛下二公字亦無不

瞭然不當云冢宰第一召公領之司徒第二芮伯爲

之云云必以三公爲高官而覘六卿爲下司非此經

正旨大抵國家設官各有攸司當坐而論道之時自

畢公第一毛公次之召公又次之及作而行之之時

又召公第一芮伯次之以至毛公終焉更觀康王之

誥周中分天下諸侯主以二伯召公西伯也率西方

諸侯入應門左將立王之右畢公東伯也率東方諸

侯入應門右將立王之左右尊於左亦不以師屈保

下爲嫌及王答拜太保暨芮伯咸進相揖陳戒於主又一依六卿之位不復紊與同召時同豈非各有攸司唯坐而論道方重在三公而其餘實職之所繫有不盡拘以師保之尊哉余向嗤蔡傳不甚通古今官制每每舛兹讀安國傳亦然故不憚委折論之云

按春秋胡氏傳云古者三公無其人則以六卿之有道者上兼師保之任冢宰或闕亦以三公下行端揆之職禹自司空進宅百揆又曰作朕股肱耳目是以宰臣上兼師保之任也周公爲師又曰位冢宰正百工是以三公下行端揆之職也予謂作朕股肱耳目蓋君資臣以爲助猶元首須股肱耳

目以爲用乃泛論臣義不貼坐而論道虞縱有師保未見伯禹爲之頗不確周公爲師見君奭書序第十八位冢宰正百工見蔡仲之命第十九遂以周公爲先三公而後端揆也者毋論此僞書次第不足準而即以孟子徵之周公相武王武王時周公已位冢宰下及成王始兼太傅既還太師武王時太師則太公望爲之所謂維師尚父時維鷹揚此豈周公先居是任哉益不確康侯不惟不善會經旨而並引事亦輒誤

又按李燾仁父言古之所謂相者一而已初未嘗使它人參貳乎其間堯相舜舜相禹禹相皋陶皋

陶既沒乃相益湯相伊尹傳所謂仲虺爲湯左相者不足信也案仲虺爲湯左相見定元年薛宰自述其皇祖會居是官或出成湯一時之權制非恒法下至襄二十五年慶封爲齊左相雖亂人亦或有因於古未可知惟通典本管子稱黃帝置六相文十八年大史克稱舜舉十六相相則輔助之名非仁父所謂一相之任之相善夫王華歎曰宰相頓有數人天下何由得安彼六朝人且知之況黃虞盛世哉

又按六卿中惟彤爲姒姓餘皆姬惟衞在畿外餘皆畿内知其名者半顛也高也封也其不知名者

亦半或曰毛公非即毛叔鄭耶余曰恐未然定曰年祝佗曰武王之母弟八人周公爲太宰康叔爲司寇聃季爲司空五叔無官五叔者鮮也度也武也處也鄭也鄭果毛公安得謂無官且佗亦何故諱言之嘗思毛爲畿内之國伯爵爲天子公卿固其常不得如孔蔡二傳云入入則須畿外別有一國方可若韓非屬韓原乃遠謂涿郡方城縣有韓侯城故詩人于其覲王也曰入入字不苟下不然仍毛叔鄭之子嗣爵者以有道上兼乎公王肅曰毛文王庶子毋論此非鄭不從左氏富辰之言而從管蔡世家之文黜之於同母兄弟十人外何哉

又按富辰之言見僖二十四年杜註曰畢國在長安縣西北余謂此名畢原非畢陌之在渭水之北者癸丑秋曾經過其地正周畿內國形孔疏蔡傳並失所在惟通鑑周紀註其地當在漢京兆鄠縣界國于王畿之內此二者皆不得云入為天子公卿與召芮毛國同

或謂孔疏解周公封建親戚以蕃屏周是分地以建諸侯使與京師作蕃籬屏扞國並屬王畿外若下二十六國是非同縣內諸侯食采邑者比僅食采邑自不足當蕃屏故解祭伯原伯毛伯三國名在二十六國內者曰初悉封畿外後不知何年本

封絕滅還受采邑爲王卿士果爾則顧命當周盛時若畢若毛豈有本封絕滅之事仍存向畿外孔傳云入似非無據余曰亦泥看蕃屛二字昭九年文武成康之建母弟以蕃屛周下繫晉定四年昔武王克商成王定之選建明德以蕃屛周下繫魯衛唐昭二十六年昔武王克殷成王靖四方康王息民並建母弟以蕃屛周下文一則曰諸侯莫不並走其望固指畿外諸侯葢諸侯祭名山大川之在其國者曰望再則曰諸侯釋位以間王政却又指周召二公號共和者諸侯豈非畿內乎且成十一年昔周克商使諸侯撫封蘇忿生以溫爲司寇

溫今懷慶所領縣僖二十四年扞禦侮者莫如親親故以親屏周亦承鄭言鄭初封在今之華州並畿內國至杜註管雍畢酆等十國十已得其四曰雍國在河內山陽縣西畢國在長安縣西北酆國在始平鄠縣東河內野王縣西北有邘城或雒邑或宗周並屬短長千里之內豈得盡謂是本封絕滅還食釆地者乎或曰祭周公季子今河南開封府鄭州東北十五里有祭城爲其封杜氏釋例所謂祭城在河南上有敖倉者是春秋以還淪爲鄭地而王畿見有祭伯祭公以伯爵上兼公非孔疏解之大申證乎余曰祭畢竟初封在周之畿內矣

豈不足當封建當蕃屏子赤何泥一二字面而害

通部書之故實也耶

又按余謂孔傳蔡傳不甚通官制不獨是孟子註

亦然范氏曰孟子於齊蓋處賓師之位有執此以

問者其說可得而信乎曰否孟子爲卿於齊孟子

致爲臣而歸烏有所謂賓師之位哉然則既不處

賓師之位何召之則不往見之曰古有可召之臣

有不可召之臣孟子蓋欲以不可召之臣自處非

眞師也若果師則吾聞天子不召師而況諸侯乎

齊宣王自不敢來召又不待其召而後不往也或

曰孟子既不可召矣不識齊宣可就見否乎曰於

將歸始就見之前此無聞焉則齊宣之不足與有爲可知孟子所以終去也此關聖賢出處大者不可以不論

或問孟子既爲卿爲臣又曰仕而不受祿是所異於人者僅不受祿一節耳何以遂云我無官守我無言責豈當日客卿竟若此與考諸秦惠王以張儀爲客卿與謀伐諸侯昭襄王拜范雎爲客卿謀兵事當時客卿固非無所事事者何獨孟子而若此與曰此蓋齊之官制而非所論于他國也亦蓋齊宣王之官制而非所論于他王也何以見之見之田敬仲完世家也世家云宣王喜文學游說之

士自如騶衍淳于髡田駢接子慎到環淵之徒七十六人皆賜列第爲上大夫不治而議論是以齊稷下學士復盛且數百千人不治而議論者謂不治政事而各以議論相尚如騶衍則談天也淳于髡則滑稽也田駢接子慎到環淵則論黃老道德也而孟子於其間又述唐虞三代之德是皆所爲無官守無言責者孟子之言詎不信哉或曰孟子於諸游士若是其班乎曰自今日論之孟子則大賢也自當日齊梁諸君之遇孟子固未見甚異于游士也故齊宣王欲授孟子室餽萬鍾使臣民皆矜式可謂極其隆禮者然考之孟子荀卿列傳云

騶奭者齊王嘉之自如淳于髡以下皆命曰列大夫爲開第康莊之衢高門大屋尊寵之覽天下諸侯賓客言齊能致天下賢士也是固以此禮處騶奭輩矣曷足異乎且史遷明云孟子所如者不合又云困於齊梁較之騶衍所至見尊禮者爲不侔安在其能識賢而獨尊之也遷生當西漢上距戰國不甚遠故得于聞見者如此然能于齊稷下諸游士獨推孟子俾上與孔子並而知其不阿世俗苟合如騶衍之所爲此所以爲千載隻眼之人與愚嘗謂左傳足以證論語史記足以證孟子茲固其一端爾

又按司馬溫公諫院題名記古者諫無官自公卿大夫至於工商無不得諫者漢興以來始置官案漢百官公卿表武帝元狩五年初置諫大夫諫官始此其實通典云諫議大夫秦置掌議論無常員多至數十人武帝乃更置非初置溫公亦考未詳余以孟子有言責者不得其言則去徵之似齊已先有是官唯未知官何名後讀管子書使鮑叔牙爲大諫又云犯君顏色進諫必忠不辟死亡不撓富貴臣不如東郭牙請立以爲大諫之官躍然曰此即漢鄭昌所謂官㠯諫爲名鮑宣所謂官㠯諫爭爲職者與真令人聞名知警而孟子徵實齊官

制處又不待云

又按上所論右尊於左白樂天制曰魏晉以還右卑於左是古者尚右今者尚左然亦僅得謂官職名號至於他事或尚左或尚右初不可以一槩論者錢塘馮景山公以何休公羊傳註來問隱公元年立適以長不以賢立子以貴不以長註云禮適夫人無子立右媵右媵無子立左媵左媵無子立嫡姪娣嫡姪娣無子立右媵姪娣右媵姪娣無子立左媵姪娣是固尚右之說也至成公二年鞌之戰傳逢丑父者頃公之車右也面目衣服與頃公相似代公當左註曰陽道尚左故人君居左臣居

右信是說不又貴左而賤右邪何前後參錯乃爾

余曰前說是後說不豈惟何休幷傳文亦謬矣案

禮記疏乘車則君皆在左若兵戎革路則君在中

央御者居左又云元帥與諸將不同及君皆宜在

中果爾則鞌之戰頃公自居中央安得居左所以

左氏止言逢丑父與公易位不言代當左左氏長

於公羊則杜預確于何休豈待辯也子不記牧齋

詩定以孤行推杜預每於敗績笑何休之句乎山

公爲解頤

又按嘗語馮山公吉事尚左凶事尚右亦僅謂其

綱耳其細目頗不盡然如用兵凶事偏將軍居左

上將軍居右固是以喪禮處之若行伍則又軍尚左卒尚右少牢饋食禮吉也宜升左胖却升右胖曰周所貴也有司徹爲其下篇侑俎皆用左體曰侑賤也凶拜尚右手而聞遠兄弟之喪拜賓則尚左手凶冠縫嚮右而小功以下縫同吉嚮左至席一也東向南向席皆尚右西向北向席皆尚左所以者何坐在陽則上左坐在陰則上右也生人陽長左鬼神陰長右却又天道尚右地道尚左所以者何日月西移水道東流則知以所趨爲上也信眞不可以一槩論

又按玉海云秦以左爲上漢以右爲尊其說不知

何所本案秦本紀武王二年初置丞相樗里疾甘茂爲左右丞相樗里子傳以樗里子甘茂爲左右丞相似疾左而茂右甘茂傳則云秦使甘茂定蜀還而以茂爲左丞相以樗里子爲右丞相然亦未定孰尊也考秦爵二十級十曰左庶長十一曰右庶長十二曰左更十三曰中更十四曰右更十五曰少上造十六曰大上造仍以右爲尊參以二世本紀先敘右丞相去疾次及左丞相斯又次將軍馮劫其尚右奚疑

第七十一

朱子謂五經疏周禮最好詩禮記次之易書爲下旨

哉言也今姑以武成疏證之孔穎達於式商容閭之下引帝王世紀云商容及殷民觀周軍之入見畢公至云云旋又於而萬姓悅服之下引帝王世紀云王之於賢人也亡者猶表其閭況存者乎是商容旣已前卒矣竊意相隔僅四句而所引之義則違反文則遺忘至此怪矣尤怪者帝王世紀出皇甫謐一人手而若此此等識見豈不爲古文書所惑又怪蔡氏亦引亡者猶表其閭於集傳豈不記樂記有行商容而復其位孔傳有商容賢人紂所貶退式其閭巷以禮賢及韓詩外傳載武王欲以商容爲三公商容固辭不受命之事乎或曰史記殷周本紀乃是命畢公表

商容之閭無武王親式事式字何出余曰此則出留侯世家式智者之門謂箕子呂覽表商容之閭士過者趨車過者下兼攝二義故曰式商容閭雖一字必有依據如此此豈皇甫謐孔穎達蔡沈所能窺其涯際哉其信之也固宜

按殷本紀宋微子世家並載紂怒曰吾聞聖人心有七竅剖比干觀其心龜策列傳亦同泰誓下易聖人爲賢人嘗舉問友人或對曰得毋以孟子皆賢人也遂謂比干爲賢乎余曰固然却是眞用淮南子俶眞訓剖賢人之心或曰既用其上語何不並用下語析才士之脛余曰亦是用淮南子主術

訓斮朝涉者之脛而萬民叛

或問紂有億兆夷人亦有離德余有亂臣十人同心同德見左氏紂有臣億萬人亦有億萬之心武王有臣三千而一心見管子其爲古泰誓辭無疑但有臣三千注疏及蔡傳俱未詮明得毋即孟子所稱虎賁之數乎余曰然此古天子親兵也當武王初克商數至三千及搢笏說劍之後定其數八百故周禮虎賁氏屬有虎士八百人是也康王之誥曰昔君文武則亦有熊羆之士不二心之臣熊羆言其武不二心言其忠武且忠其亦不離向之所謂虎賁三千人人惟一心者與

又按丙子夏馮山公寄余書云亡者猶表其閭況存者乎亡存俱指位言非身也請證以晉語叔向賀韓宣子貧宣子拜曰起也將亡賴子存之亡上文欒懷子亡於楚之亡註亡奔也是解最確喜而函錄之

第七十二

古僞詩文有二一是明掩已之姓名以欺後世一是擬古其文和古其詩傳之既久忘其所出世以爲眞其古人矣如江淹陶徵君田居詩一篇東坡和陶偶幷和其韻後刻陶集者且竄入以爲眞陶詩竊謂白居易有補逸書一篇幸皆知爲白作耳若世遠言湮

姓名莫得其摹孔書處亦幾亂眞安知不更以爲二十五篇之儔乎愚故列之以爲觀者一笑云其文曰湯征諸侯葛伯不祀湯始征之作湯征湯征葛伯荒怠敗禮廢祀湯專征諸侯肇徂征之湯若曰格爾三事之人逮于百衆晵乃心正乃容明聽予言咨先格王有彝訓曰祿無常苟苟于仁福無常享享于敬惠乃道保厥邦覆乃德殄厥世惟葛伯反易天道怠棄邦本虐于民慢于神惟社稷宗廟罔克尊奉曁山川鬼神亦靡禋祀告曰罔犧牲以共俎盖予介厥牛羊乃曁于盜食曰罔黍稷以奉粢盛予佑厥稼穡乃困于仇餉今爾衆曰葛罪其予聞予聞曰爲邦者祗奉

明神撫綏蒸民二者克備尚克保厥家邦吁廢于祀
神震怒肆于虐民離心自繩契已降暨于百代神亟
民叛而不顚隮者匪我攸聞小子履以涼德欽奉天
威肇征有葛咨爾有衆克濟厥功其有儆師徒戒車
乘敬君事者有明賞其有罔率職罔戮力不龔命者
有常刑明賞不僭常刑無赦嗚呼朕告汝衆君子鑒
于茲欽哉懋哉罰及乃躬不可悔

按劉敞原父有士相見義公食大夫義二篇朱子
取以補儀禮爲鄉禮一之下邦國禮四之下愚最
愛其古雋之致在溫醇爾雅中氣味自不涉秦以
後摹古至此可無毫髮之恨既而思禮記畢竟出

七十子後之學者及漢儒所共作故劉原父筆力高復寢食行走浸灌于經學中放筆摹擬尚可得其神若百篇書爲三代上語又親經聖人所手定豈容臨摹者能亂眞邪譬諸有明人古文學唐宋者或得其眞學秦漢者輒得其贗此有可學不可學之别也

又按史通尚書家云晉會國孔衍以爲國史所以表言行昭法式至於人理常事不足備列乃删漢魏諸史取其美詞典言足爲龜鏡者定以篇第纂成一家由是有漢尚書後漢尚書後魏尚書凡二十六卷隋太原王劭又錄開皇仁壽時事編而次

之以類相從各爲其目勒成隋書八十卷尋其義例皆準尚書唐書王勃傳云初祖通隋末居白牛溪教授門人甚衆嘗起漢魏盡晉作書百二十篇以續古尚書今諸書皆不傳良可悼惜愚因之忽悟六朝學士家原有此種撰著文章家原有此種體制故魏晉間人遂有假古題運古事以撰成二十五篇書以與眞書相亂亦其時風尚所致非特能鑿空者然其源亦自王莽之作金縢焉漢書平帝元始五年冬帝有疾莽作策請命於泰畤戴璧秉圭願㠯身代藏策金縢置于前殿敕諸公勿敢言今此篇亦不傳若傳必有酷於摹擬處宋世嘗

目王通孔門之王莽愚則謂孔書聖經之王莽殆亦確對云

又按晉虞溥傳作學誥宋顏延之傳作庭誥雖以誥名非誥之體獨晉夏侯湛傳作昆弟誥辭旨深拗可喜而末幅着意學二謨殊可厭漢武帝元狩六年夏四月乙巳廟立皇子閎爲齊王旦爲燕王胥爲廣陵王初作誥誥即武五子傳所載賜策三篇各以國土風俗申戒者縱亦規摹訓誥而深穆簡重氣味自是近古與後代手筆不同譬諸世胄子弟即不肖乃祖父而大家風度自存若優孟衣冠終僞而已作僞尚書者能毫不異古尚屬優孟

況乎其不能耶

又按余嘗語人古文書頗易撰人多未信玆讀蘇伯衡平仲集首載周書補亡三篇曰獻禾曰歸禾曰嘉禾自云効白居易湯征之作手筆較白實高而末一篇尤佳但惜不知采獲傳記中逸書以爲之骨然已足大亂眞故并列之以俟觀者焉其文曰周公既得命禾庸作書以誥曰伻來乃命賚予以嘉禾曰臻玆在予旦嗚呼予旦尚懼弗克恭于王以獲戾于天夙夜不自皇其皇敢行貪天之功曰厥休旦之休其惟王克嗣文武德天乃用申厥眷命休祥攸集嗚呼時則大可慶亦大可恤我思

夫人未遘祥乃罔不畏既遘祥乃罔或畏惟不畏畏乃誕縱厥淫泆怠傲以速厥辜故自古小大邦罔不用降災日興罔不用降祥日亂嗚呼王尚永寅念于茲哉王尚若商王中宗之祗謹于桑穀哉王克謹惟天眷命有申王惟不謹天不惟不有申命亦作孽王亦入于畏我非敢多誥王惟心我惟股肱心不釁股肱克有濟鮮哉嗚呼圖惟厥終永保茲顯休命

又按唐文粹有陳黯禹誥一篇亦自以補尚書此則如蘇伯衡所謂陶窯缶與叜丁卣父辛爵屈生敦台夫鼎比妍其眞不知量哉其亦大可哂哉者

也隋杜正藏舉秀才試擬尚書湯誓此擬題試士之始也文今不傳

尚書古文疏證卷五上終

清乾隆眷西堂本尚書古文疏證

第三册

清 閻若璩撰 清 閻詠輯

山東省圖書館藏清乾隆十年太原閻氏眷西堂刻本

山東人民出版社·濟南

尚書古文疏證卷五下

太原閻若璩百詩撰
平陰朱續晫近堂梓

第七十三

歌詩之見於經者舜皐陶賡歌三章以下商頌五篇以上莫高於夏五子之歌計其詩或如蘇子由所稱商人之詩駿發而嚴厲尚庶幾焉乃每取而讀彌覺辭意淺近音節嘽緩此豈眞出渾渾無涯之代與親遭喪亂者之手哉猶憶少嘗愛竟陵鍾惺論三百篇後四言之法有二種韋孟風諫其氣和去三百篇近而近有近之離魏武短歌其調高去三百篇遠而遠有遠之合後代作者各領一派竊意此僞作者生於

魏晉間才既不逮魏武自不能如其氣韻沈雄學復不逮韋孟又不能爲其訓辭深厚且除一人三失惟彼陶唐關石和鈞等句之襲内外傳者餘只謂之枵然無所有而已矣蘇子瞻讀蔡琰悲憤詩以爲其辭明白感慨類世所傳木蘭詩東京無此格也建安七子含養圭角猶不盡發見況伯喈女乎夫縱不出伯喈女亦必晉人擬作故范史收入子瞻爲分别微芒不欲其亂眞況赫然詩之載於經者哉要當與千古知詩者一共評之

按胡渭生朏明予與論五子之歌退而作辯一篇遺予今載於此曰詩歌之名肇見於命夔然南風

卿雲康衢之類辭不經見未足爲據其可據者惟股肱元首三章耳夏后氏詩歌絕少塗山及夏臣相持而歌之作皆不足信而周禮所謂九德之歌離騷所謂啓九辯與九歌者泯滅無遺其見於經唯五子之歌及孟子所引夏諺而已五子之歌今文無古文有識者謂其剽竊傳記氣體卑近殊不類五子語說已詳其不復及姑舉明白易曉者言之以決其僞則莫如韻句之寥寥爲可怪也詩大序云情發於聲聲成文謂之音古無所謂韻韻即音之相應者聖主賢臣聲出爲律兒童婦女觸物成謳要皆有天籟以行乎其間非若後世之詞人

按部尋聲韻句惟艱也故賡歌三章章三句句必韻夏諺六句句無不韻當時之歌體有然下逮春秋以迄漢魏凡屬歌辭韻句最密延及唐人亦遵斯軌況虞夏之民各言其志出自天籟者乎而五子之歌不然大率首二句連韻餘則二句一韻而第一章之韻句尤疎殆不可誦章十五句其協者裁四五句耳豈作僞書者但以掇拾補綴爲工而竟忘其爲當韻也耶且古者易象龜占句必有協百家書語間作鏗鏘然則韻句而非歌者有之矣未有歌而韻句之寥寥者也即以書論孟子引太誓我武惟揚之文五句四韻左氏引夏書惟彼陶

唐之文六句六韻太誓非歌則左氏所引亦未必是歌今第三章乃襲取爲之芟帥彼天常而改其行爲厥道則又滅却二韻矣噫既用作歌抑何惡韻之若此也

又按古無平上去入四聲通爲一音故帝舜歌以熙韻喜韻起其證也五子之歌亦以圖韻下韻予韻馬蓋古法也字有古音與後代頗不同如皋陶歌明音芒與良康爲韻五子之歌其一兩下字音户馬音姥與予爲韻其四有音以與祀爲韻皆古音也此僞作古文者幸其生於魏晉之間去古未遠尚知此等若浸降而下并此亦弗識矣

又按漢書韋賢傳首載四世祖孟諫詩在鄒詩二篇即繼以或曰其子孫好事述先人之志而作是詩也此班固存疑之意然予讀後玄成自劾責戒示子孫二詩殊弗如前蓋孟詩古奥變化不逮二雅而纏緜悱惻之致溢於言表猶三百篇遺則玄成號爲有文采者詩僅如彼豈他子孫所能代作乎爲孟作無疑雖然班固存疑示慎也較之范曄竟以悲憤二章載入蔡琰傳末不復區別東坡謂之荒淺不亦宜乎

又按予嘗謂事有實證有虛會虛會者可以曉上智實證者雖中人以下可也如東坡謂蔡琰二詩

東京無此格此虛會也謂琰流落在董卓既誅父被禍之後今詩乃云爲董卓所驅掠入胡尤知非眞此實證也傳本云興平中天下喪亂文姬爲胡騎所獲沒於胡中者十二年始贖歸興平凡二年甲戌乙亥距卓誅於初平三年壬申已後兩三載坡說是也但既沒胡中十二年而歸歸當在建安十年乙酉或十一年丙戌傳云後感傷亂離追懷悲憤作詩二章信若范氏言琰正作於建安中詩正謂之建安體豈得謂伯喈女筆尚高於七子乎坡析猶未精嘗熟馮氏言蘇家論事少討論一層工夫亦殆有以也

又按木蘭詩有謂必出晉人者或曰自是齊梁本色惟文苑英華作唐韋元甫余謂唐是也亦以實證唐書百官志司勳掌官吏勳級凡十有二轉爲上柱國十有一轉爲柱國以至一轉爲武騎尉皆以授軍功詩云策勳十二轉非作於唐人而何要木蘭之人與事則或出代魏間

又按戰國策梁王魏嬰觴諸侯於范臺酒酣魯君避席擇言曰昔者帝女令儀狄作酒而美進之禹禹飲而甘之遂疏儀狄絕旨酒曰後世必有以酒亡其國者又齊桓公曰後世必有以味亡其國者晉文公曰後世必有以色亡其國者楚王曰後世

必有以高臺陂池亡其國者今主君之尊儀狄之酒也云云有一於此足以亡其國今主君兼此四者可無戒與此即第二章歌所自出然雖檃括彼語而平列直收詘然而止無復悠揚之韻故每讀策文輒覺數腴婉入易足感人不似僞作者之寥寂蓋僞作者謂代高文簡只以刪節爲能事不知劉勰有云善刪者字去而意留今第見其字去耳豈曾覺其意之留也與

又按邦之六典八則首見天官大宰小宰之職又見司會司書及大史乃第四章歌已詠大禹曰有典有則豈果周因於夏禮與抑夏歌襲周禮也

又按逸書原有五子之歌今不得見予嘗妄意其書必不似今襲左傳哀六年所引夏書之文何則賈逵註彼文爲夏桀之時不言太康逵固從父徽受眞書云十六篇逸則可知其無矣又必不似今太康爲久畋失國何則離騷經啓九辯與九歌兮夏康娱以自縱不顧難以圖後兮五子用失乎家巷王逸注言太康不遵禹啓之樂而更作淫聲放縱情慾以自娱樂不顧患難不謀後世卒以失國兄弟五人家居閭巷失尊位也屈去古未遠猶見百篇全書故述其亡由此又必不似今昆弟五人人各賦一章何則凱風七子之詩詩止四章仍出

一人手頍弁諸公刺幽王之詩孔氏以爲作詩者一人耳言諸公以作者在諸公之中稱諸公意以刺之豈有篇名五子之歌而遂五子排排作歌以應其名者乎當是時哀宗國之顛覆痛社稷之淪亡親親之愛五子皆然而中有一人焉發爲詩歌或情不自已溢而爲二章爲三章亦可而必如後代之分題授簡人限一詩者恐無此事縱五子盡嫺文辭雖然有作而必如此歌之首尾相應從輕至甚者亦恐無此事或曰疏亦以其一其二是作歌之次不必屬長幼矣予曰篇明言五子咸怨述大禹之戒以作歌非齊作乎凡疏及蔡傳曲爲孔

書解者吾皆無取

又按詩以時代而分固已然亦有不必分與分之實舛誤者莫若唐詩之初盛中晚錢牧齋嘗有序言初盛中晚蓋創于宋季之嚴儀而成于國初之高棅承譌踵謬三百年于此矣夫所謂初盛中晚者論其世也論其人也以人論世張燕公曲江世所稱初唐宗匠也燕公自岳州以後詩章悽婉傳得江山之助則燕公亦初亦盛曲江自荊州已後同調諷詠尤多暮年之作則曲江亦初亦盛以燕公系初唐也遡岳陽唱和之什則孟浩然應亦盛亦初以王右丞系盛唐也詶春夜竹亭之贈同左

掖梨花之詠則錢起皇甫冉應亦中亦盛一人之身更歷二時將詩以人次耶抑人以時降耶愚謂牧齋猶文言之請以質論之張九齡卒於開元二十八年孟浩然亦是年卒而分初盛何也劉長卿開元二十一年進士以杜詩年譜考之所謂快意八九年西歸到咸陽者天寶五載上溯其忤下考功第獨辭京尹堂當在開元二十六年二十七年縱甫登第於是時亦劉長卿之後輩矣而分劉爲中何也原其故蓋稗誤認中興間氣集錢起劉長卿等二十六人以爲中唐不知集序明言起自至德元載終於大歷末年選此二十四年之詩大歷

末固爲中唐然詩出於大歷前者尚多今亦未可彊分竊以集中如錢起李嘉祐皇甫冉韓翃郎士元張繼皇甫曾確知其天寶間進士者當升爲盛唐集中惟孟雲卿爲盛唐則以篋中集載其人不知篋中集亦編次於乾元三年較中興間氣集年數亦得其五之一篋中集七人盡爲盛唐並孟雲卿亦盛之中興間氣集爲中唐並劉長卿亦中之何其有幸不幸與而不幸者能屈其終莫伸與又稹斷自大歷至元和末爲中唐自開成至五季爲晚唐不知元和後尚有穆宗長慶四年敬宗寶歷二年文宗太和九年共十有五年竟脫去不數然

則元白何以長慶名其集而杜牧許渾輩又何登第於太和耶舛陋寡稽莫此爲甚善乎唐玄宗開元二十五年敕曰進士以聲韻爲學多昧古今此謂唐之進士也唐進士尚云爾況明之進士哉

又按錢牧齋極詆近日鍾譚所撰詩歸舉其初唐朱仲晦答王無功思故園見鄉人問詩云出朱子大全集卷第四之首註并載王無功原詩鍾批以爲此人不凡因思古人雖居村僻皆有此等素友作鄉人其舛至此亡友趙琳石寅亦舉宋之問梁宣王挽詞魯忠王挽詞有存沒貴忠良句鍾批云存不必言說到沒處方知忠良關係此武三思崇

訓父子爲太子重俊誅死者也其不考至此殆又出楝之下云

又按吾友胡朏明讀至此謂余朱子原來生唐初與王無功相酬答抑知宋胡安定至南渡後尚未死受業朱子之門乎余問故曰宋理宗本紀淳祐六年詔朱熹門人胡安定呂燾蔡模並迪功郎本州州學教授此自姓胡名安定其人者薛方山編集通鑑認作胡翼之改曰詔授朱熹門人胡瑗云云不大可笑乎子嘗詆三百年人學殖荒陋至極惟陋則妄矣

又按朱子此詩云我從銅川來見子上京客銅川

見隋地理志秀容縣下爲今忻州王無功之父官游地兄文中子所謂銅川府君者人自屬絳州龍門爲今河津縣其故園即傳謂乃還鄉里有田十六頃在河渚間是豈銅川乎以朱子博洽追代隋唐人語猶不免開口便錯況魏晉間人追代三代以上人語者哉

又按崑山吴喬先生當代之善論詩者也或問曰初盛中晚之界如何答曰商周魯之詩同在頌文王厲王之詩同在大雅閔管蔡之常棣與刺幽王之旻宛同在小雅述后稷公劉與刺衛宣鄭莊之篇同在國風不分時世惟夫意之無邪辭之溫柔

敦厚而已如是以論唐詩則初盛中晚不過嚴羽皮毛之見不惟唐人選唐詩不序世次前後即宋人之萬首絕句金人之鼓吹猶不論也高棅無識不論神意秖論皮毛奉嚴羽之說以選品彙又立正始正宗大家名家以致餘響旁流諸名目貽毒李何以成異物品彙又多收景龍應制詩立初唐高華典重之說錢牧齋謂其人介乎兩間不可截然畫斷是矣猶未窮源蓋唐人作詩隨題成體非有定體沈宋諸公七律之高華典重以應制故然非諸詩皆然而可立爲初唐之體也如南宋兩宮遊宴張掄康與之輩小詞多頌聖德祝昇平豈可

謂爲南宋詞體耶詩乃心聲心由境起境不一則心亦不一言心之辭豈能盡出一途是以宋之問遇佳人有妬女猶憐鏡中髮侍兒堪感路旁人徐安貞聞箏有曲成虛憶青蛾歛調急遥憐玉指寒杜審言春日言懷有寄語洛城風日道明年春色倍還人大酺有梅花落處疑殘雪柳葉開時任好風沈佺期迎春有林間覓草纔生蕙殿裏爭花併是梅應制有山鳥初來猶怯囀林花未發已偷新郭元振寄人有才微易向風塵老身賤難酬知己恩張說幸望春宮有繞殿流鶯凡幾樹當蹊亂蝶許多叢蘇頲扈從鄠杜間有雲山一一看皆美竹

樹蕭蕭畫不成諸公七律不多而清新穎脱之句已爾使如中晚之多更何如邪大酺扈從本是典重之題而梅花落處雲山一一等猶自恐俊不禁況他題而肯盡作伐鼓撞鐘驚海上城上平臨北斗懸等語耶劉得仁晚唐也禁署早春亦用應制之體使大歷開成人不作他詩只作應制詩其保其無不高華典重者也況景龍應制之詩雖多而命意布格使事無不相同則多人只一人多篇只一篇安可以一人一篇立體詩既雷同則與今世應酬俗學無異何足貴哉盛唐博大沈雄亦然孟浩然有坐時衣帶縈纖草行即裙裾掃落梅張謂

有櫻桃解結垂簷子楊柳能低入户枝王灣有月華照杵空隨妾風響傳砧不到君萬楚有眉黛奪將萱草色紅裙妬殺石榴花誰道五絲能續命却令今日死君家子美之却繞井欄添箇箇偶經花蘂弄輝輝等不可枚舉皆是隨題成體不作死套子語故詩必隨題成體而後臺閣山林閨房邊塞旅邸道路方外青樓處處有詩子美備矣太白已有所偏餘人之偏更甚絕無只走一路者也弘嘉瞎盛唐只走一路學成空殼生硬套子不問何題一槩用之詩道遂成異物七律盛唐極高而篇數不多未得盡態極姸猶三百篇之正雅正風也大

歷已多開成後尤多盡態極妍猶變風變雅也夫子存二變而弘嘉人嚴擯大歷開成識見高於聖人矣或曰君故護中晚何耶答曰七百年來學盛唐者未見一人有成大歷開成之詩瑕瑜不掩何須護得至於瞎盛唐詩老夫六十年前十五六歲時脚夾筆曾敵數十輩或又曰三唐變而益下何也答曰須於此中識其好處而戒其不好處方脫二李惡習得有進步左傳一人所作而前厚重後流麗豈必前高於後乎詩貴有生機一路乃發於自心者也三唐人詩各自用心寧使體格少落不屑襲前人殘唾是其好處識此自眼方開惟以爲

病必受瞎盛唐之惑忠不可以常忠轉爲質文春不可以常春轉爲夏秋初唐不可以常初唐轉爲盛唐盛唐獨可以七八百年常爲盛唐乎活人有少壯老土木偶人千年如一日

第七十四

古人文字多用韻不獨周易老子爲然其與人面語亦間以韻成文堯曰洛爾舜一段躬中窮終韻協太誓曰我武惟揚揚疆張光韻協墨子引太誓之言於去發曰惡乎君子天有顯德其行甚章爲鑑不遠在彼殷王謂人有命謂敬不可行謂祭無益謂暴無傷上帝不常九有以亡上帝不順祝降其喪惟我有周

受之大帝亦有韻之文竊意當日舜亦以命禹原未嘗增減堯一字而僞作大禹謨者於呼禹之下增十三句而至天之歷數在汝躬增四句而至允執厥中增九句而至四海困窮天祿永終又溢以二句而止不惟其辭之費意之重而於古人以韻成文之體亦大不識之矣至墨子所引以惡乎君子天有顯德其行甚章竄入泰誓下篇首以爲鑑不遠在彼殷王六句倒置之竄入中篇中又以上帝不常九有以亡二句爲重出伊訓咸有一德所用而滅去之止留其後之語反似墨子當日將古泰誓篇凡韻相協者采集成之而後引之而古人原未嘗有以韻成文之體也

按墨子原文爲鑑不遠在彼殷王下即繫以殷王所謂四語今泰誓既云商王受力行無度又更端云受罪浮于桀自不得用爲鑑不遠在彼殷王故遂易殷王爲夏王以作照應前面之辭此其遷就之本懷云

又按梅鷟幼鄦又謂古文尚書東晉上者較前僞泰誓引書加詳故遂亂本經然尚幸其有紕漏顯然以可指議者如攺今失其行爲今失厥道不與唐常方綱亡協則昧經書用韻之體矣離堯曰首節爲三段而增加其上則非舜亦以命禹之文矣正與余互相發

又按梅氏鷟亦謂堯曰咨爾舜僅五句大禹謨于五句上下輒益之共三十三句是在堯爲寂寥乎短章在舜爲舂容乎大篇矣亦可絕倒又謂孔安國註論語舜亦以命禹曰舜亦以堯命己之辭命禹不言今見大禹謨比此加詳則可證東晉時古文非西漢時安國所見之古文決矣又謂集解所引孔曰者乃安國之手筆舉安國之手筆爲證則晉人將何辭以對皆與余互相發

又按荀子引道經四語亦是以危微幾之成韻論語雖有周親四語以親人人成韻僞作大禹謨泰誓中者竟截去一半間以天視天聽之語亦係不

識文有用韻處

又按毛先舒稚黄曰易小象尤屬韻語大畧句末也字前一字率是韻小象古本元不與爻相間自相連屬成文中有一象自爲韻者如坤之初六象凝與冰韻六二象方與光韻有數象聯爲韻者如需之六四九五象聽與正韻履之六三九四九五上九象明與行與當與剛與行與當與慶韻同人之九四九五上九象克與則與直與克與得韻有遍六象爲韻者則噬嗑之象行與剛與當與光與當與明韻是也三代韻書不傳此等最有資于考古自後人以象傳爻兩相間隔便乖古聖人諧聲

摘文之意愚嘗笑詩書無口冤直難鳴不獨文義受人錯解並篇第任人移易此殆其一事耳矣

又按傳記引書有本非韻語却被僞作者或增或删或竄改以圖與韻叶若古人文實有如此協比其音者又得數條亦不可不察增者何呂氏春秋夏書曰天子之德廣運乃神乃武乃文增乃聖二字于乃神上皆四字句以神與文叶删者何荀子其在中蘬之言也曰諸侯自爲得師者王得友者霸得疑者存自爲謀而莫己若者亡删得友者霸二句以王與亡叶竄改者何禮記兌命曰惟口起羞惟甲冑起兵惟衣裳在笥惟干戈省厥躬改兵

字爲戎以下與躬叶此皆屬其狡獪處

又按顧氏音學五書言文人言韻莫先於陸機文賦余謂文心雕龍昔魏武論賦嫌於積韻而善於資代晉書律歷志魏武時河南杜夔精識音韻爲雅樂郎中令二書雖一撰於梁一撰於唐要及魏武杜夔之事俱有韻字知此學之興蓋於漢建安中不待張華論韻何況士衡故止可曰古無韻字不得如顧氏云起晉宋以下也

又按音學五書言古詩無叶音載陳第季立序言頗詳尚未及焦氏竑筆乘一段余勸東海公補入諸而未行書已刊布今補於此亦大有裨益韻學

云筆乘曰詩有古韻今韻古韻久不傳學者于毛詩離騷皆以今韻讀之其有不合則彊爲之音曰此叶也某意不然如騶虞一虞也既音牙而叶葭與豝又音五紅反而叶蓬與豵好仇一仇也既音求而叶鳩與洲又音渠之反而叶逵如此則東亦可音西南亦可音北上亦可音下前亦可音後凡字皆無正呼凡詩皆無正字矣豈理也哉如下今在馬押而古皆作虎音擊鼓云于林之下上韻爲爰居爰處凱風云在浚之下下韻爲母氏勞苦大雅緜至于岐下上韻爲率西水滸之類也服今在屋押而古皆作迫音關雎云寤寐思服下韻輾轉

反側傒人云不稱其服上韻爲不濡其翼騷經非時俗之所服下韻爲依彭咸之遺則大戴記孝昭冠辭始加昭明之元服下韻崇積文武之寵德之類也降今在絳押而古皆作攻音草蟲云我心則降下韻爲憂心忡忡騷經惟庚寅吾以降上韻爲朕皇考曰伯庸之類也澤今在陌押而古皆作鐸音無衣云與子同澤下韻爲與子偕作郊特牲草木歸其澤上韻爲水歸其壑昆蟲毋作之類也此等不可殫舉使非古韻而自以意叶之則下何皆音虎服何皆音迫降何皆音攻澤何皆音鐸而無一字作他音者耶離騷漢魏去詩人不遠故其用

韻皆同世儒徒以耳目所不逮而鑿空傅會良可歎矣予兒朗生五歲時方誦國風問曰然則騶虞好仇當作何音其曰葭與豝爲一韻蓬與豵爲一韻于嗟乎騶虞一句自爲餘音不必叶也如麟之趾趾與子爲韻麟之定定與姓爲韻于嗟麟兮一句亦不必叶也殷其靁黍離北門章末語不入韻皆此例也兎罝仇與逵同韻蓋逵古一音求王粲從軍詩雞鳴達四境黍稷盈原疇館宅充鄽里士女滿莊馗馗即逵九交之道也不知逵亦音求而改仇爲渠之反以叶之遷就之曲說也愚按惟逵古音求說非是蓋逵雖亦作馗不比馗有二音止

音葵經文未嘗作馗豈容讀入尤韻毛氏先舒引漢書趙幽王歌爲王餓死兮誰者憐之呂氏絶理兮託天報仇云仇可與之叶自亦可與逵叶證朱子音爲獨得也

又按人皆言今之韻書多沈約吴音眞屬奇冤約四聲一卷唐已不傳取士一以陸法言切韻五卷爲準今之韻書其部之併則平水劉淵本也其字之省則景祐禮部韻畧本也而酌古沿今折衷於南北之音者則陸法言所撰本也人坐不讀陸法言序耳讀之自曉善乎馮氏班有言韻書定于陸法言廣于孫愐法言序云與儀同劉臻等夜集論

南北取韻不同曰我輩數人定則定矣遂把筆記之洛下爲天下之中南北音詞于此取正永嘉南渡洛中君子多在金陵故音詞之正天下惟有金陵洛下也然金陵襍吳語其音輕洛下染北音其音濁當法言定韻之夕如薛道衡北人也顏之推南人也當時已自叅合南北而後定之故韻非南音也今人但知沈休文是吳興人耳抑尚有未盡者當開皇初劉臻等八人同詣法言門宿夜永酒闌商搉韻事不獨薛道衡北也魏淵盧思道李若辛德源皆北人不獨顏之推南也劉臻蕭該皆南人法言亦魏郡臨漳人序云蕭顏多所決定蓋蕭

該撰漢書及文選音顏之推家訓有音辭之篇並
深于小學者魏著作淵謂我輩數人定則定矣蓋
此八人乃極天下文人之選一席千載各各自任
是以進書於朝則抱賞歸家人皆稱歎流傳於後
則唐以施場屋號官韻宋以例九經令刊行其重
如此豈若約獨得胸襟空矜入神梁天子竟不遵
用者哉又人皆言約實創始曾無先覺亦緣過信
其謝靈運傳論遂爾上掩周顒之美下來陸厥之
攻英雄欺人誠亦有之缺舌蠻音嘻其甚矣
又按韻與於漢建安及齊梁間韻之變凡有二前
此止論五音後方有四聲何謂五音魏左校令李

登作聲類晉呂靜放登之法作韻集五卷使宮商龣徵羽各爲一篇後魏崔光依宮商角徵羽本音爲五韻詩以贈李彪隋潘徽所謂李登聲類呂靜韻集始判清濁纔分宮羽者也何謂四聲南史陸厥傳永明末盛爲文章沈約謝朓王融以氣類相推轂周顒善識聲韻約等文皆用宮商將平上去入四聲以此制韻周顒傳始著四聲切韻行於時沈約傳撰四聲譜以爲在昔詞人累千載而不悟四聲實始于此不然有韻而即有四聲自梁天監上溯建安且三百有餘載矣何武帝尚問周捨以何謂四聲哉蓋此事初起不獨人莫之信如鍾嶸

言平上去入余病未能即已亦未嘗遵用約論四
聲玅有詮辯而諸賦往往與聲韻乖是也
又按嗚呼始爲叶音之說者誰歟其亦可謂之不
識字也矣字有古音以今音繩之祇覺其扞格不
合猶語有北音以南音繩之扞格猶故也人知南
北之音繫乎地不知古今之音繫乎時地隔數十
百里音即變易而謂時歷數千百載音猶一律尚
得謂之通人乎哉曷始乎始則自後周有沈重者
音毛詩于南字下曰協句宜乃林反陸德明從而
和之籀於漢善於選亦各曰合韻協韻自時厥後
滔滔不返朱子作傳註益習爲固然幾無一不可

叶者音之亡久矣天牖其衷音學復明發端於明之焦氏陳氏大備於近日柴氏毛氏顧氏之書試取所未及者言之穀梁傳云吴謂善伊謂稻緩今吴人無此音也唐韻云韓滅子孫分散江淮間音以韓爲何字隨音變遂爲何氏今江淮間無此音也吕氏春秋云君呿而不唫所言者莒也高誘註呿開唫閉顔之推謂北人之音多以舉莒爲矩惟李季節云齊桓公與管仲於臺上謀伐莒東郭牙望桓公口開而不閉故知所言者莒也然則莒矩必不同呼此爲知音矣及予與莒州人遇叩其鄉貫呼莒爲俱兩切不爲居許切則音之變也然猶

可諉曰此方言也請證以離騷洪興祖本於多艱夕替之下引徐鉉曰古之字音多與今異如皂亦音香乃亦音仍蓋古今失傳不可詳究如艱與替之類亦應叶但失其傳耳予謂此即古音也然又可諉曰楚辭辭楚故訛韻寔繁更證以三百篇三百篇風字凡六見皆在侵韻内今吾鄉山西人讀風猶作方愔反不作方戎反正顔之推所謂北方其辭多古語是也予獨怪朱子于九歌國殤雄與凌韻云今閩人有謂雄爲形者正古之遺聲夫既知爲古之遺聲不因以悟其餘而仍於其下註曰雄叶音形抑獨何哉

又按漢書東方朔傳郭舍人即妄爲諧語曰師古注諧者和韻之言也亦可證爾時無韻字

又按陸德明經典釋文於士冠禮祝辭三服字皆云服叶蒲北反二福字皆云福叶筆勒反獨三德字爲正音不知皆古正音也服與福音變而德音不曾變也使非音變服原音馥周公當日既以此字爲韻首自以此爲主當叶下德字讀入一屋韻内不當以第二韻德字爲主反預叶上服字音匐入二十五德韻以就之矣此固情理易曉古今人所同然者何陸氏誤至此緣未有以焦氏筆乘等議論告之耳亦所謂恨古人不見我

又按初讀尚書釋文見書序共字云王巳勇反臯陶謨嚴字云馬魚檢反益稷絺字云鄭陟里反馬鄭王三家已俱有反語疑不始自孫叔然顏之推張守節語並誤既讀崇文總目云德明以南北異區音讀罕同乃集諸家之讀九經論語爾雅老莊者皆著其翻語以增損之是三家反語德明代作非三家本實然顏張初不誤然儀禮士昏禮記註用昕使者用昏壻也壻悉計反從士從胥俗作壻女之夫鄭作反語有此一條

第七十五

古人字多假借某當讀爲某其類弗可悉數第以四

子書證之有以形相近而讀者素隱之爲索隱有以聲相近而讀者旣稾之爲飆稾有以形聲俱相近而讀者親民之爲新民有形旣不同聲亦各異徒以其義當讀作某者命也之命鄭氏以爲慢程子以爲怠是也安國壁中書原有旅獒篇馬融鄭康成親從講習知旅獒不得讀以本字故註書序馬云作豪酋豪也鄭云獒讀曰豪西戎無君名强大有政者爲酋豪國人遣其酋豪來獻見於周蓋從篇中文與義定之也僞作此篇者止見書序有旅獒字遂當以左傳公嗾夫獒焉爾雅狗四尺爲獒之獒若似馬鄭爲不識字也者竊惟馬鄭兩大儒其理明義精之學或不如

後代而博物洽聞迥非後代所能彷彿豈並獒字亦不識乎亦待之太薄矣

按書序西旅獻獒太保作旅獒孔穎達疏上旅是國名下旅訓爲陳二旅字同而義異孔傳所謂因獒而陳道義是也此從下文巢伯來朝芮伯作旅巢命例出而蔡傳竟解作國名亦可謂字并不識矣

又按旅者陳也因獒而陳道義此自史臣所命篇名非當日太保胸中有此二字以訓戒王二十八篇之書有整取篇中字面以名如高宗肜日西伯戡黎之類有割取篇中字面以名如甘誓牧誓之

類皆篇成以後事今乃云太保乃作旅獒用訓于王分明是既有篇名後按篇名以作書故不覺無意漏出或曰惟克商以下書之本序太保乃作云云亦史臣爲之辭耳余曰然則召誥太保乃以庶邦冢君出取幣乃復入錫周公不會有召誥字吕刑惟吕命王享國百年耄荒度作刑以詰四方不會云作吕刑以詰四方何獨古文直罵題出論至此而人猶未悟則惟三國志注有一譬曰若不見亮正使刳心著地與數斤肉相似

又按國語仲尼在陳一篇正旅獒之藍本但自昔武在克商至分異姓以遠方之職貢使無忘服也

皆孔子語今割昔武王克商二句爲序以分同姓異姓入召公口中亦所謂敘議錯雜者也國語指肅愼氏貢楛矢肅愼内傳稱爲周北土書序爲東夸韋昭則曰東北夸之國予案之其地即今寧古塔謂東者是也今竄爲西旅獻獒又所謂東西莫辨者矣予留京師久遇有從寧古塔來者詢其風土云東去一千里曰混同江江邊有榆樹松樹枝既枯墮入江爲波浪所激盪不知幾何年化爲石可取以爲箭鏃榆化者上松次之西南去六百里曰長白山山巔之陰及黑松林徧生楛木可取以爲矢質堅而直不爲燥濕所移又有鳥曰海東青

即隼也予固請得一石砮以歸因歎禹貢紀山川而不紀風俗紀物產而不紀人才以山川物產亘千年而不變者驗諸人言猶然然則國語既鑿可信而竄爲旅獒文者何爲也哉

又按漢書趙充國傳注孟康曰豪帥長也傳中先零豪名封煎罕开豪名靡當兒又有大豪中豪下豪之別乃知羌戎稱豪訖漢猶然

又按姚際恒立方曰蔡氏解西旅貢獒召公以爲非所宜受作訓以戒王竊以前此驅虎豹犀象而遠之此反有取於一獒恐無是理武成篇既言歸馬矣此又慮其畜馬而諄戒何耶獒當如馬鄭二

家作豪解尚可

第七十六

文有以譬喻出之而理愈顯而事愈著而意味愈深求若改而正言則反索然試一指陳誠有不能掩其改之迹者論語譬如爲山未成一簣止吾止也此譬喻文也今明明改之曰爲山九仞功虧一簣猶以論語出於旅獒可乎人而不爲周南召南其猶正牆面而立也與其猶即譬如也今明明改之曰不學牆面猶以論語爲出於周官可乎君子之德風小人之德草有草上之風必偃而取譬意方見今改而截其半曰爾惟風下民惟草將成王爲好作歌後之語而令

君陳猜測之乎抑可乎不惟此也譬如爲山出於旅獒譬如平地又出何書乎君子德風小人德草出於君陳而子帥以正孰敢不正勢又必出君牙爾身克正罔敢弗正將夫子爲不能自吐一語之人乎而必古文之是襲也亦待之太薄矣

按余嘗謂左傳左氏作非左邱明蓋左氏六國時人習聞闕里遺言而樂稱之故每於孔子前人不覺以易論語之文散入其口中此自是其文之所至非當日本然也如襄九年穆姜舉元體之長也已先文言有之豈孔子襲穆姜乃撰穆姜語者用孔子耳而代之後先事之虛實有不暇顧故曰左

之失誣或者猶以歐陽公言爲據余請更以事徵之千古聖人莫過孔子孔子所著書莫如論語論語言學莫大於仁言仁莫精於顏淵仲弓問兩章據昭十二年則克己復禮仁也爲古志之語據僖三十三年則出門如賓承事如祭仁之則也爲臼季所聞皆先論語有之豈孔子于二子定規規然取陳言以應之乎必不爾也要在一反轉觀之而誣自見竊謂能移此法以讀古文則亦可無惑於論語矣

又按梅氏鷟亦謂爲山九仞功虧一簣不特攘諸論語抑且攘孟子掘井九軔九仞二字余謂掘井

可以九仞言而爲山不可以九仞言觀荀子一書於山皆曰百仞於淵於谷亦曰百仞惟牆曰數仞木曰十仞下字細密如此豈似古文之駮且妄與

又按梅氏鷟謂中庸辟如行遠必自邇辟如登高必自卑古文以若代辟如以升代登可也而以陟代行則不可何則書汝陟帝位詩陟彼崔嵬凡陟皆升高之義無有用在遐字上者獨此亦殊不然今文立政篇其克詰爾戎兵以陟禹之迹方行天下至于海表非陟遐之一註脚乎古人用字却又不盡拘拘

又按漢書敘傳云我德如風民應如屮不曰民德

曰民應應字內含有草隨風偃之意且固自以身在論語後引論語可不備若君陳欲作成王語豈容如是

又按甚矣左之失誣也而外傳尤甚如曹風候人之詩彼其之子三百赤芾刺共公也共公二十一年爲內傳魯僖二十八年晉侯入曹數其乘軒者三百人也正與詩合若前此六年爲共公十五年縱是詩已有安得甫脫於曹風人之手而輒遠述於楚成王之口向其臣曰曹詩彼己之子不遂其媾予誣莫甚于此又何尤乎穆姜

第七十七

余向謂史記多古文說今異者不過字句間爾今且有顯然出太史公手標舉書目其辭至二十八字爲安國書所未載將太史公所從問乃另一棘下生子安國而安國所授本非復此二十五篇也然後可河渠書首引夏書曰禹抑鴻水十三年過家不入門陸行載車水行載舟泥行蹈毳山行即橋余謂禹抑鴻水與孟子合十三年與今文作十有三載乃同合過家不入門與孟子及今文啓呱呱而泣予弗子合陸行載車以下又與尸子及今文予乘四載合其事事有根據非苟作如此魏晉間人竟以世所童而習之之書書且開卷便見忘其采用豈非天奪之鑒褫其

魄與吾今日以口實也哉

或問子以禹抑鴻水魏晉間人忘其采用若采用當入何篇余曰其大禹謨乎或問大禹謨在眞安國書爲虞夏書即假安國亦名虞書何居而以夏書入大禹謨也余曰以左傳例之蓋可入也文十八年三引虞書文皆在今舜典僖二十七年一引夏書文在今益稷其引逸夏書者十有四一未采用二入五子之歌二入胤征餘則盡入大禹謨故以夏書入大禹謨以下篇者準僖二十七年例也非無稽也或曰子於僞古文尚書學推見至隱如此得無亦勞而罔益乎予不覺失笑

按夏本紀稱禹爲人敏給克勤克勤二字爲大禹謨所采尚有二語甚精曰聲爲律身爲度未經用予曾戲以荀子聖也者盡倫者也王也者盡制者也檃栝爲惟聖盡倫惟王盡制以語一酷信古文者云此古逸書其人欣相賞叩出何書而不悟其爲君無口爲漢輔之類也

又按除太史公引逸夏書外商君傳趙良引書曰恃德者昌恃力者亡蔡澤傳引書曰成功之下不可久處此皆在秦未燔書之前意所引出全書百篇中其標名出引周書者則楚世家欲起無先蘇秦傳緜緜不絕蔓蔓柰何毫釐不伐將用斧柯蒙

恬傳必參而伍之主父偃傳安危在出令存亡在所用貨殖傳農不出則乏其食工不出則乏其事商不出則三寶絕虞不出則財匱少以周書七十篇按之緜緜不絕和寤解也存亡在所用王佩解也意欲起無先至農不出等語亦出七十篇內但今已亡缺十有一篇不復可考見云

第七十八

余向謂說文皆古文今異者亦只字句間然從其異處論之已覺義理長非安國書可比今且有安國所不載辭至多其必出賈侍中所授二十四篇也可知故除名標逸周書者不錄錄虞書焉商書焉周書焉

尚書及書焉虞書曰仁閔覆下則稱昊天虞書又曰怨匹曰逑商書曰以相陵懱周書曰宮中之宂食讀若周書若藥不瞑眩周書曰戔戔巧言周書曰來就惎惎周書曰貐有爪而不敢以撅周書曰王出涘周書曰伯䍐周書曰師乃搯周書曰孜孜無怠周書曰惟緢有稽尚書曰圛圛升雲半有半無書曰竹箭如櫭右皆魏晉間忘其采用者而宋洪邁反疑之爲不可曉善夫徐鉉進說文表云大抵此書務援古以正今不徇今而違古予謂賈許所授受古也魏晉間出今也徇今而違古洪氏之見也援古以正今予之見也意果孰謂古今人不相及也

按伏生今文以下王肅鄭康成古文以上統名虞夏書無別而稱之者兹說文于引今堯典舜典臯陶謨益稷之文皆曰虞書於引禹貢甘誓之文皆曰夏書固魏晉間本之所由分乎唯於今舜典五品不遜作唐書與大傳說堯典謂之唐傳同四引洪範皆曰商書與左氏傳同却與賈氏所奏異豈愼也自亂其例與抑有誤

又按仁閔覆下則稱旻天毛詩傳並同嘗意孟子號泣于旻天出古舜典則此亦應爲其文怨匹曰逑與桓二年嘉耦曰妃怨耦曰仇古之命也同凡左氏古之命也皆古有是言其即指虞書可知伯

臩重今冏命蓋鄭孔各有一冏命故其稱名同唯字別孜孜無怠出僞泰誓說見第三卷王出涘亦泰誓見周頌箋疏豲有爪而不敢以擨出周書周祝解說文脫逸字茲偶因仍未及削正云

又按向以東京古文盛行推功於逵更以帝紀參之章帝建初八年詔曰其令羣儒選高才生受學左氏穀梁春秋古文尚書毛詩以扶微學廣異義焉安帝延光二年詔選三署郎及吏人能通古文尚書毛詩穀梁春秋各一人靈帝光和三年詔舉能通尚書顧寧人曰尚書上脫古文二字毛詩左氏穀梁春秋各一人儒林傳云古文尚書毛詩穀梁左氏春秋雖

不立學官然皆擢高第爲講郎給事近署所以網
羅遺逸博存衆家其盛心如是故當時古文尚書
幾炳如日星目所共睹愼從逵受具載撰著得以
上獻闕廷不以爲諱若西京末吕尚書爲備而古
文舊書猥吕不誦絶之者何啻莛楹學固有幸不
幸如是逮獻帝建安中士燮在交趾尚書兼通古
今大義詳備袁徽與尚書令荀彧書曰聞京師古
今之學是非忿爭燮欲條尚書長義上之又以見
爾時不獨一鄭氏家法且廣爲講肄徒衆盛甚柰
何未及五紀王肅既薨輒星馳電逝埃滅無聞令
人回思莫審厥由既讀王荊公論秦焚坑之禍曰

而於是時始變古爲隸蓋天之喪斯文也不然則秦何力之能爲余亦謂蓋天之喪古文書也不然則漢曷嘗不力焉此所以每仰視而不禁閔惜嗟痛也

又按上悼古文二十四篇不傳由於漢魏後陳第季立則以古文全經不傳由秦漢間一歸諸天一責諸人因並錄其辭云曰夫書之不全皆委之秦火矣按秦本紀始皇三十四年令燒天下詩書百家語越三年始皇崩又越三年二世滅越五年漢高即皇帝位焚書之年歲戊子漢高即位歲己亥相去十二年耳張蒼秦柱下史叔孫通伏勝高堂

伯秦之博士酈食其陸賈申公楚元王輩皆秦儒生豈以十二年之間遂至一廢掃地莊子云詩書禮樂鄒魯之士搢紳先生多能明之孟子荀卿述王道論詩書其及門弟子往往散處列國戰國去秦何幾一經燄火遂爾澌滅何也豈秦及戰國功利之習浹人膚髓而士生其時惟學從橫長短攻戰之術與夫尊秦禮儀之制而尚書古經無復有讀之者耶或曰漢高雖與挾書之律未除咸畏而莫敢出然伏生教于齊魯之間兵初定也至史稱高帝誅項籍引兵圍魯魯中諸儒尚講誦習禮絃歌之音不絕此時去秦逾近其徒最衆豈所講誦

者都非尚書古文耶不然何泯泯也其故不可知也漢武行幸河東嘗亡書三篋詔問莫能知唯張安世識之具作其事後購求得書以相校無所遺失秦漢之際遂無若人可悲也哉

又按梅氏鷟信伏生有壁藏書之事不信孔氏雖與史傳不合亦頗玅其辭曰今夫人情貯物於櫝猶不忘時加展省矧以土親聖經棄置如遺茫然弗覺豈理也哉又曰孝文時伏生年九十餘老不可徵詔使鼂錯往受書其所以尊榮之者至矣假令先聖之裔有能藏經屋壁取經以進吾不知帝宜何如尊崇之顯榮之乃孔氏之門卒無一人焉

肯出其藏以應帝之求者何哉且距藏書初纔三十五六年當時妻子奚奴目擊其事者尚存何不聚族而謀曰愛經之主不世出頊蒙主上尊榮伏生至此吾家經籍道興之日也壁經不發則與暴秦焚書同歸卒就滅亡奚貴於藏哉内愧本心上負聖主吾不忍爲也今不見有一人不聞有一言蓋其先實無所藏故其後亦不知所發其先實不目擊斯事故其後亦寂無言及斯事者豈不較然明著也哉余謂藏書有二說家語作孔襄東觀漢記作孔鮒鮒爲陳涉博士持孔子禮器以歸者孔鮒近是鮒卒與陳王俱死死之後藏書遂無傳焉

容事理之所有者

第七十九

余向謂引古有例古人必不自亂其例如書云下不得自爲語氣論語孝乎惟孝是也書屬議論必不認爲敘事與或妄增其後其前孟子一人衡行於天下有攸不爲臣二處是也今更論之引書者必以書辭不甚明方從下詮釋一層未已復進一層若本辭已明其事實盡臚陳於前聞者自了引者柰何復屋下架屋乎茲且見大禹謨之於左氏矣左氏文七年郤缺引夏書曰戒之用休董之用威勸之以九歌勿使壞書辭止此九功之德皆可歌也謂之九歌六府三

事謂之九功水火金木土穀謂之六府正德利用厚生謂之三事釋書辭如此僞作大禹謨者將援戒之用休三語自不得如缺作釋辭又恐九歌終未明也遂倒裝于前曰水火金木土穀惟修正德利用厚生惟和九功惟敘九敘惟歌戒之用休云云此在尋常書篇亦無不可特與左氏引古例不合耳或曰據子言夏書僅戒之用休三語終竟不知九歌何指矣余曰奚有於是愼徽五典五典克從大史克以父義母慈兄友弟共子孝當之未全至孟子始釋以父子有親等作虞書者豈料後有孟子代爲我釋也哉蓋當作虞書時五典字面作夏書時九歌字面人所通曉

無煩註明下及郤缺孟子時便不得不費辭亦所謂周公而下其說長曾謂作夏書者置身三代首而即如後代之饒舌哉

按周禮大司樂職九德之歌鄭司農以春秋傳六府三事一段註之始明作周禮者不顧也足徵彼時其樂見存人所共曉云鄭司農引春秋傳不依郤缺次第乃倒次其文曰水火金木土穀謂之六府正德利用厚生謂之三事六府三事謂之九功九功之德皆可歌也謂之九歌與大禹謨同又足徵註書者與作僞者其遷就之情頗相似

又按姚際恒立方曰凡左傳文皆順釋於後者茲

皆逆釋於前又藏却六府三事字面別出於下文帝舜口中至原有義而行之謂之得禮亦係釋書辭竟忘着落且戒之用休三句文固聯貫而義自爲三據此既將九歌之義層層逆釋下即當接以勸之以九歌一句方直捷不得又照逸書原辭將戒之用休二句別自二義者夾於中間使九歌之義上下隔越悉欠文理也又曰使書辭果有水火金木土穀等句左氏不當屑屑釋之矣可不辨自明

又按漢藝文志六國之君魏文侯最爲好古孝文時得其樂人竇公獻其書乃周官大宗伯之大司

樂章也近日有人援此以表章爲古樂經與禮經並配亦小有致劉向校書得樂記二十三篇末篇曰竇公即載斯事惜不傳予獨歎南齊時雍州有盜發楚王冢獲科斗書考工記說者以證考工記非先秦人所作則魏文侯當六國初已寶愛大司樂章謂其爲六國陰謀之書者顧足與深辨與

又按吾友王弘撰無異述其鄉先生韓恭簡之言告予天下不治由聖人不生聖人不生由元氣不復元氣不復由大樂不作大樂作則元氣復元氣復則聖人生聖人生則天下治予服爲一代偉論因謂功成作樂大樂不作亦由天下不治天下治

則大樂作四者如環無端此上古之世長治而不
卒衰也盛哉
又按晉書張華問李密孔明言教何碎密曰昔舜
禹皐陶相與語故得簡大雅誥與凡人言宜碎孔
明與言者無己敵言教是以碎耳此與陳壽議並
同予著疏證亦知有言碎之病非卑視人實置己
未高耳
第八十
更例以今文之例如武王命康叔爲衛侯作康誥直
云王若曰孟侯朕其弟小子封平王以晉侯爲方伯
作文侯之命直云王若曰父義和無所庸序也即古

文微子之命君陳亦爾讀左氏定四年傳祝佗述蔡仲之事其命書云王曰胡無若爾考之違王命也意此必古蔡仲之命發端第一語蓋若劈面一喝聞者心悸戮其父而用其子自與平常封褒者不同若將是語綴入篇之中勢便懈甚至以乃祖文王與爾考並提其無乃非類也乎在祝佗述其事自不得不追其巔末曰昔周公相王室以尹天下管蔡啓商惎間王室王於是乎殺管叔而蔡蔡叔以車七乘徒七十人其子蔡仲改行帥德周公舉之以爲己卿士見諸王而命之以蔡而僞作是篇者亦如其側彷彿其辭曰惟周公位冢宰正百工羣叔流言乃致辟管叔于

商囚蔡叔于郭鄰以車七乘降霍叔于庶人三年不齒蔡仲克庸祗德周公以爲卿士叔卒乃命諸王邦之蔡以爲篇端之序學者試平心以思此爲左氏本書乎抑書襲左氏也或曰據子言書直以爾考之違王命起其蔡叔獲罪之由終且莫知矣余曰朱子言古者有編年之史有每事别紀之史編年春秋是也每事别紀書是也書二典所載上下百有餘年而武成金縢諸篇或更數月或歷數年其間豈無異事蓋必具於編年之史而今不復見矣余亦謂蔡叔獲罪蓋必具於編年之史而不必贅序于蔡仲之命也或曰子必以書無序而後可余曰是何言書有有序者

無序則其指不見有不必序者彊序則祇覺其贅而已吾願學者以書自書不必如引書者之追其事傳自傳亦無庸以傳之文闌入於書而已矣

按王伯厚以此傳爲未足信云考之春秋是年三月會于召陵蔡侯已在衛侯之上五月盟于皐鼬不序諸侯經無長衛之文愚謂不爾僖公二十有八年五月癸丑公會晉侯齊侯宋公蔡侯鄭伯衛子莒子盟于踐土蔡侯次在第五衛子次在第七此會也祝佗述其載書王若曰晉重魯申衛武蔡甲午鄭捷齊潘宋王臣莒期衛又在蔡上此盟也盟所以敬共明神本其始也較會之次爲重傳因

云乃長衛侯於盟不曾云會何有誤或曰左氏竟
如是其莫可擬議乎余曰劉子玄評其工侔造化
思涉鬼神此區區事實足徵曷足以盡之
又按因蔡叔于郭鄰孔傳云郭鄰中國之外地名
此臆說也郭鄰正作郭淩出周書作雒解孔晁止
云地名未詳所在洵是至蔡顯屬漢汝南郡上蔡
縣爲其父子所封未開别地傳却云叔之所封圻
内之蔡仲之所封淮汝之間圻内之蔡名巳滅故
取其名以名新國欲以戒之異哉此唯周宣王弟
友初封畿内咸林之地名鄭後徙溱洧之間施舊
號於新邑亦名鄭未聞蔡復爾爾不獨臆且瞽說

矣緣其替說則誤讀世本蔡叔居上蔡宋仲子注
云胡徙居新蔡不知漢地理志注胡後十八世平
侯自上蔡徙新蔡非胡徙新蔡也後漢志河内郡
山陽邑有蔡城劉昭注云蔡叔邑此猶鄭管城之
類乎

又按孔傳以蔡圻内國名自非以康誥之康爲圻
内國名却是遠勝鄭康成解作謚號者嘗證以二
事一定四年命以康誥而封於殷虛當既有誥文
輒有篇名豈待身後之謚取以冠其篇乎一史記
衛世家康叔卒子康伯代立父謚康子亦謚康將
兩代同一易名之典乎故世本宋忠注曰封從畿

内之康從封衛衛即殷墟畿内之康不知所在良然括地志故康城在許州陽翟縣西北三十五里又按祝佗言文武成康之伯猶多孔疏云文武成康皆以處長而立予不覺笑曰武王不有伯邑考之壓其上乎讀管蔡世家云文王崩而發立是爲武王伯邑考既已前卒矣又云伯邑考其後不知所封可知當時伯邑考固有子文王乃舍伯邑考之子而立次子發以遵殷禮實與引以況公儀仲子者一例鄒平馬公驌告予衍似微子之次子故曰微仲非其弟亦以經爲例蓋不信世家與流俗本家語

又按班氏古今人表師古稱其載古人名氏與諸書或不同余讀如顧命彤伯彤作師虎臣虎作龍仲桓南宮毛仲作中毛作髦此或出固見古文書未可知尤愛於微子下自注曰紂兄宋微中下自注曰啓子足輔馬說之不孤因思微既屬殷畿内國名啓封之于此是爲微子斷無其弟又並封之事則微仲也者子襲父氏上有伯兄字降而次殆又一理證云

或謂予無若爾考之違王命出左氏率乃祖文王之彜訓無所出試問成王蔡仲同爲文王之孫而此一孫向彼一孫呼其祖爲乃祖其可通乎胡不

摘出余曰武王康叔同爲文王之子而此一子向彼一子康誥則曰惟乃丕顯考文王克明德愼罰酒誥則曰乃穆考文王肇國在西土亦從而乃之武豈自外于文考乎竊以古人不甚拘與或以乃作虛辭用亦可

又按向以二十五篇書惟微子之命雖當日眞命書不可考要此無甚可議近方覺純以僖十二年傳王命管仲曰余嘉乃勳應乃懿德謂督不忘往踐乃職無逆朕命爲藍本而割湊充篇且既易往踐乃職爲往敷乃訓又曰往哉惟休既易無逆朕命爲無替朕命上已曰愼乃服命不太複乎

又按命以伯禽而封於少皥之虛命以唐誥而封於夏虛伯禽唐誥皆書篇名皆不見今百篇書中豈夫子所黜去乎抑聖人亦有未及也夫以成王爲君周公爲相而建爾元子與封小弱弟於唐其訓戒之辭詎不足幾于道以垂後世而爲所刪耶殊所不解愚曰蓋嘗反覆詳思而得其旨矣馬端臨之論夫子删詩也曰於其可知者雖比興深遠詞旨迂晦者亦所不廢如芣苢鶴鳴蒹葭之類是也於其所不可知者雖直陳其事文義明白者亦不果錄如翹翹車乘招我以弓豈不欲往畏我友朋之類是也於其可知者雖詞意流泆不能不類

於狹邪者亦所不刪如桑中溱洧野有蔓草出其東門之類是也於其所不可知者雖詞意莊重一出於義理者亦不果錄如周道挺挺我心扃扃禮義不愆何恤於人言之類是也然則其所可知者何則三百五篇之序意是也其所不可知者何則諸逸詩之不以序行於世者是也予嘗出一論以折之曰狐裘尨茸一國三公吾誰適從此非士蔿所作詩乎宜入風祈招之愔愔式昭德音思我王度式如玉式如金形民之力而無醉飽之心此非祭公謀父所作祈招之詩乎宜入雅天之所支不可壞也其所壞亦不可支也此非武王所作支之

詩乎宜入頌今風雅頌皆無焉其不以序行於世者耶而馬氏之說絀馬氏說絀而吾之說起曰夫子之删詩其與修春秋固無以異也春秋因魯史成文魯史所不載者聖人未嘗增魯史以策書赴告爲體赴告所不及者魯史未嘗增當時若晉重耳之入國與殺懷公于高梁皆赴告未及故魯史不書聖人亦未嘗取晉乘之文以附益之所以者何蓋其慎也且以吾所載二百四十二年事其褒其貶已足明將來之法矣固不必誇多鬬靡如後人以無一不載爲功也此修春秋旨也其删詩也必取世所傳其本詩凡今三百五篇咸在者從而

删之存此三百五篇以爲其美其刺已足立吾教矣雖有士蔿祈招等作見他本者固不必附益之也其删書也必取世所傳其本書凡今百篇咸在者從而删之存此百篇以爲其大經大法已具是爾矣雖有伯禽唐誥見他本者固不必附益之也此夫子删定旨也昔有問書何以無宣王朱子曰是當時偶然不曾載得此句最好予竊謂伯禽唐誥亦若是而已矣更譬之蕭統文選偶遺王逸少蘭亭序說者遂吹毛求疵以爲昭明意若何昭明豈眞有是意殆不足一笑大抵世人愛奇奇則欲博博則初無所擇而惟恐遺之也聖人愛義義則

從約約則雖有不及而已無所不包也嗚呼世之後言撰述者其尚有鑒于斯哉

又按詩小序久而漸知其不安也與書序同蘇子由出取其首之一言爲有依據後說詩者多宗之以排擊紫陽以復于古愚嘗反覆詳考而覺朱未盡非毛未全是至詩有不可解處亦幾與春秋等蓋春秋從魯史來朱子謂魯史不傳不得深探聖人筆削之旨余則謂詩序具載國史國史不傳亦無由知是詩之何爲而作夫既不知所由作遂學分四家家各一說關雎或以爲美詩或以爲刺詩或以爲文王之妃或以爲康王之后是也或曰國

史固不傳矣而其說之散見他書者亦畧可言乎余曰莫明徵於金縢書武王既喪管叔及其羣弟乃流言於國曰公將不利於孺子周公乃告二公曰我之弗辟我無以告我先王周公居東二年則罪人斯得于後公乃爲詩以貽王名之曰鴟鴞王亦未敢誚公此即鴟鴞詩之序也春秋隱三年傳曰衛莊公娶于齊東宮得臣之妹曰莊姜美而無子衛人所爲賦碩人也此即碩人詩之序也閔二年傳曰初惠公之即位也少齊人使昭伯烝於宣姜不可強之生齊子戴公文公宋桓夫人許穆夫人文公爲衛之多難也先適齊及敗宋桓公逆諸

河宵濟衛之遺民男女七百有三十人益之以共滕之民爲五千人立戴公以廬于漕許穆夫人賦載馳此即載馳詩之序也鄭人惡高克使帥師次于河上久而弗召師潰而歸高克奔陳鄭人爲之賦清人此即清人詩之序也文六年傳曰秦伯任好卒以子車氏之三子奄息仲行鍼虎爲殉皆秦之良也國人哀之爲之賦黃鳥此即黃鳥詩之序也若他非序而説之得其旨即從其序來者一叔向曰昊天有成命是道成王之德也成王能明文昭能定武烈者也一左史倚相曰昔衛公年數九十有五矣猶箴儆於國曰自卿以下至於師長士

苟在朝者無謂我老耄而舍我必恭恪於朝朝夕以交戒我在輿有旅賁之規位宁有官師之典倚几有誦訓之諫居寢有暬御之箴臨事有瞽史之道宴居有師工之誦史不失書矇不失誦以訓御之於是乎作懿戒以自儆及其没也謂之叡聖武公懿讀爲抑不勝於郊祀天地衛武公刺厲王之說乎孔子以詩書禮樂教弟子蓋三千焉當是時詩有定說作之者何代何人述之者何篇何義皆衆所通曉不獨此三千人而已下逮孟子之時便不能然咸邱蒙不識北山詩之旨妄摘取其中四言以證天子可得而臣父孟子知之則曰非是之

謂也勞於王事而不得養父母也曰此莫非王事我獨賢勞也竊以勞於王事以下即北山詩之序也他日告萬章以頌古人之詩輒繼以知其人論其世蓋詩必有所作之人與所當之世若小弁當幽王危殆之世作者又屬毛離裏之人自宜乎怨不宜乎不怨非國史實紀載亦烏乎知之故毛說之可信從國史來其不可信則雜出講師之傳授故曰非一人作也或曰朱子攻毛傳正在講師之傳授極中其要害子亦可得而畧言乎余曰莫不善於抑序曰衛武公刺厲王亦以自警也案衛武公以宣王十六年己丑即位上距厲王流彘之年

已三十載安有刺厲王之詩或曰追刺尤非虐君見在始得出辭其人已逝即當杜口是也秖緣序詩者見前有蕩板民勞三篇咸刺厲王後有桑柔爲芮良夫刺厲王尤明徵故亦以爲刺厲王而無奈國語有作懿戒以自儆一言只得續之曰亦以自警也其支綴附會情見勢詘不大可笑乎余因之而悟刺某人美某人詩專爲美刺而作者不可信一詩編次後先有一定之時世者不可信二嗚呼魯史不傳朱子怯於說春秋而春秋存國史不傳朱子果於說詩而詩亡我固謂朱子于詩亦得失相半爾

又按詩必有題即古之篇名也今人覽其題便知是詩之何爲而作若古人僅取篇中之字或句以弁首覽之有茫然弗辨者故必别須序以顯宋晁說之以道論作詩者不必有序夫既有序而直陳其事則詩可以不作矣說詩者或不可以無序斷會一詩之旨而序之庶幾乎發明先民之言以告後生弟子焉今之說者曰序與詩同作無乃惑歟似也而猶未盡須知當日大師陳詩適人采詩皆知此詩之所以作其所以作之故錄掌於國史既不若今序首一句之寂寥亦不若今序往往出衆手者之傅會觀金滕左氏則可得其體式晁氏又

口山有樞之序有財不能用有鐘鼓不能以自樂有朝廷不能洒埽車攻之序宣王能内修政事外攘夷狄復文武之竟土修車馬備器械會諸侯於東都因田獵而選車徒焉詩無遺思矣解頤哉斯言至謂岐下石鼓安覩序離騷無序而序出于王逸秦漢間古詩有國風之遺韻者亦無序知之者固自知之況先民本人情而有作人情不亡則辭不患乎不明此則以詩求詩矯枉過正之論固先朱子而首發矣

又按馬端臨譬之聽訟詩者其事也齊魯韓毛則證驗之人也毛詩本書具在流傳甚久譬如其人

親身到官供指詳明具有本末者也齊魯韓三家本書已亡於它書中間見一二眞僞不可知譬如其人元不到官又已身亡無可追對徒得諸風聞道聽以爲其說如是者也余終譬之春秋毛公自謂子夏所傳譬左氏曾見國史攷事頗精得經之旨爲多齊魯韓三家遠遜于毛然不無可取則譬之公羊氏而已矣穀梁氏而已矣合者疑聖人之舊不合者是雜以己意抑豈能一筆抹摋哉此文公詩集傳出說者謂一洗末師專己守殘之陋允矣

又按公羊穀梁於襄公二十有一年並書孔子生

然猶可解曰傳文非經文也若左氏於獲麟之後引經以至哀公十有六年四月書孔卯卒此豈可信哉今春秋削去之削之誠是馬氏謂旣續之於獲麟之後寧保其不增益之於獲麟之前是亦未敢盡以爲信余謂春秋有不可解處意其在斯與

樂記云桑閒濮上之音亡國之音也其政散其民流誣上行私而不可止也桑閒即鄘之桑中篇巫臣所謂有桑中之喜正指竊妻事一覽之而知爲淫者自作非刺奔孔子何人豈錄淫辭以誨萬世哉故程篁墩決然謂今詩出漢儒所綴緝非孔子刪定舊本漢儒徒見三百五篇名目散軼不存則

每取孔子所删所放之餘一切湊合以足其數而小序者不察亦一切以其得于師者槩之曰刺淫此其所由失也王陽明曰詩非孔門之舊本矣孔子所定三百篇皆所謂雅樂皆可奏之郊廟奏之鄉黨皆所以宣暢和平涵泳德性移風易俗安得有鄭衛是長淫導奸矣此必秦火之後世儒附會以足三百篇之數蓋淫泆之詞世俗多所喜傳如今閭巷皆然惡者可懲創人之逸志是求其說而不得從而爲之辭茅鹿門曰大抵詩之言淫謔者爲里巷所布易傳而難滅如今南北所傳聲伎之類是孔子嘗删之不列於經而其俗之所傳固有

不能口禁而火熄之者秦沒而漢求亡經於天下則學士大夫各采所傳以補三百之數往往雜出而並見之耳其故曰詩非全經以上三說雖出近代要爲卓然不詭隨先儒者正可與漢志三百五篇遭秦而全者以其諷誦不獨在竹帛故相叅觀

又按余中夜而思燕禮記升歌鹿鳴下管新宮新宮與鹿鳴相次蓋一時之詩而爲燕饗賓客及大射之樂者其在小雅中無疑鄭亦註新宮小雅逸篇必不爲聖人所删又必不至孔子時巳亡逸所以者何商頌十二篇是正考甫當東遷之前得於周大師故孔子時亡其大半若魯昭公二十五年

宋公享叔孫昭子賦新宮其詩見存孔子時年三十五去孔子年四十三退修詩書禮樂弟子彌衆僅八年安得詩遂逸應編列孔門舊本三百篇内耳又思鄉射奏騶虞大射奏貍首周禮射人王以騶虞九節諸侯以貍首七節孤卿大夫及士以采蘋采蘩五節則貍首之詩與騶虞采蘋采蘩相次孔穎達所謂當在召南者是夫既在召南必不爲聖人所删又必不至孔子時亡逸所以者何射義出七十子後學者之手觀記及孔子矍相之圃之射可見且歷歷舉其詩曰曾孫侯氏四正具舉大夫君子凡以庶士小大莫處御于君所以燕以射

則燕則譽豈孔子時反亡逸乎蓋原編列召南相其辭又頗似二雅秖遭秦火而失之余嘗疑何彼襛矣屬東遷以後之詩安知非見于王風或齊風者而後之學者誤取以充召南十四篇之數方爲正風亦未可定嗚呼予之爲斯論也誠知狂瞽罪不獲辭然古文尚書首發難於吳才老計其時之人未信也而今之信者且漸衆朱子本鄭夾漈之辨妄盡去序言詩同時若呂伯恭猶疑且駭而覩今之信何如也余敢望桓譚其人而輒旦暮遇之也哉

又按金仁山述其師王文憲之言曰今之三百篇

非盡夫子之三百篇也夫子刪繁蕪之三千取雅正者三百而三千之中豈無播詠於世俗之口者夫子之詩既燬於秦火矣漢興管弦之聲未衰諸儒傳夫子之詩而不全得見世俗之流傳管弦之濫在者槩以爲古詩取以足夫子三百之數而不辨其非也不然若孔子之誦詠如素絢唐棣諸經書之所傳如貍首巒柔先正繁渠諸詩何以皆不與於今之三百而夫子巳放之鄭聲何爲尚存而不削邪宋史儒林傳亦載柏之言曰今詩三百五篇豈盡定於夫子之手所刪之詩容或有存於閭巷浮薄之口漢儒取以補亡乃定二南各十有一

篇兩兩相配退何彼穠矣甘棠歸之王風削去野有死麕黜鄭衛淫奔之詩三十有一篇說實先篁墩陽明而發蓋亦從史記三百五篇孔子皆弦歌之以求合韶武雅頌之音悟來篁墩皇明文衡有王直詩辨與此畧同亦先篁墩發

又按固哉爲詩孟子以謂高叟由今觀之亦何必高叟如式微詩序云黎侯寓于衛其臣勸以歸旄邱詩序狄人追逐黎侯黎侯寓于衛衛不能修方伯連率之職黎之臣子以責於衛此必有所受之其實表裏洞達無復擬議而朱子乃曰詩中無黎侯字未詳是否余不覺啞笑昔范景仁不信佛蘇

子瞻詰其所以不信之說范曰其平生事非目所見者未嘗信蘇曰公亦安能然哉設公有疾令醫切脉曰寒則服熱藥曰熱則餌寒藥公何嘗見脉而信之如此何獨至於佛而必待見邪眞通人之言此亦可以破朱子之見

又按錢牧齋註杜詩謂子美深不滿靈武即位之事詩中多微文以刺尤標其旨於洗兵馬曰刺肅宗也刺其不能盡子道且不能信任父之賢臣以致太平也於收京三首之二曰與洗兵馬相發明吳江朱長孺故反牧齋者謂靈武即位本非得已洪容齋所謂收復兩京非居尊位不足以制命諸

將也其聽李輔國讒間乃上元年間事公安得逆料而譏之二註並行蓋詩與文不同文嘗有畫然一定之意詩則惟人所見此可以此說解彼亦可以彼說解故曰詩活物也或曰錢與朱畢竟孰爲是余曰幸有子美之文之可證矣子美祭清河房公文曰及公入相紀綱已失關輔蕭條乘輿播越太子即位揖讓倉卒小臣用權尊貴倏忽正元次山書太子即位之義古朋友論議一時不謀而合如此則牧齋之註洵得其旨哉余嘗以衛之木瓜序云美齊桓公也衛人思厚報之而作是詩朱子解作男女相贈答之辭如靜女之類亦所謂二註

並行者愚終以孔子有言吾於木瓜見苞苴之禮行則序為得其旨而朱子之解徒然矣但難得盡有文以證詩耳此詩與春秋等

又按朱子以詩求詩是就詩之字面文意以得是詩之何為而作正孟子以意逆志者或問子何不有取其說且加正焉余曰以意逆志須的知其詩出于何世與所作者何等人方可施吾逆之之法如近日吳喬先生共予讀李商隱東阿王詩國事分明屬灌均西陵魂斷夜來人君王不得為天子半為當時賦洛神說曰後二語似有梅婚王氏之意夫婦不過十年甥舅纔及二載而竟致一生顛

躓此種情事出於口則薄德而意中不無展轉故以不倫之語志之乎若論故實丕爲世子在建安十二年丁亥子建賦洛神在黃初三年壬寅相去十五年也唐人作詩意自有在或論故實或不論故實宋人不解詩便以薛王壽王同用譏刺義山何異農夫以菽麥眼辨朱草紫芝乎此解可謂玅絕千古發端一語已道令狐綯之當國矣蓋原知義山之人之事方得是解不然空空而思冥冥以決豈可得乎縱得之恐亦成郢書燕說而已矣詩集傳病多坐此

又按竇梁賓夸門人進士盧東表侍兒也詞筆容

態皆可觀東表當及第賓爲喜詩曰曉裝初罷眼初瞤小玉驚人踏破裙手把紅箋書一紙上頭名字有郎君若掩其姓名亦可知是婦喜夫登第之作朱慶餘作閨意一篇獻水部郎中張籍曰洞房昨夜停紅燭待曉堂前拜舅姑裝罷低聲問夫壻畫眉深淺入時無此若掩其題恐未必知是後進求知就正于前輩之作也詩有難辨如此吾欲誦以質晦翁

又按余久而得王忠文褘學詩齋記曰詩道其微矣乎以情性言詩非所能知自章句之說言之則其竊有疑矣蓋二南大小雅周頌周公之所定變

風變雅魯商二頌孔子之所取而並周公所定者合三百五篇尚矣第今觀之二南以關雎配鵲巢葛覃配采蘩卷耳配草蟲樛木配江有汜螽斯配小星桃夭配摽有梅兔罝配羔羊芣苢配采蘋漢廣配行露汝墳配殷其靁麟之趾配騶虞各十一篇整然相合信其爲房中之樂而甘棠後人思召伯者也何彼襛矣王風也野有死麕淫風也此三詩者胡爲而厠其間乎而又成王之頌適有康王以後之詩今謂二南周頌果爲周公之所定其可乎秦火詩書同禍書殘闕甚而詩獨無一篇之失然素絢唐棣貍首轡柔諸詩既已散逸而已放之

鄭聲乃反獲存劉歆以謂詩始出時一人不能獨盡其經或爲雅或爲頌相合而成不足則以世俗之流傳筦絃之濫在者足之不復辨其非故變雅之中或有類乎正雅而又六月變小雅之始民勞變大雅之始迺與正雅同其篇什豳風非變也迺繫於十三國之末焉烏在其爲各得所也然則今之三百五篇謂皆孔子所刪之舊可乎不可也蓋自漢以來學詩者悉本於鄭氏訓詁譜序惟鄭說是從人有耳目肺腸不敢以自信也及宋朱子之集傳出而鄭學乃遂廢朱子所謂本之二南以求其端參之列國以盡其變正之於雅以大其規和

之於頌以要其止者學詩之旨無以易此矣世之習其讀者固得有所據依而其可疑如向之所云者學者以爲朱子之所未嘗言不敢以爲言也昔者鄉先正王文憲公蓋嘗欲修正之而卒亦不果豈非詩道之微於是爲已甚乎此論正從王文憲出

又按趙子常引其師黄楚望之言曰周禮王巡守則大史大師同車又其官屬所掌皆有世奠繫之說方采詩之時大師掌其事而大史錄其時世及巡守禮廢大師不復采詩而後諸國之詩皆其國史所自記錄以考其風俗盛衰政治得失若左傳

於高克之事則曰鄭人爲之賦清人莊姜之事則曰衛人爲之賦碩人必有所據矣胡朏明曰采詩采字均當作陳蓋詩有采有陳漢藝文志古有采詩之官王者所以觀風俗知得失自考正也食貨志孟春之月羣居者將散行人振木鐸徇于路以采詩獻之太師比其音律以聞于天子此采詩之說也王制天子五年一巡守命太師陳詩以觀民風鄭氏詩譜武王伐紂定天下巡守述職陳誦諸國之詩以觀民風俗此陳詩之說也采之於每歲之孟春陳之於五載巡守四仲之月是國風所自來也班孟堅曰自孝武立樂府而采歌謠於是有

代趙之謳奏楚之風皆感於哀樂緣事而發亦可以觀風俗知薄厚漢治近古此其一端云

又按胡朏明曰男女淫泆奔誘之辭惟鄭衛齊陳有之小序槩以爲刺奔說者謂刺詩之體但鋪陳其事不加一辭而閔惜懲創之意自見於言外不必譙讓質責而後爲刺也朱子非之以爲欲刺人之惡而反自爲彼人之言以陷其身於惡必無是理故以爲淫者所自作而馬貴與又非之其言曰夫人之爲惡也禁之使不得爲不若愧之而使之自知其不可爲此鋪陳揄揚之中所以爲閔惜懲創之至也夫子謂宰我曰女安則爲之夫豈真以

眷西堂

居喪食稻衣錦爲是乎萬石君謂子慶曰內史貴人坐車中自如固當夫豈眞以不下車爲是乎而二人既聞是言也卒爲羞愧改行有甚於被譙讓者蓋以非爲是而使之求吾言外之意則自反而不勝其愧悔矣此詩之訓也貴與之說可謂辯矣然其嘗於朱子所謂淫者自作之外更就數詩以求之而知鋪陳其事不加一辭之說亦有不盡然者新臺曰燕婉之求得此戚施牆有茨曰中冓之言不可道也所可道也言之醜也君子偕老曰子之不淑云如之何鶉之奔奔曰人之無良我以爲兄蝃蝀曰乃如之人也懷昏姻也大無信也不知

命也載驅曰魯道有蕩齊子遊敖以上諸詩皆刺當時之淫亂而指斥如此是未嘗不加一辭也南山敝笱猗嗟株林頗似不加一辭然以雄狐目襄公以魴鰥目文姜意見比興中矣猗嗟以展我甥分明莊公非齊侯之子微文刺譏抑又甚焉安在其爲不加一辭也哉株林玩其辭意亦可見作者在所賦之外以此數詩反而觀之則靜女桑中溱洧東方之日月出等篇摹寫狎昵之情臚列鄙穢之狀者其爲淫者所自作無疑矣淫者之辭豈可錄之於經以爲漢儒所綴緝以足三百之數者近是吾友閻百詩次魯齊華川篁墩陽明鹿門諸論

爲一帙有味哉又曰漢藝文志三百五篇遭秦而全者以其諷誦不獨在竹帛故也其謂夫子之所錄得以流傳者維此之故夫子之所刪得以篡入者亦維此之故又曰詩有具文見意者叔于田二詩但爲鄭人愛叔叚之辭而不義得衆之情自見揚之水椒聊二詩但爲晉人愛桓叔之辭而叛翼歸沃之情自見是也馬貴與舉此以明序之不可廢以爲之四詩者皆賴序而明若舍序以求之則子雲美新之作袁宏九錫之文耳是豈可以訓而夫子不刪之乎蓋均一淫泆之辭出於奔者之口則可刪而出於刺奔者之口則可錄也均一愛戴

之辭出於愛叔叚桓叔者之口則可删而出於刺鄭莊晉昭者之口則可錄也其謂四詩出於刺者之口固可錄籍令爲叔叚桓叔之黨所自作錄之於經亦可使有國者知亂賊之情而爲防微杜漸之計無傷於義無害於教也若男女淫泆之辭則不可同日而論牀第之言不踰閾即未必淫者所自作亦何得施之簡策以教人童蒙之時力扞其外誘猶恐或入於非僻而顧令日誦此等詩以誨之淫乎自此義不明世遂以子夜讀曲宮體諸詩爲得國風之遺意下逮花間諸人及柳晏秦周輩倚聲填詞備狹斜妖冶之趣亦自謂不詭於風人

而號爲詩餘讀者作者展轉流傳以蠱惑人之心志如山谷所謂鈔年美士近知酒色之娱苦節臞儒晚悟裙裾之樂鼓之舞之使宴安酖毒而不悔者皆此等議論啓之也昔漢景有言食肉不食馬肝未爲不知味喻學者不言湯武受命不爲愚學詩亦然誦三百不取桑中溱洧之類讀晉宋以後詩不取子夜讀曲宫體之類亦未爲不善學也

又按胡朏明曰朱子集傳云風者民俗歌謠之詩也諸侯采之以貢於天子天子受之而列於樂官於以考其俗尚之美惡而知其政治之得失焉其嘗疑貢詩之説不知何據及讀金仁山前編引伏

生書虞夏傳言舜之元祀巡狩四岳八伯各貢其樂樂正定樂名又引書大傳曰五載一巡狩羣后德讓貢正聲而九族具成注云此采詩作樂之始然後知貢詩之說所自出與采詩陳詩相發明也蓋列國之行人采詩以屬太師比其音律以待時巡因州伯以貢之天子天子命太師陳之而取其正聲被諸弦管以爲燕饗朝會祭祀之樂自虞夏以來未之或改也文中子曰諸侯不貢詩斯則久矣朏明未及考此

又按蕭山毛大可述高忠憲講學時有執木瓜詩問難者投我以木瓜報之以瓊琚中並無男女字面何以知爲淫奔坐皆默然惟吾邑來風季曰即

有男女字亦何必淫奔張平子四愁詩美人贈我金錯刀何以報之英瓊瑤明明有美人字然不爲淫奔未爲不可也言未既即有怫然而興者曰美人固通稱若彼狡童兮得不目爲淫奔否曰亦何必淫奔子不讀箕子麥秀歌乎麥秀漸漸兮禾黍油油彼狡僮兮不與我好兮夫箕子所指者受辛也受辛君也而狡童誰謂狡童淫者也高忠憲遽起長揖曰先生言是也又曰不虞今日得聞通儒之言竊以此論與詩小序相合而與上胡朏明及予又相乖

又按蘇子由曰小旻小宛小弁小明四詩皆以小

名篇所以别其爲小雅也其在小雅者謂之小故其在大雅者謂之召旻大明獨宛弁闕焉意者孔子删之矣雖去其大而其小者猶謂之小蓋即用其舊也余謂此非爲孔子所删蓋原編次戍後亡逸耳即蘇説亦可證詩非孔門之舊本因思貍首安知不别有一篇與騶虞采蘋采蘩體製相類者原在召南與又安知曾孫侯氏八句非别一篇名而康成臆以貍首當之與回憶少疑鄉飲酒燕鄉射禮並歌召南首三篇越草蟲取采蘋爲亂次後讀詩正義云蓋采蘋舊在草蟲前齊詩次正如是不覺釋然詩於今人情不大相遠耳

又按余久而後得王文憲詩疑曰昔東萊呂成公嘗疑桑中溱洧非桑間濮上之音以爲夫子既曰鄭聲淫而放之矣豈有删詩示後世而反取之乎晦菴朱文公則曰不然今若以桑中濮上爲雅樂當以薦何等鬼神接何等賓客不知何辭之風何義理之止乎故文公說詩以爲善者興起人之善心惡者懲創人之逸志以此法觀後世之詩實無遺策何者蓋其規橅恢廣心志融釋不論美惡無非爲吾受用之益而邪思不萌以此法觀詩可也觀書亦可也雖觀史亦可也以此論樂則恐有所未盡其嘗疑今日三百五篇者豈果爲聖人之三

百五篇乎秦法嚴密詩無獨全之理竊意夫子已删去之詩容有存於閭巷浮薄者之口蓋雅奥難識淫俚易傳漢儒病其亡逸妄取而攙雜以足三百篇之數其不能保其無也不然則不柰聖人放鄭聲之一語終不可磨滅且又復言其所以放之之意曰鄭聲淫又曰惡鄭聲之亂雅樂也甚是以敢謂淫奔之詩聖人之所必削決不存於雅樂也審矣妄意以刺淫亂如新臺牆有茨之類凡十篇猶可以存之懲創人之逸志若男女自相悅之詞如桑中溱洧之類悉削之以遵聖人之至戒無可疑者所去者亦不過三十有二篇使不得滓穢雅

頌殽亂二南初不害其爲全經也如此則二先生之疑亦俱釋矣昔曾南豐謂不滅其籍乃善於放絕者以此放絕邪説之疑似者可也若淫奔之詩不待智者而能知其爲惡行也雖閭閻小夫亦莫不醜之但欲動情勝自不能制爾非有疑似難明必待存其迹而後知今夫童子淳質未漓情欲未開或於誦習講説之中反有以導其邪思非所以爲訓且學者吟哦其醜惡於脣齒間尤非雅尚讀書而不讀淫詩未爲缺典況夫子答爲邦之問而此句拳拳殿於四代禮樂之後恐非小事也棊敢記其目以俟有力者請於朝而再放黜之一洗千

古之蕪穢云曰野有死麕召南曰靜女邶曰桑中鄘曰氓曰有狐並衛曰大車曰丘中有麻並王曰將仲子曰遵大路曰有女同車曰山有扶蘇曰蘀兮曰狡童曰褰裳曰丰曰東門之墠曰風雨曰子衿曰野有蔓草曰溱洧並鄭曰東方之日齊曰綢繆曰葛生並唐曰晨風秦曰東門之枌曰東門之池曰東門之楊曰防有鵲巢曰月出曰株林曰澤陂並陳風或謂三百篇之詩自漢至今歷諸大儒皆不敢議而子獨欲去之毋乃誕且僭之甚耶曰在昔諸儒尊尚小序太過不敢以淫奔之詩視之也方傳會穿鑿曲爲之說求合乎序何敢廢乎蓋序者

於此三十餘詩多曰刺時也或曰刺亂也曰刺周大夫也刺莊公刺康公刺忽刺衰刺晉亂刺好色刺學校廢亦曰刺奔也止奔也惡無禮也否則曰憂讒賊也懼讒也或曰思遇時也思君子也未嘗指爲淫詩也正以爲目曰淫詩則在所當放故也自朱子黜小序始求之於詩而直指之曰此爲淫奔之詩其嘗反覆玩味信其爲斷斷不可易之論律以聖人之法當放無疑曰然則朱子何不遂放之乎曰朱子始訂其詞而正其非其所以不廢者正南豐所謂不去其籍乃所以爲善放絶者也今後學既聞朱子之言眞知小序之爲繆眞知是詩

之爲淫而猶欲讀之者豈理也哉在朱子前詩說未明自不當放生朱子後詩說既明不可不放與其遵漢儒之謬說豈若遵聖人之大訓乎余按文云三十二篇目缺其一或請補之余曰不可得補矣文憲云序未嘗指爲淫詩者止奔也惡無禮也懼讒也三篇此三篇則蝃蝀相鼠原不列三十二篇之目至采葛曾謂作淫詩而情欵未明今復云爾殆所謂自亂其說者與

又按日知錄有詩之世次必不可信一篇曰今詩亦未必皆孔子所正且如褒姒滅之幽王之詩也而次於前召伯營之宣王之詩也而次於後序者

不得其說遂并楚茨信南山甫田大田瞻彼洛矣裳裳者華桑扈鴛鴦魚藻采菽十詩皆爲刺幽王之作恐不然也又如碩人莊姜初歸事也而次於後綠衣日月終風莊姜失位而作燕燕送歸妾作擊鼓國人怨州吁而作也而次於前渭陽秦康公爲太子時作也而次於後黄鳥穆公薨後事也而次於前此皆經有明文可據故鄭氏謂十月之交雨無正小旻小宛皆刺厲王之詩十月之交有豔妻之云自當是幽王漢興之初師移其第耳而左氏傳楚莊王之言曰武王作武其卒章曰耆定爾功其三曰鋪時繹思我徂維求定其六曰綏萬邦屢豐年今詩但以

耆定爾功一章爲武而其三爲賚其六爲桓章次復相隔越儀禮歌召南三篇越草蟲而取采蘋正義以爲采蘋舊在草蟲之前知今日之詩已失古人之次非夫子所謂雅頌各得其所者矣余謂此益足證詩非孔門之舊本也

尚書古文疏證卷五下終

尚書古文疏證目錄

卷六上

尚書古文疏證卷六上目錄終

尚書古文疏證卷六上

太原閻若璩百詩撰
平陰朱續晫近堂梓

第八十一

余向謂僞作古文者畧知歷法當仲康即位初有九月日食之變遂以瞽奏鼓等禮當之而不顧其不合正陽之義說具第一卷今余既通歷法矣仲康在位十三年始壬戌終甲戌以授時時憲二歷推算仲康四年乙丑歲距元至元辛巳積三千四百三十六年中積一百二十五萬四千九百七十四日二六〇八冬至四十〇日七九九二閏餘七日五五四九二一天正交泛一十七日五六九五九一入轉五日四三

四七七九經朔三十三日二四四二七九九月朔交
泛一十三日五四一〇五七入日食限經朔二十八日五
五〇二〇九入縮歷一百〇五日一二九四五九縮
差二度三五二五入轉二十五日一九四七〇九遲
差二度九〇〇三加差四刻八四〇三九月定朔二
十八日五九八六一二壬辰日未正一刻合朔日食在氐宿一
十五度仲康元年壬戌歲距積三千四百三十九年
中積一百二十五萬六千〇六十九日九八九二冬
至二十五日〇七〇八閏餘四日四五八四六二天
正交泛一十三日四二六六一入轉一十四日九八
六八三八經朔二十〇日六一二三三八五月朔交

退二十七日三三六八二四入日食限經朔二十三日三○六九三八入盈歷一百七十二日七二五○九六盈差○度四六四六入轉二十六日八四二七九六遲差○度九○四七加差一十一刻三九二七五月定朔二十三日四二○八六五丁亥日巳正初刻合朔日食在井宿二十八度則仲康始即位之歲乃五月丁亥朔日食非季秋月朔也食在東井非房宿也在位十三年中惟四年九月壬辰朔日有食之却又與經文肇位四蝕不合且食在氐末度亦非房宿也夫歷法疏密驗在交食雖千百世以上規程不爽無不可以籌策窮之以仲康四年九月朔日食而誤附于肇位四

海之後以元年五月朔日食而謬作季秋集房之文皆非也昔史記漢書荀悅漢紀皆云漢元年冬十月五星聚於東井昭垂史冊者六百四十五年後魏高允始謂崔浩曰此史謬也案星傳太白辰星常附日而行十月日在尾箕昏没于申南而東井方出于寅北二星何得背日而行是史官欲神其事不復推之於理浩曰天文欲爲變者何所不可邪允曰此不可以空言爭宜更審之後歲餘浩謂允曰先所論者本不經心及更考究果如君言五星乃以前三月聚東井非十月也衆皆歎服又後六百二十七年宋司馬光編通鑑始削去不載蓋史家之必核實如此况今

歷學大明夐絕前代不難盡刊已成之案而魏晉間書乃出一妄男子多憑虛安處之論以歷法則不合於天文以典禮則不合於夏制屢折之於理既如彼其乖兹紊之以數復如此其謬曾謂天下萬世人兩目盡眏而無一起而正之者乎善夫元行沖有言章句之士疑於知新果於仍故比及百年當有明哲君子恨不與吾同世者予實有此慨嘆耳

按余向引詩小傳謂詩皆夏正無周正自鄭箋十月之交爲周正建酉之月後虞劆造梁大同歷果推之在周幽王六年疑出於傅會此亦是未通歷法時言兹以歷上推周幽王六年乙丑歲距至元

辛巳二千五十六年中積七十五萬九百四十二日六十九刻冬至一十二日三十六刻丙子日辰時冬至步至十月建酉朔日得定朔二十七日三十七刻辛卯日辰正四刻合朔交泛一十四日五十七刻入日食限是日辰時日食非惟虞劆即唐道士傅仁均僧一行亦步得是日日食乃知康成精於歷學本傳稱其始通三統歷注有乾象歷抑歎經解有不可盡拘以理者此類是也孔疏云漢世通儒未有以歷考此辛卯日食者似是康成考之方作箋云但又以此詩爲刺厲王作自相矛盾當削此一箋至康成門人東萊王基云以歷校之自共和以來當幽王世

無周十月夏八月辛卯交會欲以此會爲共和之
前尤𧸖𧸖此段直可入正義
又按王伯厚言攷通鑑皇極經世秦始皇八年歲
在壬戌呂氏春秋云維秦八年歲在涒灘申歷有
二年之差後之算歷者於夏之辰弗集房周之十
月之交皆欲以術推之亦已疏矣亦是未通歷法
案呂氏載秦八年有秋甲子朔朔之日之文始皇
八年壬戌歲距至元辛巳積一千五百一十九年
中積五十五萬四千八百〇五日六三六冬至九
日四二四癸酉日閏餘四日三一九六天正經朔五
日六〇四三〇九己巳日加十朔實二百九十五日

三〇五九三九得九月經朔〇日四〇九四甲子日
是年秋恰有甲子朔則歲在涒灘當作歲在淹茂
爲是必以涒灘則維秦六年秋無甲子朔可知涒
灘二字傳寫之譌宋劉原父其本朝人推其博學
爲秦漢以來所無予則謂王伯厚似殆過之然二
公之於歷學乃爾蓋歷學有三一曰明經之儒二
曰精算之士三曰專門之裔二公或以博學雄于
古至精算專門自覺少遜耳
又按辰不集于房在左傳杜註曰房舍也日月不
安其舍則食若此於房宿絕無交涉此夏書之文
應在建巳正陽之月故當以瞽奏鼓之禮而僞作

古文者似錯認爲房宿蓋九月日月會于大火之次房心共爲大火掩蝕於房宿故冠以乃季秋月朔五字此正其致誤之由予嘗思書序羲和湎淫廢時亂日胤往征之作胤征未詳何王之世太史公固受逸書二十四篇内有胤征篇者知出中康之世故夏本紀曰帝中康時羲和湎淫廢時亂日胤往征之作胤征夫不曰帝中康初而曰帝中康時最確蓋予推步以歷仲康十三年中惟十一年壬申歲距至元辛巳積三千四百二十九年中積一百二十五萬二千四百一十七日五六一二冬至一十七日四九八八閏餘二十四日六二三五

二三閏四月入轉七日七四九七七交泛二十六日四六三七五七經朔五十二日八七五二七七閏四月朔交泛一十三日一六一七四七入日食限經朔五十〇日〇五八八三五盈歷一百五十二日五六〇〇三五入轉一十九日六〇五七二七遲差五度三〇八二盈差一度三一加差四十五刻定朔五十〇日五〇八八是閏四月甲寅日午時日食又步至十二年癸酉歲四月戊申日酉正初刻合朔亦入食限加烝時視三差乃戌時初虧在地人目不能見食無容伐鼓取幣以救之則瞽奏鼓等禮的在十一年閏四月朔無疑矣僞作古文者

苟知此將肇位四海易作即位十一年季秋月朔易作閏四月朔既合歷法又協典禮雖有百喙豈能折其角哉噫予笑其智不及此

又按王子充疑夏小正不與禹貢同列百篇書恐爲後儒所託或曰唐一行推以歷術知其實在夏時爲夏書可無疑子充又以爲不然曰天雖高星辰雖遠苟求其故則精歷數者悉所能考蓋自上古以來天行日至星辰之次舍其度數無不可知況在夏后之世安知非精歷數者逆考而遡推之求其故以著于書亦豈可遂信之而弗疑然則肖征縱合歷法亦不無可疑況不然哉此又一辯云

又按鄭康成雖精歷學而于天文分野之説尚襲舊聞然亦直至唐浮圖一行始闡發無遺深合周禮保章氏以星土辨九州之義予嘗從唐書天文志删畧其語以補鄭註之不逮其辭曰天下山河之象存乎兩戒北戒自三危積石負終南地絡之陰東及太華逾河並雷首底柱王屋太行北抵常山之右乃東循塞垣至濊貊朝鮮是謂北紀所以限戎狄也南戒自岷山嶓冢負地絡之陽東及太華連商山熊耳外方桐栢自上洛南逾江漢攜武當荆山至于衡陽乃東循嶺徼達東甌閩中是謂南紀所以限蠻夷也故星傳謂北戒爲胡門南戒

爲越門河源自北紀之首循雍州北徼達華陰而
與地絡相會並行而東至太行之曲分而東流與
涇渭濟瀆相爲表裏謂之北河江源自南紀之首
循梁州南徼達華陽而與地絡相會並行而東及
荆山之陽分而東流與漢水淮瀆相爲表裏謂之
南河故於天象則弘農分陝爲兩河之會五服諸
侯在焉自陝而西爲秦涼北紀山河之曲爲晉代
南紀山河之曲爲巴蜀皆負險用武之國也自陝
而東三川中岳爲成周西距外方大伾北至于濟
南至于淮東達鉅野爲宋鄭陳蔡河内及濟水之
陽爲鄁衛漢東濱淮水之陰爲申隨皆四戰后文

之國也北紀之東至北河之北爲邢趙南紀之東至南河之南爲荆楚自北河下流南距岱山爲三齊夾右碣石爲北燕自南河下流北距岱山爲鄒魯南涉江淮爲吳越皆負海之國貨殖之所阜也自河源循塞垣北東及海爲戎狄自江源循嶺徼南東及海爲蠻越觀兩河之象與雲漢之所始終而分野可知矣於易五月一陰生而雲漢潛萌于天稷之下進及井鉞閒得坤維之氣陰始達于地上而雲漢上升始交於列宿七緯之氣通矣東井據百川上流故鶉首爲秦蜀墟得兩戒山河之首雲漢達坤維右而漸升始居列宿上觜觿參伐皆

直天關表而在河陰故實沈下流得大梁距河稍遠涉陰亦深故其分野自漳濱卻負恒山居北紀衆山之東南外接髦頭地皆河外陰國也十月陰氣進踰乾維始上達于天雲漢至營室東壁閒升氣悉究與内規相接故自南正達於西正得雲漢升氣爲山河上流自北正達於東正得雲漢降氣爲山河下流陬訾在雲漢升降中居水行正位故其分野當中州河濟閒且王良閣道由紫垣絕漢抵營室上帝離宫也内接成周河内皆豕韋分十一月一陽生而雲漢漸降退及艮維始下接于地至斗建閒復與列舍氣通於易天地始交泰象也

踰析木津陰氣益降進及大辰升陽之氣究而雲漢沈潛於東正之中故易雷出地曰豫龍出泉爲解皆房心象也星紀得雲漢下流百川歸焉析木爲雲漢末派山河極焉故其分野自南河下流窮南紀之曲東南負海爲星紀自北河末派窮北紀之曲東北負海爲析木負海者以其雲漢之陰也唯陬訾内接紫宫在王畿河濟間降婁玄枵與山河首尾相遠鄰顓頊之墟故爲中州負海之國也其地當南河之北北河之南界以岱宗至于東海自鶉首踰河戒東曰鶉火得重離正位軒轅之墟在焉其分野自河華之交東接祝融之墟北負河

南及漢蓋寒燠之所均也自析木紀天漢而南曰大火得明堂升氣天市之都在焉其分野自鉅野岱宗西至陳留北負河濟南及淮皆和氣之所布也陽氣自明堂漸升達于龍角曰壽星龍角謂之天關於易氣以陽決陰夬象也升陽進踰天關得純乾之位故鶉尾直建巳之月內列太微爲天廷其分野自南河以負海亦純陽地也壽星在天關內故其分野在商亳西南淮水之陰北連太室之東自陽城際之亦巽維地也夫雲漢自坤抵艮爲地紀北斗自乾攜巽爲天綱其分野與帝車相直皆五帝墟也究咸池之政而在乾維內者降婁也

故爲少昊之墟叶北宮之政而在乾維外者陬訾
也故爲顓頊之墟成攝提之政而在巽維内者壽
星也故爲太昊之墟布太微之政而在巽維外者
鶉尾也故爲列山氏之墟得四海中承太階之政
者軒轅也故爲有熊氏之墟木金得天地之微氣
其神治於季月水火得天地之章氣其神治於孟
月故章道存乎至微道存乎終皆陰陽變化之際
也若微者沈潛而不及章者高明而過亢皆非上
帝之居也斗杓謂之外廷陽精之所布也斗魁謂
之會府陽精之所復也杓以治外故鶉尾爲南方
負海之國魁以治内故陬訾爲中州四戰之國其

餘列舍在雲漢之陰者八爲負海之國在雲漢之陽者四爲四戰之國降婁玄枵以負東海其神主於岱宗歲星位焉星紀鶉尾以負南海其神主於衡山熒惑位焉鶉首實沈以負西海其神主於華山太白位焉大梁析木以負北海其神主於恒山辰星位焉鶉火大火壽星豕韋爲中州其神主於嵩邱鎮星位焉近代諸儒言星土者或以州或以國虞夏秦漢郡國廢置不同周之興也王畿千里及其衰也僅得河南七縣今又天下一統而直以鶉火爲周分則疆埸舛矣七國之初天下地形雌韓而雄魏魏地西距高陵盡河東河内北固漳鄴

東分梁宋至於汝南韓據全鄭之地南盡潁川南陽西達虢畧距函谷固宜陽北連上地皆綿亘數州相錯如繡考雲漢山河之象多者或至十餘宿其後魏徙大梁則西河合於東井秦拔宜陽而上黨入於輿鬼方戰國未滅時星家之言屢有明效今則同在畿甸之中矣而或者猶據漢書地理志推之是守甘石遺術而不知變通之數也文古之辰次與節氣相係各據當時歷數與歲差遷徙不同今更以七宿之中分四象中位自上元之首以度數紀之而著其分野其州縣雖改隸不同但據山河以分爾

又按黃宗羲太沖亦今知歷法者文集曰沈存中
云衛朴精於歷術春秋日食三十六密者不過得
二十六七一行得二十七朴乃得三十五唯莊公
十八年一食今古算皆不入食法疑前史誤王伯
厚之言本此某讀襄二十一年秋九月庚戌朔日
有食之冬十月庚辰朔日有食之又二十四年七
月八月兩書日食歷家如姜岌一行皆言無比月
頻食之理授時亦言二十一年己酉中積六十六
萬九千一百二十七日五十五刻步至九月定朔
四十六日六十五刻庚戌日申時合朔交泛一十
四日三十六刻入食限是也步至十月庚辰朔交

迄一十六日六十七刻已過交限故姜岌一行之說爲是西歷則言日食之後越五月越六月皆能再食是一年兩食者有之比月而食者更無是也襄二十一年己酉九月朔交周〇宮〇九度五一二八入食限十月朔一宮一十度三一四二不入食限矣二十四年壬子七月朔交周〇宮〇三度一九三五入食限八月朔交周一宮三度五九四九不入食限矣乃知衞朴得三十五者欺人也其言莊十八年一食自來不入食法案是年乙巳歲二月有閏至三月實會四十九日一十三時合朔癸丑未初初刻交周一十一宮二十八度三四三

七正合食限朴蓋不知有閏故算不能合耳朴於
其不入食限者自謂得之於其入食限者反謂不
得不知何説也朴吾邑山陽人與沈存中同時然
則昔稱存中尤邃星歷者亦非

第八十二

蔡氏書集傳余不病其言理而病其言數歷尤數之
大者帝曰咨汝羲暨和一節純用朱子訂傳旣非堯
歷亦非宋歷蓋從孔穎達疏採來儘亦明析然猶未
若授時時憲二歷之精密也余因以二歷之理與數
補註堯典其辭曰論其理天周之度歲周之日皆三
百六十有五而又有餘分自今歲冬至距來歲冬至

爲一朞歷三百六十五日而日行一周凡四周積千四百六十則餘一日析而四之則四分之一也經言有六日者舉其成數也自正月朔日至十二月晦日爲一歲得三百五十四日而十二晦朔終焉朱子云合氣盈朔虛而閏生蓋一歲有二十四氣假如一月約計三十日則宜十五日交一節氣矣然朞三百六十五日零二十五刻分配二十四氣則不止於三百六十日故必十五日零二時五刻爲一節三十日五時二刻爲兩節所謂氣盈也月之合朔二十九日半則月不能滿三十日之數積十二月三百六十日計之内虛五日零六時三刻是爲朔虛故每歲嘗六箇

月小止得三百五十四日也氣盈於三百六十日之外有五日零三時朔虛於三百六十日之內有五日零六時三刻則一歲之間大約多出十日零八時三歲則多出三十二日有奇所以置閏也三歲而一閏即以閏月計之亦不須三十二日有奇故置閏之法其先則三年一閏者三繼以兩年一閏者一續又三年一閏者二繼以兩年一閏者一如是經七閏然後氣朔分齊是爲一章也論其數天周三百六十五度二十五分七十五秒歲周三百六十五日二十四刻二十五分而日與天會月一日不及天一十三度三十六分八十七秒五十微積二十九日五十三刻五

分九十三秒而月與日會十二會通計得日三百五十四日三十六刻七十一分一十六秒是一歲月行之數日與天會而多五日二十四刻二十五分爲氣盈月與日會而少五日六十三刻二十八分八十四秒爲朔虚合氣盈朔虚共得十日八十七刻五十三分八十四秒爲一歲閏率三歲一閏則三十二日六十二刻六十一分五十二秒五歲再閏則五十四日三十七刻六十九分二十秒十有九歲七閏則二百六日六十三刻二十二分九十六秒蓋不用積年日法而以實測得之豈不較勝于訂傳之本正義者哉善乎蔡所性仲全言樂律自漢以後日疏星歷自漢

以後日密梅文鼎定九言世愈降而愈精者惟歷而自羲和以來數千年共治一事者亦惟歷唐蘇源明常語人吾不幸生衰俗所不恨者識元紫芝若生今之世去唐抑又遠矣吾不惟不恨且大幸者獲從諸君子遊洞悉今日之歷法斯豈前代人所能幾及哉

按蔡傳云月積二十九日九百四十分日之四百九十七七當作九通計得日三百五十四九百四十分日之二百四十八二百當作三百坊本都譌而習者不知

又按朱子言羲和即是下四子或云有羲伯和伯共六人未必是金仁山案尚書大傳舜巡四岳奏

羲伯之樂和伯之樂則羲伯和伯當有其人蓋四子分職必有二伯以總之不然歷法無所統矣說致確羲伯和伯官在國都中四子則分遣之測驗於四極之地羲伯和伯猶今監正監副四子則猶今春官正夏官正秋官正冬官正若羲和即四子當其分遣遠出猝有休祥誰爲上聞又古者太史職掌察天文記時政蓋合占候紀載之事司以一人漢時太史公掌天官不治民而紬史記石室金匱之書猶是任也四子盡出帝之左右誰爲載筆哉其必不然者晁說之言以閏月定四時古文定作正開元方誤作定余考史記堯紀作正漢書歷

志作定豈衞包亦如向所云晚出書多出漢書故從漢耶不然定字不如正字明甚胡妄改至此

又按朱子言歲差劉焯取兩家中數七十五年為近之然亦未為精密也余謂至元郭守敬以周天周歲強弱相減差一分五十秒積六十六年八箇月而差一度算已往減一算算將來加一算而歲差始為精密明鄭善夫繼之言定歲差宜定歲法於二至餘分絲忽之間定日法於氣朔盈虛一晝之際定日月交食於半秒難分之所而後歷法始為精密皆前此朱子所未聞

或問授時歷夏至晝六十二刻夜三十八刻冬至

晝三十八刻夜六十二刻與蔡傳曰永晝六十刻夜四十刻日短晝四十刻夜六十刻者不同子不以之駁蔡傳何也余曰前人固已云矣地勢有在南在北之異蔡氏據地中而言故晝夜刻數長極於六十短止於四十授時歷據燕都而言故晝夜刻數長極於六十二短極於三十八其不同蓋以此凡余之駁蔡傳處豈得已哉

或問歷既無頻月日食之事則春秋襄公二十有一年二十有四年四書日食兩爲比月將春秋不得爲信史哉余曰春秋固信史但爾時史失其官閏餘乖次從古未有過於春秋之世則難信亦未

有過春秋之書者也即以日食論二百四十二年當四百八十四交除交而不食及合朔在夜人目不見者以四之一約算仍當一百二十餘日食何三十六之寥寥也春秋失之一以三十六日食論有誤五爲三者莊公十八年（上黄太沖推三月日食與春秋合誤也詳見余潛邸劄記）僖公十二年是有誤三爲二者文公元年是有誤十爲七者宣公八年是有誤九爲六者昭公十七年是有以後月作前月不應閏而閏先時者隱公三年桓公三年十七年莊公二十五年三十年是有以前月作後月應閏而不閏後時者宣公十七年成公十七年襄公十五年二十七年昭

公十五年定公十二年是至僖公十五年五月之交宜在四月然乃亥時月食非日食何誤至此春秋失之二則由此以推無比食而書比食其誤又何怪焉但所以致誤之由千載來學春秋者罕及惟金擅蔡仲全告其弟子秦雲九曰想因當日史官算失一閏誤以二十一年之九月作十月朔日食已書之史矣他日又誤以二十四年七月作八月朔日食已書之史矣既而見其失閏不合也乃于兩年各補足一閏書爲二十一年九月朔日食二十四年七月朔日食兩册俱存而後之修史者并錄之也然則是史官之失次爾或曰恐無以爲

孔子地使孔子而不知是歷誤耶何以爲生知之聖使孔子知其誤而仍之耶何以爲已修春秋事孰有大於明天道者哉余曰劉炫固有言漢魏以來八百餘載都無頻月日食者天道轉運古今一也後世既無其事前代理亦當然蓋其字則變古爲篆改篆爲隸書則縑以代簡紙以代縑多歷年所數經喪亂或轉寫誤失其本眞先儒因循莫敢改易余謂此或出于錯簡乎如論語誠不以富亦祗以異脫簡於齊景公章內而錯簡於是惑也之下樂記寬而靜四十九字脫簡於吾子自執焉之下而錯簡於五帝之遺聲也下逮程子鄭康成出

方始覺悟意襄公二十一年二十四年之前之後必有其公其年爲冬十月庚辰朔日有食之者又有爲八月癸巳朔日有食之者脱其簡于彼而錯其簡于此事固有之理或一解既而思哀十二年冬十二月螽季孫問諸仲尼仲尼曰丘聞之火伏而後蟄者畢今火猶西流司歷過也蓋周十二月夏之十月火心星也九月昏火星見於西南漸而下流十月之昏則伏今十月火猶西流是歷官失一閏以九月爲十月也九月初尚溫故得有螽仲尼雖言季孫未改明年十二月又復螽實周十一月越明年孔子感獲麟作春秋此二螽乃目所親

覩不遠者仍其誤而不削則推此以知無比食而
誤書其不削又何怪焉桓公十四年夏五穀梁曰
傳疑也孔子豈不知闕處之爲月字哉桓公五年
春正月甲戌己丑陳侯鮑卒甲戌前年十二月二
十一日己丑方此年正月六日陳亂再赴故從赴
兩書之孔子豈不知甲戌之非正月哉因而不革
蓋其愼也且春秋書法之重最在人事其教之所
存文之所害則刋而正之以示勸戒他若歷屬天
道即用舊史失在既往曷由可追苟必取而正之
則今歷上推哀公十一年當閏二月如是史舊書
五月公會吴伐齊者孔子新修春秋將作六月公

會吴伐齊豈不駭人之聽聞哉且盡取而刊正凡二百四十二年間以事繫日以日繫月以月繫時以時繫年鮮不隨之而錯置矣孔子大夫也敢擅易本國之正朔以干罪戾哉此聖人無可如何之思又非僅闕疑比千載來學春秋者所未覺余特發其矇焉或曰子辯古文尚書而旁及於春秋何也余曰摯虞嘗賞杜元凱釋例云左氏本爲春秋作傳而左傳遂自孤行釋例本爲傳設而所發明何但左傳故亦孤行愚猶此志也夫

又按董仲舒以爲襄二十四年比食又既象陽將絕楚子王上國之兆後果驗杜氏長歷論云春秋

日有頻月而食者曠年不食者理不得一楊士勛穀梁傳疏據今歷無有頻食之理疑古或有之漢高帝本紀亦曾頻食趙汸子常更援漢文帝三年十月晦十一月晦並日食是漢初二十八年中頻食再後世乃未有此固不可以常理推者余不覺笑儒者之不明歷如此因以授時法推得漢高帝三年丁酉歲距至元辛巳積一千四百八十四年中積五十四萬二千〇二十二日〇七二二五六步至本年十一月經朔一十〇日三五一〇七六甲戌日定朔一十〇日四五八一七六合朔午初初刻交泛一十四日四〇七五九入日食限十二月經朔三十九

日八八一六六九癸卯日交泛一十六日七二六三三七日已過中交不入食限是漢書冬十月甲戌晦日食漢歷疏誤以十一月甲戌朔爲前月晦日也又書十一月癸卯晦日食則記載之誤況癸卯乃十二月朔不入食限亦豈晦日哉五行志云十月甲戌晦日食在斗二十度推是年冬至日躔在斗十九度丙子日冬至是甲戌在前二日日食在斗十七度斗乃吳地云燕地者亦非更推得漢文帝三年甲子歲距至元辛巳積一千四百五十七年中積五十三萬二千一百六十〇日四四五三四九步至本年十一月經朔三十三日五六九一八九丁酉日

定朔三十三日五三五五九八九（合朔午正三刻）交泛二十六日八〇〇五六四（入日食限）十二月經朔三日〇九九七八二日（丁卯日）交泛一日九〇六七〇九（日已過正交不入食限）今漢書所載誤謬處與高帝三年同五行志云十月丁酉晦日食在斗二十二度推是年冬至日躔尚在斗十九度戊戌日冬至是丁酉在前一日日食在斗十八度總之比月而食千古所無不必辯者晦日日食乃歷疏之故誤以本月朔日作前月之晦日耳

又按蔡仲全曰歷法漢初尚失其傳如綱目惠帝七年癸丑正月朔日食漢五行志載谷永占歲首

正月朔日是爲三朝尊者惡之綱目書法云日食三朝大變也是年八月有漢惠之喪李淳風等以爲日食之應司天家祖述之令以授時歷上推是年十一月閏餘分二十九日有奇是月二十九日冬至卽閏十一月漢歷失一閏遂以十二月朔作其年正月朔豈知蝕之非正旦也則谷永之占何取焉至京房易傳凡日食不以晦朔名曰薄蝕則并不知交轉交終爲何事矣悲夫又曰漢武太初元年綱目大書丁丑十一月甲子朔旦冬至祀明堂前漢志則以歲在丙子蓋班氏用夏正朱子則以漢承秦歷十月爲歲首而書之其法無二也史

記誤以是年爲甲寅則與綱目差二十三年矣其
案史記甲寅年固非即綱目十一月甲子朔旦冬
至今以授時法推算其年十一月癸巳朔步至二
十九日辛酉午時冬至又推十二月癸亥日辰時
合朔十二月初二乃爲甲子日漢歷於十一月前
誤置一閏遂以十二月爲十一月而曰十一月甲
子朔旦冬至無餘分爲歷元不知十一月癸巳朔
非甲子也十一月二十九日辛酉冬至非朔旦也
十二月癸亥朔非十一月朔甲子也十二月初二
日甲子非朔日也漢歷誤以前月二十九之冬至
而加於後月之朔以後月二日之甲子而加於天

正之朔其舛也甚矣綱目書法云武帝元鼎五年嘗書十一月朔冬至親郊見不書其甲子於是年祀明堂則書甲子朔旦何重歷紀也至朔同日常也甲子朔旦冬至非常也夫以非常之歷紀舉非常之祀典且以至朔同日定改正之歷元斯豈細事而誰知是朔之非甲子哉況推元鼎五年朔同冬至實爲己卯與授時歷合太初丁丑去元鼎已已纔八年而又至朔同日決無是理其爲誤也何疑

又按洪範篇自有傳註月之從星則以風雨星皆承上文箕畢二星來無易說者近代西人穆尼閣

著天文實用篇專測各方風雨其法以太陰爲主五星衡照之而風雨生焉是月之從五星又非盡貼經星言歷歷驗而不爽甚矣理之至者不以中外國人而有間義之奥者亦必越數千年而漸顯露也爲載其説于此

或問月離于畢俾滂沱矣出詩小雅月離於箕則風揚沙出春秋緯文鄭康成引緯文以釋書則可今孔安國云爾豈非書傳出哀平後之一證哉子何不及余曰穎達疏亦有此意然漢天文志箕星爲風東北之星也下即以書星有好風似從來有此占驗作春秋緯者亦述之云爾非其鑿空書傳

即眞出武帝時何妨作是解史天官書不有軫星好風星占不有東井好風雨說乎蓋列宿各有性情也以此難安國未足結其舌

又按天官書天文志並云軫爲車主風蓋軫車之象也與巽同位爲風車動行疾似之蔡傳誤作雨孫武子亦云箕壁翼軫四宿者風起之日也

又按書集傳日有中道月有九行至夏至從赤道四十七句皆出天文志是說也歷代因之故蔡亦祖其說然是九道者雖有其名而無推步之實唐一行始本劉洪遲疾陰陽歷著九道議其說冬入陰歷夏入陽歷則月行青道夏入陰歷冬入陽歷

則月行白道秋入陰歷春入陽歷則月行朱道春入陰歷秋入陽歷則月行黑道大約皆兼二道而分主八節合于四正四維蓋至是而月道始有推步之法迨元郭守敬則以月所行者通謂之白道而白道兩當黃道謂之交有正交有中交有半交正交者交之始也謂之天首中交者交之中也謂之天尾天首天尾即羅與計也半交者當兩交之中與黃道相去六度者是也每月行交道一周謂之一交每交退天一度四十六分四十一秒凡二百四十九交而天一終謂之交終凡十九年而徧九道是三說者每進而益變世之人讀而疑之疑

夫三說之或相背謬也某嘗伏讀而深思而知古人步月之法其大旨未嘗不合特古疏而今密耳何則古人所謂月有八道出于黃道之東西南北者非謂月止行四正方也蓋以黃道而四分分之則月之所行雖殊總不出此四方耳若唐志分四正四隅正于春秋者半交在冬夏正于冬夏者半交在春秋四維之位皆然雖疏密若有不同實亦所以發明八道也要之月道豈止于八而已哉計月之行入一歲凡二十六次出入于黃道故一行大衍歷增損九道爲圖二十六而每歲二十六次之出入其圖又未可以一定乃復推極其數引而

伸之每氣移一候月道所差增損九分之一爲七十二候以究九道且謂月交一終退前所交一度餘是其所推較前爲益密矣然總之不離乎九道之說也惟守敬則畧去九道而竟以白道名月道夫所謂每交退天一度四十六分四十一秒者即計羅之行度也以計羅之行度而求月道之變動則六千七百九十三日之間無不可考其躔度所離之宿故月道之變動大約每退一交則換一道六千七百九十三日應十八年二百一十五日零其間月道凡二百四十九變而天始一周若以九道言則在青朱白黑四者應各歷一千六百九十

八日零故又曰十九年而偏九道與班志一行之說大約相彷特此爲尤密云或云白道一周以交于黃道言耳而乃以周天言何也赤道有宿度可紀而黃道則有度無宿也月道出入于黃道而黃道又出入于赤道故先求黃白之交度即推赤白之交度據其赤道之交度即推白道之宿次以白道宿度之積較赤道宿度之周則白道之度約歛一度有半而密移于黃道者亦宜一度有半矣此白道之周不但當求之于黃道而又當求之于赤道然後爲至當而不可易也約而論之天之有赤道亘古不易者也至月之有交差則猶日之有歲

差然黃交于赤則一歲所積乃始有分秒之差白交于黃則一交所差已移至一度有半太陽之差約二萬四千五百餘年而一終太陰之差之一終則十九年弱而已蓋日行遲而月行疾故其所差之殊至于如此要其爲差一也日之爲差古未之知至今日而始詳則月之爲差亦何怪古歷之未盡歷一行守敬諸人至今日而始密哉

又按舜典集傳自天文志云云至轉而望之六十二句皆出唐孔氏疏予獨怪其上美珠謂之璿解錯系說文璿美玉也馬融孔安國傳同不知何緣認作珠宋史天文志亦云璿者珠之屬也憶穆天子傳天子之珤璿

珠郭璞註璿玉類也余謂此似玉之珠耳覿下稱燭銀可證說文璣珠不圜者想以此疑互遂解作珠乎至璣機也亦未安蓋當解曰璣器名馬融傳渾天儀可旋轉故曰璣穎達疏璣爲轉運衡爲橫簫是也又其南十二度穎達二作三蔡傳正之作二宋太史令錢樂之穎達遺之字蔡傳亦爾朱子訂傳使其半出地上蔡傳遺去四字並非

又按歷家之説以北斗魁四星爲璣杓三星爲衡出晉書天文志蔡傳亦疑謂詳經文簡質不應北斗二字乃用寓名恐未必然頗是然惜未盡予嘗謂包犧氏仰則觀象於天帝嚳序星辰以著衆亦

是大槩星有其名未必如晉一千四百六十四星盡有名目如是之詳如北斗第一至第四星爲魁第五至第七星爲杓如斯而已至第一星曰天樞二曰璇三曰璣四曰權五曰玉衡六曰開陽七曰摇光分明是有堯典以後人據堯典之文以分名其七星猶尾後一星主章祝巫官也初未必名秪緣莊子有傅說騎箕尾而比於列星之文人遂名是星爲傅說天駟旁一星曰王良初蓋名天馬人緣春秋末有王良善御者也死而上配是星曰王良後反曰王良亦名天馬矣推之造父伯樂皆然若軫旁一小星曰長沙下應其地秦是以名郡漢

以名國婺女星應金華隋平陳是以置婺州其地又不可與前同日語予又謂禹主名山川爾雅從釋地已下至九河皆禹所名亦是指天下崇山巨川言那得一一悉予以名如陸機山自起於晉以後郎官湖自名於唐之中豈得謂自有宇宙便有山川而名即隨之以出哉仰觀俯察者由是說而通之可以無紛紛之議矣

又按潛邱劄記恐世不傳仍載其說于此曰衞朴推日食三十六獨莊十八年三月古今算不入食法獨之一字固非近黃太沖謂是年二月有閏三月應食尤非蓋余推步以授時莊公十八年乙巳

歲距至元辛巳中積七十一萬四千四百一十八日四刻步至三月朔不入食限既不入食限則夜亦不食春秋推三月食見其不食遂疑而不書日朔穀梁以爲夜食則鑿矣法推是歲五月定朔四十八日六十五刻是五月朔壬子日申時合朔交泛一十三日五十七刻八十分加時在晝去交分入食限元史曰蓋誤五爲三也又以時憲上推莊公十八年三月朔實會五十〇日一十時三十一分從甲子算起該癸酉日巳正二刻一分合朔交周九宮二十七度一十四分九秒不入食限加二朔實五十九日一時二十八分得實會四十九日一十三時從甲子算起該壬子日未初初

刻合朔授時則除甲子算也加二交周得一十一宮二十八度三四三七入日食限食在中交與授時同太沖明知三月朔不入食限乃欲以五月實會交周之數移至三月謂與春秋胐合以駁大衍授時之誤借有閏月以爲解其誣天且誣人也甚矣

又潛邱劄記曰黃太沖言一年兩食者有之亦未盡竟有三食者晉書天文志惠帝光熙元年正月戊子朔七月乙酉朔並日蝕是歲有閏十二月壬午朔又蝕蓋相距各一百七十三日有奇故食者三及予推以授時法惠帝光熙元年丙寅歲距至元辛巳積九百七十五年中積三十五萬六千一

百一十二日三八八一二五步至正月經朔二十四日四九五一九八戊子日定朔二十四日三六八一八八戊子日辰正三刻合朔交泛○日二一一二八九五入日食限步至七月經朔二十一日六七八七五六乙酉日定朔二十一日六二五三五六乙酉日申初初刻合朔交泛一十四日一二三一○九入日食限步至十二月經朔一十八日八六二三一一壬午日定朔一十九日○二八三一一癸未日子正二刻合朔交泛○日八二一○九入日食限是年該閏十一月劉義叟長歷作八月自其歷疏之故而三次俱入食限惟正月七月加時在晝能見日蝕十二月經朔則壬午日而定朔在

癸未日子時乃夜食不見想當日歷官見入食限已先期奏報日食矣屆期洛陽或有陰雲遂疑日食在天書之史冊而流傳至今既無有知其夜食者又安從知朔日之非壬午哉綱目書法曰一歲三食千三百六十二年一書而已矣其實夜食不爲災不應書史冊此非劉友益所知又曰日食三朝大異也武帝世曾再書矣咸寧三年正月景子朔四年正月庚午朔並日蝕於是又頻三年見之太康七年正月甲寅朔八年正月戊申朔九年正月壬申朔並日蝕雖歷代亦未有余嘗以法推知其合者武帝咸寧三年太康八年正月朔入日食限是有推之不見其合者咸寧四年太康七年是然雖不

合此二年去交未遠想當日歷官偶誤推遂先期奏報與惠帝時同至太康九年正月壬申朔去交已遠縱歷疏不應如是推自屬傳寫之譌此不待以歷知者柰何昭垂史冊驚相告語以爲天未有之變乎竊以儒生於歷竟可謂萬古如長夜

第八十三

余向謂事之眞者無往而不得其貫通事之贋者無往而不多所抵梧茲且見之歷法矣劉歆三統歷有惟十有二年六月庚午朏之文知是月戊辰朔以特關歷法雖孔壁零章逸句亦不忍棄余故從而信焉然未推以歷今以授時法上推周康王十二年甲戌

歲距至元辛巳積二千三百四十七年中積八十五萬七千二百二十九日六五五九○九冬至四十五日四○四○九一己酉日天正經朔三十六日八○一三九六庚子日步至六月建巳之月經朔四日四五四三六一戊辰日恰合則庚午實爲月之三日蓋康王十二年歲在甲戌者邵子皇極經世之數也唐一行大衍歷則以康王十二年爲乙酉六月戊辰朔三日庚午余考之此乙酉出竹書紀年竹書紀年豈若皇極數之鑿然者哉因推以授時康王乙酉歲距至元辛巳積二千三百三十六年中積八十五萬三千二百一十一日九三六八九六冬至四十三日一二三一○

四丁未日閏餘二十七日五〇七一五三周正閏三月夏正閏正月天正經朔一十〇日六一五九五一甲戌日步至六月建巳之月經朔七日八〇〇四〇九辛未日是月無戊辰庚午或曰竹書紀年用夏正安知六月非建未又步至建未之月經朔六日八六〇六九庚午日朔也非朏也果皆不合蓋天下最可信者經而邵子數之可信則以其與經相表裏天祚宋代絕學有繼程子出而理明凡六經中言心言性言仁言義等無不析之極其精仍可融之會于一邵子出而數明凡堯典二帝之載數無逸中宗高宗祖甲及文王年數洛誥惟周公誕保文武受命惟七年叅以魯世家成王七年

周公往營雒邑此七年即在成王紀年内成王共三十七年呂刑王享國百年參以周本紀穆王即位春秋已五十立五十五年崩此百年謂書所作之年在位仍五十五年皆合夏本紀帝相崩子帝少康立中闕寒浞篡位四十年亦從補出豈非數往者順邵子不啻足蹈之知來者逆邵子不啻目覩之上下千萬載罔或抵梧者草廬曰孔子之後惟邵子一人而已矣

按余向援唐孔氏疏周公營洛此年閏九月故戊辰得爲十二月晦未自推以歷今試推之乃知置閏不同一也月小大不同二也漢志二月乙亥朔

庚寅望此推甲戌朔己丑望不同三也成王七年壬辰歲距積二千三百八十九年中積八十七萬二千五百七十〇日〇三九八三一冬至五日〇二〇一七九己巳日閏餘二十〇日一二七一四三周正閏八月夏正閏六月天正經朔四十一日八九三〇三六乙巳日小步至二月建丑經朔一十〇日九二三六二九甲戌日大三月建寅經朔四十〇日九五四二二二甲辰日小四月建卯經朔九日九八四八一五癸酉日大五月建辰經朔三十九日五一五四〇八癸卯日大六月建巳經朔九日〇四六〇〇一癸酉日小七月建午經朔三十八日五七六五九四壬寅日大八月建未經朔

八日一〇七一八六六壬申日小閏八月經朔三十七日六三七七八辛丑日大九月建申經朔七日一六八三七三辛未日小十月建酉經朔三十六日六九八九六六庚子日大十一月建戌經朔六日二二九五五九庚午日小十二月建亥經朔三十五日七六〇一五二己亥日大又步至明年正月建子經朔五日二九〇七四五己巳日小則戊辰正爲十二月晦經之鑿然可信如此因悟劉歆次召誥洛誥於武成後顧命前蓋同一周正云

又按多士本在多方前金仁山案多方云惟五月丁亥王來自奄多士云昔朕來自奄則多方在多

士之前明甚而自今文以來失之從而緒正繫多士於成王七年三月下爲即甲子周公朝用書之書多方繫成王五年五月下篇有奔走臣我監五祀之文監即三監謂其從三監以叛於今五年也是書非作於五年而何余謂此斷以文理理至而數不能違遂推以歷法成王五年庚寅歲距積二千三百九十一年中積八十七萬三千三百〇〇日五三四三八一冬至五十四日五二五六一九戊午日天正經朔二十二日六二八二一一丙戌日步至五月建辰之月經朔二十〇日七五〇五八三甲申日則丁亥月之四日也朏合如此吾欲起仁山

于今日而告之令補入前編

又按說春秋者悉以周正而說周書未見其以周正此不知類也除武成一月建子二月建丑四月建卯顧命四月建卯向所推外茲上推畢命六月建巳召誥二月建丑三月建寅洛誥十有二月建亥康誥惟三月即召誥之三月多士惟三月即康誥之三月合以多方五月建辰總同一周正然則蔡氏謂三代改正朔而不改月數以寅月起數者豈非委巷陋儒之談哉雖有歷學吾不告之

又按蔡傳云三代正朔不同朝覲會同頒歷授時則以正朔行事此說大謬不然一部周禮所云春

夏秋冬皆係夏時則春見曰朝秋見曰覲春朝諸侯秋覲非建子者之春秋可知時見曰會鄭註時見言無常期此於正朔何交涉殷見曰同鄭註衆見四方諸侯四時分來亦以夏時至授時謂民間耕穫之候堯典所云作訛成易是萬古一也豈商周建異而并此亦更之哉莫善于周書周月解一段趙子常約其辭曰夏數得天百王所同商以建丑爲正亦越我周作正以垂三統至於敬授民時巡狩祭享猶自夏焉眞得其旨吾欲取以易蔡傳又按三國志魏明帝景初元年改大和歷曰景初歷其春夏秋冬孟仲季月雖與正歲不同至於郊

祀迎氣礿祠烝嘗巡狩蒐田分至啓閉班宣時令中氣早晚敬授民事皆以正歲斗建爲歷數之序正歲即周官大宰之正歲建寅者語尤分析曉暢足正蔡非

又按事有爲當代所通尚習聞習見隨人舉及言下輒知此屬某彼屬某不復煩疏解者三正之通於民俗亦其一也予嘗以豳風七月詩言月夏正也言日周正也周禮大宰小宰正月建子也正歲建寅也一篇一官之中已交錯言之猶曰字有不同也若何以卒歲夏正之歲也曰爲改歲周正之歲也月令季秋曰來歲秦正之歲也季冬曰來

歲夏正之歲也十月蟋蟀入我牀下夏正之十月
也十月之交朔日辛卯周正之十月也臨卦至于
八月有凶商之八月也玉藻至于八月不雨周之
八月也月令孟春乘鸞路夏之孟春也明堂位孟
春乘大路周之孟春也臣工詩維莫之春周之暮
春也論語莫春者夏之暮春也明堂位季夏六月
改時與改月也左傳襄十四年正月孟春不改月
與時也君雅夏日暑雨冬祁寒不改時即不改氣
者也雜記正月日至七月日至改月即不改節者
也左傳昭十七年當夏四月建巳也於商爲四月
建辰也武成惟四月顧命惟四月建卯也郊特牲

歲十二月孟子歲十二月建亥也伊尹十有二月三統歷商十二月建子也夏小正十有二月凌人十有二月建丑也四代之制連類錯舉昭昭别異然猶曰書有不同也若曾子一人口中病于夏畦夏夏之夏也秋陽以暴之秋周之秋也趙岐註周之秋夏之五六月盛陽也郝仲輿曰周以五六月爲秋陽光爍烈金遇火伏暴之極乾也夫以暴物極乾言有不須午未月之陽者乎同一絳縣人之生正月甲子朔在晉爲七十三年在魯則七十四年也師曠言魯獲長狄年數與此同同一史蘇之占六年逃明年死在晉則合在魯中隔一年也所

以者何用夏正與周正之不同不惟此也昭元年
正月趙武相晉國祁午曰於今七年及至秋醫和
曰於今八年所以者何昭元年正月仍晉平公十
六年十一月昭元年秋則晉平公十七年之夏或
秋也以至三統歷殷十一月戊子後三日得周正
月辛卯朔周正月殷十二月洛誥傳以十二月戊
辰晦到明月爲夏之仲冬夏仲冬周孟春漢古詩
明月皎夜光一篇玉衡指孟冬漢以十月爲歲首
此孟冬乃建申之月指改時而言下文秋蟬鳴樹
間爲明實候故以不改者言唐儲光羲詩夏王紀
冬令殷人乃正月則又和盤託出楊升菴曰唐人

不辯而自了然是也惟宋儒而始生異說明人出而益滋妄解矣

又按宋明人所據以斷斷者在冬不可以爲春寒不可以爲暖四時改易尤爲無義此惟兩說足以釋之一後漢陳寵曰冬至之節陽氣始萌故十一月有蘭射干芸荔之應天以爲正周以爲春十二月陽氣上通雉雊雞乳地以爲正殷以爲春十三月陽氣已至天地已交萬物皆出蟄蟲始振人以爲正夏以爲春一王陽明曰陽生於子而極於巳午陰生於午而極於亥子陽生而春始盡於寅而猶夏之春也陰生而秋始盡於申而猶夏之秋也

自一陽之復以極於六陽之乾而爲春夏自一陰之姤以極於六陰之坤而爲秋冬此文王之所演而周公之所繫近王恭簡亦以可兩言而決者子月爲一歲之始猶子時爲一日之始安在建子不可以爲春也與

又按秦正建亥方爲無謂然亦凡三變焉秦本紀昭襄王四十二年先書十月宣太后薨繼書九月穰侯出之陶四十八年先書十月韓獻垣雍繼書正月兵罷似已用十月爲歲首秦始皇本紀四年先書三月繼書十月十三年先書正月繼書十月又以十月爲殿忽建寅或曰安知其建寅蓋觀所

書災異與夏之月數相應如九年四月寒凍有死者十三年大旱六月至八月乃雨是則秦不改月數于茲益信二十六年秦初并天下改年始朝賀皆自十月朔雖自謂今水德之始然實從其祖制來

又按昭襄王以後莊襄王以前秦既首十月則孝文王之事有可得而論焉秦本紀五十六年秋昭襄王卒子孝文王立尊唐八子爲唐太后而合葬於先王韓王衰經來弔祠諸侯皆使將相來視喪事孝文王元年赦罪人修先王功臣褒厚親戚弛苑囿孝文王除喪十月己亥即位三日辛丑卒子

莊襄王立莊襄王元年大赦罪人修功臣云云蓋
昭襄王五十六年庚戌秋去孝文王元年辛亥冬
十月僅二三月此二三月竣喪葬之事明年新君
改元方大施恩禮至秋期年之喪畢然後書孝文
王除喪或曰子於親曷不行三年之喪而僅期年
爲曰此固當時之變禮也趙世家晉定公三十七
年卒簡子除三年之喪期而已彼春秋之末且然
何有于秦秦猶勝既葬而除者多矣猶爲近古然
則既除喪矣又書十月己亥即位者爲何禮曰古
者天子崩太子即位其別有四始死則正嗣子之
位顧命逆子釗於南門之外延入翼室是也既殯

則正繼體之位顧命王麻冕黼裳入即位是也踰年正改元之位春秋書公即位是也三年正踐阼之位舜格于文祖及成王免喪將即政朝於廟是也曰子孝文王立此正繼體之位也曰孝文王元年此正改元之位也曰孝文王除喪十月己亥即位此正踐阼之位也故曰秦猶近古然其失禮處亦不可不知秦既用建亥月爲歲首孝文王元年應有十月今于除喪後又書十月分明是孝文王已踰二年矣豈享國一年者乎故予以莊襄王元年壬子原孝文王之二年但秦之臣子以孝文甫即位三日不仍之爲二年遂改爲莊襄之元年觀

書子莊襄王立下無事可知崩年改元厥由于此一年二君固已非終始之義況又革先君餘年以爲己之元年乎失禮莫大焉惜千載讀史者俱未推究及此余特摘出以正通鑑孝文王元年書十月己亥王即位三日薨之誤

又按趙子常曰春夏秋冬之序則循周正分至啓閉之候則仍夏時此致確之言萬斯大充宗以二十四氣之名起於漢造太初歷不然以配周正則相戾不合驚蟄在子月大暑在巳月豈可乎黄太冲從而佐其說余請兩言以折之曰左氏桓五年凡祀啓蟄而郊考工記凡冒鼓必以啓蟄之日啓

蟄漢之驚蟄也國語范無宇曰處暑之既至注云
處暑七月節此豈太初後始有哉
又按古以驚蟄爲正月中雨水爲二月節三統歷
猶然後漢劉洪乾象歷方改易其次雨水前驚蟄
後故康成曰漢始亦以驚蟄爲正月中則康成時
不然可知周書時訓解立春之日東風解凍雨水
之日獺祭魚驚蟄之日桃始華分明是傳寫人以
後之節次上改古歷讀者并以此疑時訓非古過
矣
又按維莫之春鄭箋謂周時之寅月蓋諸侯來朝
助祭於廟畢時當寅月遣之歸以趨農事恐時之

晚過朱子認作夏時曰此戒農官之詩萬充宗曰果若所云則夏之三月歷稽經傳告戒農功未有如此之晚者蔡氏泥於於皇來牟將受厥明二句以爲年麥將熟須當建辰之月不知以爲將受猶是方來而未熟之詞言之于辰月可言之于寅月亦無不可也足解人頤余特以其有補書傳也錄之

又按改月之說莫明白於左氏隱元年經書春王正月傳則書春王周正月杜註云言周以別夏殷次毛萇詩傳一之日周正月也二之日殷正月也三之日夏正月也四之日周四月也三統歷大雪

冬至汪云於夏爲十一月商爲十二月周爲正月以及立冬小雪汪云於夏爲十月商爲十一月周爲十二月楊升菴曰此固不厭博引旁喻者余故備錄之

又按顧寧人案博古圖載晉姜鼎銘曰惟王九月乙亥周仲偁父鼎銘曰唯王五月初吉丁亥周敔敦銘曰惟王十月惟王十有一月齊侯鎛鐘銘曰惟王五月辰在戊寅齊侯鐘銘曰惟王五月辰在戊寅而論春王正月曰聖人作春秋於春之下正月之上繫王字說者謂謹始以正端今晉人作鼎而曰王九月齊人作鐘一曰王五月再曰王五月

是當時諸侯皆以尊王正爲法不獨魯爲然然則後儒以春王正月爲夫子特筆創書無乃未考與述而不作信而好古亦於此見之余謂此學春秋者所宜首知

或問子既以改時改月爲當時言下輒了亦有不得其解錯認如今人者乎曰恐亦未免周禮鼈人之職秋獻龜龜人之職凡取龜用秋時皆夏之秋也蓋龜須其甲秋乃堅成非六月所可取而月令季夏之月命漁師登龜鄭康成謂作月令者誤讀上周禮二秋字以爲此秋據周之時周之八月夏之六月也因書於此極中其病又季平子不解正

月朔憲未作正爲正陽之月建巳認作周歲首之正月建子雖大史告之猶弗從夫月名偶同遂致惑人況歲時月三者或改或不改隨意錯舉其不惑民之視聽者難矣故總不若行夏時之合一漢武紛紛制作惟改用夏正足爲萬世之法以此坊民猶有魏明帝以建丑爲正并改三月爲孟夏唐武氏以十一月爲正月復以正月爲春一月肅宗不以數紀月以斗所建辰爲名故杜有荒村建子月之詩者

又按唐肅宗上元二年辛丑九月制以建子月爲歲首月皆以所建爲數去年號止稱元年此元年

起建子訖建巳凡六月旋如舊故杜既有荒村建子月以紀其始復有元年建巳月二篇以紀其終宛然一王之制其間絕句漫興間及月名仍以數紀之曰二月已破三月來余笑謂此三百篇法也三百篇有改歲者曰爲改歲有改時者維莫之春有改月者十月之交餘悉從夏正趙子常所謂詩本歌謠又多言民事故或用夏正以便文通俗與書體不同今杜詩唐正夏正二者並存與三百篇何異楊升菴曰詩可以觀予則于茲益徵之矣

又按吾聞諸嘗熟諸公經解元儒勝宋儒擊節以爲知言他勿論只歲時月之改斷斷鑿鑿遠本漢

儒近詆蔡傳之非皆元代諸儒不獨前所引吳仲迂及東山趙氏而已故嘗爲之說曰主不改說舉春秋而以爲夏時夏月并更魯史之周歲爲夏歲者周洪謨也主皆改說雖詩六月棲棲四月維夏六月徂暑二月初吉而亦以爲周月非夏月者萬充宗也張以寧春王正月考並同幾欲與充宗面語而充宗已不可作矣惜哉

又按撰至此有以傳是樓新刊經解一百四十二種見示者序首云經之有解自漢儒始予爲正之曰經之有解自子夏始不特於易有傳於詩有序而已東漢徐防上言詩書禮樂定自孔子發明章

句始於子夏是也子夏之弟子魏文侯著孝經傳疑東漢末尚存故蔡邕明堂月令得而引之戰國策易傳不云乎居上位未得其實而喜其爲名者必以驕奢爲行据慢驕奢則凶必從之荀卿書國風之好色也傳曰盈其欲而不愆其止其誠可比於金石其聲可內於宗廟小雅不以於汙上自引而居下疾今之政以思往者其言有文焉其聲有哀焉雖未知傳出何人要自顏燭荀卿前有之然則謂經解始漢儒者豈非沿其流而未溯其源與

又按有以歸熙甫經序錄序來問者余曰此序最佳今人那復辨此然亦小有誤敘至東漢盛之後

唐貞觀中之前一段曰沿至末流旋復放失則鄭
王之易自出費氏而賈逵馬鄭爲古文尚書之學
孔氏之傳最後出三禮獨存鄭註春秋公穀浸微
傳詩者毛詩鄭箋而已案隋經籍志周官禮有馬
融注十二卷王肅注十二卷儀禮有王肅注十七
卷喪服經傳有馬融注一卷禮記有盧植注十卷
王肅注三十卷孫炎注三十卷安得云獨存康成
一家蓋隋志原云三禮唯鄭注立於國學當改存
字爲立字立則立於學官存則存於人間幷下文
傳詩者毛詩鄭箋亦無礙亦指立國學言非謂爾
時僅有鄭箋而無王肅毛詩注二十卷也凡敘次

經學流派存亡隱見無誤最難歸氏殆猶未免
又按予晚而得春王正月考見其解八月有凶及
臣工篇與愚見合喜而亟錄于此曰朱子本義以
八月爲自復卦一陽之月至遯卦二陰之月陰長
陽遯之時又謂此爲建酉之八月爲觀亦臨之反
對兩存其說而不決前說從何氏周正也後說從
褚氏夏正也復之彖曰七日來復是自夏正五月
一陰長數至夏正十一月一陽來復日屬陽故陽
稱七日扶之欲其亟長也於七月詩一之日二之
日三之日四之日即此義也今臨之彖曰八月有
凶是自夏正十二月二陽長數至夏正七月三陰

長月屬陰故陰稱八月抑之欲其難長也蓋復家自復數起爲七日矣則臨卦當自臨數起不當又自復數起當自夏十二月數起不當自夏十一月數起若自臨卦夏十二月數起則自臨至遯爲夏之六月僅得七月不可言八月有凶若自臨卦夏十二月數起則自臨至觀爲夏正之八月又九閱月尤不可言八月有凶今自夏十二月數起至夏正之建申七月恰是八月於時爲商正之八月也於卦爲否三陰長而陽消故其彖曰否之匪人不利君子貞天地不交萬物不通其凶甚矣非若遯猶有厲而觀絕無凶也而沈否之彖曰小人道長

君子道消而臨於八月有凶之傳曰消不久也正指否卦而言至爲明白今若以爲遯是文王而用周正也以爲觀是文王而用夏正也文王作彖辭時爲商西伯爲商之臣用商之正復何疑乎若爲商之臣而用周正是僭號稱王而改商正朔大不可也爲商之臣而用夏正是不奉時王正朔而用異代正朔亦不可也唐孔氏從前代諸儒之說是矣近時儒者亦有謂文王演易時猶爲西伯安有未代商已用周正此固不攻而自破是矣而又謂臨於月爲丑乃商人之正文王逆知盛衰消長之數寄之於易謂今雖盛大臨人之勢後且有終凶

必然之理爲萬代戒其意微矣則某恐聖人正大寛厚之心不如是也且宋代諸儒極辨文王未嘗稱王而猶爲此論故某極辨文王奉殷正朔以服事殷之爲至德者焉又曰蔡氏書傳引此以爲牟麥將熟其爲季春可知今考之於全篇則其曰如何新畬命我衆人庤乃錢鎛即七月之詩曰一之日于耜二之日舉趾周官遂大夫正歲簡稼器謂耒耜鎡基之屬修稼政謂修封疆相邱陵原隰皆孟春之事嗟嗟保介即月令孟春之月天子祈穀于上帝載耒耜措之于保介之御間帥三公九卿大夫躬耕帝籍之事也若待建辰之三月始始新

畬始庤錢鎛不亦晚乎非夏之季春明矣若但以來牟將受厥明爲三月則詩曰將受厥明不曰將熟夫麥種於今之八月長於三春月至四月而始登五月而盡刈周都關右地尤高寒而將之云者見於經傳甚多皆未爲而預言或未至而預期之辭詩人之言緩而不迫似難以一句蓋全篇而定其爲夏之三月也朱子以此篇爲戒農官之詩引月令呂覽皆爲籍田而言竊因是說以爲此詩乃孟春祈穀上帝躬耕籍田而戒農官也麥爲五穀之中續食之最重者孟春之時三陽發動麥已生長是以祈穀之辭先言將受來年之明賜繼之以

迄用康年而終之以奄觀銍艾所之明神欲五穀之皆熟故並言之猶春秋書麥禾於冬以該五穀之義也若以來牟將熟爲春三月則冬十月非麥熟之時不得言無麥矣蓋春秋並書麥禾於終而著五穀之大無此詩並言來牟銍艾於始而期五穀之大有然則將受厥明乃期之之辭非即時賦物之比不可以文害辭也而此詩爲周季春夏之孟春也明矣

又按金德純素公周正彙攷序三代異建朔必與正合故正建子朔以夜半正建丑朔以雞鳴正建寅朔以平旦以一日觀之而一歲可知爲萬季野

書來所稱殆亦古未發云

第八十四

余向謂湯伐桀以十八祀乙未秋往越明年丙申三月建卯歸殷本紀所謂絀夏還亳作湯誥維三月是也伯夷列傳索隱曰孤竹君是殷湯三月丙寅所封王至東郊大令諸侯墨胎氏正於是日封予嘗以授時法上推商湯十有九祀丙申歲距至元辛巳積三千〇百四十五年中積一百一十一萬二千一百七十二日五四七四冬至四十二日五一二五日丙午閏餘二十八日八五一〇六六天正經朔一十四日〇〇一八四日戊寅步至三月建卯之月經朔四十二日

五九三六一九丙午日則丙寅爲月之二十一日其胐合如此因反覆古文湯誥讀逾有味四瀆配四方實後代祀典之祖眞史遷所受書二十四篇之一無疑故不辭複書之以告世之君子其辭曰維三月王自至於東郊告諸侯羣后毋不有功於民勤力迺事予乃大罰殛女毋予怨曰古禹皐陶久勞于外其有功乎民民乃有安東爲江北爲濟西爲河南爲淮四瀆已修萬民乃有居后稷降播農殖百穀三公咸有功于民故后有立昔蚩尤與其大夫作亂百姓帝乃弗予有狀先王言不可不勉曰不道毋之在國女毋我怨

按紂以甲子日亡是爲紂三十三祀己卯正月五日紂以乙卯日亡從未推以歷予以授時法上推紂五十二歲乙未歲距積三千〇百四十六年中積一百一十一萬二千五百三十七日七九三〇冬至三十七日二六七〇（辛丑日）閏餘一十七日九七二六八二天正經朔一十九日二九四三一八（癸未日）步至夏正八月經朔四十五日〇六九六五（己酉日）則乙卯爲月之七日蓋師初發當於前此七月所謂舍我穡事而割正夏者

又按上所謂四瀆配四方實後代祀典之祖者何也蓋後漢祭祀志光武定北郊四瀆河西濟北淮

東江南各如其方唐遂稱淮爲東瀆祭於唐州江爲南瀆祭於益州河爲西瀆祭於同州濟爲北瀆祭於洛州迄今益不可易又覺東爲江南爲淮方向少不合余曰此則有顧祖禹景范之論在憶已已同客京師問景范蘇秦説燕曰南有碣石之饒註以碣石在常山九門縣果爾則趙地何以燕有其饒仍指今永平府是但又在燕之東何云南景范曰凡地理言南可與東通言北可與西通非同東與西南與北迥相反者余自是觸處洞然

又按秦淵雲九告余國語王以二月癸亥夜陳未畢而雨以法推癸亥爲建丑之月朔日非如三統

歷爲四日後却三日矣余曰三統歷誤猶可將武成逸篇所云壬辰爲建子之月二日亦不可信周歷固如是乎雲九曰歷豈惟自秦失之周歷亦未精遂極言古歷不正自六家歷以來斗分皆四之一漢鄧平歷猶然故梁沈約宋書論六歷率皆六國及秦時人所造差至三日或二日上不可檢於春秋下不可驗於漢魏雖復假稱帝王祗足惑人耳目至于太初斗分太多過天一度又無盈縮遲疾故常以朔日月見西方晦日月見東方差亦至二三日以此步歷則晦朔甲乙安得無愆魄明生死焉能不舛則知古歷爲誤授時爲眞也如其不

爾武王去春秋魯隱公才四百年授時去魯隱公二千年以步日食三十七或合或否一二不爽而以步四百年前即差當不踰刻而奚至二三日之遠耶以此知授時爲眞周與漢盡失之矣此論定則古文武成所記一月旁死霸二月死霸四月旁生霸等日皆四分之一之歷所步差至二三日者先後不合固皆不待云矣余悅曰邢雲鷺撰歷考亦曾推及總未若子精雲鷺安肅人爲雲九家所取士云

或問武王初有天下歷如是之疏而子推成王七年三月丙午朏康王十二年六月庚午朏恰合何

成康之歷皆精乎余曰劉洪有言歷不差不改此必成康時有知歷者出覺前法疏闊改而正之故朏合如是

或又問子推召誥二月朔既甲戌矣則望當庚寅方可云越六日乙未是是月十七日望果然否余曰是月經望二十五日六八八九二五五仍十六日己丑望蓋經文當作惟二月既旁生魄越六日乙未或作惟二月既望越七日乙未以成史臣以事繫日一定之體今云然者殆傳寫錯爾

又按王恭簡樵述周洪謨之言曰正朔者十二朔之首史官紀年之所始也正月者十二月之首歷

官紀年之所始也正朔有改月數有改有不改人皆以爲然予獨否之如魯史官記事自用周之歷史旣周正歷亦周正可知歷與史豈有二哉惟農家之歷無古今而用夏正予因悟一部毛詩七月陳王業六月北伐四月維夏六月徂暑二月初吉皆夏正也何獨至十月之交而忽從周正蓋周幽王六年乙丑歲十月建酉之月前歷官推當辛卯朔辰時日有食之必徧爲告諭以著天象之變詩人見之即載于詠歌不復如常作夏正此正可以情與理而斷者前說頗非

又按東坡司馬溫公行狀載有司奏六月朔日當

食公言故事食不滿分或京師不見皆賀臣以爲日食四方見京師不見天意人君爲陰邪所蔽天下皆知而朝廷獨不知其爲災當益甚皆不當賀詔從之後以爲常考文獻通考此仁宗嘉祐六年事也可爲盛德然後崇禎四年徐光啓奏言漢安帝元初三年三月二日日食史官不見遼東以聞五年八月朔日食史官不見張掖以聞蓋食在早獨見於遼東食在晚獨見於張掖當時京師不見食非史官之罪而不能言遼東張掖之見食則其法爲未密以未用地緯度算也使溫公東坡聞此亦應失笑

又按徐文定光啓歷學小辨爲滿城魏文魁作也曰宋仁宗天聖二年甲子歲五月丁亥朔歷官推當食不食司天奏日食不應中書奉表稱賀諸歷推算皆云當食夫於法實當食而於時則實不食今當何以解之案西歷日食有變差一法是日在陰歷距交十度强於法當食而獨此日此地之南北差變爲東西差故論天行則地心與日月兩心俱叅直實不失食而從人目所見則日月相距近變爲遠實不得食顧獨汴京爲然若從汴以東數千里則漸見食至東北萬餘里以外將全見食也余謂非西法何由曉此故崇禎十六年李天經推

驗愈密八月詔西法果密既改爲大統歷法通行
天下竟未及頒而明亡
又按文獻通考序云南自宋武帝訖陳後主北自
魏明帝訖隋文帝一百六十九年間南史所書日
食三十六而北史所書乃七十九年歲之相合者
纔二十七又有年合而月不合者夫同此一蒼旻
食於北者其數過倍於南理之所必無而又月日
不相脗合豈天有二日乎其說是已然授時法以
推宋孝宗乾道三年丁亥歲即金世宗大定七年
四月朔交泛十三日九十九刻入食限定朔四日
六十七刻得戊辰日申時日食宋雖有劉孝榮言

四月朔日食一分日官言食二分既而竟不食金主則減膳伐鼓百官各立於庭明復乃止是真見其食與復圓矣何以或驗或否蓋宋臨安偏南燕京偏北日食在陰歷故謂太陽有虧南北目所共覩雖庸奴能之此僅得其常者耳固非通考不曾有歷考者所知

又按綱目不書月食倣春秋也獨唐肅宗乾元二年二月書月食既蓋爲張后事發提要不知仍作日食司馬公目錄引本志作正月癸未因推乾元二年己亥歲距積五百二十二年中積一十九萬〇六百五十六日八四六〇天正冬至一十八日

二一四〇日壬午閏餘一十二日八六七四〇八二月朔三十三日九三八三七一日丁酉二月經望四十八日七〇三六六七五日壬子交泛五日一六六八一六二月朔交泛一十二日二八七二四四二月望交泛二十七日〇五二五四〇五入月食限甚深法當食既乃知史官所書宛與歷官所步合何儒者於歷憒憒乃爾

又按陳第季立謂分命羲仲曰歷書之作爰自黃帝而堯命治歷愼重其事上言歷象日月星辰敬授人時論其統體也推驗考測必極其精秒忽有差則躔度不應矣故分遣四子各居其方察日之

出入農之作息昏曉之中星四時之節氣以至人之祁寒暑雨物之毛羽生落離合參伍毫髮不爽斯歷元可定矣苟不置閏則氣朔盈虛終莫齊一故曰以閏月定四時成歲也總之皆治歷明時之事歷成則陰陽順風雨時百穀登而協氣暢百工有不釐庶績有不熙乎是經文次序最明且悉蔡傳於歷象日月便謂作歷已成於分命則云此下四節言歷既成而分職以頒布且考驗之恐其推步之或差夫分職頒布云者豈以羲仲頒春歷羲叔頒夏歷和仲和叔頒秋冬歷乎何其錯雜而不一也其考驗之恐差云者豈以四子考春夏秋冬

之或差則識之以修改乎何其測候之後時也至
下文平秩東作又云以歷之節氣早晚均次其先
後之宜以授有司何其頒布之不豫也近周文安
洪謨非之似矣然文安以爲使四子者考驗已頒
之歷爲編次將來之歷則亦稽之未審也傳曰履
端於始序則不愆舉正於中民則不惑歸餘於終
事則不悖此三者治歷一時事也闕一不可以爲
歷余謂唐一行令南宮說測景天下凡十三處元
測景尤廣東至高麗西極滇池南踰朱崖北盡鐵
勒凡二十七所即其遺意而盡測北極出地若干
度則守敬所獨抑亦羲和以來未有者

又按董斯張遐周亦取此一篇而絀今湯誥以爲非伏生所授且評於予乃大罰殛女下曰記稱殷人先罰而後賞豈不信哉

第八十五

今文牧誓篇王朝至於商郊牧野乃誓牧野在朝歌之南即商郊地猶有扈氏之郊名甘云爾非二地也故誓師之辭曰于商郊不必復言牧野詩大雅曰矢于牧野又曰牧野洋洋即不必言商郊僞作武成篇者昧于此義敘武王癸亥陳于商郊俟天休命甲子昧爽受率其旅若林會于牧野似武王於癸亥僅頓兵商郊次日甲子昧爽始及牧野誓師誓已而戰一

地也分作兩地用之可乎昔鄭氏注書序命君陳分正東郊成周曰周之近郊五十里今河南洛陽相去則然賈公彥疏之曰鄭蓋以目驗知之古大儒注一書必具全力不憚以其身之所經目之所窮以爲經傳之取信曾謂當日史臣如尹佚輩親從征伐一動一言莫不紀述乃獨不察于地理如此哉

按牧誓蔡傳云案武成言癸亥陳于商郊則癸亥之日周師已陳牧野矣甲子昧爽武王始至而誓師焉蔡氏亦以商郊牧野爲一但認武王與師爲二尚未允三統歷載師以戊子日發後五日癸巳武王發又後十三日丙午逮師言武王至師中蓋

師行日三十里武王則行四十里有奇故雖後五日亦至後戊午度于孟津癸亥至牧壄皆親在師中豈待甲子昧爽哉歷又云甲子昧爽而合矣增而合矣字尠蓋自昧爽誓師起誓畢即戰一戰而殺商王紂僅以時計耳詩大雅曰肆伐大商會朝清明不崇朝而紂之穢濁已除是也其於經傳種種協合蔡氏似不甚信班志故有此誤且古者王出征則王將侯出征則侯將將必與士卒相習然後如臂之使指往無不克豈有臨戰之日將始至軍者乎其亦不識兵法矣

又按歸熙甫亦有考定武成云只于原文移得厥

四月哉生明三節七十八字于萬姓悅服下文勢旣順亦無闕文矣但旣生魄乃四月之十六日甲辰錯簡在十九日丁未二十二日庚戌下不加釐正可乎殆亦讀漢志未熟爾

又按大雅云上帝臨女無貳爾心魯頌云無貳無虞上帝臨女皆指武王牧野時上與湯誓予畏上帝不敢不正下與論語臨事而懼子之所愼戰同一心法令撰其文曰俟天休命恐非武王心也夫苻堅欲平晉銳意至寢不能旦固不足論若魏武帝臨陳意思安閑如不欲戰然抑豈所以論武王乎讀者其味之

又按晉獻公之喪秦穆公使人弔公子重耳曰喪亦不可久也時亦不可失也晉語姜氏告公子亦曰時不可失吳子因楚喪而伐之師不能退吳公子光曰此時也弗可失也皆爭取人國者之辭若武王伐紂有天下自所謂廹而起不得已而應亦何至出語如秦穆吳闔廬曰時哉弗可失哉縱上文有永清四海志在天下然涉急欲有功之心非武王也讀者其更味之

又按湯誓有爾尚輔予一人不過曰致天之罰而已泰誓爾尚弼予一人下則曰永清四海時哉弗可失豈湯武辭氣各不同乎抑文有今古爾

又按地理之學爲從來作書與註書者所難予嘗謂作國語之人便不如左氏何況其他或者怪其說予曰左氏昭十一年傳楚子城陳蔡不羹杜註云襄城縣東南有不羹城定陵西北有不羹亭十二年傳今我大城陳蔡不羹對曰是四國者專足畏也杜註云四國陳蔡二不羹予考之漢地理志潁川郡有東不羹在定陵有西不羹在襄城恰列爲二杜氏之言蓋是也作國語者不通地理認不羹爲一謂之城三國規杜過者亦不通地理謂四乃三之譌近時顧仲恭又引賈誼新書大城陳蔡葉與不羹有葉方成四國謂葉爲左氏所遺楚城

葉見昭九年不知昭九年止有遷方城外人於許無城葉字何得據以爲詞以知左氏之作杜氏之註皆精于地理如此或曰國語與左氏竟出二人手乎予曰先儒以其敘事互異疑非一人予亦偶因不羨事頗有取其説云

又按朱子門人經學譌者蔡沈史學譌者趙師淵趙之綱目人多知之蔡則人爲所壓莫敢是正今姑以地理論之如於泰誓篇目云上篇未渡河作中下二篇既渡河作則以孟津爲在河之南與河朔爲二地也者不知孔穎達疏明云孟者河北地名春秋所謂向盟是也於孟地置津謂之孟津言

師渡孟津乃作泰誓知三篇皆渡津乃作爾考史記周本記敘諸侯不期而會盟津者八百諸侯在武王渡河之下齊太公世家敘遂至盟津在師尚父與爾舟楫之下益驗地在河北通典河南府河陽縣註云古孟津後亦曰富平津在其南蓋水北曰陽故河陽即孟津若其南岸則自名富平津不得有孟名所以杜元凱傳預以孟津渡險有覆沒之患請建河橋于富平津蓋以舟相比若橋然自南岸以達北其得成功者實賴詩有造舟爲梁一語以塞異議者之口因嘆古大儒誦詩輒能達於政事其有用如此豈若蔡氏輩弁南北不識者哉

又按孔安國傳又東至于孟津云孟津地名在洛北都道所湊古今以爲津此傳出魏晉閒已錯認洛陽城北之渡處爲孟津復何怪蔡氏生長南宋者予愛孔穎達云洛陽城北古今常以爲津武王渡之近世以來呼爲武濟武濟名致佳然則津之在河北史記正義所謂在河陽縣南門外者爲方孟津以其爲孟之地也津之在河南尚書正義所謂在洛陽城北者當名武濟以其曾爲武王所濟也庶兩確云

又按余嘗謂孟子說錯了淮水入江後九百餘歲隋開皇大業閒果引淮南入江若孟子預爲之兆

者今又得一事魏晉間古文書錯認孟津爲在河之南後九百餘歲金果改河南之河清縣曰孟津若爲古文蓋其失者抑所謂物必有對哉

又按顧氏川瀆異同曰九水之中黑弱則荒裔之川也河流自塞外經中國迴環半于天下在禹貢九州則雍豫冀兖皆其所經今且折而入徐青侵揚州北境矣江流縈紆廣衍其在禹貢則梁荆揚三州之地其所經也究其源流與河大抵相埒南江北河實所以統紀羣川故于天象亦以兩河分界而中原之形勝胥萃于此焉漢水出梁州之北經荆州之半而合于江淮水出豫州之南繞徐州

之境以注于海比之江河源流未逮其半濟出于冀州之南雖經豫兗二州之境尚有青州然大都于淮漢比肩不能與江河並駕也今且滅沒難明在闕疑之列矣渭洛在雍豫中足爲羣川之長然皆以河爲宗如大國之役附庸然故更次于淮濟之有也或曰言渭水以雍州爲天下險言洛水以豫州爲天下中然其爲川也僅及于境內恐未足以該天下矣是九川之中其條貫猶存而經緯可見者惟江淮河漢四水而已矣余讀至此曾戲語景范孟子當日言水由地中行不證以四瀆而曰江淮河漢者是得毋亦預爲今日之水之地也耶

景范不覺笑

第八十六

商郊牧野本一地而作兩地用之旣決非信史孟津河朔亦本一地而作兩地用之可謂實錄乎周本紀又云十二月戊午師畢渡盟津諸侯咸會蓋言師盡渡河至于盟津大會諸侯椒舉曰周武有孟津之誓三篇之作俱作于河北之孟津于河之南洛之北無涉魏晉間名漸譌易孔安國傳以孟津在洛北書與傳同出一手故撰上篇曰惟十有三年春大會于孟津中篇曰惟戊午王次于河朔則嗟我友邦冢君之誓誓干河之南嗚呼西土有衆之誓誓于河之北截

然異地武成篇曰既戊午師逾孟津逾者越也言已越孟津而過之非以孟津在河南明證乎予少時習孟子疑滕定公薨父兄百官皆不欲兩使然友往鄒問孟子何緩不及事及年來親歷山東方知故滕國城在今縣西南十五里故邾城在今鄒縣東南二十六里則兩國相去僅百里宜然友朝發滕而暮至鄒朝見孟子而暮復命文公也又古鄒城西北去曲阜七十六里孟子云近聖人之居若此其甚較上文去聖人之世百有餘歲尤爲逼緊蓋只兩舍有半地耳嘆窮經者不可不通地理曾謂作經者反瞢于地理如此哉

按蔡傳于大會于孟津云孟津見禹貢而禹貢引杜預曰在河内郡河陽縣南今孟州河陽縣也武王師渡孟津者即此最是蓋以孟津在河北於泰誓篇目却云上篇未渡河作又以孟津在河南疏畧抵梧余嘗笑使朱紫陽執筆應不至此

又按傳遯士凱歸熙甫之門人也著左傳屬事序稱其前語王執禮通鑑有何難解胡三省安用註爲執禮答以不然先生云其註地理極可觀其復讀之信先生蓋熙甫也予苦愛斯語以爲其一言破的處酷似朱子近顧祖禹景范著方輿紀要則服膺京兆杜氏浚儀王氏地理之學亦知言哉

又按孟津之漸謁而南也實自東漢始考更始二年使大司馬朱鮪等屯洛陽光武亦令馮異守孟津以拒之是時孟津猶在北安帝永初五年羌入寇河東至河内百姓驚奔南度河使朱寵將五營士屯孟津靈帝中平六年何進謀誅宦官召東郡太守橋瑁屯成皋使武猛都尉丁原燒孟津火照城中城中者洛陽城中也則已移其名于河之南猶蒲州城外有蒲津關對岸爲朝邑縣臨晉關地不同名亦各異而史記曹相國世家從漢王出臨晉關張守節正義曰即蒲津關也在臨晉縣則亦移河東之關名于河西大河流經濬滑二縣境北

曰黎陽津南曰白馬津杜牧所謂黎陽距白馬津三十里者是然通鑑地理通釋白馬北岸即黎陽津故白馬亦兼有黎陽之名通典于黎陽縣下曰有白馬津即酈生言杜白馬之津不知漢白馬津在河南是唐亦移河南之津名于河北水經注大已然抵歷代浸久土俗傳譌亦何所不至予獨怪武成三代間人所作忽認南爲北如東漢中葉以後人之稱孟津者

又如和州横江在江北當塗采石在江南梁書武帝紀太清二年侯景自横江濟于采石采石猶指江南侯景傳歷陽太守莊鐵降景乃自采石濟兵

焉則已移釆石之名于江北不待宋也

又按沈括筆談以定四年楚子濟江入于雲中證雲在江北昭三年王以田江南之夢證夢在江南所以太宗時得古本禹貢雲夢二字不連作雲土夢作乂蓋雲才土見而夢已可耕治也最是余謂然至周禮職方荆州其澤藪曰雲瞢杜預註左楚之雲夢跨江南北固已混而通稱禹貢溢爲滎滎自在河之南宣十二年楚潘黨逐之及滎澤即其地然先此閔二年衛及狄人戰于滎澤則亦移澤之名于河北向予愛熊南沙有言黄帝正名百物未嘗假借後世乃通之耳兹則謂禹主名山川未

嘗假借後世乃通之耳若然豈可以東漢後所通稱之孟津上詎禹貢哉安國傳實誤元和志雲夢二澤本自別而禹貢及爾雅皆曰雲夢者蓋雙舉二澤而言之則李弘憲所見禹貢本亦誤

又按安國傳雲夢之澤在江南誤不待云惜蔡氏不從沈括之言專引左氏證雲夢爲二兼又引周禮荆州之澤合雲夢爲一者與禹貢時不類括之言曰江南爲夢則今之公安石首建寧等縣江北爲雲則玉沙監利景陵等縣乃水之所委其地最下江南二浙水出稍高雲方土而夢已作乂矣信古本爲允余嘗謂蔡傳有顯然謬誤者有依稀彷

佛而誤者此固依稀彷佛之誤也

又按蔡傳顯然謬誤者如雍之貢道有二其東北境則自積石至于西河其西南境則會于渭汭積石山在雍之西境安得下一東字顯謬可知雍州東距大河大河即冀都之西河果東境有貢當徑自入河何勞舍東而西遠從積石浮耶然則若何而可曰當改作其西北境蓋浮積石與會渭汭者皆自西起程但積石近北則曰其西北境渭汭近南則曰其西南境庶乎其不謬耳

又按有依稀彷佛之誤者其導水總論曰經言嶓冢導漾岷山導江者漾之源出于嶓江之源出于

岷故先言山而後言水也言導河積石導淮自桐柏導渭自鳥鼠同穴導洛自熊耳非出于其山特自其山以導之耳故先言水而後言山也河不言自者河源多伏流積石其見處故言積石而不言自也沇水不言山者沇水伏流其出非一故不誌其源也弱水黑水不言山者九州之外蓋略之也小水合大水謂之入大水合小水謂之過二水勢均相入謂之會天下之水莫大于河故于河不言會此禹貢立言之法也世多稱爲偉論以愚論江非出于岷所以宋易祓曰岷山近在茂州而江源遠在西徼松山之外范成大曰江源自西戎中來

由岷山澗壑出而會于都江世云江出岷山自中
國所見言之也陸游曰嘗登嶓冢山有泉涓涓出
山間是爲漢水之源事與經合及西游岷山欲窮
江源而不可得也蓋岷山盤回千里重崖蔽虧江
源其間旋遶隱見莫測其端不若漢源之顯易也
不確一王恭簡樵曰渭源縣南谷山實鳥鼠相連
之枝山相去五里胎簪乃桐柏之旁小山而謂渭
非出于鳥鼠特自鳥鼠導之淮出胎簪特自桐柏
導之似俱未安不確二河發源星宿海至積石六
千七百餘里中間無所爲伏流伏流見漢西域傳
及酈注而唐書劉元鼎蔡傳劉作薛非唐有薛大

鼎無薛元鼎也元史河源附錄亦作薛似沿蔡傳爲吐蕃會盟使言見河源云云元史命都實爲招討使往求河源還報云云皆無伏流即西域傳云皆以爲潛行地下南出于積石皆以爲者傳聞之辭也蔡徒據傳聞不確三梁州西距黑水雍州西跨黑水二州皆以是水定界弱水則見雍州内豈得云之外不確四

又按禹貢立言固有定法然亦不盡然者如侯服中三百里字與上文甸服三百里字不同綏要荒三服二百里字與上文甸侯二百里字倏異觀此則導江言岷山導河積石不言自未必悉如蔡氏

所云惟唐孔氏疏云漾江先山後水淮渭洛先水後山皆是史文詳畧無義例也得之矣

又按有依稀彷彿致成顯然之誤者莫過漢地理志甾水出泰山郡萊蕪縣原山東至博昌縣入泲泲字本不誤誤在孔穎達疏作海而蔡氏又以漢博昌爲即宋之壽光縣壽光縣瀕海濟旣東流經是縣之境不入海曷入哉故不覺先後異說其實漢博昌宋之博興縣漢故城猶在今縣南二十里不瀕海也嘗問青州府人言淄水出顏神鎭東南二十五里岳陽山東麓東北流逕萊蕪谷漢志亦未合東北逕樂安縣東又北入巨淀又北出注焉

車瀆合時水入海以今準宋淄亦入海蔡故云爾乎不知漢時甾入泲入泲旋復入海在琅槐縣去今樂安縣五十里也或曰淄既入濟則淄亦可浮青之貢道浮于汶當增一淄字不然者淄不入濟也予笑應曰小水不爲貢道者衆矣奚獨於淄且淄多伏流潦則薄崖乾則濡軌而已俗謂之九乾十八漏此豈可爲貢道者哉蔡沈生長南宋譬之閉户造車而欲出門合轍難矣哉

又按余嘗謂古人文多連類而及之因其一并及之其一禹貢亦然江漢朝宗于海漢入江江方入海因江入海漢亦同之伊洛瀍澗既入于河伊瀍澗

悉入洛洛方入河因洛入河幷及于伊瀍澗皆連類之文也又古人文多倒不盡以次禹貢亦然東會于泗沂沂入泗泗入淮宜曰沂泗兹却曰泗沂西傾朱圉鳥鼠至于太華呂伯恭以漢志言朱圉在天水郡冀縣則在鳥鼠東與經文次不合疑不在此不知余曾親經其山在今鞏昌府伏羌縣西南三十里山色帶紅石勒四大字曰禹奠朱圉當日道中雜咏有丹嶂舍朝景之句即指此依山之次宜曰西傾鳥鼠朱圉至于太華兹却曰西傾朱圉鳥鼠者倒也至梁州貢道沔與潛通宜曰入于沔渭不與沔通宜曰逾于渭經文不然者乃傳寫

偶譌不必曲爲説爾

又按劉熙釋名云北海海在其北也西海海在其西也東海海在其東也南海海在海南也宜言海南欲同四海名故言南海從未有釋及此又云濟南濟水在其南也濟北濟水在其北也義亦如南海也義亦如南海此句最精蓋濟水在其北郡當名北濟今名濟北亦猶南海不名海南而曰南海耳總屬倒裝文法古人語多倒至又云濟陰在濟水之陰也此其稱則順與上又不同古人遇此等處或順或逆聞之輒了然不似今人費分剖矣

又按蔡氏煞有未盡者如會于渭汭汭字無傳讀

者多以即上文涇屬渭汭汭入涇涇入渭當其爲渭也且不知有涇奚有于汭自與洛汭之汭同一解蓋河之南洛之北其兩間爲汭也在今鞏縣河自北來渭自東注實交會于今華陰縣故曰渭汭汭字解有作水北者有作水所出者有作水之隈曲者有作水曲流者有作水中州者總不若說文汭水相入也於此處爲確解夫言豈一端而已夫各有所當也或曰二汭字同見雍州可各解乎余曰何不可之有導山過九江過讀作經過之過謂禹導水過九江讀作大水合小水之過謂岷江皦焉殊別也左氏一書莊四年曰漢汭閔二年曰渭

汭宣八年曰滑汭昭元年曰雒汭四年曰夏汭五年曰羅汭二十四年曰豫章之汭二十七年曰沙汭定四年曰淮汭哀十五年曰桐汭水名下繫以汭者衆矣又何疑于禹貢哉

又按堯典蔡傳爾雅曰水北曰汭徧考爾雅并無其文豈宋代尚存今失之耶抑誤記安國禹貢傳爲爾雅耶

又按第二卷論青徐揚三州貢道掌上文兖州之河皆不復言河一層脫卸一層直屬斂法之玅尚未及荆豫梁雍四州茲更補論曰豫州爲南河止言達河不復繫以南者以見上文也上文荆州無

河取道于豫州之洛由洛入河故將南河字面預伏於此此二州爲一聯雍州爲西河不惟西河且冠以龍門山名者以舟至此輒止龍門非可越梁州亦無河取道于雍州之渭由渭入河苟至渭尾泝流而上則至西河順流而下則至南河皆不必惟絕河而渡登蒲州之西岸去帝都爲近特下一亂字水道顯顯然在人目前至雍又會于渭汭不言河者蒙上文梁州則蔡傳所已及此二州又爲一聯凡皆敘法之至妙者

又按孔傳爲蔡傳所壓實有勝蔡者如九河既道孔曰河水分爲九道此在州界蓋别于大陸在冀

州故又北播爲九河孔曰北分爲九河以殺其溢在兖州界蓋見下逆河屬冀州於兖無涉故界畫分明至此通典以滄州景城郡隸古兖州平州北平郡隸古冀州皆合禹貢之迹滄州東北到平州五百里爲古逆河入海道蔡氏則謂兖州北盡碣石河右之地果爾則夾右碣石入于河乃入兖州之河非冀矣夫非冀曷爲繫河于冀之末簡哉豈冀亦無河如荆梁二州也者必取道于豫州雍州之河而後二州末簡始得繫河字耶

又按至于陪尾孔蔡二傳並云豫州山漢志江夏郡安陸縣横尾山在其東北古文以爲陪尾杜君

卿隸諸古荆州則陪尾當爲南條江漢北境之山與内方一列豈得爲北條大河南境之山乎宜改正然則何以正曰博物志云泗出陪尾其徐州之山乎徐西境豫東境正相接禹既下太華乃於是而熊耳洛所經也而外方伊所經也而桐柏淮所出也至于陪尾泗所出也則諸水之治亦可見矣若横尾淮曷爲經此孔傳自誤或曰柰漢志何余曰漢志禹貢山川不從之者衆矣奚有于是周官保章氏賈疏外方熊耳以至泗水陪尾屬摇星公彦實從春秋緯文來則漢人蚤作是解矣

又按西傾因桓是來朱子亦從鄭康成書註曲爲

說忽讀宋葉氏曰雍言織皮崑崙析支渠搜非中國之貢明矣疑西傾即西戎之境熊羆狐狸織皮文與西傾因桓是來相屬謂四獸織皮西傾之戎因桓水而以此來貢也不覺躍然然葉猶存傾字余謂直戎字之譌蓋西戎因桓是來最直截了當桓水出蜀郡蜀山西南行羌中漢志謂禹貢桓水是也蔡傳不知引此而徒據水經云西傾之山桓水出焉無論經無此文乃酈注有之亦山亦雍山水亦雍水與梁州桓水別酈道元曰岷山西傾俱有桓水眞得其解矣

又按太史公曰余南登廬山觀禹疏九江嘗得廬

山圖經案之有所謂上霄峰者爲山絶頂處傳司馬遷嘗登于此因思當日從北而觀有九江焉班固志尋陽縣九江在其南皆東合爲大江應劭注江自廬江尋陽分爲九是也從南而觀有九江焉劉歆曰湖漢等九水入彭蠡故爲九江王莽更豫章郡曰九江是也然通典以湖漢水隸古揚州則與禹貢在荆者不合太史公其必從北乎計其遺踪故道漢唐猶存孔安國曰江于此州界分爲九道甚得地勢之中郭璞賦江曰源二分於崌崍流九派乎尋陽註山經曰江自尋陽而分爲九皆東會于大江陸德明引緣江圖曰九江參差隨水勢

而分其間有洲或長或短百里至五十里始别於鄂陵終會于江口徐堅曰江至尋陽分爲九道杜佑曰是大禹所疏桑落洲上下三百餘里合流皆歷歷可指數與太史公疏字合與湖漢等各爲一源者不同與洞庭湖爲衆水會聚者復異夫孔曰甚得地勢之中則不必如九河例曰既道曰播爲九可知九江孔殷繼于江漢朝宗于海之下者蓋上句大槩説下句其細目江漢安流無復横决勢遂奔趨于海非得此疏爲九派之力乎正蔡傳所謂費疏鑿者雖小必記之例也豈别爲一地與上不相屬者然且最爲明證九江納錫大龜孔曰大

龜出九江水中史記龜策列傳神龜出于江水中廬江郡常歲時生龜長尺二寸者二十枚輸太卜官是迄漢猶然向嘗謂禹貢紀山川不紀風俗紀物產不紀人才以山川物產亘千年而不變者于玆益信則兩九江爲一處在尋陽而不在澧州之下巴陵之上斷可識矣或曰蔡傳謂即今之洞庭引水經者非與曰未盡非也詳玩水經之文上有衡山下有東陵敷淺原曰九江地在長沙下雋縣西北似爲導山之九江導江之九江作註於九江孔殷無涉然則兩九江可乎曰何不可之有禹貢一書有南條之荆山有北條之荆山有徐州之蒙

山有梁州之嶓山有荆州之沱潛有梁州之沱潛有兗州之沮水有雍州之沮水或曰上山水畢竟各見于一州未聞一州之内水重見也者曰以山證之豫州之内有導山之熊耳在盧氏縣有導水之熊耳孔傳以爲宜陽縣況九江一爲禹所疏以人工名一爲九水所會聚以澤浸名同見荆州内何不可之有爲禹所疏者曰甚得地勢之中爲九水會聚者第曰禹經之而已江合之而已其書法固自別也但故道唐猶存而宋耿然以致諸公起而辨之揚州浸曰五湖張守節正義曰蓋古時應別今並相連余亟賞其通人之言秦與荆戰取洞

庭五湖既有洞庭又言五湖則是九江既豬九而
爲五又會五而爲一水道之變如此宋儒乃以己
所未見而遽疑禹貢乎且蔡氏之尤悠謬者以今
尋陽之地將無所容九江不知漢尋陽縣在大江
之北今黃州府蘄州東潯水城是東晉成帝咸和
中始移于江南今九江府德化縣西十五里是杜
佑曰溫嶠所移也譬諸河源本在西南而張騫乃
求之西北直差之毫釐謬以千里蔡氏郡邑之遷
改朝代之換易尚所不詳而可與談水道乎至楚
地記吾不知其何代何人書乃舍山經洞庭在九
江之間不引而引此朱子親定九江源委不引而

引及澧水澧却在九江數之外者余之著斯考也將以上質紫陽下亦如道元云山水有靈亦當驚知己于千古矣豈好與蔡氏牴牾者耶

第八十七

應劭有言自秦用李斯議分天下爲三十六郡至漢又復增置凡郡或以列國陳魯齊吳是也或以舊邑長沙丹陽是也或以山陵泰山山陽是也或以川原西河河東是也或以所生金城之下得金酒泉之味如酒豫章樟樹生庭鴈門鴈之所育是也或以號令禹合諸侯大計東治之山因名會稽是也因考漢昭帝紀始元六年庚子秋以邊塞闊遠置金城郡地理

志金城郡班固注並同不覺訝孔安國爲武帝時博士計其卒當於元鼎末元封初方年不滿四十故太史公謂其蚤卒何前始元庚子三十載輒知有金城郡名傳禹貢曰積石山在金城西南耶或曰郡名安知不前有所因如陳魯長沙之類余曰此獨不然應劭曰初築城得金故名金城臣瓚曰稱金取其堅固故墨子言雖金城湯池一說以郡置京師之西故名金城金西方之行則始元庚子以前此地並未有此名矣而安國傳寔有之固注積石山在西南羌中傳亦云在西南宛出一口殆安國當魏晉忘却身繫武帝時人耳

按孔傳頗有苦心彌縫處如鄭康成註滎今塞爲平地滎陽民猶謂其處爲滎澤在其縣東此是王莽時大旱濟瀆枯竭已久故爲是云孔傳實出鄭後却云濟水入河並流數里溢爲滎澤在敖倉東南若不曾有大旱之事也者禹貢有北江中江而無南江班志北江在毘陵縣北東入海中江出蕪湖縣西南東至陽羨入海補出南江在吴縣南東入海孔傳云有北有中則南可知非暗與班志相闇合乎余尤愛其改爾雅二處一廣平曰原釋地文也孔傳云高平曰太原今以爲郡名其實吾郡隘于東西皆山不可云廣秪覺高而平安國語確

一一成曰岯釋山文也及余登濬縣東南二里大伾山臣瓚所謂黎陽縣山臨河者覽其形實再重覺安國改之爲是作僞者亦不可沒哉

又按史記大宛列傳元狩二年庚申金城河西西竝南山至鹽澤是時已有金城之名然通鑑胡三省註金城郡昭帝於始元六年方置史追書也余亦謂騫卒元鼎三年丁卯尤先始元庚子三十三載安得有金城郡乎果屬追書

又按黃子鴻誤信僞孔傳者向胡朏明難余曰安知傳所謂金城非指金城縣而言乎朏明曰不然安國卒于武帝之世昭帝始取天水隴西張掖郡

各二縣置金城郡此六縣中不知有金城縣否班志積石山繫河關縣下而金城縣無之觀羌中塞外四字則積石山不可謂在金城郡界明矣況縣乎且酈注所敘金城縣在郡治允吾縣東唐爲五泉縣蘭州治宋曰蘭泉即今臨洮府之蘭州也與積石山相去懸絕傳所謂金城蓋指郡言而郡非武帝時有此豈身爲博士具見圖籍者之手筆與

第八十八

前漢志河南郡穀成縣注曰禹貢瀍水出替亭北後漢志河南尹穀城縣瀍水出注引博物記出潛亭山至晉省穀城入河南縣故瀍水爲河南所有作孔傳

者亦云瀍出河南北山此豈身爲武帝博士者乎抑出魏晉間魏巳併二縣爲一乎實胡朏明教余云爾或難余河南安知其不指郡言余則證以上文伊出陸渾山洛出上洛山澗出澠池山皆縣也何獨瀍出而郡乎殆與黄子鴻金城指縣言相似皆左袒僞書者胡朏明又曰菏澤在定陶而傳云在湖陵伊水出盧氏而云出陸渾澗水出新安而云出澠池横尾山北去淮二百餘里而云淮水經陪尾江水南去衡山五六百里而云衡山江所徑決非武帝博士具見圖籍者之言也至孟津移其名于河之南東漢安帝時始然而傳云在洛北是則吾友百詩教余云爾其不

敢諱也

按孔疏既引地理志伊出盧氏熊耳山洛出上洛冢領山瀍出穀城縣潛亭北澗出新安縣東南入洛又爲之說曰熊耳山在陸渾縣西冢領山在上洛縣境内澠池在新安縣西穀城朁亭北北山即河南境内之北山也志詳而傳畧所據小異耳胡朏明正曰按漢陸渾盧氏本二縣熊耳山在盧氏縣西南五十里不與陸渾接界安得謂陸渾縣西之山而云伊出陸渾山新安黽池亦本二縣澗水出新安穀水出黽池流同而源異今乃云澗出澠池山是以穀源爲澗源也此不惟畧也而且誤矣

至于河南穀城亦本二縣晉始省穀城入河南而傳云瀍出河南北山是西漢時穀城山已爲河南縣地也其精如此

又按庚午季夏置書局于洞庭東山撰輯一統志有分得福建者來質余曰欲倣宋梁克家三山志建置沿革斷自周職方之有七閩始不上繫禹貢何如余曰杜氏通典敘建安長樂清源漳浦臨汀五郡於古揚州內未見唐人遠之於禹服外者元和郡縣圖志亦然然明一統志福州等八府竟書爲禹貢揚州之域亦未安惟歐公玅有斟酌所撰新唐志於淮南道曰蓋古揚州之域江南道曰蓋

古揚州之南境嶺南道曰蓋古揚州之南境南境輿域字頗別微可議者江南道領有今蘇松常嘉湖正禹貢三江震澤地江州尋陽郡有彭蠡湖皆當日之域中豈得別之爲南境惟援其例書于福建一司則可福建府曰禹貢揚州之南境泉州府曰禹貢揚州之南境下迄漳州府並同方不即不離蓋雖未顯見爲疆域未嘗不爲揚州師牧之所接聲教訖于四海閩東南海也豈唐虞所得而遺之哉

又按先一載在京師萬季野謂余撰一統志奚必及人物人物自有史傳諸書余頗駭其言及近覽

元和郡縣圖志太平寰宇記意果不重在此一州内或人物無或僅姓名貫址即間舉生平亦寥寥數語不似明一統志誇多汎濫令人厭觀因折衷二者之間不妨臚名宦流寓人物列女四項但取其言與行關於地理者方得採輯如名宦則蜀守李冰以作離堆避沫水之害而收鄴令史起以引漳水溉鄴田富魏之河内而收列女趙襄子姊聞夫死摩笄自殺代人以名其山收入保安州顔文妻事姑孝甘泉湧室齊人以名其河收入益都縣梁鴻適吴卒葬地要離冢旁切陵墓矣收爲蘇州之流寓雷次宗徵至都爲築館鍾山西巖下切古

蹟矣收爲江寧之流寓即例所不收之仙釋如河上公結廬河濱漢文帝親枉駕梅福變名姓爲吴市門卒甚且許楊署都水掾爲太守興鴻郤陂數千頃田汝南以饒均寧得遺蓋不惟其人惟其地不然隨甚道德隨甚勳名及文藝苟無關地理槩不得闌入何者著書自有體要故善乎杜君卿有云言地理者在辨區域徵因革知要害察風土李弘憲云餙州邦而敘人物因邱墓而徵鬼神乃言地理者通弊至于邱壤山川攻守利害反畧而不書元和宰相之言施于撰述如此若張南軒論修誌不可不載人物典刑繫焉世教補焉此則儒生

之見以之點綴郡邑志則可非所論大一統之書卷帙浩繁者也

又按有杭州人至局中者首問余曰聞新志人物項別立一狀元項有是事否余笑曰俗不至此越兩月偶閱景泰間陳循撰寰宇通志果有狀元一項傳謂以此語局中諸公曰狀元三年一人耳何啻車載循當日曷不立狀元兼宰相者一項以自位置不尤夸乎所謂姚淶楊維聰只會中狀元更無餘物今世豈復有道著者耶姜西溟曰此說見錢氏列朝詩集誣罔之甚其親遇姚氏後人授明山存集刻本中有贈衡山先生南歸序曲盡嚮往

之志揄揚之詞其知衡山也深矣烏得有相輕語亟呼僕取我篋衍此序來既至余讀其首幅云自唐承隋後設科第以籠天下士而士失自重之節者幾八百餘年然猶幸而有獨行之士出其時如唐之元魯山司空表聖陸魯望宋之孫明復云云指曰新唐書卓行傳元德秀少舉進士擢第司空圖咸通末擢進士豈不從科第者耶有明狀元乃不讀新唐書胡詘明從旁贊曰惟不讀新唐書方中狀元若讀新唐書狀元中不得矣閧堂大笑

尚書古文疏證卷六上終

清乾隆眷西堂本尚書古文疏證

第四册

清 閻若璩撰 清 閻詠輯

山東省圖書館藏清乾隆十年太原閻氏眷西堂刻本

山東人民出版社·濟南

尚書古文疏證目錄

卷六下

尚書古文疏證卷六下目錄終

尚書古文疏證卷六下

太原閻若璩百詩撰
平陰朱續晫近堂梓

第八十九

濟水當王莽時大旱遂枯絕不復截河南過者晉初司馬彪之言也雖經枯竭其後水流逕通津渠勢改尋梁脉水不與昔同者後魏酈道元之言也通典據彪之言以折水經謂濟渠旣塞都不詳悉其餘可知余讀郭璞山海經注而嘆恐未足以服水經者之心何則璞固有言矣曰今濟水自滎陽卷縣東經陳留至濟陰北東北至高平杜氏釋例於濟水東北至高平五字作經高平東平至濟北八字餘並同東北經濟南至樂安博昌縣入海與禹時濟

瀆所經河南之道無異蓋枯而復通者所謂津渠勢改昔則自虢公臺東入河出在敖倉之東南今改流虢公臺西入河出亦非故處與或禹時濟未必分南北此則分而二爲不同與安國果身當武帝時作禹貢傳秖當曰濟水入河並流數十里溢爲滎澤在敖倉東南不當先之以濟水入河並流十數里而南截河（張湛註列子濟水文並同）此係改流新道方繼而曰又並流數里溢爲滎澤在敖倉東南證以塞爲平地之故迹古渠今瀆雜然並陳殆亦翻以目驗爲說而不察水道之有遷變時耳

按通典以水經所載地名有東漢順帝更名者知

出順帝以後纂序王伯厚又因而廣之下及魏晉地名疑舊唐志作郭璞撰者近是余請一言以折之曰璞註山海經引水經者八此豈經出璞手哉即酈氏於濟水引郭景純曰又云經言固亦判而二之近黄太沖撰今水經序文竟實以璞者惜不及寄語此

又按困學紀聞曰三禮義宗引禹受地記王逸注離騷引禹大傳豈即太史公所謂禹本紀者歟禹本紀見史大宛傳漢張騫傳註並未指爲何書惟杜君卿言天子案古圖書名河所出山曰崑崙疑所謂古圖書即禹本紀最是而璞引禹本紀除見

史漢之外多卻去嵩高五萬里蓋天地之中也二語酈注禹本紀與此同則知自漢武以至道元皆曾見此書特唐亡耳璞旣引禹本紀又引禹大傳固亦判而二之王伯厚疑爲一書者非

又按璞註爾雅成未審爲晉之何年而註引元康八年永嘉四年事未一及元明年號知成於未渡江以前時孔書雖未立學官已盛行于代故註引太甲中篇曰徯我后尚書孔氏傳曰共爲雎雄又曰犬高四尺曰獒因嘆僞書易以惑人人多據以爲言不獨一皇甫士安之載入帝王世紀而已即好古文奇字如璞者亦爲所欺識直者寡振古如斯悲夫

又按胡朏明曰其更有一切證酈注於漯水引桑欽地理志說與漢書無異則知固所引即其地理志初無水經之名水經實不知何人作也酈注每舉本文必尊曰經使此經果出桑欽無直斥其名之理或曰欽作於前郭酈附益于後或曰漢後地名乃注混於經並非蓋欽所撰名地理志不名水經水經創自東漢而魏晉人續成之非一時一手作故往往有漢後地名而首尾或不相應不盡由經注混淆也

又按疏證第二卷浮于淮泗達于河河不如菏謂蔡傳爲未然茲因討論濟水亦覺其說通故禹貢

圖註曰淮與泗相連淮可以入泗自泗而往則有兩途或由灉以達河灉出于河而入于泗者也或由濟以達河濟出于河而合于泗者也余請證以古事一王濬列傳杜預與書曰自江入淮逾于泗汴泝河而上振旅還都此由淮而泗由泗而汴由汴而河之道也西道也一溝洫志滎陽下引河東南爲鴻溝以通宋鄭陳蔡曹衛與濟汝淮泗會此由淮而泗由泗而濟由濟而河之道也東道也雖古來舟楫由此固多而著見史籍者僅此

第九十

朱子言孔安國解經最亂道余謂亂道之尤者是江

自彭蠡分而爲三共入震澤大江安流千古無易遠在震澤東北二百餘里由揚子以入于海此豈入震澤者哉善乎鄭氏言三江既入海耳不入震澤也若似逆知魏晉閒有爲異說者豈作僞者并鄭註不覩與抑王肅議禮必反鄭玄而書注亦然傳實從肅來與或曰解三江者衆矣畢竟以何說爲不可易余曰蔡傳不可易已蔡本酈注酈用楊都賦注叅以顧夷吳地記陸德明釋文張守節正義並合非一人之私說也近代歸希甫說亦佳柰不合經文何竊以天下之至變者水今之水道非盡古之水道也天下之至不變者經今之經文仍即古之經文也試取經文諷

誦彭蠡既豬陽鳥攸居爲一呼一應則三江既入震澤底定亦一呼一應非如歸氏説上下不相蒙也者或曰揚之三江宜舉州内大川其松江等雖出震澤入海既近周禮不應捨岷山大江之名而記松江等小江之説余曰周禮一三江也禹貢又一三江也禹貢三江誠小然當既入于海而震澤底定則今松江嘉興蘇常湖五郡民咸得平土而居矣功豈細哉酈道元讀吴越春秋三江五湖曰此亦别爲三江五湖雖稱相亂不與職方同余則謂禹貢三江不與職方同却與吴越春秋同所謂夫言夫各有當也

按蔡傳確者自宜立學官但有可笑絶倫處不一

一標出必疑誤後學虞翻嘗奏鄭氏注五經違義尤甚者百六十七事不可不正行乎學校傳乎將來臣竊恥之是也水經注引庚仲初楊都注曰今本皆然蔡謨庚爲唐猶曰字畫之近若楊都之與吳都則相遠矣蔡竟未讀晉書庚闡傳乎闡字仲初潁川鄢陵人作楊都賦爲世所重即此雖然蔡不以博洽名明朱謀㙔箋水經注濁漳水于林慮山便橋之上即庾眩墜處也曰庾眩未詳案晉書庚袞列傳袞字叔褒適林慮山石勒來攻乃相與登大頭山而田于其下將收穫命子怞與之下山中塗目眩瞀墜崖而卒殆是即庚袞眩墜處也朱

不知字有譌闕妄附會以傒眩之說亦由未讀晉書乎

又按壬子冬客太原顧寧人向余稱朱謀㙔水經注箋爲三百年一部書余退而讀之殊有未然如通鑑智伯言今乃知水可亡人國以汾水可以灌安邑絳水可以灌平陽也胡身之引酈注註曰絳水出絳縣西南蓋以故絳爲言其水出絳山東西北流而合于澮猶在絳縣界中智伯所謂汾水可以灌安邑或亦有之絳水可以灌平陽未識所由此自宋時所見本如是未經舛譌朱氏本則汾水可以浸平陽絳水可以浸安邑此亦何須說者果

爾復續之曰汾水浸平陽或亦有之絳水浸安邑未識所由作此駭語乎朱何不引身之本以校正仍之而莫覺乎且即云絳水浸平陽未識所由括地志猶譏之曰絳水一名白今名沸泉源出絳山飛泉奮湧揚波注縣積壑三十餘丈望之極爲奇觀可接引北灌平陽城酈道元父範歷仕三齊少長齊地熟其山川後入關死于道未嘗至河東也斯蓋引耳學而致疑余嘗往來於平陽夏縣而悟通鑑二語具爲玅解蓋汾水幷可以灌安邑至絳水灌之又不待云絳水幷可以灌平陽至汾水灌之又不待云交錯互舉總見水之爲害溥爾國語

襄子走晉陽圍而灌之未及何水戰國策實以晉水史記實以汾水又趙世家爲汾水魏世家晉水李弘憲疑莫能定不知二水皆是也蓋智伯決晉水以灌城至今猶名智伯渠然亦豈有舍近而且大之汾水不引以幷注者乎此亦惟熟其山川始知耕問奴織問婢豈不信哉王伯厚曰汾水在晉陽城東晉水在西郡縣志實云

又按傿陵縣屬潁川郡李奇曰六國爲安陵傿縣屬陳留郡應劭曰鄭伯克段于鄢是後漢隱縣下無注隱陵縣司馬彪曰春秋時曰隱劉昭注春秋鄭共叔所保故曰克段于鄢又成十六年晉敗楚

于鄢陵將鄢與鄢陵合爲一地與杜註兩處皆屬
潁川郡者正同東海公亟賞之曰不獨此元和志
鄢陵縣云克段晉楚戰並此地其確指如是若漢
鄢縣故城在寧陵縣南五十三里今在柘城縣北
者自屬宋地共叔豈有遠保宋地之理應劭注實
誤特正於一統志中余曰固已明范守已洧川人
言大氐陽翟以東新鄭以南其地平曠無名山惟
多岡陵橫亘曲屈不下三二十許故左傳所謂陽
陵大陵魚陵鄢陵六國所謂安陵馬陵皆在其地
第今不能悉其所在耳因之悟鄢從阝乃邑名共
叔所保當在邑晉楚相遇則在鄢邑左右一帶可

作戰場處惟多岡陵故曰鄢陵以知竟合爲一義猶未精

又按陸淳春秋辨疑引趙匡曰鄢當作鄔鄭地也在緱氏縣西南至隱十一年乃屬周左氏曰王取鄔劉蔿邘之田于鄭是也傳寫誤爲鄢字杜註今潁川鄢陵誤甚矣案從京至鄔非遠又是鄭地段以有兵衆故曰克著遠走至鄢陵已出竟無復兵衆何得云克又傳曰自鄢出奔共即自鄔過河向共城爲便路若已南行至鄢陵即不當奔共也余謂鄭十邑正有鄢在内何得云已出竟止此一句非

又按爲將者宜知地將一戰事耳而爲相與君者茍不知地將遂遺無窮之患試言其畧一貞元元年竇參在相位據淮割地舉濠州隸屬徐州及徐州節度使張建封卒子愔爲本軍所立屢挫王師其時唐幾失淮南之地蓋不知濠州本屬淮南與壽陽阻淮帶山爲淮南之險豈可割以他屬參惟昧于疆理之制故至此一熙寧八年詔韓縝割分水嶺以北地畀契丹東西失地凡七百里後契丹復包取兩不耕地下臨鴈門遂啓用兵之釁夫宋分水嶺之地今不可考曾有人登鴈門踰夏屋極目於句注廣武之閒而知陘山形如人字一脊中

分山南據脊則利歸山南山北據脊則利歸山北遼人所索必此地神宗曰所爭止三十里大臣殊不究本末蓋不知此三十里必宜爭者也不然彼以射獵畜牧爲業每每空千百里之地以養禽獸而顧獨拳拳于此三十里間非出奇之道耶王安石復佐以欲取固與之譬說卒之黏沒喝之師一出雲朔遂下太原非以鴈門失守與特書之以爲千古謀國者之戒

又按郡縣志有足補史傳註解所未盡亦有當以史註正之者試各舉一事一趙世家肅侯十七年築長城註疑未定案志稱嘗至鴈門抵嵜石見諸

山往往有斷削之處逶迤而東隱見不常大約自鴈門抵應州至蔚東山三間口諸處亦然問之父老則曰古長城跡也夫長城始于魏惠繼于趙武靈燕昭而極于秦始皇魏惠所築者固陽武靈所築者自代並陰山至高闕燕昭所築者自造陽至襄平始皇所築者起臨洮至遼東皆非鴈門岢石應蔚之跡也及讀史顯王三十六年有趙肅侯築長城事乃悟蓋是時東林二胡尚强樓煩未斥趙之境守東爲蔚應西則鴈門耳故肅侯所築以之則父老所謂長城者乃肅侯之城非始皇之城也迨武靈既破胡則自代並陰山下至高闕爲塞始

皇既并天下則起臨洮至遼東延袤萬餘里所保者大則所城者逾遠也一志稱潞澤之交横亘一山起丹朱嶺至馬鞍壑有古長城一道歲久傾頽然遺跡尚存登高望之宛然聯絡中有營壘以詢土人皆曰梁晉交兵築以相拒考之五代史記一夾寨書一甬道書未有長城百里而不書者今陵川縣呼此山爲秦嶺以爲秦築以事考之則長平之役秦人遮絶趙救兵及芻餉而築也當時秦爲客趙爲主客居主地設伏出奇引四十萬人入于計中四十六日至于盡降盡坑略不相聞非其勢壓山川安得咫尺千里計此城必此時築以限趙

之南北也案白起列傳王齕攻趙趙軍築壘壁而守之秦又攻奪西壘壁正義曰趙西壘在澤州高平縣北六里即廉頗堅壁以待秦者又括既代頗趙軍逐勝追造秦壁壁堅拒不得入正義曰秦壁一名秦壘今亦名秦長壘又秦閒趙軍分而爲二括戰不利因築壁堅守以待救至正義曰趙壁今名趙東壘亦名趙東長壘在澤州高平縣北五里即趙括築壁自敗處蓋當唐時孰爲秦壘孰爲趙壘孰爲西孰爲東猶歷歷可指稱今漸不復可別要不必盡屬秦人所築以遮絕趙者可知此所謂以更詿正其誤也惜已載入一統志

又按王翰遊三門記曰三門集津在平陸縣東六十里禹鑿山作三門以通河流南爲鬼門中爲神門北爲人門鬼門廹窄水勢極峻急人門水稍平緩直東可五十步中流有小山乃底柱也神門最修廣水安妥蓋隋唐漕運之道山嵓上有閣道且牽泐石深尺許則蔡傳謂底柱石今三門山是者誤

又按吾鄉自太原西南其泉漑田最多利民久者莫若晉祠之泉自平陽西南其泉漑田最多利民久者莫若龍祠之泉自絳州以北其泉漑田最多利民久者莫若鼓堆之泉晉祠之泉酈注已詳不

甚詳龍祠之泉予欲取元毛麾康澤王廟碑記補之曰其源亂泉如蜂房蟻穴巚沸于淺沙平麓之間未數十步忽已驚湍怒濤盈科漲溢南北溉田數百頃東匯爲湖曰平湖泉旁舊有龍祠宋宣和中封康澤王鼓堆之泉亦未詳予欲補以明喬宇記曰其泉發源於九原山之西北突有二山高圓如鼓則泉以形似而名泉上有埠如覆釜形復之聲如鼓則泉以聲似而名泉有清濁二穴清在北濁在南北穴爲石口尺五許匯而爲池幅圓一丈其深稱是池溢而南折而東流南穴爲土口尺許亦匯池溢而北折而東合於清流泉之西則隆然

高厚其南北皆平疇低野亦資泉而溉其東則經連緯通溉田至于絳州方五十里而南並入于汾焉

又按班志上黨郡下固注曰有上黨關壺口關石研關天井關顏氏未注余謂此殆又一關中矣魏寄氏縣有上黨谷先屬倚氏今屬屯留則上黨關西關也今吾見峪元所更名先屬壺關今屬黎城則壺口關東關也研音陘未詳何地而上黨舊轄沾縣北接井陘亦轄涅氏北通盤陀皆石陘故名則石研關北關也天井關今屬澤州則南關也

又按余告東海公纂郡縣志者全憑有識如河南

八府惟懷慶糧最重民且受困三百年如近來纂
志當以糧所由重之説痛加發揮方興有世道之
責者惻念請於朝比諸别府減而輕之柰何噤不
一語僅崇禎十三年掖人王漢字子房爲河内令
繪災傷圖十六頁入告首繫以序曰高皇帝削平
禍亂懷慶守鐵木兒抗王師已而高皇帝定鼎案
懷慶額賦而三倍之計地四萬二千八百餘頃糧
三十三萬六百餘石河南北諸郡地窄而糧重未
有如懷慶之甚者也其在河内一邑則地一萬一
千三百餘頃而糧九萬九百餘石河内區區地山
河平分地之半丹河沁河水一發數百頃良疇動

至化爲澤國而糧不除太行萬重山壓邑西北而邑居民多在山復案山地起糧經月不雨則地不毛地不毛而糧不除懷慶六邑地窄而糧重未有如河内之甚者也至前此有郡守紀誠者文安人入覲陳言亦及糧之重但云想國初以一時土地之荒熟起科非眞有厚薄其間懷慶向未嘗亂又地方熟所以糧多於地郡嗟乎是何其考之不詳而立論之舛也漢王符有曰療病者必知脉之虚實氣之所結然後爲之方故疾可愈而壽可長爲國者先知民之所苦禍之所起故姦可息而國可安竊以懷慶糧獨重是民之所苦也明太祖以私

意而增之是禍之所起也然則除三百年之痼疾一旦躋諸仁壽之域豈不望纂志者之發端哉

又按古人成說有必不可從者當亟刊正無徒以其所傳也遠遂兩存夏綸邑是也左傳哀元年逃奔有虞杜註梁國有虞縣爲今歸德府虞城縣西南三里故虞城是則邑諸綸之綸去此不遠所以司馬彪云虞有綸城少康邑杜佑云虞城有綸城即少康邑不他及今虞城縣東南義原鄉果有故綸邑城是也柰何魏王泰章懷太子賢李弘憲復于登封縣西南七十里漢綸氏城曰夏少康綸邑乎虞思蕞爾國安得跨八百里外之邑而爲一國

道破令人笑來或曰畢竟綸氏古何屬余曰以竹書紀年考之楚吾得帥師及秦伐鄭圍綸氏蓋鄭邑也邑自以綸氏二字爲名與綸僅一字名者迥別

第九十一

自孔安國傳武成不釋華山止釋桃林曰桃林在華山東是明指太華山言則所謂華山之陽亦即太華山可知下至唐陸氏釋文孔氏正義因之旁搜鄭註禮記張註史記並同無異說者竊以果太華山之陽爲禹貢梁州地武王歸馬於此無乃太遠桃林塞爲今靈寶縣西至潼關廣圍三百里皆是而馬獨驅而

跨出太華山南事所不解讀水經注洛水自上洛縣東北分爲二水枝渠東北出爲門水門水又東北歷陽華之山即華陽山海經所謂陽華之山門水出焉者也遂躍然曰原武成之華山乃陽華山非太華山今商州雒南縣東北有陽華山其斯爲武王歸馬之地哉與桃林之野正南北相望壤相接故桃林其中多野馬周穆王時造父於此得驊騮綠耳盜驪之乘以獻非當日歸馬之遺種乎使遠隔于太華南焉得有此後惟陸氏武城音義華曰華山在恒農胡氏通鑑註華陽君芊戎曰華陽即武王歸馬處引水經注以實余于是嘆窮經者多忽地理而眞得其解如陸

胡殆難其人焉

按安國又言華山桃林皆非長養牛馬之地欲使自生自死穎達言華山之旁尤乏水草不知本非指太華山其誤認且勿論而今靈寶縣西有馬牧澤正山海經所云桃林中多馬者豈乏水草之地哉昔魏王彙集公卿議討沮渠牧犍衆曰彼無水草崔浩曰漢書地理志稱凉州之畜爲天下饒若無水草何以畜牧及往討見姑臧城外水草豐足果如浩言非其生平稽古之力乎雖然地理志明稱武威以西四郡水草宜畜牧浩猶聞之不博識之不强已足塞異議者之口且果如安國言將武

王不及一田子方子方見老馬于道曰少盡其力老棄其身仁者不爲會謂武王一戰有天下即置牛馬于不長不養之地欲其殄滅乎蓋歸之放之不過示吾弗復乘弗復服耳註疏凡此等處旣違事實又害義理安得極力一掊擊耶

又按緑耳出桃林見史記趙世家而樂書趙高曰何必華山之騄耳又稱華山蓋陽華桃林壤相接所產之物得以通稱

又按華陽君芊戎見史記穰侯列傳傳云宣太后二弟其異父長弟曰穰侯姓魏氏名冄同父弟曰芊戎爲華陽君予向讀至此笑謂人曰宣太后之

母凡三適其夫矣或疑訝焉曰蓋宣太后之母初適芊氏生芊八子改適魏氏生魏冉終又歸芊氏生芊戎故異父弟居長同父弟反居少也太史公著一長字情踪委折宛然下文即接以昭王同母弟曰高陵君涇陽君上文敘出昭王爲武王異母弟來異母弟同母弟前後穿插映帶本文異父弟同父弟眞如花似火之筆矣

又按胡朏明註庾信哀江南賦致佳於華陽奔命曰華陽地名在今陝西西安府雒南縣即武王歸馬處子山自江陵奉元帝命使于周取道商洛入武關此陽華山之南正其所必經故曰華陽奔命

若作太華山陽失之甚矣

又按伊水蔡傳引山海經及郭璞注以辨班志出盧氏之熊耳爲非案盧氏縣志今觀熊耳雖稱有伊源之名而無流衍之跡其實出于悶頓嶺之陽北流過嵩縣洛陽東至偃師入于洛余欲取括地志補正曰伊水出虢州盧氏縣東巒山東北流入洛一名悶頓嶺巒山在今縣東南百六十里非今縣西南五十里之熊耳山也

又按余欲補正澗水曰澗水出澠池縣白石山穀水出澠池縣南山中穀陽谷一東流一東北流折而會于新安縣之東自是澗遂兼穀之稱故洛誥

澗水東瀍水西周語穀洛鬭將毀王宮穀即澗也蔡傳澗水出今之澠池至新安入洛大非洛未嘗經新安縣境何得於此入洛蓋蔡氏誤讀班志之文班志禹貢澗水在新安東句南入雒南入雒者周時澗水本在王城西入洛非新安也逮建武以後穿渠作堰水之遷變非一道矣

又按嘗熟馮氏謂新都楊氏所著書幾無一可信似誠太過余讀蔡傳至徵故實處亦有幾無一可信之語爲承學家所駭不待云茲且證以山海經中山經曰蔓渠之山伊水出焉而東流注于洛又曰熊耳之山浮濠之水出焉而西流注于洛酈氏

引蔓渠之山二句于伊水注足見後魏所見山海經本與今本無異何至蔡氏引伊水出焉作山海經曰熊耳之山豈偶忘本文以意想像加之耶抑南宋本然耶請質諸篤信蔡傳者又引山海經婁涿之山波水出于其陰而北流注于穀今本波作陂雷澤中有雷神龍身而人頰鼓其腹則雷今本頰作頭

又按安國傳伊出陸渾山亦非陸渾山在今嵩縣東北四十里伊水經其下非出也說伊源者紛如當以括地志爲據

又按蔡氏多謬引地理志除已經駁正之外茲復得三十一條一云地志清漳水出沾縣大黽谷東北至阜城入北河下北字本作大二云地志碣石

在北平郡驪城縣西南北平郡上有右字兩漢皆然今云北平郡則下雜晉制矣成亦不從土三云地志睢水出沛國芒縣此係應劭注非固本注須分別沛亦不爲國四云地志淄水出泰山郡萊蕪縣原山今本無原山二字二字出水經何不竟引水經五云地志沂水出泰山郡蓋縣艾山今本無艾山二字二字亦出水經何不竟引水經又云南至于下邳西南而入于泗地志止言南至下邳入泗此亦出水經六云地志東海郡下邳縣西有葛嶧山古文以爲嶧山山當作陽七云地志彭蠡在豫章郡彭澤縣東東當作西八云地志震澤在會

稽郡吳縣西南五十里今本無南五十里四字止
當云地志在吳縣西今蘇州吳縣西南四十五里
是九云地志洛水至鞏縣入河鞏上脫東北二字
十云瀍水至偃師縣入洛地志止言東南入洛十
一云地志滎陽縣有很蕩渠蕩當作湯音宕十二
云地志嶓冢山在隴西郡氐道縣漾水所出今本
止云養水所出無嶓冢山字嶓冢山在西縣也若
欲言東西兩漢水俱出嶓冢不妨引酈氏注十三
云地志蜀郡郫縣江沱在東西入大江當作江沱
在西東入大江十四云地志巴郡宕渠縣潛水西
南入江江當作灊十五云地志漢中郡安陽縣灊

谷水出西南入漢入漢上有北字十六云地志涇水出安定郡涇陽縣西西下有幵頭山三字十七云地志渭水出隴西郡首陽縣西南西南下有鳥鼠同穴山五字十八云地志扶風汧縣弦蒲藪芮水出其西北東入涇扶風上有右字兩漢皆然今云扶風則下雜魏制矣十九云地志漆水出扶風縣當云在右扶風漆縣西非出也二十云地志鄠水出扶風鄠縣終南山當云出右扶風鄠縣東南今永興軍鄠縣終南山也終南山當於今縣下補出二十一云地志北條荆山在馮翊懷德縣南馮翊上脫左字亦雜魏制二十二云地志終南在扶

風武功縣縣下脫東字惇物在扶風武功縣縣下
亦脫東字二十三云龍門山左馮翊夏陽縣縣下
脫北字二十四云地志析城在河東郡濩澤縣西
西下脫南字二十五云地志朱圉在天水郡冀縣
南當云地志圉作圄二十六云地志太華在京兆
華陰縣南京兆下脫尹字亦雜魏制二十七云地
志南條荆山在南郡臨沮縣北北上脫東字二十
八云地志衡山在長沙國湘南縣縣下脫東南二
字二十九云地志導江東陵在廬江郡西北者非
是固自謂廬江西北有東陵鄉淮水出耳非指禹
貢駁之轉非三十云地志濟水出河東郡垣曲縣

王屋山東南當云出河東郡垣縣東北王屋山以垣曲名縣自宋始三十一云地志鳥鼠山者同穴之枝山也固絕無此語此出酈氏所引他說曰豈可依據

又按蔡氏球琳琅玕傳證以爾雅西北之美者有崑崙虛之球琳琅玕或曰爾雅球本作璆二字各別子指摘何不及之余曰蓋兼用說文說文球字下即接璆字曰球或从翏此正蔡氏之所本前厥貢璆傳璆玉磬已用說文球玉磬也之解矣

又按蔡傳大陸引孫炎曰鉅鹿北廣阿澤此係郭璞語非孫炎阿亦作河篠簜引郭璞曰竹闊節曰

蕩此係孫炎語非郭璞請觀注疏又安國傳篠竹箭蕩大竹此從爾雅來爾雅釋草云篠箭邢昺疏會稽之竹箭是也言竹之小者可以爲箭幹今倒其文曰篠箭竹似未妥

又按蔡傳馬頰河引元和志云在德州安德平原南東今寀元和志德州安德縣乃郭下有馬頰河在縣南五十里縣東北至平昌縣八十里平昌縣南十里有馬頰河于平原縣不相涉不知何緣認作平原誤書思之亦是一適殆是昌縣南三字耳

又按蔡氏於堯典三危曰即雍之所謂三危既宅者於禹貢三危曰即舜竄三苗之地或以爲燉煌未詳其地不知何獨疑夫三危又何至未詳燉煌

所在予爲集羣說以補正曰杜預云三苗與允姓之祖俱放于三危瓜州今敦煌也酈道元云三危山在燉煌縣南括地志三危山有峯故曰三危俗亦名卑羽山在沙州燉煌縣東南三十里隋地理志敦煌縣有三危山通典沙州燉煌縣舜流三苗于三危即其地允姓之戎居瓜州者其子孫也

又按蔡傳受都今衞州也洛邑今西京也二句亦須分別觀寰宇記朝歌故城在衞州衞縣西二十二里即紂都衞州則治于汲縣乃殷牧野地當易州爲縣且云在今衞縣西二十二里方確至洛邑今西京宋西京本隋大業元年楊素所改築者地

正周之王城與東漢魏晉及後魏都周下都者不同此句致確

又按蔡傳今詳漢九江郡之尋陽縣乃禹貢揚州之境漢尋陽縣不隸九江隸廬江郡惟境相接耳莫確于杜氏通典江州潯陽郡下云禹貢荆揚二州之境禹貢揚州曰彭蠡既豬荆州曰九江孔殷今彭蠡湖在郡之東南九江在郡之西北則彭蠡以東爲揚州九江以西爲荆州他若洛州河南府河北諸縣爲冀州餘則豫州陝州陝郡河北諸縣爲冀州餘則豫州襄州襄陽郡南漳一縣爲荆州餘六縣並豫隨州漢東郡東南三十餘里有光化

郡爲荆州餘並豫冀州信都郡理信都縣東入兗州之域西入冀州貝州清河郡理清河縣乃在洚水之東入兗州在洚水之西諸縣入冀州兗州魯郡之任城龔邱縣爲兗州餘九縣並徐州其分畫之精如此然猶混洛出上洛郡洛南縣冢嶺山於梁州當改入豫混東平郡鉅野縣有大野澤於兗州又全混渾州東平郡於兗州當改入徐混魯郡萊蕪縣汶水所出於徐州當改入青誤認嶧陽在鄒縣當如班志入下邳縣宋楊蟠金山詩云天末樓臺橫北固夜深燈火見楊州王平甫譏之曰莊宅牙人語解量四至余謂談地理者能量四至得

確斯亦足矣

又按蔡傳下土墳壚壚疏也從史記夏本紀訴引孔安國曰壚疏也得來今書傳却無不如用陸氏引說文作壚黑剛土也解較勝蓋顏師古曰此言豫之高地則壤壤柔土也下土則墳壚謂土之剛黑者師古無玄而疏者謂之壚之說惟廣韻云壚土黑而疏蔡氏不知引厥土青黎黎黑也本孔傳果爾二字皆色與冀兗青徐雍五州例不合不如用馬融王肅訓黎小疏也青以辨其色黎以辨其質耳解較勝

又按復檢得茅氏瑞徵禹貢匯疏箋曰豫土止言

壤其色雜也從厥土中又別以下土言之與青州再指海濱同義又曰案經文厥土未有言色不言質及兩言色者金仁山云梁土色青故生物易性疏故散而不實向聞成都土疏難以築城馬說殆近之

或問孔傳云三江有北有中則南可知其說何如余曰未易盡非只是地理志有南江中江北江中江至陽羨入海于今不合當用蘇曾二家之說以疏孔不得依班氏蘇氏曰豫章江入彭蠡而東至海爲南江岷山江之經流會彭蠡以入海爲中江漢自北入江匯于彭蠡以入海爲北江曾氏旼曰

考於地理豫章之川如鄱水至彭水凡九合于湖漢東至彭蠡入江此九水蓋南江也南江乃江之故迹非禹所導禹導漢水入焉與舊江合流而水之派分爲南北故漢爲北江又導岷山之江入焉其流介乎二江之中故爲中江南江乃故道故經不志然亦别爲三江而非三江既入之三江也

或又問職方氏楊州其川三江解孰爲定余曰鄭無註賈疏非當以郭景純解三江者岷江松江浙江也以當之斯爲定蓋一州之内其山鎮澤藪川浸至多選取最大者而言楊州之最大川孰有過岷浙二江者哉即松江之在當時亦必水勢洪闊

與揚子錢唐相雄長而後可以稱禹迹非如今所見之淺狹此豈專指洩震澤之下流者之江國語申胥曰吳與越三江環之范蠡曰我與吳爭三江五湖之利夫環二國之境而食其利正職方之三江我故曰周禮一三江禹貢又一三江也

又按嘗謂理之至者數自不能違上蘇曾二說不過從經文空處度出非眞有名稱而南史王僧辯傳陳武帝率師出自南江行至盆口胡三省通鑑註贑水謂之南江則知豫章江爲南江六朝時已然安知禹不素有此名討論至此眞覺快心又程氏大昌有論東匯澤爲彭蠡東迆北會于匯是二

經語者非附著南江以蘖其所不書者與夫同爲一水既別其北流以爲北江矣又命其中流爲中江矣而彭蠡一江方自南而至遂絕兩流與之回轉而得名之曰匯參配北中與之均敵而得名之爲會則是向之兩大者并此爲三矣當其兩大則分北中以名之及其匯會而鼎錯于南則辨方命位而以南江目之不亦事情之實哉其會匯之地雖名彭蠡而上流鍾爲鄱陽大澤者亦彭蠡也彭蠡之爲南江既無疑禹之書以其經疏導則雖小而見錄無所致力則雖大而不書南江源派誠大且長正以不經疏導故自彭蠡而上無一山一水得

見于經無於其命篇江漢矣而以匯會名之使天下因鼎錯之實參北中之目而南江隱然在二語之中此眞聖經之書法極密所[illegible][illegible]者眼如月者

第九十二

詩與書相表裏信彼南山維禹甸之則禹貢之終南也豐水東注維禹之績則禹貢之東會于灃也奄有下土纘禹之緒則指禹汝平水土后稷播時百穀洪水芒芒禹敷下土方則指禹敷土天命多辟設都于禹之績則指五百里侯服等豈奕奕梁山維禹甸之爲當日韓侯入覲之道有不道治梁及岐之梁在今韓城郃陽二縣之境若設見然紀一縣仍應屬雍州

不得如晁氏改爲冀州山或曰柰例不合何余曰此特聖經之變例也安國傳所謂壺口在冀州梁岐在雍州從東循山治水而西是也蓋禹他日導山由岐至荆逾河而東抵壺口兹治畿内水患由壺口渡河而西而梁山而岐山正相合也壺口在今吉州西七十里與河津縣西北三十里之龍門相連爲大河出入之道與隔河之梁山對峙余因悟尸子龍門未闢呂梁未鑿河出于孟門之上乃是龍門未鑿呂梁未闢何者龍門見今猶存禹劚削之跡梁山則無之以梁山不過道梗塞闢者開也啟也開之啟之河斯流矣試觀公羊傳梁山河上山穀梁傳梁山崩壅遏河

三曰不流苟當日止致力壺口龍門而不及梁山亦屬枉然此二山者既爲連雞之勢而經文遂連類而書實有出于某州某山常例之外者且於冀曰治岐他日於其本州但曰岐既旅而已正互見也更考樂史寰宇記云相州安陽縣有鯀堤禹之父所築以捍孟門今謂三刃城有不愈明禹鑿之闢之之爲第一功哉

按胡朏明謂子胡不解及岐二字岐非河所經也余曰亦曾考來禹言予決九川距四海使天下大水有所歸濬畎澮距川使水之小者有所泄必不是大水治畢然後去治小水蓋隨手可了斯了耳

岐山在今岐山縣東北十里縣在鳳翔府東五十里余所舊遊處志稱府居四山之中五水之會五水汧也渭也漆也岐也雍也岐水入漆雍水合漆水入渭汧水漆水各入渭應是治此羣水注渭耳至梁與岐當日勢同連雞工宜並舉其所以然之故千載而下殆難以臆度故曰學莫善于闕疑

又按鄭端簡禹貢圖說曰冀州天下所當先壺口又帝都所當先導山嘗先岍岐矣然特相其便宜耳開鑿之功實自壺口始也導河嘗先積石矣然特疏其上流耳疏濬之功實自壺口始也八年於外始于此時四載之乘始于此地也蓋壺口正大

河北來南注之處但謂梁岐二山河水所經則仍蔡氏之亂道矣

又按呂梁有四一出尸子禹貢之梁山也一出列子即孔子所觀者在今徐州東南六十里一出蔡傳爲今永寧州東北骨脊山殊附會不足信一出酈道元稱呂梁山巨石崇竦壁立千仞河流激盪濤湧波襄雷奔雲洩震天動地與所稱河經龍門水勢無異道元曰即呂梁矣在離石北以東可二百餘里離石明之石州改名永寧州者必求其地以實之永寧州東北則今靜樂縣嵩嵐州之地西去黃河約二百里無所謂河流也土人欲當以河

曲縣西南二十五里天橋峽亦有禹鑿之跡天將陰雨激浪如雷聲聞數十里幾相似矣而無所謂千仞巨石又南去離石四百有餘里種種悉不合安得起酈氏於九原而問之哉宜闕疑

又按困學紀聞謂治梁及岐若從古注則雍州山距冀州甚遠壺口太原不相涉晁以道用水經注以爲呂梁狐岐山蔡氏集傳從之朱文公曰梁山證據不甚明白予讀至此擊節嘆曰朱子之言其殆聖矣乎

又按蔡傳淮入海在今淮浦寰宇記九域志文獻通考宋史地理志無淮浦縣質之黃子鴻子鴻

曰淮浦見于班志不見于劉宋書蓋省入子山陽
縣也宋明帝於此僑置襄賁縣隋開皇初改漣水
宋太平興國三年以縣置漣水軍熙寧五年廢爲
縣今安東縣是水經淮水東過淮陰縣北又東至
廣陵淮浦縣入于海此蔡氏所本若遵本朝之制
當曰淮入海在今漣水

又按昨舟過武進飲于友人家一人曰唐王勃滕
王閣宴集序得毋後人僞撰何篇首云南昌故郡
洪都新府南唐交泰元年始于南昌縣建南都升
爲南昌府明洪武初曰洪都府尋改南昌府那得
王勃已載入其序中余不能對質之徐司寇健菴

健菴曰南昌故郡蓋言南昌故郡所治之地也唐武德五年置洪州總管府七年改都督府故曰洪都新府明太祖明以王序作典故非王序襲明制勿得顛倒見

又按余舟中讀于寶晉紀吴孫皓使紀陟如魏司馬昭問吴戍備幾何對曰西陵至江都五千七百里又問道里甚遠難爲固守對曰疆界雖遠而險要必争之地不過數四猶人有八尺之軀靡不受患其護風寒亦數處耳昭稱善厚爲之禮裴松之以爲此譬未善當曰譬如金城萬雉所急防者四門而已兒子時在側曰詠曾楚遊自江都西南至

江西彭澤縣約一千里自彭澤西北至湖廣武昌府約八百里自武昌西南至岳州府界約三百餘里自岳州西北至夷陵州約六百里夷陵州古西陵即水道曲折共計亦不及三千里吳使大言以夸敵耳敵不知披輿圖核里數以折可謂國有人乎而松之注亦不出余曰然劉原父使遼契丹導之行自古北口至柳河回屈殆千里以夸示險遠原父質譯人曰自松亭趨柳河甚徑且易不數日可抵中京何爲故道此譯相顧駭愧曰實然不得謂後人遜于前人也

又案蔡傳山南曰陽即今岳陽縣地也岳陽縣雖

在霍山之南汾水不經之當改云山南曰陽今趙城縣是其地爲汾水所經壺口山漢在河東郡北屈縣今陽州吉鄉縣也陽州當作慈州或曰陽乃隰之譌宋熙寧五年吉鄉曾隸隰州云及檢舊本良然漢懷縣今懷州也當云今懷州武陟縣也漢鄴縣今潞州涉縣當云即今相州鄴縣熙寧五年省入臨漳漢阜城縣今定遠軍東光縣當云今永靜軍阜城縣東光去阜城六十五里即東光亦隸永靜云定遠者景德元年以前稱也至酈注河流激盪震天動地誤作震動天地後魏於狐岐置六壁狐誤作胡皆冀州傳之當正者

又按事有不可解者酈道元家酈亭今之涿州也距碣石六百餘里三言碣石淪于海無論今撫寧縣西有碣石山去海尚三十里即其本朝文成帝太安四年戊戌登碣石山觀滄海改山名樂遊此豈苞淪洪波者耶程大昌生南宋益附會以碣石在海中去岸五百餘里眞妄談惟近代韓恭簡邦奇一說頗爲之解嘲曰大海至永平府南發出一洋東西百餘里河從此洋之西北流注之此洋正逆河也碣石在其右轉屈之間碣石在海洋北洋闊五百餘里自洋南遠望如在海中實未淪入于海也

又按向謂釋禹貢山川不從漢志者衆茲復得二條一終南地志古文以太壹山爲終南山在扶風武功縣元和志終南山在萬年縣南五十里經傳所說終南一名太一亦名中南據張衡西京賦終南太一隆崛崔崒潘岳西征賦九嵕巀嶭太一巃嵸面終南而背雲陽跨平原而連嶓冢然則終南太一非一山也李善曰終南太一以二賦徵之不得爲一山明矣蓋終南南山之總名太一一山之別號洵是固當於京兆尹長安縣下注禹貢終南山在南一岍山地志扶風汧縣西吳山古文以爲汧山此則余所舊遊岍山在隴州西四十里唐六

典隴右道名山曰秦嶺者是吳嶽山在隴州南八十里唐六典關内道名山曰吳山者是尤非一山不知固家扶風安陵距長安咫尺吳嶽亦不遠何緣認皆錯祇當于右扶風汧縣下注禹貢岍山在西雍州山九字耳

又按溝洫志王横引周譜曰定王五年河徙固述溝洫志曰商竭周移即本此酈道元亦不能詳其地但言周定王五年河徙故瀆余因疑魏郡鄴縣下注故大河在東此爲禹之故河至定王五年始不復從此行故曰河徙程大昌炫博者也竟實以河徙砱礫砱礫人多不曉考諸漢書有滎陽漕渠

如淳曰砯令本作令礫溪口是也砯礫溪即水經之礫石溪正在滎陽縣界杜君卿亦但言河自定王五年徙流是漢訖唐不詳也而謂程大昌能詳之乎吾嗤其妄

又按元和志京兆府奉天縣有梁山今乾州西北五里之梁山是志云山即禹貢治梁及岐周本紀古公亶父踰梁山止於岐下及秦置梁山宮皆此山蓋山勢紆廻接扶風岐山二縣之境經凡云及皆相近之辭以梁山屬此說亦可通然則梁岐仍雍州山云故曰義不妨於參觀

第九十三

鄭夾漈有言州縣之設有時而更山川之秀千古不易故禹貢分州必以山川定疆界使兗州可移而濟河之兗州不可移梁州可遷而華陽黑水之梁州不可遷禹貢遂爲萬古不易之書余因覺濟河之兗州既不可移則此兗州内必不闌入豫徐二州之水鑿鑿矣胡蔡傳灉沮會同引許慎曰河灉水在宋又曰汳水受陳留浚儀陰溝至蒙爲灉水東入于泗此非水之出乎豫入乎徐者乎于兗曷與乎意沮水即雎水引應劭漢地志注曰雎水出沛郡芒縣雎亦東南入于泗此又非水之出乎豫入乎徐者乎于兗曷與乎明韓邦奇覺其非别爲解曰灉乃河之别流出于

兗州者正如沱潛二水或出荆或出梁也河既徙而南則濰爲平地矣山東濟南固有濟之别流小清河是也則别是一濰沮也然亦屬憑虛臆度之見而非考古按今之論蓋嘗讀括地志云雷夏澤在濮州雷澤縣郭外西北雍沮二水在雷澤西北平地也元和志云濰水沮水二源俱出雷澤縣西北平地去縣十四里又云雷夏澤在縣北郭外濰沮二水會同此澤寰宇記並同更上而溯鄭康成書註雍水沮水相觸而合入此澤中下一觸字鄭蓋以目驗知之何曾氏晁氏之呶呶哉大抵宋明人并此等書束之不觀游談無根余直欲以兗州水還諸兗州不俾闌入豫州

徐州之水而已矣

按漢芒縣故城在今永城縣東北睢水東流逕芒縣之北非出也光武改曰臨睢正合唐雷澤縣本漢成陽縣故城在今濮州東南一百十里澤里數如之鄘氏稱其陂東西二十餘里南北一十五里即舜所漁處近志謂古雷澤應大倍于今然已跨入曹州東北境本夏澤而名雷澤者仁和李之藻曰澤底有巉石深壑冬至前水吸而入如巨雷鳴故曰雷澤此可以正山海經怪物之談矣

又按蔡氏地理譌舛不可勝摘茹而不吐不止逆已且病人焉然已流毒四百八十四年矣如此傳

引水經汳水東至蒙爲狙獾今本狙獾作濉水濉水仍當作灉水字書幷無獾字其爲傳寫譌不待云若灉之下流入于睢水則不可不極論之睢水在睢陽城南汳水在睢陽城北僅可云其相通何則經云汳水餘波南入睢陽城中注云汳水自縣南出今無復有水唯城南側有小水南流入睢可見古時汳水至睢陽與睢水相通至後魏其流殆絕灉之下流即爲獲水上源在梁郡蒙縣北東至彭城入于泗豈入睢者乎楊泉物理論語曰能理亂絲乃可讀詩愚謂水道亦爾

又按雷澤尚存而灉沮二水不復見蓋源竭爾因

憶亡友顧景范告余川瀆之異多而山之異少其間蓋有天事焉有人事焉大河之日徙而南也濟瀆之遂至于絕也不可謂非天也開鑿之迹莫盛于隋次則莫盛于元陂陀堙障易東西之舊道爲南北之新流幾幾變天地之常矣又何從而驗其爲灉沮濟漯之故川也哉嗟乎曾幾何時追憶吾友緒言稱之曰亡不亦悲乎執筆潛然爲記于此

又按景范地志之學蓋出于家也尊人耕石先生名柔謙字剛中著山居贅論曰大河之流自漢至今流移變異不可勝紀然孟津以上則禹迹宛然以海爲壑則千古不易也孟津之東由北道以趨于海則

澶滑其必出之途由南道以趨于海則曹單其必經之地衡澶滑必由陽武之北而出汲縣胙城之間衡曹單必由陽武之南而出封邱蘭陽之下此河變之託始也由澶滑而極之或出大名歷邢冀道滄瀛以入海或歷濮范趨博濟從濱棣以入海由曹單而極之或溢鉅野浮濟鄆（謂濟寧東平）挾汶濟以入海或經豐沛出徐邳奪淮泗以入海此其究竟也要以北不出漳衛南不出長淮中間數百千里皆其縱橫靡爛之區矣又曰自古大河深通獨爲一瀆今九河故道既湮滅難明即歷代經流亦塡淤莫據大抵決而北則掩漳衛決而東則侵清

濟決而南則陵淮泗昔人謂河不兩行其謂自漢以來河殆未嘗獨行矣又曰天下之水大河而外重濁而善決者在北則漳與沁在南則漢漳附衛入海而後漳水之決少漢附江入海而後漢水之決少沁本濁而又并入于河故河之決最多或謂河合于淮藉淮以刷河而河庶幾可治然淮終非河敵也又安能使河之不至於決哉

或問王伯厚謂漢志有兩泗水其一濟陰郡乘氏縣注泗水東南至睢陵入淮又一泗水魯國卞縣注西南至方與入沛沛自泲之譌其說信乎余曰殆王氏考之不審泗一而已安得復出乘氏乘氏

漢縣寰宇記在鉅野縣西南五十七里班固祇當於卞縣下注曰禹貢泗水出陪尾山西南至方與與菏合又東南至睢陵入淮只此已足或又問古大野澤在今鉅野縣北五里正當下縣之西何如何承天言鉅野湖澤廣大南通（蔡誤作導）洙泗北連清濟此則亡友顧景范所云古人言南可以兼東北可以兼西之例也酈注菏水東與泗水合於湖陵縣西六十里俗謂之黃水口黃水西北通鉅野澤故曰南通洙泗南即東也更進一層睢陵仍當作淮陰泗入淮在今清河縣東南謂之泗口亦名清口睢陵則今睢寧縣治耳

又按舊讀魏書地形志郡凡五百以新蔡名郡者八東新蔡郡一別有新蔡南陳留二郡號雙頭郡者又一而郡名重至三四如魯郡高平郡之類則不可勝數其夥如此地不加闢不知其何所容庚午冬徐司寇命校山西一統志至壽陽縣元和志云神武故城在縣北三十里後魏神武郡也周廢此即魏收所云朔州孝昌中始名後陷今寄治幷州界領大安廣寧神武太平附化五郡者因考壽陽縣北有尖山則當日神武郡首領之尖山縣縣西有大安鎮則大安郡狄那寨則大安郡首領之狄那縣縣東北有石門又廣寧郡首領石門縣太

平鄉太平村又當日太平郡及所領太平縣也蓋一州四郡皆置於縣境不獨一神武城壽陽今東西距一百三十里南北距一百五十里而能所容若此則後魏之僑置夸誕亦可笑矣雙頭郡梁武帝置可對今獨腳州

又按魏書地形志南清河郡下注曰晉泰寧中分平原置治莒城晉無寧泰年號而惠帝後平原清河二國並淪沒異域事理易明黃子鴻以房亮傳證之知晉爲普字之譌寧字衍文刊正之於高唐州建置沿革曰普泰中又於靈縣置南清河郡注引房亮傳亮弟悅普泰中濟州刺史張瓊表所部

置南清河郡請悅爲太守從之蓋後人誤普爲晉復妄加寧字也進至京師來詰何以擅改正史舊文仍以魏收志爲案據徐司寇復書漢靈縣故城在今高唐州西南與博平縣接界後魏置南清河郡治莒城莒城爲郡領零縣所有則當距此不遠豈南渡後之晉所得而僑立郡縣哉誤字衍文前書已詳乃不復詰也余笑使溫庭筠當此必曰事出南華非僻書也而詰者必如文丞相對孛羅丞相曰一部十七史從何處說起

又按書局中偶談謝靈運宋元嘉十年論斬降死從廣州後有人招出曾令人買兵器要合健兒於

三江口篡之不及者詔於廣州棄市三江口在何地一紹興人曰在敝地引謝靈運山居賦自注云江從山北流窮上虞界謂之三江口便是大海爲據余曰謝靈運未爲臨川内史未興兵叛帝尚不欲使東歸豈有徙送嶺南時反聽其就鄉里作别之三江口乎殆必不爾黄子鴻曰廣州城東南八十里有三江口西江北江東江是也或此地余曰又越却廣州去矣非中途篡取之事或舉胡三省通鑑註引水經溫水至廣鬱縣爲鬱水灕水南至廣信縣入鬱封水西南入廣信縣南流注于鬱此蓋三水所會之地謂之三江口以爲得之矣余因

細讀酈注明云鬱水東逕蒼梧廣信縣今蒼梧縣或曰即封川縣灕水注之鬱水又東封水注之注之云爾豈有三水交會之文乎胡氏殆錯認然則柰何曰一部水經注有兩三江口一沔水中云江水岐分謂之三江口的在今吳江縣非崑山一湘水云巴陵郡濱岨三江以西對長洲南則湘浦北則大江故曰三江三水所會亦或謂之三江口矣謝靈運欲人募取其在此地乎蓋嘗與吾友朏明論六朝時自建康趨番禺有東西二路一沈約宋書志所載則循江而上入彭蠡湖泝贛水度大庾嶺下始興之北江以達于廣州志所謂水五千二百者是一則

循江而上抵巴陵入洞庭湖泝湘水度越城嶺下灕水從桂林廣信以達番禺乃宋書志所未載以比東路多一千四五百里人所罕行而靈運當日由此者想以其興兵叛逸在臨川若汎彭蠡正與臨川接壤其支黨竄伏中途生變故使迂西路出巴陵而孰知其又有三江口之約乎此眞朝廷之所不及料者矣然則胡氏指三江口在廣信亦路所經由王象之輿地紀勝云封州據邕桂賀三江之口似宋時始有此目何如用酈道元少在靈運後者之三江口且去徙所尚遥合黨要謝惟此爲宜身之復生應亦拊掌

又按趙城嶺即酈注之始安嶠也一水出嶠之陰北流爲湘一出嶠之陽南流爲灕湘灕之間陸地廣百餘步蓋五嶺道之最易者但極西耳觀漢武帝元鼎五年討南越遣伏波將軍出桂陽下湟水是從唐郴州臘嶺度也樓船將軍出豫章下横浦是從唐虔州大庾嶺度也兩軍先至而戈船將軍出零陵下離水下瀨將軍下蒼梧並從唐桂州臨源嶺度者竟未至而南越已平非以其路獨遠耶沈約志止載近者以爲水程之便有以夫

又按朏明讀張子壽爲洪州都督秋晚登樓望南江入始興郡路又自豫章南還江上作云歸去南

江水磷磷見底清告余此可爲唐人稱贛水曰南
江之證
又按胡三省云廣陵故城謂之蕪城樂史云蕪城
即揚州江都縣城但云古爲刊溝城大非刊吳地
也於其地築城號刊城城下掘深溝引江水東北
通射陽湖其城應在大江濱今儀眞縣南有上江
口下江口舊江口或者舊江口爲吳夫差所穿故
班志廣陵江都縣有渠水首受江是也第代遠城
堙無復餘址樂史云江都縣城臨江今圯於水江
都既爾刊城可知近志竟實以蜀岡上遺跡豈其
然

又按孟子集註謂汝漢淮泗皆入于江記者之誤也不合禹貢眞鐵板矣近頗有欲爲翻案者予取朱子文集偶讀謾記答吳伯豐書二條以翼集註曰孟子決汝漢排淮泗而注之江此但作文取其字數足以對偶而云耳若以水路之實論之便有不通而亦初無所害於理也說者見其不通便欲彊爲之說然亦徒爲穿鑿而卒不能使之通也如沈括引李習之南來錄云自淮沿流至于高郵乃泝于江因謂淮泗入江乃禹之舊迹故道宛然但今江淮已深不能至高郵耳此說甚似其實非也案禹貢淮水出桐柏會泗沂以入于海故以小水

而列于四瀆正以其能專達于海耳若如所說則禹貢當云南入于江不應言東入于海而淮亦不得爲瀆矣且習之沿泝二字似亦未當蓋古今往來淮南只行刊溝運河皆築埭置閘儲閉潮汐以通漕運非流水也若使當日自有禹跡故道可通舟楫則不須更開運河矣故自淮至高郵不得爲沿自高郵以入江不得爲泝而習之又有自淮順潮入新浦之言則是入運河時偶隨淮潮而入有似于沿意其過高郵後又迎江潮而出故復有似于泝而察之不審致此謬誤令人以是而說孟子是以誤而益誤也近世又有立說以爲淮泗本不

入江當洪水横流之時排退淮泗然後能決汝漢以入江此說尤巧而尤不通蓋汝水入淮泗水亦入淮三水合而爲一若排退淮泗則汝水亦見排退而愈不得入江矣漢水自嶓冢過襄陽南流至漢陽軍乃入于江淮自桐栢東流會汝水泗水以入于海淮漢之間自有大山從唐鄧光黄以下至于潛霍地勢隔驀雖使淮泗横流亦與江漢不相干涉不得排退二水而後漢得入江也大抵孟子只是行文之失無害于義理不必曲爲之說閑費心力也又曰其說只是一時行文之過別無奥義不足深論況淮泗能壅汝水不能壅漢水今排淮

泗而汝水終不入江則排淮泗而後汝漢得以入
江之說有不通矣沈存中引李翺南來錄言唐時
淮南漕渠猶是流水而汝淮泗水皆從此以入江
但今江淮漸深故不通耳此或猶可彊說然運河
自是夫差所通之刊溝初非禹迹且果若此則淮
又不能專達于海亦不得在四瀆之數矣沈說終
亦不能通也愚謂一言初無所害于理再言無害
於義理朱子將理與氣作兩樣看亦非
又按哀九年吴城刊溝通江淮爲吴王夫差十年
就其境内之地引江水以通湖由湖西北至末口
入淮越不得而徑焉故十四年會黃池越王勾踐

乃命范蠡舌庸率師沿海泝淮以絕吳路蓋轉從吳境外以入吳境中正禹貢當日揚州貢道也蘇氏書傳謬溝通江淮爲即闕溝通水王伯厚辨之曰案吳之通水有二焉一吳城刊溝通江淮見左氏內傳一夫差起師北征闕爲深溝於商魯之間北屬之沂西屬之濟以會晉公午於黃池見左氏外傳余謂惟其然夫差退自黃池乃使王孫苟告勞於周曰余沿江泝淮闕溝深水出於商魯之間蓋自江而淮自淮而泝而深溝以達濟會於黃池皆一水相通無復阻閒吳之勞民力亦不甚哉然觀明一統志刊溝舊水道屈曲逮隋大業初始開

廣之則仍有不盡用其力之意左氏特下一溝字
吳草廬不得其解謂江淮之間掘一橫溝兩端築
隄壅水于中以行舟耳二水實未通流亦如上朱
子非流水也之說豈其然
又按平當以經明禹貢使行河奏言按經義治水
有決河深川而無隄防壅塞之文實亦不爾九澤
既陂孔傳曰九州之澤已陂障無決溢矣障非防
與或曰賈讓策固言古者大川無防小水得入陂
障卑下以爲汙澤九州之澤謂卑者耳然賈讓策
又言黎陽南故大金堤東郡白馬故大隄質以宋
河渠志李垂兩言伯禹古堤近大伾則正賈讓之

所指者謂非禹故迹與禹豈止導之而不有以防之者與竊以導猶德也防猶刑也雖聖世不能純任德而廢刑也善夫鄒平馬公驌有言鯀與水爭地禹以地讓水事相反也柰何傳稱禹能修鯀之功蓋方當汎濫之時鯀務多爲隄防以堙之水性逆故其患不息禹導水由地中行向鯀所爲隄防以障水者皆可用之以輔水事固有因敗以爲功者存乎其人之善用耳寧獨治水哉今東昌府有鯀隄又名禹隄此可爲馬說一助

又按溝洫志成帝時李尋解光言議者常欲求索九河故迹而穿之王莽時韓牧言可略於禹貢九

河處穿之縱不能九但爲四五宋河渠志李垂言
今考圖志九河並在平原而北且河壞澶滑未至
平原而上已決矣則九河奚利哉北數語足喚醒
漢人
又按元河渠志序曰昔禹堙洪水疏河陂澤以開
萬世之利周禮地官所載豬防溝遂之法甚詳當
是之時天下蓋無適而非水利也且先王疆理井
田之制壞而後水利之説興魏史起鑿漳河秦鄭
國引涇水漢鄭當時王延世皆嘗試其術而有功
昔晏氏禹貢合注曰天下皆溝洫則天下皆容水
之地而天下皆修溝洫則天下皆治水之人小水

有所支分則大水不至溢決而水無不治則田無不壑後世舉古溝洫封畛之法盡毀之水何得不興害也哉此二段正可參觀

又按呂成公大事記周成烈王十三年晉河岸傾壅龍門至于底柱春秋後河患見史傳殆於此顧氏川瀆異同曰三代時河患見於經傳者絕少雖盤庚之誥有蕩析離居之言然爾時臣民方且戀戀厥居不以從遷爲樂蓋止于瀕河侵溢之患不若後世漂潰田廬千里一壑之甚也漢代河患漸多自宋以來大河未有十年無事者金及元患且與其國祚相始終說者以爲天地之氣古今不同

豈其然乎
又按枚乘說吴王轉粟西向不如海陵之倉臣瓚曰海陵縣名有吴太倉今泰州東有海陵倉是脩治上林不如長洲之苑後漢志東陽縣有長洲澤吴王濞太倉在此此又一太倉也不得合而一之撰泰州志者合一蓋見後漢無海陵謂省入東陽既而覺東陽在今天長縣界中隔江都縣凡一百九十里變其說曰後漢廢海陵而移東陽之名於此果爾東漢當有兩東陽矣何不見也惟沈約宋志海陵三國時廢棄以三國吴志呂岱字定公廣陵海陵人也爲郡縣吏避亂南渡詣孫權幕府分

明有縣有人有吏則是其縣故在而志誤脫耳廢當于建安以後十載三國鼎立時故曰三國時廢晉太康元年復置云

又按陳第季立閩人也嘗登黃鶴樓望隔江漢陽府東北山實名大别爲漢水入江之處因憶左氏楚師濟漢而陳自小别至于大别蓋近漢也杜預土地名至云大别闕不知何處豈未經斯地耶抑果以未見孔傳耶于是而益信禹之神聖也當洪荒時主名山川若指諸掌後世案經索之往往錯誤何耶蓋禹乘四載歷九州皆得諸親見儒者雖博稽載籍口耳而已矣無惑乎言之不詳也哉故

曰讀萬卷書不行萬里道不足以知山川此足正朱子往往使官屬去相視山川具其圖說以歸作此一書又分遣官屬而不了事底記述得文字不整齊之說之非

又按陳第季立解予乘四載曰孔傳謂水乘舟陸乘車泥乘輴山乘樏後儒皆從之舟車不可易矣輴史記夏本紀作橇河渠書作毳漢書溝洫志亦作毳尸子作蕝實一物也孟康曰毳形如箕擿行泥上張守節又詳釋之曰橇形如船而短小兩頭微起人曲一脚泥上擿進用拾泥上之物孟張之解既得其形又得其用今閩越海濱皆有之泥行

之具必不可易者也如淳謂以板置泥上以通行路夫置板以行泥此拙滯之法不可以變通轉移彼蓋未至海濱而覩所謂橇特以意度之而已耳樏史記夏本紀作檋河渠書作橋漢書溝洫志作梮實一物也如淳曰梮謂以鐵如錐頭長半寸施之履下不蹉跌也蔡氏從之其見吴下僕夫施鐵環于草屨下以走沮洳之地可免顛蹶俗呼爲甲馬亦呼爲脚澀此僕傭所用豈以禹而用之故知如淳之説舛也韋昭曰梮木器也如今轝牀人轝以行此說頗近之某謂史記作橋橋即今之轎也某嘗登泰岱與武當絕頂其土人以竹兜子施皮

絆於肩遇峻陡則挾之以行上下嶺坂如飛山行之具必不可易者也豈以禹而廢之夫曰四載如舟車乃可以載惟其可載故可以乘若如淳之説置板于泥施鐵于屐板鐵之類既不可謂之載足之所踐又豈可謂之乘乎夫禹稱神聖用物有宜水乘舟不病涉也陸乘車可致遠也泥乘橇從者曲其足也山乘橋僕者施其錐也勞形而有逸形者在逸形而有勞心者存此所以地平天成爲萬世利也或問子謂讀書有疑則闕今不闕四載可乎曰此無待于闕也水陸而廢舟車泥山而廢橇橋則没世不行尋常矣故知大禹決不能舍斯四

者而別有所濟也以理斷之也

又按越明年予得吳中水利全書載明弘治間水利主事姚文灝答人書曰書稱禹乘四載而隨山刊木史稱禹手足胼胝何也四載云者謂水行乘舟陸行乘車泥乘輴山乘樏也夫禹以一人而領九州之水必不得而往取通衢巨川相其大勢可矣其他泥淖山徑之處盡遣其屬以行而已不勞焉豈不可哉而禹方且崎嶇跋涉惟恐不及意者救饑拯溺之心橫于中不暇顧事體之宜不宜也胼胝云者謂手足皮厚也是必躬有執作之勞乃至此若但擘畫指揮乎其間則焦勞或有而胼胝

必無論語亦稱其躬稼是知禹之於水不獨自任又自爲之也又曰政有可以坐理官有可以堂居校文聽訟之類是也乃若水部農官則不然必以舟航爲衙署阡陌爲几席探源索委度高量卑然後爲無負于人茍或不然皆心之所未盡義有所未安尤足正朱子之説之非

又按周譜云定王五年河徙歲在己未上距禹河功之成凡一千六百七十七年而河始變而患始生宋書始興王濬傳元嘉二十二年上言二吳晉陵義興四郡同注太湖而松江滬瀆壅噎不利故處處涌溢浸漬成災欲從武康紵溪開漕谷湖直

出海口一百餘里穿渠洽必無閡滯歲在乙酉上距震澤底定時凡二千七百二十三年而震澤所由入海之路始塞而患始生歸熙甫極詆穿鑿之端蓋自此始夫以江之湮塞宜從其湮塞而治之不此之務而別求他道所以治之愈力而失之愈遠也余尤嘆人情之不可解大河已徙雖神禹復生亦不能挽之復故流而必仍求九河處穿之穿之河不復行柰何震澤入海之路不過以松江暫塞去其塞斯復流矣偏欲求新奇可喜當時功竟不立豈非永鑒余因悟禹貢之三江斷當從蔡傳此震澤所以底定之根也宋熙寧間郟亶言禹時

震澤爲患東有堽阜以隔截其流禹乃鑿斷堽阜流爲三江東入于海而震澤底定初聞似覺駭人不知沿海之地號爲岡身田土高卬不比内地海濵人歷歷言之若非遇堽阜處鑿斷江何由分爲東北流以入海又分東南流以入海乎歸熙甫又曰惟三江之說明然後三吳之水可得而治三吳水治國之倉庾充實也豈細故哉

又按三江之解聚訟其實有三一蔡氏一蘇氏一明歸氏蔡氏雖引庾仲初揚都賦注注實不曾指禹貢指禹貢者唐陸氏張氏又前晉顧夸吳地記耳惜蔡見不及此蘇氏雖似安國而南中北各不

同前同蘇氏者實惟康成見初學記引鄭氏書注曰左合漢爲江北右會彭蠡爲南江岷江居其中則爲中江故書稱東爲中江者明岷江至彭蠡與南北合始得稱中也歸氏從郭璞來今實不知郭所指是何書之三江前同歸氏者宋淳熙中邊實崑山縣志有是說愚嘗反覆參考蘇歸二說雖自有理畢竟以蔡傳爲定蓋江至荆與漢合流至揚始入海於荆州記江漢之合不言其合而言其朝宗于海蓋雖未入海而勢已奔趨於海以朝宗二字狀出水勢之玅倘再記于揚州不幾複乎經文恐不若故知三江也者震澤下之三江爾

又按鄭端簡曉曰江漢發源于梁而荆當其下流之衝入海于揚而荆據其上游之會故于此言朝宗見其上無所壅下有所洩王恭簡樵曰既言朝宗于海則入海不俟言故知三江既入不指大江也愚又考金氏履祥曰三江果以彭蠡爲一則上文既出彭蠡不應下文又出三江且經文二既字對舉皆本效之辭三江仍宜屬震澤之下流並當採入集傳

又按明金藻著三江水學首引禹貢三江既入震澤底定又引九川滌源九澤既陂曰今東江已塞而松江復微是川源無滌也太湖泛濫隄防不修

是澤無陂障也無陂所以靡定無滌所以靡入又曰三江流水也滌源流水之所以治也震澤止水也既陂止水之所以定也使禹貢無此二句總結于後將謂三江既入震澤自定矣自漢以來治經者多忽此予謂末語似微刺東坡

又按三江既定爲松江婁江東江矣而此三江亦言人人殊茲取明嘉靖中王司業同祖考曰案太湖自吳江縣長橋東北合龐山湖者爲松江又東南分流出白蜆江入急水港入澱山湖迤東入海者爲東江此單鍔吳中水利書所謂開白蜆江使水由華亭青龍江入海是也但澱湖之東已塞不

復徑趨入海而北流乃合吳淞江故曰東江已塞也自龐山湖過大姚浦東北流三折成三江俗呼爲上清江下清江吳淞江其實一江也入崑山西南又分爲二一名勦娘江五里許復合爲一經崑山南又東南過石浦出安亭江過嘉定縣黃渡入青龍江由江灣青浦入海者爲婁江其安亭江在宋時已塞單鍔所謂開安亭江使水由華亭青龍入海者是也至吳淞江入海則今自吳縣西南邐迤而來過崑山東南以達嘉定縣界曰吳淞江口甚明未曾塞自宋以前未有以劉家港爲古婁江以之自朱長文續圖經始茲不取

又按王同祖有太湖考太湖即五湖曰古人之治太湖也置五堰於溧陽以節宣歙金陵九陽江之水使入蕪湖以北入于大江開夾苧干於宜興武進之境東抵滆湖北接長塘河西連五堰所以洩長蕩湖之水以入滆湖洩滆湖以入大吳瀆等處而入常州運河之北偏十四斗門北下江陰之大江所以殺西來之水使不入于太湖而皆歸諸江也又以荆溪不能當西來衆流奔注之勢遂於震澤口疏爲百派謂之百瀆而又開橫塘以貫之約四十餘里百瀆在宜興者七十有四在武進者二十有六皆西接荆溪而東通震澤者也又于烏程

長興之間開七十二漊在烏程者三十有八在長興者三十有四皆自七十二漊通經遞脈以殺其奔衝之勢而歸于太湖也太湖上流諸水之來源若此而所以洩之者則惟于三江是賴焉又曰以江湖形勢觀之大要宣溧以上西北之水可使入于蕪湖以歸大江而不可使注於荆溪蘇常以下東南之水可使趨于吴淞江歸大海而不可使積于震澤此治水東南之大吉也

又按王恭簡樵曰彭蠡未豬則江西東諸州之水爲揚州西偏之患震澤未定則浙西諸州之水爲揚東偏之患揚雖北邊淮而于徐已書乂雖中貫

江而于荆已書朝宗獨大江之南西偏莫大于彭蠡東偏莫大于震澤二患既平則揚之土田皆治矣故特舉二澤以見揚功之告成若其南偏率是山險浙亦山谿計不勞施工故餘不書也此亦是發明三江不指大江之江處

又按金仁山曰禹豬彭蠡廢其旁地爲蘆葦以備浸淫故陽鳥居之如漢築河隄去河各二十五里以防泛溢其後民頗居作其閒時被漂没以此知禹廢彭蠡之濱以居陽鳥其爲民防患之意蓋深茅氏瑞徵曰此句正見善治水者不與水爭利豈直見禽鳥之得其居止而遂其性也哉余謂隄防

之作近起戰國漢當作戰國二字爲是

又按范文正公撰張公綸神道碑云海陵郡有古堰廢既久海濤爲患綸請修復議者謂將有蓄潦之憂綸曰濤之患歲十而九潦之患歲十而一護九而亡一不亦可乎卒成之又江東大水綸請治五渠以洩于海議者謂潮將挾沙而至欲導終塞綸曰彼日之潮有損與盈三分其時損居二焉衆川乘其損而趨之曾莫禦哉卒治之後范文正知蘇州上宰相書論吳中水利宜開松江俾歸于海正從綸得來

第九十四

王伯厚嘗謂蔡氏禹貢傳曰鳥鼠地志在隴西郡首陽縣西南今渭州渭源縣西也此以唐之州縣言若本朝輿地當云今熈州渭源堡又曰朱圉地志在天水郡冀縣南今秦州大潭縣也九域志建隆三年秦州置大潭縣縣有朱圉山熈寧七年以大潭隸岷州今爲西和州當云今西和州大潭縣此二說絕是雖然余猶憾其掊擊之不盡也請廣之蔡氏曰今滄州之地北與平州接境相去五百餘里今滄州北乃天津衞宋之清州界非平州平州却在東北五百餘里中隔幽州之武清境不相接又曰蒙山地志在泰山郡蒙陰縣西南今沂州費縣也今沂州費縣當作今

沂州新泰縣至蒙山實在費縣北當云今在沂州費縣新泰二縣之界東海郡祝其縣今海州朐山縣也朐山縣當作懷仁縣今下邳有石磬山當作今下邳縣有石磬山彭蠡在豫章郡彭澤縣東已正作西合江西江東諸水跨豫章饒州南康軍三州之地尤爲不諳本朝制度宋制州必兼郡州而不兼郡者其州小洪饒二州既皆大當改饒州曰鄱陽方一例蔡氏時豫章久升爲隆興府更當改豫章作隆興府今岳州巴陵縣即楚之巴陵楚不見有甚巴陵巴陵二字起於三國吳有巴邱郡閣城晉遂于此置巴陵縣今按南郡枝江縣有沱水然其流入江而非出于江也案漢

枝江縣注江沱出西東入江顏師古曰沱即江別出者也分明已說自江出何如云非出于江況酈氏又有枝江縣以江沱枝分而獲名乎雲夢澤名跨江南北華容枝江江夏安陸皆其地宋江夏縣漢沙羡地在江之東非古雲夢地今興仁府濟陰縣南三里有菏山宋濟陰廢縣在今曹縣西北其地併無山嶓冢山地志在隴西郡氐道縣又云在西縣今興元府西縣三泉縣也蓋嶓冢一山跨于兩縣云案氐道縣無考漢西縣在宋西和州今爲縣宋西縣爲漢漢中郡沔陽縣地後魏置嶓冢縣隋始改曰西縣下到宋去漢之西縣南北相距五六百里豈得一山跨其境且

其水亦分東西二派宋三泉縣則在今寧羌州漢廣
漢郡葭萌縣地也汶江縣今永康軍導江縣當作今
茂州汶山縣安陽縣今洋州眞符縣當作今金州漢
陰縣西傾山在隴西郡臨洮縣西今洮州臨潭縣西
南臨潭縣唐廣德初陷吐蕃宋大觀二年收復仍舊
爲洮州而不置縣當作今洮州城西南扶風杜陽縣
今岐山普潤縣之地亦漢漆縣之境當作今鳳翔府
麟遊普潤二縣之地亦漢漆縣地終南在扶風武功
縣東（東字今增）今永興軍萬年縣南五十里也終南山西
起秦隴東徹藍田橫亘關中且八百里必欲貼漢武
功縣言當作今鳳翔府郿縣界有故武功城終南山

在鄠縣南三十里萬年縣至蔡氏時久更名樊川惇物在扶風武功縣東（亦今增）今永興軍武功縣也殊屬妄談宋武功縣漢漦縣美陽二縣地豈得認爲漢故邑當亦作今鳳翔府鄠縣界有故武功城惇物山在其東龍門山在馮翊夏陽縣今河中府龍門縣當作在今同州韓城縣及河中府龍門縣之地蓋山跨河之西東云崑崙在臨羌漢金城郡臨羌縣有昆侖山祠非眞山司馬彪衍祠字而蔡氏誤本析支在河關西千餘里當依應劭於西下增南字岍山地志扶風岍（當從水）縣西吳山古文以爲汧山是班氏合爲一山當作今隴州汧源縣西六十里有汧山隴州吳山舊

縣西南五十里有吳嶽山方輿寰宇記合爲宋人語
又引晁氏曰今之隴山天井金門秦嶺山者皆古之
岍也尤非括地志岍山在隴州汧源縣西六十里其
山東鄰岐岫西接隴岡汧水出焉謂隴與汧爲一猶
可至天井山在今隴州南一百里金門山又在州南
百四十里秦嶺山雖大要以在今藍田縣商州者爲
正吾聞終南秦嶺本一山矣未聞與岍爲一也今陝
州陝縣有三門山是也陝縣當作硤石縣三門山在
縣東北五十里太行山在河內郡山陽縣西北今懷
州河內也不知漢太行山有二其在山陽縣者名東
太行山牴當引曰太行山在河內郡壄王縣西北今

懷州河內縣北二十五里也漢山陽爲宋修武縣非
河內太華在今華州華陰縣二十里括地志元和志
寰宇記並云在華陰縣南八里今襄陽府南章縣章
當作漳蕖榆澤其地乃在蜀之正西非正西西南也
又東北距宕昌不遠宕昌雖近雍州西南然與燉煌
縣之三危中隔大河此條秖當闕疑洛汭在今河南
府鞏縣之東洛之入河實在東南河則自西而東過
之案杜氏左傳註洛汭在鞏縣南帝王世紀在鞏縣
東北三十里二說不同考元和志隋時鞏縣移治東
界由是洛水乃在西北也宋河渠志元豐二年導洛
水入汴通志今洛水經鞏縣北三里又東至縣東北

二十里汜水縣界入河蓋宋所移云然古時洛口斷在鞏縣之西作東者非今鄂州長壽縣磨石山發源東南流者名滋水至復州竟陵縣界來又名汊水來乃者字之譌及檢明初劉三吾奉旨纂書傳會選本亦是來字知承譌久矣嗚呼此制舉取士經筵進講之書也而作者懵然其本朝輿地事迹之麤者至于如是豈不令異代以後讀者有秦無人之嘆哉

按黄子鴻極詆蔡傳者偶舉其華容縣有夏水首出于江尾入于沔亦謂之沱曰夏水從無沱稱不知蔡沈何所自來應屬臆説余曰此本鄭康成註蓋此所謂沱也見孔疏者未爲臆説即證以酈注

夏水云江津豫章口東有中夏口是夏水之首江之汜也計當南宋蔡氏所見本汜定作沱何則水自江出爲沱此正夏水初分出江處也於沱爲合不然水決復入爲汜此非夏水至雲杜入沔處也於汜爲不合及檢朱謀㙔箋江水至枝江縣曰江汜汜當作沱何實獲我心子鴻笑曰子於蔡傳亦可謂憎而知其善哉

又按寰宇記羽山在海州朐山縣西北九十里正漢志祝其縣之羽山此止論山所在之縣不論縣名合於漢與否此類甚多不然漢祝其城在懷仁縣南四十二里縣所在非山所在也豈得驗曰漢

祝其今懷仁哉予久而始悟其失特自掊擊之以謝蔡氏焉

又按朱圉山向所登陟者山最小元和志所謂朱圉山在伏羌縣西南最合近徧徵之通典天水郡上邽縣有朱圉山九域志秦州成紀縣有朱圉山岷州大潭縣有朱圉山何朱圉之多也說者遂謂朱圉山連峯疊嶂綿亘於伏羌縣之西南皆可以朱圉目之予以爲否班氏明于冀縣下注曰朱圉山在縣南梧中聚一村落中所有之山他縣寧得而附會去耶或曰子言在伏羌西南三十里而元和志則六十里不合者何也予曰今之縣治乃宋

熙寧三年以伏羌寨爲城者在秦州西九十里見九域志與元和志云縣東南至秦州一百二十里者移却三十里矣或曰子亦知秦漢冀縣故城乎在今縣南五十步亦余所目覩大抵山水澤藪原隰非身所親歷及文獻之鑿鑿者都未可憑余猶嫌王伯厚謂朱圉在大潭之不甚確耳

又按蔡傳多有不可考者如徐州云魚用祭祀今濠泗楚皆貢淮白魚亦古之遺制與因徧考宋史地理志元豐九域志太平寰宇記此三州僅吾楚土產淮白魚不聞其入貢也兩志載楚之入貢者紵布一十疋又上考唐書地理志元和郡縣圖志

此三州亦不貢淮白魚蔡氏將無以口腹之欲自
出令耶寰宇記漣水軍土産有淮白魚而反不引
及
又按蔡傳引水經曰淮水出南陽平氏縣胎簪山
禹只自桐柏導之酈道元曰渭水出南谷山在鳥
鼠山西北禹只自鳥鼠同穴導之熊耳盧氏縣熊
耳山洛水出冢嶺山禹只自熊耳導之世無異議
余謂冢嶺山即讙舉山在今商州西北一百二十
里熊耳山括地志在盧氏縣南五十里今相去不
及三百里猶可曰禹從此導若胎簪山在今桐柏
縣西北三十里去縣東一里之桐柏山三十里餘

耳禹當日豈惜此三十里之勞乎南谷山在今渭源縣西二十五里鳥鼠同穴山則在縣西二十里剛少五里禹豈惜此五里之勞也者道破眞堪噴飯此非鄙氏本文蔡增出耳余嘗譬蔡氏宛如今童子作小題時文翻剔字眼以爲新曾何當于經學或曰畢竟作何解曰禹主名山川正初治洪水多大槩統名其山後代方漸于一山之間別標名目如桐柏之有胎簪鳥鼠同穴之有南谷禹之時豈有是哉止統爲一山爾惟導河積石岷山導江與此導洛熊耳皆非其源可如蔡氏解

又按上謂止論山所在之縣不論縣名合于漢固

已孰知又有山所在之縣祇爲縣不合于漢縣幷山亦不眞在此縣如岷山爲江源是也不可不極論之蔡傳引地志岷山在蜀郡湔氐道西徼外在今茂州汶山縣江水所出也豈不大謬漢湔氐道縣在唐爲松州廣德初陷吐蕃宋亦爲吐蕃地今爲松潘衞在成都府西北七百六十里岷山又在衞西北二百二十里曰大分水嶺江源出焉或曰即古羊膊嶺云相距五百八十餘里豈一地乎子鴻曰誤自元和志汶山縣載岷山而樂史因之蔡沈又因之余曰郭璞註山經已言岷山今在廣陽縣西江所出廣陽晉所更漢汶江縣之名者子鴻

曰誠然余曰誤尚不止此漢武帝元鼎六年置汶山郡于此縣曰汶江已似專指此地或曰然則岷山不在茂州汶山縣乎余考隋地理志汶山郡左封縣有汶山臨洮郡臨洮縣有岷山元和志岷州溢樂縣南有岷山括地志岷山在溢樂縣南連綿至蜀幾二千里皆名岷山安在茂州不有岷山與但蔡氏以班志江水所出四字繫西徼外之下者竄于今茂州汶山縣之下此倒置其文輒失者是也然則集傳當云何曰當作岷山地志在蜀郡湔氐道縣西徼外江水所出唐爲松州嘉誠縣末陷于吐蕃本朝未復今茂州汶山縣南有岷山江水

則自徼外流入者
又按蔡傳又引晁氏曰蜀以山近江源者通爲岷山連峰接岫重疊險阻不詳遠近青城天彭諸山之所環遶皆古之岷山青城乃其第一峰也止首二句爲足存餘乃杜光庭遊青城山記語岷山連峰接岫千里不絕青城乃第一峰也又增出天彭諸山四句曾何當于經旨余欲取宋儒王氏炎曰江漢發源此州方江漢之源未滌水或泛濫二山下其地有荒而不治者今既可種藝知二水之順治也又史記貨殖傳汶山之下沃野下有蹲鴟至死不饑汶山即岷山則岷山之宜樹藝舊矣二條

以補之

又按蔡傳三苗國名在江南荆揚之間從史記吳起曰昔三苗左洞庭右彭蠡來洞庭屬荆州彭蠡屬揚州此說頗是今零陵九疑有舜塚云從史記舜葬于江南九疑是爲零陵來則不是蓋以宋輿地當作今道州寧遠縣有九疑山爲舜所葬云塚舊本不從土至幽洲止註北裔之地當引括地志故龔城在檀州燕樂縣界故老傳云舜流共工幽州居此城今鎮遠軍密雲縣也三苗在荆揚之間下亦當補曰今江州鄂州岳州皆古三苗地

又按寰宇記雖云眞符縣本漢安陽縣地蔡傳從

之余駁其當作今金州漢陰縣者蓋以寰宇記又云漢安陽縣在漢陰縣西二十四里即今敖口東十里漢江之北故城是也指漢縣治所在非汎汎其地而已余之駁集傳也豈得已乎蔡氏于樂史書似未讀徧

又按和夷底績蔡傳一段紕繆實甚晁氏主水名言云夷水出巴郡魚復縣即漢志南郡巫縣之夷水宋爲巫山縣此猶在荊梁二州之界然東去和川水幾二千里二水不相距太遠乎不可從蔡氏主地名言云嚴道以西有夷道或其地夷道即漢志南郡之夷道縣宋爲宜都縣遠在嚴道以東二

千餘里豈以西乎且實是荆州域於梁州曷與乎尤不可從然則宜作何解曰寰宇記和川路在嚴道縣界西去吐蕃大渡河五日程從大渡河西郭至吐蕃松城四日程羌蠻混雜連山接野鳥路沿空不知里數說者謂即書之和夷余謂水經注和讀曰桓自桓水以南爲夷書所謂和夷底績也說似可從但今桓水無所考或曰晉地道記云梁州南至桓水疑指大渡河四川通志和夷今黎雅越嶲等處案以酈注大渡河果桓水也則大渡河以南今建昌衛爲宋藝祖以玉斧畫而棄之者蓋古和夷云

又按地名有前人所未詳而後人漸知者從之可也有前人所不可知而後人殭以指實者闕之可也禹貢之蔡山是蔡山班志酈注並闕唐孔穎達司馬貞並言不知所在而謂宋政和中歐陽忞出曰蔡山在雅州嚴道縣可信乎及徧考隋唐地理志元和志通典寰宇記九域志嚴道無所謂蔡山也忞同時葉少蘊傳禹貢復指嚴道縣東五里周公山以當之又可信乎或曰然則蔡山終竟不知耶曰要就禹貢蒙山以求最爲近之如太史河不知所在就九河閒以求惇物山不知所在就漢武功縣東以求雖不中不遠而必鑿鑿指實恐涉傅

會論篤者弗取矣

又按陳氏大猷曰古人舉事必祭況治水大事乎然旅獨於梁雍言之者蓋九州終於梁雍以見前諸州名山皆有祭也旅獨於蔡蒙荆岐言之者蓋紀梁之山終於蔡蒙紀雍之山始于荆岐以見州内諸名山皆有祭也故下文復以九山刊旅總結之當採入集傳

又按岷山爲江源既得極論之而積石山爲禹導尤不可不極論焉蔡傳引地志積石在金城郡河關縣西南羌中今鄯州龍支縣界也非縣非漢縣井山非漢山之又一見乎漢河關縣宣帝神爵二

年置後涼呂光龍飛二年克河關凡四百五十七年爲郡縣後沒入吐谷渾遂不復況積石又在其縣西南羌中乎當在漢西海郡之外是眞當日大禹導河處宋龍支縣近在今西寧衛東南八十里爲漢金城郡允吾縣元和志積石山在龍支縣西九十八里南與河州枹罕縣分界枹罕縣今臨洮府河州治積石山在州西北七十里積石關則又在州西北百二十里所謂兩山如削河流經其中是較禹所導之積石河隔千有餘里豈在其縣界者乎黄子鴻曰積石山本在徼外自唐儀鳳二年置積石軍于靖邊城始移其名于内地矣余曰不

止此隋大業五年平吐谷渾置河源郡郡治古赤水城以境有積石山也尤移近内地矣然此乃小積石山即酈注之唐述山耳大小積石之名莫明辨于唐人故魏王泰曰大積石山在吐谷渾界小積石山在枹罕縣西北張守節曰河自鹽澤潛行入吐谷渾界大積石山又東北流至小積石山李弘憲曰河出積石山在西南羌中注于蒲昌縣潛行地下出于積石爲中國河故今人目彼爲大積石此爲小積石余癸丑秋客臨洮欲策馬尋小積石之河源亦不果嗟乎漢如段熲破西羌且鬭且行四十餘日至河首積石山唐如李靖等攻吐谷

渾靖踰積石山任城王道宗侯君集行空荒之地二千里乃次星宿川達柏海望積石山覽觀河源彼何人哉吾徒仰面看屋梁而著書不可以愧恥乎或曰然則蔡傳當云何曰當作積石地志在金城郡河關縣西南羌中積石山漢在羌中唐在吐谷渾界今河州枹罕縣鄯州龍支縣界有積石山雖河所經非禹所導者

又按蔡傳引寰宇記只九河一條已多脫誤矣云胡蘇河在滄州饒安無棣臨津三縣無棣縣樂史并未云有胡蘇河又云鬲津河在樂陵東西北流入饒安原本乃樂陵西東北流入饒安德州安德

有馬頰河德平有馬頰河滄州樂陵亦有馬頰止及滴河者何與鬲津河既見安德又見德州將陵而止云樂陵饒安又何也元和志止引其及馬頰若德州安德有鬲津河將陵有鬲津河棣州陽信有鉤盤河槃不之引通典止引其及覆鬴若安德有馬頰河滄州東光有胡蘇河亦不之引且蔡氏過矣九河闊二百餘里長約四百里豈一二縣所能了此一河哉勢必分播多縣揚波注海也明矣又按蔡傳塗山國名在今壽春縣東北此用杜氏左註據寰宇記當作在今濠州鍾離縣西九十五里甘地名有扈氏國之南郊在扶風鄠縣鄠縣自

元魏改屬京兆郡唐爲府宋因之當作在今京兆府鄠縣五子之歌窮國名當補引水經注在平原郡鬲縣今德州安德縣也盤庚下鄭氏曰東成皋南轘轅西降谷降谷不知所在予疑即今永寧縣北六十里之三崤山亦曰二崤杜預謂二崤間南谷中谷深委曲兩山相嶔故文王以之避風雨又永寧縣西北七十里有崤底崤谷之底也亦與降字義協牧地名在朝歌南即今衛州治之南也牧野在朝歌南此用司馬彪語即今衛州治之南乃蔡氏自語則錯衛州治衛縣可曰牧野在衛州治之南自唐初衛州久移治於汲縣當作即今衛州

治之北爾庸濮在江漢之南庸即上庸今屬鄖陽府房縣庸當在江之北漢之南妹邦即詩所謂沬鄉當補一句曰今濬州衛縣也奄杜預曰不知所在當云在兗州曲阜縣古奄國南巢地名廬江六縣有居巢城當作今廬州巢縣有居巢城六西漢縣名不隸廬江郡隸廬江郡東漢已改名曰六安六安距居巢相隔約三百里鎬京在京兆鄠縣上林即今長安縣昆明池北鎬陂下句是上上林二字當衍豐在京兆鄠縣即今長安縣西北靈臺豐水之上靈臺下脫鄉字之上原本乃上游二字

又按蔡傳煞有不可曉處徐州云徐州之土雖赤

而五色之土亦間有之故制以爲貢元和志明云徐州彭城郡開元貢五色土各一斗寰宇記徐州歲貢五色土各一斗彭城縣北三十五里之赭土山即出此土較著如此捨之不引而想像言之何與與淮白魚正相反茅氏瑞徵曰此州制貢大畧並供禮樂之用又曰禹濬畎不遺窮谷以岱畎羽畎知之又曰徐州土五色雉羽亦五色物華土產適相符合豈天壤靈氣有獨鍾而禽鳥亦得氣之先也與與皆當採入集傳

又按考漢郊祀志平帝時於官社後立官稷令徐州牧歲貢五色土各一斗始知元和志直本此一

句則開元制貢亦應爲社用爾

又按震澤之解惟宋葉少藴上與周禮合又與班志合自與魏晉間僞孔傳不合余勸徐司寇收入一統志吴縣中葉氏曰孔氏以大湖爲震澤非是周官九州有澤藪有川有浸揚州澤藪爲具區其浸爲五湖既以具區爲澤藪則震澤即具區也太湖乃五湖之總名耳凡言藪者皆人資以爲利故曰藪以富得名而浸則但水之所鍾也今平望八尺震澤之間水瀰漫而極淺與太湖相接而非太湖自是入于太湖自太湖入于海雖淺而瀰漫故積潦暴至無以洩之則溢而害田所以謂之震猶

言三川皆震者然蒲魚蓮芡之利人所資者甚廣亦或可隄而爲田與太湖異所以謂之澤藪他州之澤無水暴至之患則爲一名而已而具區與三江通塞爲利害故二名以别之禹貢方以既定爲義是以言震澤而不言具區也

又按寰宇記煞有不可曉者旣知北條荆山班注於左馮翊襃德縣下但當求漢懷德縣所在則知禹貢荆山所在柰何耀州富平縣西南十一里懷德故城曰非漢懷德縣也又于富平縣之揺陵原復實以尚書禹貢荆山謂此不自相矛盾乎縣非漢縣將山仍漢山乎及予討論同州朝邑縣有懷

德城曰漢縣在今縣西南三十二里懷德故城是證以班注荆山下有彊梁原原樂史謂之朝坂也班注褱德有洛水東南入渭樂史謂城在渭水之北也歷歷不誣獨不載有荆山耳其實荆山即在此漢郊祀志黄帝採首山銅鑄鼎於荆山下晉灼注荆山在馮翊懷德縣皇甫謐帝王世紀禹鑄鼎於荆山在馮翊懷德之南有荆山今其山下有荆渠酈道元水經注懷德縣故城在渭水之北沙苑之南禹貢北條荆山在南山下有荆渠即夏后鑄九鼎處也余因悟此當爲禹鑄鼎處無論方士公孫卿之徒附會黄帝以學僊先禹而鑄鼎即果鑄

鼎亦當在湖縣爲今閿鄉縣地不在此晉灼注不如皇甫酈二說之確一帝一王各有一荆山耳或曰子知酈注仍有兩懷德城乎曰實一耳見沮水條内沮水逕懷德城之南澤泉水逕懷德城之北均樂史所謂懷德在富平縣者道元固未與在今朝邑縣者混而一矣

又按復討論得史記正義引括地志荆山在雍州富平縣今名掘陵原是承譌已久隋地理志亦載富平縣有荆山又得絳侯世家引括地志懷德故城在同州朝邑縣西南四十三里里數較樂史不合應是縣治有移余曾客朝邑數日覺其治基頗

高乃置諸彊梁原之上說者謂原即荆山北麓則可以知荆山所在矣或問後漢郡國志懷德已省城何以有二余曰樂史固有言矣蓋後漢末及三國時因漢舊名於此立縣爲名晉移富平來治後魏復徙去故有故城存焉懷德一移并禹時臨河之荆山亦沒而不見矣豈不異哉

又按蔡傳萊夷作牧作牧者言可放牧不如陳氏大猷曰作謂耕作牧謂芻牧夷人以畜牧爲業見禹之功及走獸也當採入集傳

又按疏必遵傳唐人定例也然傳有分明說錯疏至欲改古郡縣方向以從之噫其甚矣僞孔傳渏

澤在胡陵胡陵二字錯當依班志作在定陶東孟豬澤名在菏東北東北二字反當依地圖作在菏西南如是而傳合矣疏亦可以無言矣惟宜引晉闞駰十三州記曰不言入而言被者明不常入也水盛方乃覆被矣柰何傳既不爾疏復傅會至以郡縣之名隨代變易古之胡陵當在睢陽西北故得東出被孟豬也豈有是理胡陵故城古今一也在魚臺縣東南六十里沛縣西北五十里交境處余曾親過之問距定陶之菏澤約幾三百里彼豈知菏澤在定陶東孟豬在睢陽東北二澤相通距僅一百四十里哉近代王恭簡樵和合左氏為之

解曰孟豬之藪可田則有水草而淺涸時多故導菏澤之溢時乎被孟豬不常入也或言導菏澤又導孟豬故言及非也澤無言導者此二澤相通故可以導此之溢被彼之地故言導也茅氏瑞徵則云此處逗出一導字爲下文導山導水張本要見禹之治水全以疏導爲事亦通

又按宋傅氏寅禹貢集解引許氏說文曰菏澤水在山陽胡陵與安國傳同而班固以爲在定陶何也蓋在定陶者其澤也在胡陵者其流也其流東與泗合正在今單州之魚臺魚臺在單之東北百里而近古胡陵地也分别菏水與菏澤所在不同

班許二氏殊塗同歸余因悟僞孔傳在說文後菏
澤在胡陵正本說文來但誤脫一水字書出魏晉
間又得一證
又按馬鄭王本滎波波並作播伏生今文亦然惟
魏晉間書始作波與漢書同余向謂其書多出漢
書者此又一證然安國解猶作一水非二水以爲
二水自顏師古始宋林之奇本之以周官爾雅爲
口實蔡氏又本之下到今余嘗反覆參究而覺一
爲濟之溢流一爲洛之枝流兩不相蒙而忽合而
言之與大野彭蠡同一書法不亦參雜乎抑豈禹
貢之變例乎善夫傅氏寅曰上文言導洛此則專

至導濟言不當又泛言洛之支水職方所記山川非治水次第不必泥也且鄭註職方氏其浸波波讀爲播引禹貢滎播既都仍當作播證一賈公彥疏案禹貢有播水無波仍當作播證二小司馬引鄭氏曰今塞爲平地滎陽人猶謂其處爲滎播仍當作播證三山海經婁涿之山波水出于其陰今本波本作陂非屬波水證一惟酈注引作波然亦出于山非出于洛者非屬波水證二水經洛水又東門水出焉注云爾雅所謂洛别爲波也惟此堪引然余考門水下流爲鴻關水今謂之洪門堰在商州雒南縣東北至靈寶縣而入河何曾見水豬

爲澤乎非屬波水證三余又謂豫州之水惟洛與濟爲要害他若桐柏淮之導已爾若洛汭河之過已爾淮之治大書于徐之淮其又河之治大書于冀之覃懷底績固有不必復書於本州者曰既入曰既豬曰導曰被而豫州之水已畢治矣

又按蔡傳伊瀍澗水入于洛而洛入于河此言伊洛瀍澗入于河若四水不相合而各入河者蓋四水並流小大相敵故也或疑四水那得相敵洛毋論伊頗大澗次之瀍又次之余曰蔡傳正紗有體會蓋二水勢均相入謂之會導洛文于澗瀍曰會于伊曰會雖瀍水源短然洛誥曰我乃卜澗水東

瀍水西魚豢典畧曰洛與伊瀍二水爲三川非以其勢相敵乎且豫州内四水並列下文導洛則以洛爲主所謂古人文多互見也傳尚未及此

又按胡朏明篤愛蔡傳載林氏曰河濟下流兗受之淮下流徐受之江漢下流揚受之青雖近海然不當衆流之衝但濰淄二水順其故道則其功畢矣比之他州用力最省者也舉以告余余深以爲然後始覺欲改作河下流兗冀受之濟下流兗青受之淮下流徐揚受之於青雖近海之下增一句曰惟濟於此入接然不當衆流之衝句更確朏明又謬以余爲然

又按鄭端簡曉言江漢二川源于梁委于揚而荊州其所經此説江則得説漢失之漢水自陝西白河縣流入經鄖陽府治南歷均州及光化縣之北穀城縣之東又東至襄陽府治北折而東南經宜城縣之東又南經安陸府治西上除白河下除鍾祥餘並禹貢豫州之域以在荊山之北也安得遺愚欲改正之曰江所歷之州曰梁曰荊曰揚漢所歷之州曰梁曰豫曰荊

又按正蔡傳之譌如掃敗葉愈掃愈多更以冀州言之引曾氏曰覃懷平地當在孟津之東太行之西淶水出乎其西淇水出乎其東案酈注河水逕

懷縣南濟水故道之所入與成皋分河水懷縣在今懷慶府武陟縣界當云覃懷在孟津之東少北太行之正南濟水出其西淇水出其東若淶水逹在今保定府淶水縣即巨馬河或曰恐係譌寫然檢明初劉三吾本仍是淶水出乎其西引晁氏曰今之恒水西南流至眞定府行唐縣東流入于滋水又南流入于衡水非古逕也案漢志恒水出上曲陽縣恒山北谷東入滱水經滱水過上曲陽縣北恒水從西來注之酈注滱水又東恒水從西來注之自下滱水兼納恒川之通稱焉即禹貢之恒衛既從也所以薛氏謂恒水曰東流合滱水至瀛

州高陽縣入易水最合以滱得兼稱恒故蔡傳引此便足不當復贅以晁氏云云全與水道不合或曰安知晁氏時不爾然檢元和寰宇二書恒水並闕新輯一統志宛與班氏薛氏說同引晁氏曰衞水東北合滹沱河過信安軍入易水東北當作東南不爾便衍北字蔡氏自云蓋禹河自澶相以北皆行西山之麓頗是但以北二字宜衍至云古河之在貝冀以及枯洚之南率皆穿西山踵趾以行謬不可勝言案寰宇記貝州領縣五絕無一山冀州領縣八惟信都有歷山亦小小岡阜耳河從此行何嘗有山蔡氏豈能以意造山耶蓋賈讓策河

西薄大山東薄金隄金隄在漢白馬黎陽縣宋河
渠志禹故瀆尚存在大伾太行之間則古河從澶
相行可分爲東西若折從貝冀之間過河則分南
北矣寧得云穿西山踵趾耶且枯洚原自西南而
東北歷貝之經城冀之南宫信都武邑武邑即河
北過洚水處如何下以及二字又下文隋唐云云
案漢廣河縣隋仁壽初改曰象城大業初改曰大
陸唐武德四年復改曰象城天寶初改曰昭慶當
隋之時無昭慶縣也安得云隋改趙之昭慶以爲
大陸縣乎舊唐志先天二年分饒陽鹿城界於古
鄡城置陸澤縣新唐志陸澤先天二年析饒陽鹿

城置安得止云唐割鹿城置陸澤縣引程氏曰冀州北境其水如遼濡滹易皆中高不與河通故必自北海然後能達河也遼濡等水誠哉其中高但此指島夷以皮服來者貢道自由北海入冀之逆河及兗之九河而至帝都無所須遼濡等水何煩辭費又曰碣石淪入海已去岸五百餘里審如是當自昌黎縣南黑洋河泛海雖至六七百里無所謂此山則此語尤不足信永平府人實云

又按蔡傳大陸云者四無山阜曠然平地解最玅謂杜佑李吉甫以邢趙深三州爲大陸者得之予徵諸通典元和志良然因思於此平地有澤焉人

遂名之大陸澤非大陸一片土盡爲澤藪也果盡澤藪水患雖平人可得而耕作乎故知大陸在禹貢主地言在爾雅指藪言不得合而一之合而一之自班氏地理志禹貢大陸澤在鉅鹿縣北始果爾經文當作北過大陸至于洚水何則枯洚渠在貝冀二州今在鉅鹿縣大陸澤之北故經文既是北過洚水至于大陸其必不屬枯洚渠可知嘗徧考載籍然後知洚水爲濁漳大河導至古鄴縣東迤而東北行孔安國傳漳水横流入河焉貴與漳水横流入河在廣平府西北肥鄉縣界通典禹貢衡漳在廣平郡南肥鄉縣界肥鄉去古鄴縣約百

五十里漳當由此入非復有入海之事亦非如班志至阜城始入河河先過漳水次至鄚趙深之大陸歷歷皆合道元所謂推次言之也又謂河之過降當應此矣下至大陸不異經說水經注絳水發源屯留下亂章津是乃與章俱得通稱張守節兩解禹貢並云降水源出潞州屯留縣西南宋張洎講求汴水云禹貢降水即濁漳之三說者聖人復起不能易也又水經注鬲般列於東北徒駭瀆聯漳絳徒駭河之經流漳絳即其北過之水也抑思鉅鹿自地名非澤名應劭曰鹿者林之大者也漢以此氏其縣大陸澤方爲澤亦與廣河澤不得合

而一之合而一之漢不以廣河别氏縣矣故元和志一在鉅鹿縣西北五里一在昭慶縣東二十五里昭慶縣今真定府之隆平余五代祖之弟實遷其地云

又按唐孔氏疏漳水横流入河故曰横漳曾氏曰河自大伾北流漳水東流注之地形東西爲横南北爲從河北流而漳東注則河從而漳横矣此二條當採入集傳引班志鄴注止當及東至鄴合清漳不必及東北至阜成入大河句蓋此乃河既徙之新道非禹故道禹故道若此則漳斜流入河矣何名横漳蔡氏似全昧此

又按王橫言往者天嘗連雨東北風海水溢西南出寖數百里九河之地已爲海所漸矣是說也酈氏述之程大昌主之蔡氏載入集傳非之者已四起愚以爲特九字譌若作逆河之地已爲海所漸矣尟何可勝言蓋自平原以下天津以上皆古九河之道抵天津已是盡頭無復有地可着逆河乃漢代然也道元曰昔在漢世海水波襄吞食地廣當同碣石苞淪洪波碣石現存止逆河淪海耳胐明曰神禹復生定以予爲知言

又按禹廝二渠載河渠書太史公尚所目覩二渠之解有二一孟康曰其一出貝邱西南南折者也

其一漯川南折二字大有譌闕不如酈道元解一則漯川則今所流也一則北瀆王莽時空故世名是瀆爲王莽河也二渠皆自長壽津以引其河長壽津在大伾山之東今滑縣東北是至河之經流則太史公謂北載之高地過降水以入于勃海者余嘗反覆紬考而覺漯者河之枝流兖之貢道著于經文見于孟子復何可疑獨北瀆經貝邱西南行於禹未有所考忽思王横曰禹之行河水本隨西山下東北去周譜云定王五年河徙則今所行非禹之所穿也似專指北瀆言則此渠也其周定五年所徙之新道乎河自此徙山足之經流乃絕

定王五年已未至新莽篡漢戊辰凡六百一十年莽以元城是其冢墓所在北瀆廢不復治蓋河當禹貢時一經流一支渠也周定五年後一新流一故瀆也逮王莽後新流遂空而故瀆不改上下二千二百八十六年間河之變如是當太史公時書未盡出如周譜之類或未及見不知北瀆非禹所穿遂並以爲禹有二渠加以武帝親臨塞決築宮作歌榮觀史策曰二渠復禹舊迹孰敢不以之爲然試問上道河北行禹河本緣西山足以行元封間然耶否耶此爲禹迹定王五年所徙者豈又別一道耶漯川入海在千乘縣馬常坑千乘故城在

今高苑縣北二十五里北瀆名王莽河流至阜城縣漳水注之至章武入海章武今名乾符鎮在滄州東北此太史公所覩二渠若上所云貝邱西南南折折則必入漯川不爾將從何以入海孟康之不可信如此故曰有譌闕也

又按梁書劉杳傳王僧孺被勅撰譜訪杳血脈所因杳曰桓譚新論云太史三代世表旁行邪上並效周譜以此而推當起周代則上王橫引周譜定王五年河徙即此譜也太史公曰殷以前諸侯不可得而譜周以來乃頗可著又曰太史公讀春秋歷譜諜周譜蓋遷所讀或者於河徙事未及討論

古人讀書儘有疏畧者

又按水經注河水條凡五敘至長壽津二渠而止下便及大河故瀆故瀆皆周漢以來之新道非禹河故道也然中有至于大陸北播于九河經文及注一段上不與元城縣沙邱堰相次下不與沙邱堰南屯氏河出焉相次分明經注別有及禹河故瀆者惜不盡傳耳偶聞于黃子鴻子鴻驚曰某讀水經注三十年從未聞此論遂簡以示之又漯水條敘至末酈氏引淮南子曰云云亦爲至碣石入海作注與經文河水又東分爲二水不合參以濁漳水條詳北過滏水是禹河自大伾以下至入海

處了了然見於水經注但或當日有意互見或後人任意錯簡嘗聞馮開之以經注相淆間用朱墨勾乙未曾卒業使果成篇定爾可觀

第九十五

自有禹貢以來以冀州爲盡帝畿之地他州無涉果爾帝城之外四面各廣五百里何以解周惟都於鎬僻居一隅勢不得不東西長南北短絕補而成千里若冀中土也堯當洪水既平之後分疆經野廓然一新是乾坤再闢時也何所復礙而不截然方正以與經文合示宅中圖大之規模於萬世哉堯都平陽其故城在汾水之西今府治白馬城西南括地志云平

陽城東面堯築者是以是爲中東至河南彰德府六百里六百里古五百里也南至河南河南府盧氏縣東南界六百里跨入豫州西至陜西延安府鄜州六百里跨入雍州北至山西太原府西靜樂縣南界六百里東南到河南開封府許州南界亦跨入豫州西南到陜西西安府鎮安縣界亦跨入雍州西北到延安府米脂縣西北榆林衛界亦跨入雍州東北到直隸眞定府如是而後畫然井然號稱甸服其最爲左驗者甸服有賦而無貢冀果盡畿内不應有島夷皮服之文案圖經今遼東朝鮮之屬古島夷也浮渤海由碣石而入貢遠距平陽三四千里正冀東北邊之

地則冀不盡屬甸服而甸服亦不盡於冀明矣周惟辟故從雍至豫兗惟方故兼有冀豫雍禹以山川定九州之域隨其勢以四方之土畫帝畿惟其形各有取爾也竊以此爲禹貢第一義特發之自今日云

按林氏于豫州曰周官載師漆林之征二十而五周以爲征而此乃貢者蓋豫州在周爲畿内故載師掌其征而不制貢禹時豫在畿外故有貢也推此義則冀不言貢者可知或舉此段以難予予曰是不難辨豫之域大矣漆林在禹之畿内與入二十而五之征在畿外與制貢與兗州同不觀河東鹽池沃饒甲天下乎彼青州且貢鹽而此乃不貢

以其在甸服入厥賦上上錯之中耳不然地敢愛其寶人敢藏其貨哉凡考古須會意於文字之外不得拘以字面冀亦第無貢字耳皮服較卉服何殊

又按周服里數倍於禹服是古今一大疑義解者有二一賈公彥曰若據鳥飛直路此周之九服亦止五千若隨山川屈曲則禹貢亦萬里彼此無異也一易祓曰禹五服帝畿在內帝畿千里而兩面各五百里數其一面故曰五百里甸服自甸至荒皆數一面每面各五百里總爲二千五百里兩面相距凡五千里職方氏所載則王畿不在九服之

內自方五百里之侯服至方五百里之藩服其名凡九九服每面各二百五十里通爲二千二百五十里兩面相距通爲四千五百里并王畿千里通爲五千五百里增於禹者五百里之藩服耳然禹九州之外咸建五長東漸西被即成周藩服之域其名雖增而地未嘗增也金仁山本後解益引伸之曰攷諸經文甸服方千里而田五百里是舉一面計之周官方千里曰王畿又其外方五百里曰某服則舉兩面通計之然則禹貢所謂五百里甸服者乃千里而周官所謂外方五百里者乃二百五十里也遂覺易氏說爲定

又按宋張氏子韶不知舜典分于堯益稷分于臯陶及大禹謨晚出各作一論多傳會而禹貢論一篇眞能發千古所未發余賞而錄于此曰此一篇以爲史官所紀耶而其間治水曲折固非史官所能知也竊意禹敷土隨山刊木奠高山大川此史辭也禹錫玄圭告厥成功此史辭也若夫自冀州至訖于四海皆禹具述治水本末與夫山川之主名草木之生遂貢賦之高下土色之黑白山之首尾川之分派其所以弼成五服聲教四訖者盡載以奏於上藏之史官畧加刪潤敘結成書取以備一代之制作而謂之夏書然其間稱祗台德先不

距朕行此豈史辭哉此禹之自言也自稱祇我之德不違我之行而不知退讓安在其爲不矜伐哉曰古之所謂不矜伐者非如後世心夸大而外辭遜也其不矜伐者在心其色理情性退然如無能之人不言而天下知其爲聖賢至於辭語之閒當敘述而陳白者亦不可切切然校計防閑如後世之巧詐彌縫也使其如後世之人中外不相應豈能變移造化成此大功哉其因以發之然此書所紀事亦衆矣而謂之禹貢其閒言賦亦詳矣乃不畧及之何哉曰此史官名書之深意也其意以謂昔者洪水茫茫九州不辨民皆昏墊今一旦平定

四海使民安居樂土自然懷報上之心以其土地所有獻於上若人子具甘旨溫清之奉於慈親焉此民喜悅之心也名篇之意其在茲乎故不及賦以言名雖曰賦亦非强爲科率使民不聊生也其喜悅願輸亦若貢物然此所以統名之曰貢也意其深哉嗚呼山川道里水土細微事亦大矣而其名篇乃以民心爲言則聖賢之心蓋可知矣其意如此豈班馬所能及哉

第九十六

蘇氏書傳浮于淮泗達于河不知河古本作菏曰禹貢九州之末皆記入河水道而淮泗獨不能入河帝

都所在理不應爾意其必開汴渠之道以通之汴渠當時已具世謂創自隋煬帝非而杜預與王濬書固言自江入淮逾于泗汴泝河而上振旅還都矣愚嘗反覆考論鬱積累年一旦發寤於中而歎蘇氏真如所云學者考之不詳耳禹貢濟入於河南溢而爲滎而陶邱而菏而汶而海此禹時之濟瀆發源注海者也抑所謂出河之濟不與河混者也史記河渠書禹功施乎三代自是之後滎陽下引河東南爲鴻溝以通宋鄭陳蔡曹衛與濟汝淮泗會此禹以後代人於滎澤之北下引河東南流故水經謂河水東過滎陽縣蒗蕩渠出焉者是亦引濟水分流故漢志謂滎陽

縣有狼湯渠首受泲東南流者是又自是之後代有疏濬枝津別瀆不可勝數則酈氏注所謂滎波河濟往復逕通者也雖然其來古矣蘇秦說魏襄王曰大王之地南有鴻溝則戰國前有之宣公十二年晉楚之戰楚軍於邲邲即汳水則春秋前有之爾雅水自河出爲灉灉本汳水則爾雅前有之然莫不善於道元之言曰大禹塞滎澤滎澤莽時方枯豈禹塞之乎又曰昔禹塞其淫水而於滎陽下引河滎陽河非禹引而謂禹之時遽有乎余是以斷自河渠書緣以滎陽下引河不見禹貢之書爲出禹以後頗自幸其考比蘇氏差詳矣

按向主杜氏釋例郭景純註證酈氏濟復出河之南爲可信然其誤不自杜君卿始唐章懷太子賢曰濟水東流逕溫縣入河度河東南入鄭州又東入滑曹鄆濟齊青等州入海即此渠也王莽末旱因枯涸但入河內而已見循吏傳註因思杜郭並言今濟水自滎陽卷縣卷縣故城在原武縣西北七里又言東經陳留則指其所領封邱縣封邱今縣治余嘗往來封邱陽武原武間質以酈注南濟水蓋經陽武縣封邱縣之南者北濟水蓋經陽武縣封邱縣之北者問其土人濟水何在曰亡矣案其故牒皆以爲大河既決其堙也久矣然後嘆章

懷君卿之言固未爲無稽矣或曰封邱縣南八里有翟溝一名白溝其水澄澈可鑑人以爲濟水餘流也果爾亦不出自河者也昔金初河始南徙不經濬縣界范成大北使錄云濬州城西南有積水若何蓋大河剩水也吾謂濟水亦猶是乎酈道元當南朝爲齊梁人章懷太子註史成爲儀鳳初相距一百七十餘年意濟瀆復枯如莽時故事必在此百七十年間嗚呼此何等災變史官闕載所失獨潼關一事而已哉猶幸遺文逸句歷歷可尋王莽後枯而復通唐高宗前通而復枯咸出天數夫豈人謀余特著此論一主一偏聊爲范陽景兆兩

家之調人爾

又按王景列傳建武十年陽武令張汜上言河決積久日月侵毀濟渠所漂數十許縣後三十六年爲永平十三年汴渠成詔曰今河汴分流復其舊迹陶丘之北漸就壤墳春秋桓公十有八年杜註濼水在濟南歷城縣西北入濟哀公十有三年陳留封邱縣南有黃亭近濟水左氏僖元年杜註汶水出泰山萊蕪縣西入濟僖三十一年濟水自滎陽東過魯之西至樂安入海哀二十七年濮水自陳留酸棗縣傍河東北經濟陰至高平入濟皆足爲河南之地仍有濟瀆之證

或問許敬宗對唐高宗之言濟潛流屢絕非一絕于王莽再絕于唐以前之徵乎余曰否許第言濟甚微細耳章懷賢外惟李弘憲言濟水自王莽末入河同流于海則河南之地無濟水矣自後所説皆習舊名自後所説則鄆州須昌縣濟水去縣西二里盧縣濟水在縣東二十七里齊州全節縣濟水在縣北四十里章邱縣濟水西去縣十七里臨邑縣濟水西去縣四十里臨濟縣濟水在縣南二十里長清縣濟水北去縣十里豐齊縣濟水西去縣二十六里淄州長山縣濟水西北去縣三十五里鄒平縣濟水南去縣三十五里濟陽縣濟水在

縣南高苑縣濟水北去縣七十步者是然未言實爲何水惟杜君卿言濟水因王莽末旱渠涸不復截河過今東平濟南淄川北海界中有水流入於海謂之清河實菏澤汶水合流亦曰濟河蓋因舊名非本濟水也然後知爲汶水質以余足之所蹈目之所擊今歷城縣北有大小二清河大清河乃汶水由濟故瀆以行于欽齊乘謂之古濟而今汶其實東平歷下諸泉悉入此河則仍是濟水之溢流不得謂全爲汶水至入海處元和志有二道一在青州博昌縣東北杜君卿却云舊泲合在此縣界今無一在棣州蒲臺縣俗呼爲鬭口淀正元以

前入海處也小清河乃濼水即今趵突泉蓋濟之伏地而突出者流至華不注山東北入大清河僞齊劉豫導之東行分一支爲小清河經高苑博興至樂安馬車瀆入海馬車瀆則班志齊郡鉅定縣馬車瀆水是也大小二清局中諸公爲之齗齗者屢年余謂使朱文公聞之應笑不獨會禮之家名爲聚訟已也竊以徵濟瀆者當取於斯

又按鄭康成書註云今塞爲平地滎陽民猶謂其處爲滎澤在其縣東或問此非康成時河南無濟之切證乎何杜元凱郭景純張處度三家所見之濟水與鄭不合何也余曰道元明言後水流迳通

不與昔同則今塞爲平地者乃禹貢時溢爲滎之地三家所云則出河之濟之新道也何相礙之有續考得順帝紀陽嘉元年二月詔遣王輔等持節詣滎陽盡心祈焉注濟水四瀆之一至河南溢爲滎澤故於滎陽祠焉袁紹傳將伐操宣檄曰青州涉濟漯注紹長子譚爲青州刺史濟漯二水名五行志殤帝延平元年注引袁山松書曰六州河濟渭雒洧水盛長泛溢傷秋稼鄧艾傳宜開河渠引水溉田又通運漕之道乃著濟河論以喻其指慕容儁載記遣弟恪討段龕於廣固遇龕於濟水之南慕容超載記是歲河濟凍合而澠水不冰至諸

葛攸率水陸二萬討儁入自石門屯于河渚苻堅伐晉運漕萬艘自河入石門達於汝潁石門滎口石門也正爲濟水其不枯絕可知宋書符瑞志文帝元嘉二十四年二月河濟俱清鮑照傳河清頌序所云長河巨濟異源同清澄波萬壑潔瀾千里是也孝武帝孝建三年九月濟河清大明五年九月河濟俱清魏書靈徵志顯祖皇興三年正月河濟起黑雲廣數里掩東陽城上如夜隋書五行志後齊河清元年四月河濟清北齊帝紀所云青州刺史上言今月庚寅河濟清以河濟清改大寧二年爲河清是也北史齊本紀武成帝河清二年六

月齊州上言濟河水口見八龍升天周本紀宣帝大象二年二月滎川有黑龍見與赤龍鬬于汴水側魏叔孫建傳建與長孫道生濟河而南宋將王仲德等自清入濟東走青州凡十八條皆濟水也皆王莽以後也抑足見事之有者愈證而愈出愈出而愈確余尤惜司馬文正通鑑號有書契以來所無亦沿襲君卿說謂濟久枯于北齊大書河濟清者易作河水清不知濟字何緣譌爲水不唯此也於毛穆之傳之濟郗超傳之濟皆易作清水以渮澤汶水合流之清河以當之不知此眞濟水也非如君卿說亦曰濟水也嗟乎地學之不精乃致

妄竄於史學如是哉

又按蔡傳引唐李賢謂濟自鄭以東貫滑曹鄆濟齊青以入于海不及王莽末枯涸等語似唐見有此水引本朝樂史謂今東平濟南淄川北海界中有水流入海謂之清河不實指濟汶二水語不全具本出通典非寰宇記也宋人每好改節往籍以就已說卻失古人本意此其一云

又按蔡傳萊夸引顔師古曰萊山之夸齊有萊侯萊人即今萊州之地余因悟齊世家封太公於營邱營邱邊萊萊侯與之爭營邱萊人夸也則當在今昌樂縣東南五十里營邱城班志北海郡營陵

縣下應劭注師尚父所封是也至臨淄縣西北二里有營邱城齊獻公所徙班志齊郡臨淄縣下自注師尚父所封非也蓋地本臨淄亦復謂之營邱者猶晉遷于新田而仍謂之絳楚遷於鄀而仍謂之郢班氏又言臨菑名營邱終屬認爲一地亦非獻公先一世胡公都薄姑薄姑在今博興縣東南括地志云青州博昌縣東北六十里則縣治徙矣竊以言齊三都者取徵於此

又按顧氏肇域記解濰淄其道曰濰水出今莒州箕屋山東北流逕箕縣故城西故漢志謂濰水出琅邪郡箕縣東北過昌邑縣又東北入于海故漢

志謂北至都昌入海左傳襄十八年晉師東侵及濰濰字與禹貢同而地理志字或省水作維琅邪郡朱虛縣箕縣下並作維是也或省系作淮靈門縣橫縣折泉縣下並作淮是也篇首引禹貢惟甾其道又作惟一卷之中異文三見後人誤讀淮爲淮沂其乂之淮遂呼此水爲槐河矣其親歷其地始能辨之

又按樂安縣志海濱廣斥謂如今高家港即漢志馬車瀆以往即其地都無所生婦人有白首而不識五稼歲時盤薦惟魚飱爾知府朱鑑詩云海若生潮戍碧浪天如不雨盡黃塵可堪二月無花柳踏遍孤

村不見春
又按孔疏引地志淄水出泰山萊蕪縣原山東北至千乘博昌縣入海海字自譌又地志汶水出泰山萊蕪縣原山西南入濟蔡氏於汶出原山下增之陽二字猶可於淄出原山下增之陰二字不可蓋于欽齊乘謂淄出今益都岳陽山東麓地名泉河古蕪萊地岳陽即原山山連亘萊蕪淄川益都三縣境夫旣出東麓謂之之陰可乎蔡不過以下文東北字生出陰西南字生出陽不知東北西南乃指二水所從入處非發源此增一字輙失者是也

又按余久而始悟雲夢在周官可名曰澤藪唐虞時不爾何以見之果爲荆之澤也則與兗之雷夏徐之大野揚之彭蠡及震澤豫之滎及波渮澤及孟豬雍之豬野也一例經文當書曰澤曰豬曰厎定或導或被矣豈得曰土如桑土曰作如大陸曰乂如蒙羽及岷嶓也哉既書曰土曰作乂其非爲水之鍾也明甚善乎邵文莊寶曰雲夢澤歟非澤也果宜澤而土焉而乂焉其將能乎縱能之其得謂行所無事乎周職方氏澤之可也余因數禹治水成功至周公作禮時凡一千一百六十九年時代有改易陵谷有遷變其不得以後之槩前今之

格古也抑又悟大陸自原隰廣阿自澤藪淮南子合而一之者亦似是而非與

又按蔡傳沱潛既道曰若潛水則未有見也讀之不覺失笑寰宇記乾德三年升唐白洑徵科巡院為潛江縣九域志潛江縣在江陵府東北一百二十里宋地理志江陵府潛江縣次畿焉得云未見案明承天府志漢水自鍾祥縣北三十里分流為蘆洑河逕潛江縣東南復入于漢爾雅水自漢出為潛其實荆州府志云潛水經潛江縣界東南入大江為是至隋志南郡松滋縣有涔涔古潛字史記夏本紀正作涔説者引以證禹貢亦非此涔水

不出自漢鄭氏書註曰灊則未聞在康成時或可豈有至南宋後而爲此等語哉

又按蔡傳引曾氏徐州水以沂名者非一酈道元謂水出尼邱山西北徑魯之雩門亦謂之沂水水出太公武陽之冠石山亦謂之沂水讀之亦失笑水經注泗水下有沂水果出尼邱山西北曾點所欲浴者沂出北對稷門稷門即雩門對也非徑也沂水下有三沂水皆別之曰小一出東莞（今本誤作苑）縣黃孤山西南流逕其縣北西南注于沂一沂水逕臨沂故城東有治（今本誤作洛）水注之水果出太山南武陽縣之冠石山世俗謂此爲小沂水但蔡譌

山爲公武陽上脱南字下脱縣字于欽作齊乘時猶仍爲小沂水愚過費縣土人則呼浚河在其縣西北八十里一沂水於下邳縣北西流分爲二水其逕城東屈從縣南注于泗者謂之小沂水并前爲四沂水固莫有大於出泰山蓋縣也者

又按蔡傳引水經濟水至乘氏縣分爲二南爲菏北爲濟是不待云旋接酈道元謂一水東南流一水東北流入鉅野澤則是二水齊赴鉅野澤與道元原文不合原文曰其一水東南流此指經之南爲菏水其一水從縣東北流入鉅野澤此指經之北爲濟瀆兩不相蒙蔡氏祇緣明澤所聚者大故

併入二水不知濟水東南流經昌邑金鄉縣即今金鄉縣在鉅野澤之南相去百餘里此省一字輒失者是也

又按寰宇記磬石山在淮陽軍下邳縣西南八十里禹貢泗濱浮磬孔傳水中見石可以爲磬案泗水中無此石其山在泗水南四十里今取磬石上供樂府聲清亮大小擊之皆然與安國說不同恐禹治水之時水至此山矣此正所謂不以今格古後槩前者最是今則在鳳陽府宿州靈璧縣北七十里馬公驌云

又按嶧陽孤桐有謂此嶧爲鄒嶧山在今鄒縣東

南二十里有謂此爲葛嶧山在今邳州西北六里余則以劉昭葛嶧山注山出名桐伏滔北征記曰今槃根往往而存證禹貢當在此抑曾親至其地云

又按蒙羽其藝蒙即論語之東蒙山自元和志謂蒙山在費縣西北八十里東蒙山在費縣西北七十五里是以蒙與東蒙爲二山而東蒙在蒙山之東五里爾土人今猶承譌余則以漢志蒙陰縣注禹貢蒙山在西南有祠顓臾國在蒙山下證其爲一山

又按蔡傳引水經曰漾水出隴西郡氐道縣嶓冢

山東至武都常璩曰漢水有兩源此東源也即禹貢所謂嶓冢導漾者其西源出隴西西縣二字今增嶓冢山會泉始源曰沔逕葭萌入漢東源在今西縣之西西源在今三泉縣之東也酈道元謂東西兩川俱出嶓冢而同爲漢水者是也水經原文乃東至武都沮縣爲漢水兹節去五字語不完會泉始源曰沔泉乃白水二字始源曰沔當移在逕葭萌入漢之下華陽國志可證至逕葭萌入漢是西東兩漢水異源同流宇宙間水之大者不可不極論焉酈道元雖前引庾仲雍漢水南至關城合西漢水之文及自歷次津流止云又西南逕關城北除

水流入焉不云及東漢是二水不合者一關城今陽平關在寧羌州西北八十里州北九十里爲嶓冢山漾水所出東流入沔縣界西漢水則在州西自畧陽縣流入又西南入四川廣元縣界是二水不合者二經文岷嶓既藝導嶓冢至于荆山山爲梁州之山嶓冢導漾東流爲漢則水即爲梁州之水與漢西縣在雍州地西漢水即出在雍州地者原不相涉豈得以後代同名之水上混聖經是二水不合者三梁州貢道浮于潛潛鄭康成註爲西漢水逾于沔沔即東漢兩水中有間阻不能以舟通行故經文曰逾是二水不合者四其彊爲附合

者一誤於班固再誤於常璩班固曰西縣禹貢嶓冢山西漢水所出多却禹貢二字此蓋别一嶓冢爲西漢水源與酈注亦雅合常璩曰逕葭萌入漢今寧羌州有三泉故城金牛廢縣皆古葭萌地何曾見兩川同注異者直至魏收撰地形志曰嶓冢縣有嶓冢山漢水出焉此地方顯此名前此僅班志有於西縣水經有於氏道縣耳何禹貢三千年後始知當日導漾實在此地故世翻滋擬議或曰通典云嶓山在漢中府金牛縣寰宇記嶓冢在三泉縣東二十八里既知漾水出此則亦知漢氏道縣所在何以謂氏道無考嘗質諸黃子鴻子鴻曰

宋三泉縣今寧羌州也爲漢廣漢郡葭萌縣地其北今畧陽縣爲漢武都郡沮縣地又北今鞏昌之兩當漢中之鳳縣皆漢武都故道縣地至於漢氏道縣屬隴西郡隴西東南境爲今秦州與漢葭萌縣相去五六百里中隔武都郡何由接攘其水又有嘉陵江水隔之亦不能通入東漢故曰無考且云西源在今三泉縣之東當作東源在今三泉縣之東東源在今西縣之西當作西源在今秦州清水縣上邽鎮及西和州之境蔡氏始終不辨宋西縣在今沔縣非漢之西縣爾

又按吾友朏明極賞余前論問曰子知庾仲雍之

言出何書乎余謝以不知曰隋書經籍志有庾仲雍漢水記五卷當出此獨酈注引漢中記曰嶓冢以東水皆東流嶓冢以西水皆西流故俗以嶓冢爲分水嶺其作者似已知漢地理志之譌而以禹貢嶓冢爲當實在漢中也者不然於漢中記胡爲詳及嶓冢耶蓋不惟不待魏收撰志時始知而後魏分沔陽置嶓冢縣已知之矣大抵經之理以漸推愈明即經之事迹地理亦有然者惜道元歷覽奇書特爲班所壓不能發揮斯義耳

又按嶓冢山當有三其可考者出元和志在興元府金牛縣東二十八里漢水所出此眞禹貢嶓冢

山漢中記一名分水嶺是也元和志在秦州上邽縣西南五十八里漾水所出此班志誤認禹貢之嶓冢山今一名分水嶺是也二山各不同余曾至秦州此山下山不甚高而峯岫延長連屬若邱塚問其土人寧羌州此山若何愕然曰從金牛驛北望見嶓冢山峩然雲表豈敝地所能作其兒孫乎但水亦微細自西東流即所謂嶓冢導漾者水纔濫觴合五丁峽水東流爲沔其流始大此地則水出嶺時爲南流與東不合耳余心識之以爲負薪能談王道至氐道嶓冢實無考者㕘以元和志鳳州兩當河池二縣並云永嘉之後地没氐羌縣名

絕矣興州云晉永嘉末氐人楊茂搜自號氐王據武都自後郡縣荒廢則氐道縣之不知所在豈得已哉然郭璞註山經嶓冢今在武都氐道縣南常璩撰漢中志東漢水源出武都氐道又並隸氐道於武都郡與漢制不同

又按水經以漾水出隴西氐道縣嶓冢山東至武都沮縣爲漢水爲漢水者爲西漢水也故下文又東南至廣魏與白水合又東南至葭萌縣與羌水合酈氏注云今西縣嶓冢山西漢水所導也此自遥承上班固地理志來不見有禹貢字面是道元以班志西縣下禹貢字爲非但不顯駮之古人文

多隱約水經以沔水出武都沮縣東狼谷中此爲東漢水又言沔水東南逕沮水戍而東南流注漢酈氏注云所謂沔漢者也尚書曰嶓冢導漾東流爲漢特標出尚書曰是道元以大禹當日之所導實在此於西漢了無涉獨亡友顧景范謂水經不詳漢所自出沔水一名沮特入漢之小水耳反詳志其源志卻出今寧羌州者何與説極是余請兩言以剖别之曰西漢水可單曰漢水亦可曰漾水亦可曰沔水東漢水可單曰漢水亦可曰漾水亦可曰沮水亦可曰沔水酈道元謂東西兩川俱出嶓冢猶言各出嶓冢云爾而同爲漢水猶言同名

漢水云爾近代雍大記引通典嶓冢山有二一在天水上邽一在漢中金牛從而釋之曰西漢水在西和縣源出嶓冢山西流與馬池水合此乃上邽之嶓冢在今秦州漢江源出沔縣嶓冢山東流入金州此乃金牛之嶓冢禹貢嶓冢導漾乃沔縣之嶓冢非秦州之嶓冢知嶓冢有二則西東二漢源流各自了然此殆可以注酈注矣

又按孔安國傳嶓冢導漾二句曰泉始出山爲漾水東南流爲沔水至漢中東流爲漢水東南流爲沔水逕與前逾於沔傳漢上曰沔相照應補出此句最佳余欲以班志沮縣下注沮水出東狼谷南

至沙羡南入江過郡五行四千里取武都縣下注一名沔過江夏謂之夏水十字補入東狼谷之下南至沙羡之上東漢水源源委委方備班志最亂道者武都縣下注東漢水受氐道水七字試問漢武都縣爲郡治傍仇池山遠在東漢發源處三四百里之上豈有反下受漾水之理余嘗愛魏文侯告西門豹之言人始入官如入晦室久而愈明談水道者亦復爾爾而今而後恐班孟堅亦不能相欺矣

又按胡朏明曰昔賢謂水經非一人一時所作其證頗多今更以漾水一條驗之經云漢水東南至

廣魏白水縣西廣魏即廣漢蓋曹氏改稱此經乃魏人所續宋本改爲廣漢反失眞面目矣不惟此也羌水涪水梓潼水經文皆有廣魏又有小廣魏不一而足明係作者遵制而書非字之譌凡魏朱謀㙔悉作漢特未深考耳又曰水經魏人續成自後閒有所附益亦未必下及隋唐頃讀至漾水末有漢州江津縣大驚曰此非隋唐人筆乎漢乃渝字之譌然渝州江津縣今屬重慶府本州治巴縣地西魏分置江陽縣隋改曰江津巴縣在東江津在西漢水不得過江津也再三推尋不知其故及讀至羌水云出羌中東南至廣魏白水縣與漢水

合又東南至巴郡閬中縣又南至墊江縣東南入於江憬然悟曰羌水合白水東南流至白水縣與漢水合漢水入江之道即羌水入江之道自閬中以下經文正當與此字字相同也今本之誤蓋由東南入于江之上字有空缺妄庸人率意塡補耳非續經也墊江今合州漢水流經州東涪水西自州南來注之正酈氏所云涪水注之故仲雍謂涪内水者也若作渝州江津縣則涪漢之合遠在上流經注齟齬矣東南入漢州江津七字當改作南至墊江四字予曰入字尤非水經次水所逕過之郡之縣未有用入字者

又按常璩漢有二源以東源爲即禹貢之漾水極是與水經各自一書非承水經而爲文者蔡氏於此全昧既引水經漾水云云旋接常璩曰此東源也常氏止以西源爲沔漢酈氏引漢中記以駁之復駁其漾山之目原未及東源之誤此蔡氏連綴其文輒失者是也獨道元於水經以西漢水爲漾曲狥其說寧取山海經闞氏荒誕之說曰川流有潛通之理故漾漢互稱至敘次通谷水曰上承漾水西南流爲西漢水漾水之稱仍屬東漢酈氏微意居然可覩矣

又按張衡西京賦云左有崤函重險右有隴坻之

隘於前則終南太一於後則高陵平原又云連岡乎嶓冢繫丁終南太一之下與上文右有隴坻不相承參以潘岳西征賦面終南而背雲陽跨平原而連嶓冢則二公似皆指廣漢葭萌之嶓冢非指隴西西縣之嶓冢與禹貢合作漢中記者雖未知與岳孰後先要必出張平子後是東漢人已有不同班志者矣朏明曰子可謂引而伸之觸類而長之矣

又按人亦有言博古易通今難蔡氏古旣不博今尤不通三泉縣其彰彰者矣唐有三三泉縣一義寧二年置以彭原縣西南三泉故城爲名後更名

同川一武德四年置以山下有三泉水爲名在嘉陵江之西一天寶元年移於嘉陵江東一里樂史所謂即今縣理是也宋有二三泉縣一即唐故治後至道二年建大安軍縣遂廢一重置於今沔縣界即今大安驛蓋紹興三年改置大安軍於此復置縣以隸焉同在嘉陵江之東若當蔡氏時言西源東源更當云東源在今三泉縣之西余上謂其當作在今三泉縣東者猶不識宋之復置三泉縣治所耳

又按西東兩漢水予與朏明子鴻反覆考辨者彌月始少了了久之朏明復告予曰西東二源不相

牽合水經固爲得之而以西源爲漾則與班志同失東源知有沔而不知有漾知有東狼谷而不知有嶓冢山似與嶓冢導漾之經文絶不相蒙而自爲一說矣予問然則必如何而後可不悖於禹貢朏明曰漢水自爲一目而以漾爲漢之始源以沔爲漢之別源以潛爲漢之伏流而嘉陵水出自隴西者則與羌白涪諸水並列不名爲漢斯可以折羣言而翼聖經矣

又按班氏地理志簡而核然言水有與今不合者有徑說錯者須分別觀之毗陵縣注北江在北東入海即今岷江也吳縣注南江在南東入海即今

吴松江左氏之笠澤也自三國志注左慈在曹公坐釣松江鱸魚始有松之名後漢書左慈傳曹操曰今日高會所少吴松江鱸魚耳吴学讀指郡名故章懷太子賢止註松江二字不連吴陳書侯縝傳縝追侯景與戰敗於吴松江是時已有吴松江之名不待宋元來並水道與今合者其不合則蕪湖縣注中江出西南東至陽羨入海即今荆溪也蓋謂至陽羨入太湖由湖以入江由江以入海古人多說得闊遠非誤也予嘗相其地形東壩自明洪武永樂兩番築之後若宣州若歙州若今廣德州西境諸水悉從蕪湖以達大江不復涓滴入太湖惟廣德州東境及溧陽金壇宜興諸水總匯於荆溪

然後東入太湖故三吳水患少此豈非東壩之力哉水與班氏時迴相反討論景定建康志唐景福三年楊行密將臺濛作魯陽五堰是時中江作堰江流亦既狹矣五堰今易爲二壩統名曰東壩其實元和志當塗縣有蕪湖水在縣西南八十里源出縣東南之丹陽湖西北流入于大江水道蚤與今時符合應是唐元和以前此地已置堰方改而爲西北流入江與漢中江水東流至宜興者不合作建康志者見尚不及此頗覺豁然至說錯則石城縣注分江水首受江東至餘姚入海行千二百里石城廢縣在今貴池縣西七十里無復斯水信

如首受江之説餘姚乃在浙江東岸又中隔宣歙諸水安得越而東過至餘姚以入海乎酈注復附會江水自石城東出逕吳國南爲南江不知南江班氏指吳松尾洩太湖之水者豈首受岷江者乎同作夢語兩公聞之亦應自笑於地下也

又按江南之有東壩猶江北之有高堰無高堰是無淮揚也無東壩是無蘇常也東壩在高淳縣東南六十里與溧陽縣分界高淳父老言湖底與蘇州譙樓頂相平假令水漲時壩一決蘇常便爲魚鼈兩河議曰高堰去寶應高丈八尺有奇去高郵高二丈二尺有奇高寶隄去興化泰州田高丈許

或八九尺有奇去堰不啻旱三丈有奇矣昔人築堰使淮不南下而北趨者亦因勢而導之不然淮一南下因三丈餘之地勢灌千里之平原安得有淮南數郡縣儼然一都會耶觀此二段議論則壩與堰可廢乎不可廢乎廢東壩者多出于壩上之人至追咎蘇軾單鍔之言行廢高堰者出於泗州之人至恐潘季馴以毀陵之罪殊可痛疾善乎歐陽公有言天下事無全利而無害惟擇利多害少者行之其此壩與堰之謂哉

又按沱潛二水難解者潛而尤難解者梁州之潛蔡氏既以地志宕渠縣安陽縣二潛水以解之宕

渠縣是已安陽縣今爲興安州漢陰縣孔氏疏已引康成注此潛水其尾入漢耳首不於漢出余謂鬻谷乃谷名水名由谷而得非爾雅水自漢出之謂鄭固不以爲潛水誤自小司馬引以釋史記而蔡仍之以釋經大抵梁州僅一潛水耳質諸胡朏明朏明曰否一在巴郡宕渠縣一在廣漢郡葭萌縣惜班志未詳予請朏明出手撰此解一篇旣成予嘆爲禹貢之忠臣而高密之諍友喜而亟錄其辭曰爾雅水自江出爲沱漢爲潛馬融曰其中泉出而不流者謂之潛蓋潛與沱不同沱分派別行者也潛伏流重出者也書正義引鄭荆州注潛則

未聞象類梁州注潛蓋漢西出嶓冢東南至巴郡江州入江行二千七百六十里其水道與班志無異是康成明以西縣嶓冢山所出之漢水爲潛也然嶓冢所出乃西漢之始源與爾雅漢出爲潛之義不合可疑者在此茲據諸家所說梁州之潛有二一巴郡宕渠縣地志縣有潛水西南入江酈道元云潛水蓋漢水枝分潛出故受其稱今爰有大穴潛水入焉通岡山下西南潛出謂之伏水或以爲古之潛水鄭氏曰漢別爲潛其穴本小水積成澤流與漢合大禹道漢疏通即爲西漢水也故書曰沱潛既道道元又云宕渠水即潛水出南鄭縣

南巴嶺謂之北水東南流逕宕渠縣謂之宕渠水又東南入漢今順慶府渠縣有漢宕渠故城渠江在縣東自巴州小巴嶺西南流逕蓬州又東南逕營山縣入縣界又西南逕廣安州至重慶府之合州入嘉陵江者是一廣漢郡葭萌縣郭璞爾雅音義有水從漢中沔陽縣南流至梓潼漢壽入大穴中通峒疑當作岡山下西南潛出一名沔水舊俗云即禹貢潛也劉澄之說同漢壽故葭萌先主更名括地志潛水一名伏水今名龍門水源出綿谷縣東龍門山大石穴下元和志潛水出綿谷縣龍門山書曰沱潛既道是也山在縣東北八十二里寰宇

記綿谷縣龍門山亦名葱嶺山引梁州記云葱嶺有石穴高數十丈其狀如門俗號爲龍門今四川廣元縣東北之龍門山是此二潛者皆自漢出伏而又發蹤跡顯然正與爾雅之義相符較鄭爲長然觀道元所引漢別爲潛流與漢合之語則鄭亦既知象類義適符于爾雅前所謂西出嶓冢者豈其未定之論與又道元注桓水一條云葭萌西漢即鄭氏之所謂潛水然則潛當斷自廣元縣北龍門伏流入西漢之處始受其稱而水出西縣者不妨自爲嘉陵江源如必追上流并爲潛而謂水自西漢通東漢則西漢導源之地初無伏而又發之

狀如宕渠葭萌所云者安得據闞駰荒誕之說而目之以自漢出耶禹主名山川當時此水有潛名無西漢名後人徇末忘本信史疑經鮮有知西漢爲潛者宋傅寅禹貢集解謂西漢爲禹時所浮之潛庶幾得之而不知康成已有其說證據不明亦何以取信於天下後代哉

又按朏明復告予曰綿谷今爲廣元縣亦漢葭萌地屬四川保寧府東北與陝西沔縣接界龍門山當在其閒然此水合西漢水處終不及詳惟廣元縣舊志云潛水出縣北一百三十餘里木寨山流經神宣驛又南二十里經龍洞口至朝天驛北朝

天驛古籌筆驛也穿穴而出入嘉陵江此言確有源委而所出之山不同殊爲可疑然覈其里數神宣驛在縣北一百二十里南二十里爲龍洞口又南二十里爲朝天驛去縣八十里恰與龍門之里數相符意者木寨山乃郭璞沔陽水之所經人誤以爲出而朝天之穴即龍門之穴郭及劉澄之兼言南北之出入而括地元和廣元舊志則但言其南口之所出也與龍洞口者龍門穴之北口也朝天驛北龍門穴之南口也以理推之當如是矣果爾則此水潛行山下亦不過二十里

又按朏明曰河水無伏流子言之漢水有伏流子

信之然人或未信不知濟淮重源顯發皆有根證它小水伏而又出者所在多有何獨至於漢而疑之惟是龍門穴水西委未詳巴嶺渠江北源莫測斯則不無可疑耳然嘗讀溝洫志武帝時穿龍首渠自徵引洛至商顏下岸善崩乃鑿井深者數十餘丈往往為井井下相通行水水隤以絕商顏東至山領十餘里間井渠之生自此始蓋鑿井深至數十丈洛水下注於井會地中之水絕山而過東出為渠故謂之井渠也其因悟地中有水往往相通潛之入穴猶洛之入井但一由天工一由人力耳沔漢自龍門巴嶺之東北通岡山下西南潛出

理無足怪不得以目所不覩而疑其妄地理潛閟變通無方原始要終潛流或一善長豈欺我哉余曰據郭景純言是沔水入大穴中而復出者爲潛水此一潛水據酈善長言是漢水入大穴中而復出者爲潛水又一潛水相距約五百餘里要之二潛水入穴通山西南潛出八字並同大奇大奇

又按吳草廬言凡江漢支流皆名沱潛不拘一處於是明陸氏深曰今蜀山連綿延亘凡居左者皆曰岷右者皆曰嶓凡水出於岷者皆曰江出於嶓者皆曰漢江別流而復合者皆曰沱漢別流而復合者皆曰潛恐屬方言爾此求其說而不得從而

爲之辭者天下學問地理難于天文天文終古不易者也地理歴代有遷者也水之學較難於山山之變少水之變則無方而難之難者禹貢水道在三千九百七十一載之上而欲下合于今日來源往委口陳手書茍所不可通者只索付諸闕如茍可以通者豈容不博考精思會粹一帙以明神聖之經綸造化之功用也哉向雅愛六朝時謝莊分左氏經傳隨國立篇置木方丈圖山川土地各有分理離之則州别縣殊合之則寓内爲一以爲此絕學也惜其圖失傳及讀莊詩有云山經亟旋覽水牒劒數尋固自供出水學之難言矣豈不信哉

豈不異哉爲之一笑

又按或謂梁州之潛既得聞矣而荊州之潛何直至宋乾德三年以水氏縣潛隨縣著若是其遲乎不與後魏正始中置嶓冢縣事類乎余曰未盡然魏黃初二年王孫權於吴策命曰遠遣行人浮于潛漢兼納纖絺南方之貢此非從今鍾祥潛江沔陽州一路行者乎豈可以康成偶未及而遽抹煞此水乎竊以今之蘆洑河尾名襄河恐亦非盡當日貢道也何則南方水之善決者莫若漢與北之大河同自襄陽以下沔陽以上上去發源處既遠下距入江處亦遥衆流日多勢益卑漢水汎濫其

中若潰癰然衝決時時聞況又去禹三千餘載計當日貢道所謂潛者亦應如沱之在枝江及華容非止一道余雅愛韓恭簡邦奇解此曰禹貢之記貢道者如記二水云浮于淮泗非謂近泗之地必由淮入泗也蓋近于泗水者則徑浮于泗近于淮水者則自淮而入泗也此荊州近于漢者則徑浮于漢不必自江而入漢也近于潛者則徑浮于潛而入漢亦不必自江也沱自華容縣出于江入于沔沔即漢也由江入沱由沱入漢一路也潛自漢出至潛江縣入于江由江入潛由潛入漢一路也

尚書古文疏證卷六下終

尚書古文疏證目錄

卷七

肅金縢辟字解

第一百二　闕

第一百三言大禹謨於四海困窮上插入他語似舜誤會堯之言

第一百四言太康失國時母已不存五人御母以從乃妄語

第一百五言百篇小序伏生所未見然實出周秦之間

第一百六言晚出古文與真古文互異處猶見於釋文孔疏

第一百七言安國大序謂科斗書廢已久本許

愼說文序

尚書古文疏證卷七目錄終

尚書古文疏證卷七

太原閻若璩百詩撰

平陰朱續晫近堂梓

第九十七

爾雅爲詁訓之書特少所襲用大禹謨朕宅帝位三十有三載即唐虞曰載肙征每歲孟春遒人以木鐸徇于路即夏曰歲伊訓惟元祀太甲惟三祀商曰祀也泰誓惟十有三年春畢命惟十有二年周曰年也愚及質之今文書反多未合如唐虞純稱載不待論若商必曰祀何周公告成王曰肆中宗之享國七十有五年高宗五十九年祖甲三十三年及罔或克壽者亦俱稱年不等或曰此蓋以周之年述商在位之

數云爾若對商臣言則曰惟十有三祀對商民言則曰今爾奔走臣我監五祀仍不沒其故稱矣愚曰然則多方亦有天惟五年須暇之子孫誕作民主罔可念聽非對商民以言商君者乎何亦稱年疑祀年古通稱不盡若爾雅之拘觀周公稱高宗三年不言絫諸論語戴記俱然及一入說命便改稱三祀亦見其拘拘然以爾雅爲藍本而惟恐或失焉情見乎辭矣

按宣和博古圖錄商兄癸卣銘曰惟王九祀周已酉方彝銘曰惟王一祀周亦稱祀太甲元祀惟梅氏書而劉歆貞古文仍是元年商亦稱年爾雅夏爲昊天堯典敘若昊天則天之總稱不獨夏也秋

爲旻天多士旻天大降喪于殷則時惟三月非秋也鳥曰雌雄獸曰牝牡牧誓牝雞無晨鳥亦未嘗不稱牝二足而羽謂之禽四足而毛謂之獸臯陶謨百獸率舞鳥亦未嘗不稱獸何今文詁訓不盡拘爾雅乎古文反是益可以徵其情矣

又按旅獒惟克商遂通道于九夷八蠻本出國語國語是九夷百蠻此易百爲八者襲用禮明堂位及爾雅之文也九夷復同論語八蠻復同周官一事且兼數書其亦自炫其學之博也與

又按左傳宣三年王孫滿於周曰卜年七百於商曰載祀六百是商不獨通稱年且稱載古人不拘

類如此

第九十八

嘗讀文中子述史篇太熙之後述史者幾乎罵矣故君子沒稱焉曰嗟乎罵史尚不可況經乎而謂眞出自聖人口哉註曰太熙晉惠帝即位歲此後至十六國春秋及南北史有索虜島夷之呼如詬罵然夫以相敵國罵尚不可況諸侯於共主乎豈眞出自三代上哉晚出泰誓篇疑者固衆予獨怪其古人有言曰以下如獨夫受洪惟作威乃汝世讎當時百姓讎紂固往往而有何至武王深文之爲世讎樹德莫如滋去疾莫如盡發端汎語也何至武王易其辭爲除惡

務本以加諸紂身湯誓師不過曰爾尚輔予一人致天之罰牧野誓師曰今予發惟恭行天之罰如是巳耳何至此爲肆予小子誕以爾衆士殄殲乃讎若當時百姓亦未知讎紂而武王實嗾使之者噫其甚矣夫時際三代動關聖人而忽有此詬厲之言羣且習爲當然先儒曰不識聖賢氣象乃後世學者一大病道之不明厥由于此余每讀之三嘆焉

按京山郝氏多士解云周公於殷未嘗有頑民之稱頑民見孔書君陳畢命及序三篇俱非古故于文王之雅稱殷士曰膚敏酒誥曰殷獻臣洛誥曰殷獻民茲曰商王士曰殷多士皆敬而矜之其肯

詆之爲頑民乎余讀梓材曰迷民召誥曰讎民迷民讎民與頑民又何别焉但謂曾加詬辭於紂則無是耳

又按墨子引大誓小人見姦巧乃聞不言也發罪鈞其爲古書辭信無可疑或者聞而疑之以爲果爾特與商君之法不告姦者殺告姦者與殺敵同賞等爾恐武王無是語余證以二條曰盤庚中乃有不吉不迪顛越不恭暫遇姦宄我乃劓殄滅之無遺育無俾易種于茲新邑酒誥厥或誥曰羣飲汝勿佚盡執拘以歸于周予其殺此等所立法較大誓不尤甚矣乎或者無以難

又按姚際恒立方曰伏書之誓甘誓湯誓牧誓費誓秦誓凡五篇誓辭之體告衆皆以行軍政令及賞罰之法爲主告以左右御馬之攻正用命弗用命之賞罰者甘誓也告以不宜憚此征役明其賞罰者湯誓也告以稱比立之法步伐之數者牧誓也告以戎器牛馬芻糧期會諸事者費誓也若秦誓則因敗悔過別是一格大抵古誓雖識當時告衆之言然後人亦可藉以見一代之兵制豈徒然醜詆敵國如後世檄文已乎中亦有畧數敵罪如甘誓曰威侮五行怠棄三正湯誓舉桀之時日曷喪語牧誓舉受用婦言與崇信多罪者今秦誓上

中下三篇僅有賞罰二語絶口不及軍政惟是張目疾首洗垢索瘢若恐不盡嗚呼誓辭至此蕩然掃地矣

又按顧炎武寧人曰商之德澤深矣尺地莫非其有也一民莫非其臣也武王伐紂乃曰獨夫受洪惟作威乃汝世讎曰肆予小子誕以爾衆士殄滅乃讎何至於此紂之不善亦止其身乃至并其先世而讎之豈非泰誓之文出於魏晉間人之僞撰者耶憶余晤寧人壬子冬曾問古文尚書還當疑否曰否此殆得悟之於晚歲者然他又騎牆矣見日知錄

第九十九

道之行廢繫乎命予則謂書之隱與見亦有時運初非人意料所能及者嘗思緯書萌於成帝成於哀平逮東京尤熾有非讖者至比諸非聖無法罪殊死嘗詔東平王蒼正五經章句皆命從讖其撰禮名樂又不待云當時能心知其非而力排之者桓譚氏而止耳張衡氏而止耳縱有儒宗賈逵氏摘讖互異三十餘事以難諸言讖者及條奏帝前仍復附會圖讖以成其說身亦以貴顯他更可知於此有人焉能料二百載後其學寖微有發使四出搜天下書籍與讖緯相涉者悉焚之被糾輒死如隋之代也哉又料有乞

取九經正義删去讖緯之文使學者不爲怪異之言惑亂然後經義純一無所駁雜如歐陽氏之請也哉又思今天下所廟祀者莫過漢壯繆侯之盛抑知侯之前血食盛者則伍子胥也項羽也朱虛侯劉章也讀風俗通義城陽景王祠徧滿琅邪青州六郡及勃海都邑鄉亭聚落雖遭禁絶旋復故讀明一統志僅莒州一處存耳懸絶如此豈非鬼神亦關氣運冥報各有時代古文書二十五篇出于魏晉立於元帝至今日而運已極中間爲桓譚張衡之非者不少安知後不更有歐陽氏出請以删讖緯者删此古文尊正義者尊伏生三十一篇俾其孤行乎亦書之運也吾

終望之維持此運者

按或問緯起哀平子以爲始成帝者何也余曰張衡言成哀之後乃始聞之初亦不省所謂讀班書李尋傳成帝元延中尋說王根曰五經六緯尊術顯士則知成帝朝已有緯名衡言不妄衡又言王莽簒位漢世大禍八十篇何爲不戒則知圖讖成於哀平之際也見尤洞然若莊子孔子繙十二經以說老聃說莊者謂兼六緯在内是莊子時有緯殆非也

或又問隋志讖緯篇云賈逵之徒獨非之與范書逵能附會文致最差貴顯者不合何也余曰此蓋

隋志誤讀張衡疏侍中賈逵摘讖互異三十餘事
諸言讖者皆不能說之文以爲逵非讖不知逵第
摘之云爾初無所非也不然逵僅如鄭興尹敏官
亦不顯尚望其於明章兩朝以左氏學爲帝嘉納
耶非附會圖讖力耶史凡此等譌謬處不勝辨聊
一及之俟世之觸類而通者

又按後漢劉盆子傳軍中常有齊巫鼓舞祠城陽
景王又於鄭北設壇場祠城陽景王耿弇傳注臨
淄小城内有漢景王祠琅邪孝王京傳京都莒國
中有城陽景王祠上書願徙宮開陽以避是景王
祠東漢初已盛不獨如劭所言

第一百

余向謂孔傳不甚通官制故有三公領六卿之説今且有兩職實不相通誤合爲一既見經復見傳者周禮大馭中大夫掌馭玉路以祀戎僕亦中大夫掌馭戎車齊僕下大夫掌馭金路以賓道僕上士掌馭象路以朝夕燕出入田僕上士掌馭田路以田以鄙此官皆馭王車而大馭爲最尊又有大僕下大夫掌正王之服位出入王之大命掌諸侯之復逆王出入則自左馭而前驅其佐有小臣掌王之小命詔相王之小灋儀祭僕掌受命于王以眡祭祀御僕掌羣吏之逆及庶民之復隸僕掌五寢之掃除糞洒之事此等

官以僕名而無預于馭車之事大僕雖有左馭前驅之文而其所重自在正服位出入大命是其職與大馭初不相涉也晚出冏命篇出入起居罔有不欽發號施令罔有不臧是近臣有與于王之起居命令者則似太僕所掌與書序合命汝作大正正于羣僕又云爾無昵于憸人充耳目之官則官高職親與王同車又似大馭非大僕所可當得毋誤記周禮二官爲一安國蚤已自吐供招曰太僕長太御中大夫然其誤亦有故案漢百官公卿表太僕秦官應劭曰周穆王所置蓋大御衆僕之長中大夫也豈非經與傳之所從出哉凡余駁正古文皆抉摘其所以然使無遁

情近儒謂揚子雲生平昌黎亦被瞞過程子猶爲之諱朱文公出方是千年照膽鏡雄爲狐妖無遁處快哉斯喻也

按漢表云太僕秦官掌輿馬以太僕專司馬政蓋自秦失之秦官制多不師古然官有古卑而今尊者漢之尚書令是有古貴而今賤者漢之校尉是有名内而實外侍中給事中之官是有名武而實文太尉大司馬之官是亦古今沿革遷流之常無足異獨異當周穆王朝作書命其臣爲太僕不本周官旁侵大馭職掌如秦制殊失却本色耳

或謂古文書多出漢書遵若繩尺莫敢或爽子能

一一窮其所出其於漢書亦可謂熟已余曰何足云憶宋嘗有二事韓魏公當英宗初屢以危言動光獻太后一日簾下忽問漢有昌邑王事如何公即對曰漢有兩昌邑王不知所問何王耶太后語便塞案武五子傳李夫人所生子名髆初封昌邑王賀乃嗣立者國旋除故漢實兩昌邑王公蓋援此以對若爲弗識其意明以全國體而陰以消母后之邪心誰謂宰相可不用讀書人乎蘇轍紹聖初疏諫父作子救何世無之且及漢昭變武帝法度事哲宗大怒曰安得以漢武比先帝轍下殿待罪莫敢救者范忠宣從容言曰武帝雄才大畧史

無貶辭轍以比先帝非謗也帝爲少霽案武帝紀贊曰如武帝之雄材大畧不改文景之恭儉吕濟斯民雖詩書所稱何有加焉蓋班氏乃用微辭非貶辭其體析之精如此若二公者庶可謂之漢聖彼劉深父對客能誦柰何妾薄命端遇竟寧前及設爲屏風張其所等語無一字差經生技耳

又按余向謂作古文者生于錯解未正之日故書亦隨之而誤今又得一事是怵惕惟厲頴達疏厲訓危也即易稱夕惕若厲之義也予謂乾之九三君子終日乾乾爲句夕惕若爲句厲无咎爲句證以下文言雖危无咎益驗句讀斷宜如此三代以

上人必不誤讀厲聯上若王輔嗣輩可知詎意周穆王時以輔嗣爲本而摹脱之乎其出魏晉間可知或曰誤果自王輔嗣輩乎予曰張竦爲陳崇草奏曰終日乾乾夕惕若厲淮南子人間訓曰終日乾乾以陽動也夕惕若厲以陰息也誤已見於此

又按魏禧冰叔著革奄宦策云夏商以前不聞奄人之名至周而著予曾寄語之曰文王世子問内豎之御者曰内豎非奄人乎周禮不明言其倍寺人之數乎王季當商之季固先周而見於經因憶張九成廷對策閹寺聞名國之不祥也堯舜閹寺不聞於典謨三王閹寺不聞於誓誥豎刁聞於齊

而齊亂伊戾聞於宋而宋危亦只是好議論其實立政篇左右攜僕孔疏謂左右攜持器物之僕若内小臣寺人等百司蔡傳謂若内司服之屬内司服周禮以奄爲之但當時在文武之廷皆常德吉士無復有凶人匪類者廁其間何不祥之有又憶後漢書宦者傳序易曰天垂象聖人則之宦者四星在皇位之側故周禮置官亦備其數其數正指内小臣以下凡四項連閽人在内雖小誤要以内豎爲非士人足正鄭註之譌作一序從聖人仰觀于天說起何等源遠流長近文士間以夏商且茫然對此能無閣筆而歎或曰苗民承蚩尤制肉刑

方有刑餘之人以充閹宦不知蚩尤前將若之何予曰奄精氣閉藏者人固有生而然者也以四海之廣億兆之衆豈無生而奄者若干人以出入天子之禁闥以傳天子之命令哉欒巴生東漢尚給事掖庭上世可知考天官所屬奄有四十四人地官有十二人春官八人共計之六十四人成周號稱百官備庶務繁數僅如此況上古之代其用彌寡取諸天之所生而已足此何必俟其人自陷於罪戾而後吾從而刑之復取而用之以供吾之職役哉靈樞經黃帝岐伯已及宦者無鬚然此書出戰國之末

又按革奄宦策云周猶以罪人供事秦漢以降悉平民矣予謂毋論李延年坐法腐刑方給事狗監中石顯弘恭皆少坐法腐刑方爲中黄門漢腐刑尚存平民無自宫以求用者即司馬遷爲中書令尊寵任職亦以李陵故獲罪獲罪後下蠶室方可爲此職蓋原名尚書令武帝游宴後庭始改今名昔以士人爲之帝改用宦者以典機事是遷爲中書令已不復列於士類唯給事殿省爲銀璫左貂之儔矣可恥孰甚故每感慨嗚咽不自禁憶東海公編古文淵鑒問予報任安書可入選否予曰此大有關繫文字近袁公繼咸題其後曰負絕代良

史才寧賤辱自處以杜閹宦擅政用人之漸其爲天下萬世慮尤深遠矣可稱遷知己并載此語書後以徹乙夜之覽亦可以當諫書也公曰善

又按立政篇庶常吉士又云其惟吉士召公戒其君亦詠藹藹王多吉士藹藹王多吉人周家用人之法惟在吉冏命襲其語曰其惟吉士憸人者吉士之反虞廷之所謂凶人立政篇國則罔有立政用憸人又云其勿以憸人冏命亦曰爾無昵于憸人其襲取可勿問矣

又按穎達疏府史已下官長所自辟除命士以上皆應人主自選今命太僕謹簡其僚屬者人主所

用皆由臣下臣下銓擬可者然後用之此雖爲僞
古文宛轉解得猶知有周官之典在不似蔡氏竟
云成周時凡爲官長皆得自舉其屬不特辟除府
史胥徒而已之謬也蔡傳凡徵及故實處非畧則
謬儒者之無用如此
又按唐永淳元年魏玄同上言選舉法弊曰穆王
以伯冏爲太僕正命曰愼簡乃僚此自擇下吏之
言也太僕正特中大夫尚以僚屬委之則三公九
卿可知故太宰内史並掌爵祿廢置司徒司馬別
掌興賢詔事是分任羣司而統以數職王命其大
者而自擇其小者也竟以僞古文爲眞周官制不

知爵祿予奪生殺廢置八者皆人君馭臣之大柄冢宰不敢專告王以施之而已至内史第掌其副貳爲考其當否以將順匡救之於辟除僚屬無與而司徒所掌之興賢則謂其賓興司馬所掌之詔事則謂其以能皆無關辟屬吾不知玄同所讀是何周禮也得毋以漢諸侯得自置吏四百石以下州郡掾史從事悉任之牧守遂上意成周亦當然乎誤矣

又按宋史儒林傳朱子謂蔡元定曰人讀易書難子讀難書易蓋言其穎悟也余曾欲移此二語論尚書今文所謂難書也古文直易書耳人於二十

五篇之蹈襲之譌謬處俱莫知辨析非讀易書難乎於三十一篇朱子亦不果斷句讀者羣凡習孔蔡二傳爲固然莫敢是正非讀難書轉易乎聞者多爲之笑兹以冏命屬二十五篇終故附其下云

又按姚際恒立方曰周本紀王道衰微穆王閔文武之道缺乃命伯臩申誡太僕國之政作臩命復寧紀謂太僕國之政非太僕正也命伯臩申誡之非命伯冏爲太僕正也與書序絕不相侔余曰子抑知所以不侔之故乎蓋逸書十六篇原有冏命太史公親受之知其義如此故改卻書序之文載入本紀若魏晉間無由覩逸書但止依傍書序爲

說而不顧與史背馳眞古文僞古文于茲又見一
班云

第一百一

鄭夾漈謂六書明則六經如指諸掌余亦謂今文明則古文如指諸掌其相關合尤在金縢蔡仲之命二篇金縢爲千載來儒者聚訟今亦漸次渙釋獨難處則罪人斯得一語以爲知流言出管蔡謂之罪人邪何不立歸公止鴟鴞詩既取我子分明管蔡已陷于死公痛其兄之詞如此上文辟將又作刑居東又作東征近讀郝氏敬辨解云其居東二年何也王疑久未釋也則罪人斯得謂管叔始伏辜也公初至東管

叔謀阻而終不肯改步明年將以殷叛成王覺使人執而殺之故曰罪人斯得罪人即管叔也不曰討而曰得不用師以計得也誰得之王與二公得之公不知乎曰不知也公居東叔叛王疑公黨叔故取叔必不使公知公知亦不敢爲叔請進無以白于王退無以解于兄管叔所以蓊然被戮公所以黯然沈痛不能伸一臂之力于後公知而乃作鴟鴞之詩貽王也鴟鴞見豳風然史不稱叔稱罪人何也叛故曰罪人孟子云管叔以殷畔朝廷以叛殺罪人非以流言殺叔也何以知之以王不悟知之何以知王不悟得鴟鴞之詩猶不悔也欲誚讓公而未敢耳如王以流言

殺叔自知公無罪矣何待風雷啟金縢然後悟耶惟上不悟故殺叔不以流言以叛也以叛爲罪則以流言爲忠以叛爲罪知叔之當討以流言爲忠不察公之無辜甚矣成王之蔽于讒也蓋流言初不知所起公知而不言及公居東久管叔既以叛誅而王尚不悟流言之即叔也使元宰淹恤在外故史臣記罪人斯得于公居東之年以正叔之罪以舒公之冤即詩云謀欲譖言豈不爾受既其女遷之意世儒不達誤謂公以流言得叔嗟夫古人立木求謗聞謗動色即非聖人況口舌風聞殺兄自明視管叔所爲賢不肖之相去其間不能以寸也或曰何據而知其非公得

邪曰公得必以師是世儒所謂東征也時成王方以流言疑公公欲出師則必請請則王必不從不請獨行則王愈疑人謂已不利而又專制興師是救焚益薪也故當時聞謗不辨輒自引避處憂患而巽以行權非聖人不能豈有倉皇東征之事乎東征之說由漢儒誤解我之弗辟爲刑辟孔書承訛僞撰蔡仲之命謂公以流言致辟管叔囚蔡叔其説緣飾于春秋傳衛祝佗云管蔡啟商惎間王室王殺管叔蔡蔡叔以車七乘徒七十人其子蔡仲改行帥德周公舉爲已卿士見諸王而命以蔡此言成王殺管叔周公不能救而推恩其子始末甚明杜元凱釋之云周公以

王命殺之將爲公文殺兄之過而不知公本未嘗殺兄也據孔書爲辟叔而不知孔書後人僞增也詩詠東山破斧缺斨是爲東征在成王悔悟迎公歸之明年非居東之二年也爲討武庚祿父非討管叔也爲黜商命非爲流言也是時罪人已得管叔已死序謂將黜殷作大誥既黜殷殺武庚是也故書大誥後金縢詩東山後鴟鴞編次正同世儒誤以居東爲東征不思書記居東二年詩詠東征三年也又以大誥爲討管叔今大誥在何嘗一字及管蔡曖昧片語奚損盛德而擅興師旅甘心同氣兄弟之惡不過鬩牆而羽檄星馳播告四方豈聖人所爲況爲謗之初既不

恐累兄自白避位之後又豈肯因謗殺兄學者窮經此何等事可以不辨既厚誣公矣乃詭稱大義滅親援湯武放殺爲解夫湯武放殺無地可避公一避而心迹昭然桀紂負天下天下棄之兄雖負弟弟詎忍棄兄常棣一歌千古含悽七月鴟鴞皆爲傷兄作大誥康誥垂泣而語無逸戒譸張亂殺立政教敬爾由獄詩云鼠思泣血無言不疾公蓋終身未忘于管叔之死也豈其既殺兄而呻哃至此極乎孟子之書最爲近古陳賈問孟子曰周公使管叔監殷管叔以殷畔有諸孟子曰然陳賈曰知而使之是不仁不知而使之是不智孟子曰周公弟也管叔兄也周公之過

不亦宜乎皆言公失于使兄耳若更有殺兄之事陳賈巧詆豈不盡言而孟子又豈眞以誤使爲過不知誤使猶爲過況其殺之豈但過而已邪故某嘗竊幸公所以得免于殺兄成王二公所以能取罪人如反掌者正唯以公居東一行耳使公聞謗不早避避不即東管叔之叛何待二年旦夕率紂子挺戈西向公于此時欲避不及欲不與于殺叔不可得矣惟其聞言即去不利之謗自解去而居東反側之謀坐銷是以管叔之叛遲至二年之後東方情形悉于居東之久公在外二公在内罪人束手社稷晏然而公亦頼以免于推刃同氣之慘此其應變精密幾事能權豈

尋常思慮可到當世疑公殺兄亦以是耳嘗觀虞舜愛弟周公愛兄同也舜寧不有天下而不忍亡弟公寧不有冢宰而不忍亡兄其志同也顧舜爲人主力可曲全而公爲人臣勢不能兼芘家庭之變舜慘于公而遇主之知公不及舜舜所以卒能容弟而公卒不能救兄令古遭逢有幸不幸哉世儒又有疑金縢非古者嗟夫不有金縢公之冤不白于後世矣其曰我之弗辟無以告我先王傳寫聖人心跡曠世如見曰公居東二年則罪人斯得立言有體紀時紀事可徵可信爲千古尚論公案後人得據此以折服好事之口作史之功于斯爲大世儒不察蔡仲之命爲妄

作顧謂金縢爲可疑其嘗晒千古少讀書人非誑語也

按讀辟爲避太史公書亦然王肅始解作刑辟漢儒當是魏儒也以康誥爲成王書書序及傳定四年皆然蔡氏從經文證辨屬之武王良是郝氏必欲易之得毋以由舊爲翻新地邪余嘗愛黃楚望注經于先儒舊說可從者拳拳尊信不敢輕肆臆說以相是非尹和靖云解經而欲新奇何所不至朱子至讀之汗下將合是二說爲郝氏告焉

又按讀金縢信王翼日乃瘳人死可以請代免則益信周家得祈天永命之道不然那能遂過其歷

讀文王世子不信我百爾九十吾與爾三焉聖人豈能與子以年則亦不信武王九十三而終如金仁山所辨者或問仁山從竹書紀年武王年五十四亦可信與曰否史記周本紀載武王初得天下告周公旦曰維天不饗殷自發未生於今六十年厥後武王享天下七年是其崩壽且六十六豈五十四乎且必六十六生當于殷帝乙十一年庚辰己卯有天下年六十故曰武王末受命不然五十四耳有天下方四十八與文王受命之年同中身也而得謂之老哉

又按郝氏自謂金縢之解古所無達者信之余亦

謂仁山梓材之解古所無惜少未盡蓋自康誥篇首錯簡四十八字蘇子瞻欲移冠洛誥朱子是之蔡傳從之而仁山則以洛誥乃告卜往復成王往來周公留後之文與咸勤誥治之事不合不可冠致確梓材一書吳才老斷自王其效邦君以下爲宅治之文朱子是之蔡傳又頗不然而仁山則以其前章皆周公咸勤之意其後章則乃洪大誥治之辭正合以康誥敘冠梓材爲一書但衍王字封字仍曰字耳致確其所未盡者謂召誥三月甲子周公乃朝用書命庶殷侯甸男邦伯其命庶殷之書則多士篇是敘所謂惟三月周公初于新邑洛

用告商王士者也其命侯甸男邦伯之書即此梓
材是其敘即康誥之敘所謂惟三月哉生魄周公
初基作新大邑于東國洛四方民大和會侯甸男
邦采衛百工播民和見士于周周公咸勤乃洪大
誥治者也愚考甲子乃月之二十一日哉生魄則
月之十六日哉生魄在前甲子在後豈可併於一
時又豈可以哉生魄字不合而擅削去之與竊以
是歲三月甲辰朔乙卯周公始至洛丁巳用牲于
郊戊午社于新邑祭告事畢翼日己未望方大興
斧斤版築之事侯甸男邦采衛咸在周公乃作大
誥焉後又五日甲子周公以書命庶殷侯甸男邦

伯爲故前敘從詳後敘從畧亦可槩見或曰命庶殷侯甸男邦伯必一句讀與曰然侯甸男邦伯周有九服此居其三根庶殷言之也侯甸男邦采衞遂有九服之五此本四方言之也服有廣狹則當時徒衆有多寡各任厥事且細玩召誥一書似專爲庶殷一則曰以庶殷攻位再則曰用書命庶殷三則曰庶殷丕作即下召公旅王若公亦以誥告庶殷爲詞初未闌入他諸侯故雖興役于望日大誥爾邦君亦不見召誥之敘其書法嚴如此仁山謂此庶復見古書之舊余嘉其有大復古之功而少槩文切理之實故訂之以俟後之君子云

又按蔡傳計金縢書首尾凡七年非也克商二年歲在庚辰後五年乙酉武王崩明年成王紀元周公辟居東凡二年罪人始得秋大熟輒係于此二年中獨仁山以于後二字謂詩當作於二年之後秋大熟乃成王三年戊子尤合蓋是書首尾凡九年云通計之召誥洛誥合一年禹貢十三年今文堯典一百五十二年以月計之召誥起二月訖三月洛誥起三月訖十二月古文武成起一月訖四月以日計之顧命十一日始四月癸亥訖癸酉召誥三十五日始二月庚寅訖三月甲子洛誥三百一十四日始三月乙卯中閏九月訖十二月戊辰

武成一百四十四日始一月壬辰中閏二月訖四月乙卯其他書則未有出一日者

又按蔡傳云我不辟則於義有所不盡無以告先王於地下果爾周公亦爲失言三后在天文王在上於昭于天召誥篇茲殷多先哲王在天周書祭公不豫曰朕身尚在茲朕魂在于天昭王之所李泌對唐德宗曰臣若苟合取容何以見肅宗代宗於天上此君前稱謂得體處若王陵讓陳平絳侯何面目見高帝地下田延年責霍光何面目見先帝於地下北齊明帝臨崩口授詔朕得啓手啓足從先帝於地下蘇子瞻代張方平諫用兵書臣亦

將老且死見先帝於地下與蔡傳同一失

又按吴文正爲董鼎序書極詆蔡傳謂金縢弗辟蔡遵鄭註既與朱子詩傳文集不相同矣然于詩鴟鴞却云破巢取卵比武庚之敗管蔡及王室則又同於詩傳而與上文避居東都說相反一簡之内前後抵捂何哉致確但仍襲孔傳辟字義各不謂然

第一百二 闕

第一百三

十六字余既證其所出非眞舜言詳味堯曰咨爾舜一節又覺四海困窮天祿永終僞作者插入敬修其

可願之下爲舜誤會堯之言何者四海困窮自不得如漢註作好天祿永終亦不得如朱註作不好蓋允執其中一句一義耳四海困窮欲其俯而恤人之窮天祿永終則欲仰而承天之福且亦如洪範考終命大雅高朗令終云爾班彪著王命論則福祚流于子孫天祿其永終矣王嘉傳亂國亡軀不終其祿薛宣朱博傳敘位過厥任鮮終其祿不終鮮終方屬弗祥魏晉間此人似認此二句爲一連故於上文先作警辭曰欽哉愼乃有位敬修其可願下即續堯言曰四海困窮天祿永終若以極言安危存亡之戒者而不知與原義相左使古文果眞是舜承堯之命於六十

一載前解固如彼述之以命禹於六十一載後解又
若此亦怪而可笑矣
按前編載其師王文憲柏曰讓于德弗嗣下無再
命之辭巽位之際亦無丁寧告戒語何也蓋論語
堯曰篇首二十四字乃二典之脫文也予極賞心
然謂是脫文亦不必要堯之告舜却應在斯時
又按漢武帝立子齊王閎策曰悉爾心允執其中
天祿永終獻帝禪位于魏冊曰允執其中天祿永
終魏使鄭沖奉策晉王曰允執其中天祿永終皆
節去四海困窮一句以聯上下雋不疑謂暴勝之
曰樹功揚名永終天祿靈帝立皇后詔曰無替朕

命永終天祿孫權告天文曰左右有吳永終天祿倒置之義尤顯白今文召誥篇天既遐終大邦殷之命遐遠也遠終雖指殷已亡然不得以絕字訓終以絕訓終蔡傳及朱子所未安處

又按賈誼新書載帝堯曰我存心於先古加意於窮民痛萬姓之罹罪憂衆生之不遂也故一民或饑曰此我饑之也一民或寒曰此我寒之也一民有罪曰此我陷之也莊子舜問於堯曰天王之用心何如堯曰吾不敖無告不廢窮民若死者嘉孺子而哀婦人此吾所以用心已由是觀之則當禪位於虞之日其視四海爲困窮夫復何疑

又按論語孝乎惟孝天祿永終等朱子一以二十五篇爲據更其句讀效其語意反以前此本爲未定待此而定曾不悟晚出者之非楊慎有言儒者通患信今而疑古春秋三傳之祖也反以三傳疑春秋孟子班爵祿章王制之祖也反以漢文令博士諸生作者而疑孟子此章不與相合詩楚辭音韻之祖也反以沈約韻而改詩楚辭古音以合之繆已甚矣竊謂篤信晚出書者何以異此

又按永終之不得訓絕亦猶鬱陶之不得訓憂耳博徵之金縢惟永終是圖周易歸妹象辭君子以永終知敝詩周頌以永終譽漢元帝紀詔曰不得

永終性命朕甚閔焉韋賢傳匡衡曰其道應天故福祿永終外戚傳班倢伃賦曰共洒埽於帷幄兮永終死以爲期孫權傳文帝策命曰以朂相我國家永終爾顯烈又權詔淵曰相我國家永終爾休虞翻傳子汜曰非所以永終忠孝揚名後世皆無絕也之解何獨至論語而云然乎向謂訓詁之學至宋朱子而失固非無徵當更徵之四子書有依古註修入未及改者有自以意解不案諸字書者有古註當存者有闕畧者及誤者有註如是已足不必贅者有彼善於此者有未會歸于一者凡字非正訓只得言猶以似之苟既係的解何須爲此

而集註有多蹈此至不可勝舉者或曰集註爲朱子生平第一解其失亦有若是與余曰此第失之小者若詩不競不絿毛傳絿急也說文左傳杜註並同廣韻絿急引集傳却云絿緩也宵爾索綯爾雅綯絞也謂夜而繩索糾絞也廣韻綯糾絞繩索即朱子孟子註猶然何集傳云索絞也綯索也文義違反至此罪罟不收說文辠犯法也从辛从自言辠人蹙鼻苦辛之憂秦以辠似皇字改爲罪不知罪者捕魚行罔也凡秦以前書有罪罟即網罟一例字面何集傳云刑罪爲之網罟豈所稱識此字者乎或曰朱子遠本毛傳近引蘇氏是朱子前

固有之余曰緜蠻黃鳥雖朱子前有長樂劉氏訓緜蠻作鳥聲終當從毛傳緜蠻小鳥貌韓詩薛君章句緜蠻文貌爲是白鳥翯翯雖朱子前有五臣文選註睢睢白貌終當從毛傳翯翯肥澤也說文鳥白肥澤皃字林鳥白肥澤曰翯爲是固不得以偶有一說而廢歷來相傳之訓詁者也或曰子於朱子之學素所稱受其罔極之恩何茲詆之若是余曰非敢詆也即以孟子論其所著七篇書內亦有注海注江違却地勢忽舉百鈞人情難推爲行文之失處何曾以此貶賢孟子既然朱子抑復可知或曰子攻舉子業遵集註莫敢或爽何獨著書

不爾余曰今用之吾從周又曰郁郁乎文哉吾從周此經生家遵註說也若我輩窮聖人經自當博考焉精擇焉不必規規然於一先生之言則有行夏之時乘殷之輅服周之冕等法在聖人當日蓋亦並行不悖者且縱輕議先儒其罪小曲狥先儒而俾聖賢之旨終不明于天下後世其罪大余竊居罪之小者而已朱子嘗云一部論語白頭亦解說不盡是以易簀前三日手自更定誠意章註又每欲重整頓易本義豈非求告無憾於聖賢而不以爲已足乎後之學者猶苦以舉業之見施之窮經朱子有靈正恐未必實以爲知言也矣

又按顧氏音學五書古音分爲十部第二部以去聲十九代入聲二十四職二十五德通爲一予因悟孟子放勳曰節亦皆韻協何者來與徠同在代韻直翼在職韻得德在德韻合前躬中窮終同出一東何堯矢口輙爾諧聲亦一異聞

又按古經殘闕見于他書可信者莫尚論語咨爾舜二十二字孟子勞之來之二十二字俱未爲古文所襲用以無處湊泊故大禹謨一用天之歷數在爾躬等句韻不貫義相左其敗立見次則禹貢至于大伾之下北過洚水之上太史公補出三十字曰於是禹以爲河所從來者高水湍悍難以行

平地數爲敗乃廝二渠以引其河二渠者一出貝
邱一漯川西漢末始併行漯川當太史公時宣房
既塞道河北行二渠復禹舊迹負薪從行得於目
擊故載之河渠書禮失而求諸野官失而學諸夷
詎不信哉
又按向謂作僞書多因其時之所尚此書出魏晉
間少前則三國志志載明帝詔曰山陽公深識天
祿永終之運禪位文皇帝又曰山陽公昔知天命
永終於已深觀歷數久在聖躬陳留王奐咸熙二
年十二月壬戌天祿永終歷數在晉詔禪位於晉
嗣王此方解終是畢也盡也與大禹謨解同蓋人

之解有恪遵師說者如王基傳散騎常侍王肅註諸經傳解及論定朝儀改易鄭玄舊說而基據持玄義常與抗衡王基者康成之門人也有一時風尚不相謀而說適合者如李譔傳著古文易尚書毛詩三禮左氏傳太玄指歸皆依準賈馬異於鄭玄與王氏殊隔初不見其所述而意歸多同李譔者蜀儒也合以大兵一放玉石俱碎等語益驗書出魏晉間即魏晉間人之手筆云爾

第一百四

余向以史遷受逸書二十四篇內有胤征見其文與書小序無異故以序爲可信載入夏本紀今且見五

子之歌序亦然序曰太康失邦此必太康淫樂縱欲羿以彊諸侯代有夏政遂喪其宗社又曰昆弟五人須于洛汭作五子之歌此必仲康等以羿實逼處相率出奔須于洛水之北作歌敘怨必非太康以久畋失國又必非兄弟五人盡從而田且奉垂白之母以行也者馮景山公以書來曰近讀五子之歌至厥弟五人御其母以從插此冗句殊不可曉且即如太康出畋於其母何與婦人無外事迎送不出門禮也豈合從子盤遊耶又豈厥弟五人逆知后羿將距于河遂蚤御其母以從耶果爾則當垂涕泣而道諫止其兄以篤親親之誼可也既知而不言坐待其敗雖作

歌以敘怨亦何及哉余答之曰此辨誠善解同孔安國然金氏前編謂太康在外忘反而羿入都簒國故五子御母避難迹太康所之逾河而南以從之望太康以圖復國故于洛汭而不至洛表又將何以辨孔穎達疏史述太康之惡既盡然後言其作歌故令羿距之文乃在母從之上行文之勢宜然金氏意則御母以從原在距于河之後事實宜然亦最有理則此辨雖善恐未足以服作僞者之心山公語塞余曰不若直以其母斷之而知必無是事也山公問故余曰禹言予創若時娶于塗山辛壬癸甲啓呱呱而泣予弗子惟荒度土功蓋禹自堯七十二載乙卯受命平

水土則娶塗山氏女當在丁巳戊午啓生即次歲方去癸亥告成功之年頗遠故中間數年得三過其家門啓以生于戊午計歷堯之崩與舜之崩俄而禹崩及啓即位改元歲丙戌年已八十九矣所以享國僅七年壽九十五而終竊以是時其元妃未必存況又歷太康十九年歲辛亥方有失國之禍使啓若存壽一百一十四歲古男子三十而娶女子二十嫁此蓋言其大限若國君則十五而生子禮也妃定與之齊年天子何獨不然是仲康等御其母以從母年當一百一十有四矣莊子言人上壽百歲中壽八十下壽六十惟堯舜逾上壽之外他不少概見然則太　失

國時固已無復母存矣昔有人毀直不疑善盜嫂不疑曰我乃無兄弟問第五倫聞卿爲吏篣婦公倫對曰臣三娶妻皆無父故柳宗元合而言曰故有無兄盜嫂娶孤女云撾婦翁者余於五子之歌之母也亦然山公爲大笑

按馮山公又云篇名五子子者有親之稱是時父啓已逝妄意其母尚存特插入此句只要關合子字耳不意遇閻徵君發此一篇虛空粉碎矣援據辨駮亦從十三經註疏來但　古人處

姚際恒立方曰因五子稱子憑空撰出一母彷彿與凱風七子相似相似者本意爲用此一怨字耳

蓋孟子有凱風何以不怨則凱風不宜怨此與小弁之詩親與兄之過大皆宜怨者也

又按馮山公云鬱陶乎予心用象思舜之語又是闕合昆弟事其巧於作僞如此不意却錯認詳見疏證卷四第五十六

又按穎達疏引説文曰羿帝嚳射官也賈逵曰羿之先祖世爲先王射官故帝嚳賜羿弓矢使司射此自出二書蔡傳乃云賈逵説文羿帝嚳射官是賈景伯又有説文矣

又按蔡傳堯初爲唐侯後爲天子都陶故曰陶唐堯爲天子實先都吾晉陽後遷平陽府從不聞有

都陶之事眞屬臆語即書疏左氏杜註孔疏亦不確惟漢書臣瓚注堯初居於唐後居陶故曰陶唐師古曰瓚說非也許慎說文解字云陶丘再成也在濟陰夏書曰東至陶丘陶丘有堯城堯嘗居之後居於唐故堯號陶唐氏斯得其解矣吾欲取以易蔡傳

又按杜氏釋例云晉大鹵大原大夏參虛晉陽一地而六名余謂尚不止此昭元年曰唐定四年曰夏虛晉語曰實沈之虛襄二十四年曰陶唐杜註堯所治地大原晉陽縣世本曰鄂宋忠曰鄂地今在大夏詩譜曰堯墟康成曰成王封母弟叔虞於堯之故墟曰唐侯又六名皆是也

又按國語引書曰民可近也而不可上也上讀上聲五子之歌易上爲下雖義較明而味浸薄吾最愛賈誼新書民者至賤而不可簡也至愚而不可欺也自古至今與民爲仇者有遲有速而民必勝之其言深切足警世主即孟子今而後得反之之註脚耳姚際恒立方曰國語夫人性陵上者也故引書曰民可近也而不可上也此處難用此義故改爲下

又按柳宗元言出魏武帝紀建安十年九月令

第一百五

百篇序謂之小序伏生時猶未得小序盤庚三篇合爲一康王之誥合於顧命孔安國始據以序古文書

兩漢諸儒並以爲孔子作孔子世家云序書傳上紀唐虞下至秦繆似以序出自孔氏云故寧屈經以從序而不顧其說之不可通有宋諸儒出始力排之排之誠是也朱子謂是周秦間低手人所作尤屬特見蓋非周秦間不能備知百篇之名非低手人亦不應說之如是庸且妄也余獨愛百篇名目確然可信何則壁中書出除錯亂摩滅及僞泰誓凡得五十五篇無一篇名溢於序之外者則可證小序所載諸目爲無遺漏朱子亦嘗合爲一篇以附卷末但仍梅氏之舊本而未悉復賈逵鄭康成之次第猶未古余故釐次之於左昔在帝堯聰明文思光宅天下將遜于位讓于虞舜作堯典虞舜側微堯

聞之聰明將使嗣位歷試諸難作舜典帝釐下土方設居方別生分類作汩作九共九篇槀飫皐陶矢厥謨禹成厥功帝舜申之作大禹皐陶謨益馬鄭王本作棄稷禹別九州隨山濬川任土作貢啟與有扈戰于甘之野作甘誓太康失邦昆弟五人須于洛汭作五子之歌羲和湎淫廢時亂日胤往征之作胤征自契至于成湯八遷湯始居亳從先王居作帝告釐沃湯征諸侯葛伯不祀湯始征之作湯征伊尹去亳適夏既醜有夏復歸于亳入自北門乃遇汝鳩汝方作汝鳩汝方湯既勝夏欲遷其社不可作夏社疑至臣扈伊尹相湯伐桀升自陑遂與桀戰于鳴條之野作湯誓夏

師敗績湯遂從之遂伐三朡俘厥寶玉誼伯仲伯作典寶湯歸自夏至于大坰仲虺作誥湯既黜夏命復歸于亳作湯誥伊尹作咸有一德咎單作明居成湯既没太甲元年伊尹作伊訓肆命徂后太甲既立不明伊尹放諸桐三年復歸于亳思庸伊尹作太甲三篇沃丁既葬伊尹于亳咎單遂訓伊尹事作沃丁伊陟相太戊亳有祥桑穀共生于朝伊陟贊于巫咸作咸乂四篇太戊贊于伊陟作伊陟原命仲丁遷于囂作仲丁河亶甲居相作河亶甲祖乙圮于耿作祖乙盤庚五遷將治亳殷民咨胥怨作盤庚三篇高宗夢得說使百工營求諸野得諸傅巖作說命三篇高宗祭

成湯有飛雉升鼎耳而雊祖已訓諸王作高宗肜日高宗之訓殷始咎周周人乘黎祖伊恐奔告于受作西伯戡黎殷既錯天命微子作誥父師少師惟十有一年武王伐殷一月戊午師渡孟津作泰本作大自顧彪解作泰孔穎達因之誤至今誓三篇武王戎車三百兩虎賁三百人與受戰于牧野作牧誓武王伐殷往伐歸獸識其政事作武成武王勝殷殺受立武庚以箕子歸作洪範武王既勝殷邦諸侯班宗彝作分器西旅獻獒太保作旅獒巢伯來朝芮伯作旅巢命武王有疾馬本有不豫二字周公作金縢武王崩三監及淮夷叛周公相成王將黜殷作大誥成王既黜殷命殺武庚命微子啓代

殷後作微子之命唐叔得禾異畝同穎獻諸天子王命唐叔歸周公于東作歸禾周公既得命禾旅天子之命作嘉禾成王既伐管叔蔡叔以殷餘民封康叔作康誥酒誥梓材成王在豐欲宅洛邑使召公先相宅作召誥召公既相宅周公往營成周使來告卜作洛誥成周既成遷殷頑民周公以王命誥作多士周公作無逸召公爲保周公爲師相成王爲左右召公不說周公作君奭成王東伐淮夷遂踐奄作成王政馬本作正成王既踐奄將遷其君於蒲姑馬本作薄公作將蒲姑成王歸自奄在宗周誥庶邦作多方成王既黜殷命滅淮夷還歸在豐作周官周公作立政

成王既伐東夷肅（馬本作息）慎來賀王俾（馬本作辨）榮伯作賄肅慎之命周公在豐將沒欲葬成周公薨成王葬于畢告周公作亳姑周公既沒命君陳分正東郊成周作君陳成王將崩命召公畢公率諸侯相康王作顧命（馬本有成王崩三字）康王既尸天子遂告諸侯作康王之誥康王命作冊畢分居里成周郊作畢命穆王命君牙爲周大司徒作君牙穆王命伯冏爲周太僕正作冏命蔡叔既沒王命蔡仲踐諸侯位作蔡仲之命魯侯伯禽宅曲阜徐夷並興東郊不開（馬本作闢）作費誓呂命穆王訓夏贖刑作呂刑平（馬本無）王錫（馬本作賜）晉文侯秬鬯圭瓚作文侯之命秦穆公伐鄭晉襄公帥師敗諸

崤還歸作秦誓

按書實百篇有云百二篇者非假造即緯書說見

孔穎達正義

又按孔穎達於盤庚小序下引束晳云見孔子壁中尚書將治亳殷作將始宅殷與世行本不同益足證西晉人猶見古文經而東晉則失之矣

又按唐書王勃傳初祖通起漢魏盡晉作書百二十篇以續古尚書後亡其序有錄無書者十篇勃補完缺逸定著二十五篇謂古尚書百二十篇即趙氏岐等說有錄無書者十篇太史公書如此定著二十五篇又梅氏晚出書篇數何王氏祖孫之

學盡摹倣前人與抑偶合與

又按今文顧命康王之誥合爲一馬鄭王本以無壞我高祖寡命以上爲顧命下則爲康王之誥晚出書又斷自王出在應門之内遂覺諸侯告王王報誥諸侯以類相從勝眞古文書

第一百六

馬鄭王三家本係眞古文宋代已不傳然猶幸見其互異處於陸氏釋文及孔疏愚故得摘出之整比於後以俟後聖君子慨然憤發悉黜梅氏二十五篇一以馬鄭王所傳三十一篇之本爲正即不爾世或有李陽冰其人出嘗願刻石作篆備書六經立於明堂

爲不刊之典號曰大唐石經者請其手一書此三十一篇於石置諸西安府學宮内使觀視摹寫者塡咽亦未必非崇正復古之一助云堯典宅嵎夸鄭本夸作鐵馬云嵎海隅也夸萊夸也則馬本初不異又考釋文云尚書考靈曜及史記作禺銕是鄭所改乃依緯文銕古夸字也平秩東作馬本平作苹普庚反云使也宅南交鄭云夏不言曰明都三字摩滅也穎達云伏生所誦與壁中舊本並無此字非摩滅也王肅以夏無明都避敬致然即幽足見明闕文相避如肅之言義可通矣平秩南訛馬本平作苹曰昧谷鄭本昧作柳平秩西成馬本平作苹平在朔易馬本平作苹嚚訟可乎馬本訟作庸帝曰我其試哉馬鄭王本無帝曰二字如西禮馬本西禮二字作初僉曰益哉馬鄭王本僉作禹皋陶謨天敘有典馬本有作五自我五禮有庸哉馬本有作五天明畏馬本畏作威暨稷播奏庶艱食鮮

食馬本鮮作根云根生之食謂百穀作會馬鄭本會作繪又考孔疏云鄭康成註會讀爲繪則鄭本初不異但讀爲繪耳禹貢鳥夷皮服鄭康成註鳥夷東方之民搏食鳥獸者也王肅註鳥夷東方夷國名與孔不同是鄭王本島作鳥作十有三載乃同馬鄭本載作年厥土赤埴墳鄭本埴作戠鄭王皆讀曰熾瑤琨篠簜馬本琨作瓃沿于江海鄭本沿作松松當爲沿馬本作均云均平滎波既豬馬鄭王本波作播謂此澤名滎播導岍及岐馬本岍作開甘誓天用勦絕其命馬本勦作巢于小反盤庚中誕告用亶馬本亶作單音同誠也盤庚下今予其敷心腹腎腸鄭本心腹腎腸作憂腎陽微子用乂讎斂馬本讎作稠云數也自靖馬本靖作清謂潔也牧誓弗迓克奔以役西土馬本迓作禦禁也又考孔疏云王肅讀御爲禦是王本又作御洪範明作哲王肅註及漢書五行志皆云悊智也是王本哲作悊無虐煢獨馬本無虐作亡侮曰蒙王肅註雺天氣下地不應闇冥也鄭康成以雺

者氣澤鬱鬱冥冥也是鄭王本蒙作霁曰繹王肅註圛霍驛消滅如雲氣鄭康成以圛爲明言邑澤光明也是鄭王本驛作圛曰豫鄭王本豫作舒鄭云舒舉遲也王云舒隋也金縢噫公命馬本噫作懿猶億也惟朕小子其新逆馬本新逆作親迎大誥王若曰猷大誥爾多邦馬本猷大誥爾多邦作大誥繇爾邦多又考孔疏云鄭王本猷在誥下漢書王莽攝位東郡太守翟義叛莽莽依此作大誥其書亦道在誥下是鄭王本仍作猷天降割于我家馬本割作害不少延馬讀此爲句不爲弗厥考翼其肯曰予有後弗棄基鄭王本於矧肯構下亦有此十二字酒誥王若曰馬本作成王若曰德明云衛賈以爲戒成康叔以慎酒成就人之道也故曰成吾謂此成字後錄書者加之未可從又考孔疏云馬鄭王本皆有成字梓材皇天既付中國民馬本付作附多士非我小國敢弋殷命馬鄭王本弋作翼義同大淫泆有辭馬本泆作屑云過也無逸嚴恭寅畏馬本嚴作儼文王卑服馬本卑作俾使也

則皇自敬德王本皇作況況滋益用敬德也君奭迪見冒馬本冒作勖勉也
多方不克終日勸于帝之迪馬本迪作攸云所也爾罔不克臬馬本臬作剶
顧命王不懌馬本懌作釋云不釋疾不解也在後之侗馬本侗作詷云共也
王崩馬本作成王崩注安民立政曰成四人綦弁執戈上刃馬本綦作騏云青黑色
三咤馬本咤作詫康王之誥王若曰馬鄭王本從此以下爲康王之誥
呂刑爰始淫爲劓刵椓黥鄭本劓刵椓黥作臏宮劓割頭庶剠又考孔疏云鄭康成註刵斷耳劓截鼻椓謂椓破陰黥爲羈黥人面苗民大爲此四刑者言其特深刻異於臯陶之爲是鄭本又初不異未知穎達何自矛盾俾我一日馬本俾作矜矜哀也王曰
吁馬本吁作于于於也惟來馬本來作求云有求請賕也秦誓惟截截善論
言馬本論作偏云少也辭約損明大辨佞之人
按唐明皇寫尚書以今字藏其舊本宋史藝文志

遂無三家所註古文尚書宋中葉雖間有出者要
亦未是三家本故宋人云古文尚書作某字余槩
不之及惟斷自唐以上之人之書摘次於後以補
陸孔二氏所未備焉裴駰史記註集解五帝本紀
堯典四岳鄭本作四嶽三載汝陟帝位鄭本作三
年輯五瑞馬本輯作揖注曰揖斂也柴鄭本作祡
注曰祡燎也贄馬本作摯眚災肆赦鄭本作眚裁
過赦注曰眚裁爲人作患害者也過失雖有害則
赦之俞汝往哉鄭本俞作然寇賊姦宄鄭本宄作
軌惟明克允馬本作維明能信注曰當明其罪能
使信服之歌永言馬本作謌長言夏本紀禹貢奠

高山大川馬本奠作定注曰定其差秩祀禮所視也島夸皮服鄭本島作鳥濟河惟兖州鄭本兖作沇灉沮會同鄭本灉作雍作十有三載乃同鄭本載作年沿于江海鄭本沿作均注曰讀爲沿沱潛既道鄭本潛作涔惟箘簵楛馬鄭本簵俱作簬三邦厎貢厥名馬本作三國致貢其名終南惇物鄭本惇作敦注曰敦物在右扶風武功至于豬野鄭本豬作都注曰都野在武威名休屠澤導岍及岐鄭本岍作汧注曰汧在右扶風北過洚水鄭本洚作降注曰降水在信都南嶓冢導漾鄭本漾作瀁注曰瀁水出隴西氐道又東至于澧馬鄭王本澧

俱作醴溢爲滎鄭本溢作泆庶土交正厎慎財賦惟鄭本庶作衆厎作致臯陶謨庶明勵翼邇可遠在茲鄭本庶作衆邇作近天其申命用休鄭本申作重注曰天將重命汝以美應謂符瑞也在治忽鄭本忽作曶注曰曶者臣見君所秉書思對命者也君亦有焉以出內政教於五官殷本紀湯誓有衆率怠弗協馬本弗協作不和西伯戡黎不有康食鄭本康作安周本紀牧誓弗迓克奔以役西土鄭本弗迓作不禦注曰禦強禦謂強暴也奔作犇魯周公世家金縢史乃冊祝鄭本冊作策乃命于帝庭馬本于作於我先王亦永有依歸鄭本有下

有所宇毋逸爰暨小人馬本爰暨作爲與注曰與小人從事知小人艱難勞苦也乃或亮陰鄭本作梁闇注曰楣謂之梁闇謂廬也言乃雍鄭本雍作讙注曰讙喜悅也舊謂小人馬本舊作久肸誓魯人三郊三遂王本遂作隧宋微子世家微子我其發出狂鄭本狂作往注曰發起也我其起作出往也今爾無指告于顛隮馬本隮作躋注曰躋猶墜也鴻範威用六極馬本威作畏注曰言天所以畏懼人用六極土爰稼穡王本爰作曰從作乂馬本乂作治錫汝保極鄭本汝作女使羞其行而邦其昌王本邦作國汝雖錫之福其作汝用咎鄭本汝

俱作女皇極之敷言馬本皇作王于帝其訓馬本訓作順注曰於天爲順也是訓是行王本訓作順注曰民納言於上而得中者則順而行之乃命卜筮注引鄭曰卜五占之用謂雨濟圛霧克也又曰雨者濟者圛者霧者克者則鄭本曰圛在曰雺之上王本亦然又曰霽鄭本作曰濟衍忒鄭本忒作貣立時人作卜筮鄭本作作爲王省惟歲馬本省作告

又按鄭氏周禮注引召誥太保朝至于洛洛作雒太保乃以庶殷攻位于洛汭作於雒汭呂刑度作刑以詰四方作度作詳刑堯典宅西曰昧谷作度

西曰柳穀禹貢羽畎夏翟翟作狄皋陶謨天明畏
自我民明威畏作威洪範謀及庶人人作民顧命
越翼日乙丑王崩翼作翌王崩作成王崩皋陶謨
日月星辰山龍華蟲作會會作繢宗彝藻火粉米
黼黻絺繡絺作希洪範曰雨曰霽曰蒙曰驛曰克
作曰雨曰濟曰圛曰蟊曰尅金縢啓籥見書啓作
開又體王其罔害罔作無又以啓金縢之書啓亦
作開堯典平秩東作四平字俱作辨顧命大輅在
賓階面四輅字俱作路綴作贅禹貢溢爲滎溢作
泆又滎波既豬作滎播既都又灉沮會同灉作雍
甘誓予則孥戮汝孥作奴費誓杜乃擭敜乃穽費

作柴杜作斁酒誥有正有事無彝酒正作政堯典肆覲東后肆作遂禹貢杶榦栝柏杶作櫄

又按鄭氏禮記註引大誥越爾御事爾作乃禹貢三百里納秸服秸作稭金縢公曰體其罔害罔作無堯典夔命汝典樂汝作女牧誓今日之事不愆于四伐五伐愆作過無于字又王朝至于商郊牧野于作於皋陶謨予弗子弗作不又簡而廉廉作辨堯典流共工于幽洲洲作州無逸乃或亮陰云古作梁闇

第一百七

安國大序一篇冠五十八篇之首者朱子謂其不類

西漢人文章又曰只是魏晉間人所作又曰傳之子孫以貽後代漢時無這般文章余直謂此篇蓋規摹許慎說文解字序而作觀其起處猶可見至承襲而譌遂謂科斗書廢已久時人無能知以所聞伏生書考論文義始得知其妄可得而辨焉說文解字序曰秦燒滅經書滌除舊典初有隸書以趣約易而古文由此絕矣自爾秦書有八體曰大篆小篆刻符蟲書摹印署書殳書隸書漢興以八體試學僮新莽居攝時有六書曰古文奇字篆書佐書繆篆鳥蟲書古文者即孔子壁中書若以自秦以後魯恭王壞孔子宅以前無所爲古文也者不知藝文志云漢興蕭何草

律著其法曰太史試學童能諷書九千字以上乃得爲史又以六體試之課最者以爲尚書御史史書令史吏民上書字或不正輒舉劾六體者古文奇字篆書隸書繆篆蟲書皆所以通知古今文字摹印章書幡信蕭何固以習古文爲一代之功令也豈得云書廢已久時人無能識乎北平侯張蒼修春秋左氏傳多古字古言河間獻王所得書皆古文先秦舊書司馬遷年十歲則誦古文此皆章章明著不待孔安國以今文字參考而後可識也

按說文序以初造書契爲黃帝之史倉頡此自從易繫辭及世本來極確安國大序妄以爲伏犧氏

孔穎達從而傅會正可一筆抹撥詳見余潛邱劄
記
又按杜預左傳後序云太康元年汲郡人有發冢
者大得古書皆科斗文字科斗書久廢推尋不能
盡通藏在祕府杜預時謂科斗書久廢則可孔安
國時則不可即說文序云孔子書六經左邱明傳
春秋皆以古文繼云秦焚滅經書滌除舊典而古
文由此絶是亦絶經典之古文耳非謂天下盡不
識之也不然何後又云張倉獻左氏傳郡國山川
往往得鼎彝其銘即前代之古文非先孔子壁而
出者乎但謂漢承秦制以八體試學僮不云六體

與蕭何律悖余不可以不辨

又按秀水徐嘉炎勝力謂余書大序不類西京不待言而尤悖理者讚易道以黜八索述職方以除九邱上文明云皆帝王遺書既帝王遺書夫子刪之定之可也黜之除之其可通乎學士逃難解散何其俗漢室龍興開設學校旁求儒雅以闡大猷何其卑靡竟類近代矣且表章六經莫盛漢武一巫蠱事何至經籍道息余曰經籍道息猶言不重此道云爾語頗輕以是折大序恐未足服其心焉

又按衛宏古文奇字序先于許氏止云秦改古文以爲篆隸又云秦罷古文而有八體非古文矣未

嘗云漢不用古文誤由于說文序漢以八體試學僮一語不知漢乃六體六體有古文在內與秦殊又誤於新莽時六書古文奇字云云不知此即漢六體舊制非莽始太史公自序秦撥去古文焚滅詩書繼云漢興百年之間天下遺文古事靡不畢集太史公一隱一見宛然蓋秦有天下者十五年僅此十五年天下不習尚古文漢一興而古文復矣王伯厚以秦下令焚書始禁古文距漢興纔七年

又按鄭萬言貞一與人論尚書疑義書中一條云安有因國家刑獄之事臣子受命輯書序傳既成

而可寢之不報者乎亦佳

又按說文序今雖有尉律不課小學不修莫達其說久矣尉律漢律篇名蓋漢至和帝時蕭何所草律已不行學僮不試古文僅有一二通人如賈逵輩方相從受古學耳降至晉衛恒作書勢去漢逾遠并謂魯恭王得孔子宅書時人已不復知古文謂之科斗書漢代祕藏希得見恒曾見書大序與否未可知要彼時自有此種議論散諸撰述益徵大序不作于漢武之時決矣

又按潛邱劄記恐世不傳仍載其說于此云孔安國序尚書謂伏犧氏造書契以代結繩之政後小

司馬三皇本紀劉恕外紀陳桱外紀皆本之愚嘗讀易繫辭而知其非也繫辭曰上古結繩而治後世聖人易之以書契百官以治萬民以察後世聖人蓋指黃帝堯舜豈謂伏犧氏乎世本曰黃帝世始立史官倉頡沮誦居其職又曰倉頡作書許愼說文序曰黃帝之史倉頡見鳥獸之迹初造書契皇甫謐帝王世紀曰黃帝垂衣裳倉頡造文字然後書契始作衛恒書勢曰昔在黃帝創制造物有沮誦倉頡者始作書契以代結繩又曰黃帝之史沮誦倉頡眺彼鳥跡始作書契則書契之作斷斷乎始於黃帝世無疑矣然則謂包犧氏爲萬世文

字之祖者其說非乎曰此自爲畫八卦言之也六書之學原本於八卦而八卦之畫不待於六書其先後固自別爾

第一百八闕

第一百九闕

第一百十闕

第一百十一

漢書藝文志劉向以中古文校歐陽大小夏侯三家經文酒誥脫簡一召誥脫簡二率簡二十五字者脫亦二十五字簡二十二字者脫亦二十二字文字異者七百有餘脫字數十此段中四語致難解癸亥甲

子晤吾友胡朏明京師就質此義朏明好精思每至忘寢食曰此非可以倉卒對也越數日來告曰均是二尺四寸之簡而字數多少不同何也蓋伏生寫此二篇酒誥率以若干字爲一簡召誥率以若干字爲一簡三家因之而不敢易也向據中古文校外書以此之所有知彼之所脫然其閒有脫字脫簡之别脫字者傳寫之遺漏下文所謂脫字數十者是也脫簡者編次之失亡酒誥脫簡一召誥脫簡二是也必言率簡若干字者脫亦若干字蓋以字數之相應證中古文之足信也然則伏生所藏與孔壁之所出每篇每簡字數輒同乎曰非然也藉令如此向但當以簡

計不必以字計矣唯簡之字數有多少則篇之簡數有羸縮古文今文參錯不齊故復言此以明之或問二篇脫簡始于何時弟謂劉歆移太常博士書言伏生尚書初出于屋壁朽折散絕則彼時當即有脫簡非必博士官溺職之所致也又曰竊意古人受經於師經有若干篇篇有若干簡簡有若干字終身守之不敢違及轉寫以授其弟子亦不敢畧有所增損蓋損其字數則簡數必溢增其字數則簡數必虧非所以敬師傅壹睹記也即此二篇推之其餘篇可知而他經亦可知矣復越數日告曰頃讀春秋左傳序疏云簡之所容一行字耳牘乃方版版廣於簡可以並

容數行此尤可以證率簡若干字之說蓋簡制狹長僅容一行故向但云率簡若干字而義已明不必以行計也竊以上下相承文理言之則二十五字乃酒誥之簡二十二字乃召誥之簡酒誥脫簡一則中古文多二十五字召誥脫簡二則中古文多四十四字也

按余亦有一證宋書謝靈運傳論云一簡之內音韻盡殊兩句之中輕重悉異唯一簡是一行方下以兩句爲對若如余初疑作數行音殊豈待言

又按左傳疏云單執一札謂之爲簡連編諸簡乃名爲策余嘗以傳文考之亦殊未然襄二十五年

齊南史氏執簡以往此書崔杼弑其君五字自一行可盡執簡宜矣若文十三年子無謂秦無人吾謀適不用也亦僅十二字簡所能容何用聯簡之策又杜元凱序云大事書之於策小事簡牘而已果爾崔杼弑君何等大事齊却書簡繞朝贈處常言僚友閒耳乃又書策反覆皆不合疑可互稱善乎熊南沙有言古人正名百物未嘗假借後世乃通之耳

又按尚書疏引顧氏云策長二尺四寸簡長一尺二寸此語不知何所自來余徧考之策之制靡定長短各有所施簡則二尺四寸故范書曹褒傳撰

次禮制寫㠯二尺四寸簡周磐傳編二尺四寸簡寫堯典一篇束晳穆天子傳序以前所攷定古尺度其間二尺四寸皆定制者惟班書杜周傳注孟康曰㠯三尺竹簡書法律爲異南史王僧虔傳有發楚王冢獲竹簡書青絲編簡廣數分長二尺又異至簡容字多少鄭註尚書係三十字服虔左傳註曰古文篆書一簡八字參以三家經文酒誥二十五字召誥二十二字亦各不同要多不過三十字少則八字云

又按顧寧人謂三代以上言文不言字李斯程邈出文降而爲字矣引秦始皇琅邪臺石刻同書文

字以爲字字始見此不知前此二年秦初并天下書同文字與即位初呂不韋以所著書布咸陽市門有能增損一字者予千金字字已見鄭康成周禮註云古曰名今曰字論語註云古者曰名今世曰字儀禮註云名書文也今謂之字又當增一筆曰三代以上言名不言字矣

又按鹽鐵論云二尺四寸之律古今一也王伯厚謂律蓋書以二尺四寸簡杜周朱博俱舉其大數謂之三尺漢禮儀與律令同錄曹褒禮旣寫以二尺四寸簡律可知也然則二尺四寸爲簡定制蓋非無稽云

第一百十二

自僞孔傳有河圖八卦伏羲王天下龍馬出河遂則其文以畫八卦謂之河圖及天與禹洛出書神龜負文而出列于背有數至于九禹遂因而第之以成九類之説後説易者皆以河圖説洪範者皆以洛書紛紜膠葛莫可爬剔甚哉其爲經之蠹久矣及讀漢五行志劉歆曰虙犧氏繼天而王受河圖則而畫之八卦是也禹治洪水賜雒書法而陳之洪範是也乃知孔出於歆向嘗謂魏晉間書多從漢書來者豈無徵哉雖然河圖八卦是也孔註論語有是説矣要未可盡抹煞蓋易繫辭曰古者包犧氏之王天下也仰則

觀象於天俯則觀法於地觀鳥獸之文與地之宜近取諸身遠取諸物於是始作八卦又曰河出圖洛出書聖人則之圖與書同出伏犧之世程子謂聖人見河圖洛書而畫八卦即如前所云伏羲取法固自多矣亦何妨更法圖書且圖書之法亦不過所謂觀鳥獸之文而已遠取諸物而已豈得謂龍馬出伏羲始能畫不然將束手不作易哉至洛書出禹經傳都無其事於洪範尤了不相涉祇緣歆當莽時尚符瑞敢爲矯誣傳會論莫確于明初之宋王二老中葉歸熙甫及近日黄太沖余故詳載其說於左方

按宋文憲集或問於宋濂曰關子明云河圖之文

七前六後八左九右洛書之文九前一後三左七右四前左二前右八後左六後右邵堯夫云圓者星也歷紀之數其肇於此乎方者土也畫州井地之法其昉於此乎是皆以十爲河圖九爲洛書惟劉長民所傳獨反而置之則洛書之數爲十河圖之數爲九矣朱子發深然其說歷指序其源流以爲濮上陳摶以先天圖傳种放放傳穆修修傳李之才之才傳邵雍放以河圖洛書傳李溉溉傳許堅堅傳范諤昌諤昌傳劉牧修以太極圖傳周敦頤敦頤傳程顥程頤其解易大傳大槩祖長民之意至于新安朱元晦則又力詆長民之非而遵關

邵遺說且引大戴禮書二九四七五三六一八之
言以證洛書以爲大傳既陳天地五十有五之數
洪範又明言天乃錫禹洪範九疇則九爲洛書十
爲河圖夫復何疑其說以經爲據似足以破長民
之惑臨卬魏華父則又疑元晦之說以爲邵子不
過曰圓者河圖之數方者洛書之文且戴九履一
之圖其象圓五行生成之圖其象方是九圓而十
方也安知邵子不以九爲圖十爲書乎朱子發張
文饒精通邵學而皆以九爲圖十爲書朱以列子
爲證張以邵子爲主乾鑿度張平子傳所載太乙
下行九宮法即所爲戴九履一者則是圖相傳已

久安知非河圖也及靖士蔣得之著論以先天圖爲河圖五行生成數爲洛書戴九履一圖爲太乙下行九宮華父則又以爲劉取太乙圖爲河圖誠有可疑先天圖卦爻方位縝密亭當乃天地自然之數此必爲古書無疑乃僅見於魏伯陽參同陳圖南爻象卦數猶未甚白至邵而後大明得之定爲河圖雖未有明證而僕亦心善之則是華父雖疑元晦之說而亦無定見也新安羅端良嘗出圖書示人謂建安蔡季通傳於青城山隱者圖則陰陽相合就其中八分之則爲八卦書則畫井文方圈之內絕與前數者不類江東謝枋得又傳河圖

於異人頗祖於八卦而坎離中畫相交流似於方士抽坎塡離之術近世儒者又有與太極圖合者即河圖之說又有九十皆河圖而有一合一散之異洛書既曰書而决非圖之說夫圖書乃儒者之要務若數者之不同何也濂應之曰羣言不定質諸經聖經言之雖萬載之遠不可易也其所不言者固不彊而通也易大傳曰河出圖洛出書聖人則之書顧命篇曰河圖在東序論語子罕篇曰河不出圖其言不過如是而已初不明言其數之多寡也言其數之多寡者後儒之論也既出後儒宜其紛紜而莫之定也夫所謂則之者古之聖人但

取神物之至著者而畫卦陳範苟無圖書吾未見其止也故程子謂觀兔亦可以畫卦則其他從可知矣初不必泥其圖之九與十也不必推其即太乙下行九宮法也不必疑其爲先天圖也不必究其出于青城山隱者也不必實其與太極圖合也惟劉歆以八卦爲河圖班固以洪範初一至次九六十五字爲洛書本文庶幾近之蓋八卦洪範見之於經其旨甚明若以今之圖書果爲河洛之所出則數千載之間孰傳而孰受之至宋陳圖南而後大顯耶其不然也昭昭矣或曰子之所言善則善矣若鄭康成據春秋緯文所謂河以通乾出天

苞洛以流坤吐地符河龍圖發洛龜書感河圖有九篇洛書有六篇者將果足信乎濂曰龜山楊中立不云乎聖人但言圖書出於河洛何嘗言龜龍之兆又何嘗言九篇六篇乎此蓋康成之陋也此所以啟司馬君實及歐陽永叔之辨而幷大傳疑非夫子之言也或云揚雄覈靈賦云大易之始河序龍圖洛貢龜書長民亦謂河圖洛書同出于伏羲之世程子亦謂聖人見河圖洛書而畫八卦然則孔安國劉向父子班固以爲河圖授羲洛書錫禹者皆非歟濂曰先儒固嘗有疑於此揆之於經其言皆無明驗但河圖洛書相爲經緯八卦九章

相爲表裏故蔡元定有云伏羲但據河圖以作易則不必預見洛書而已逆與之合矣大禹但據洛書以作範則亦不必追考河圖而已暗與之符矣誠以此理之外無復他理也不必寘疑于其間也

或曰世傳龍圖序謂出于圖南若河圖由圖南而傳當以龍圖解河圖可也而容城劉夢吉力辨其僞焉何哉濂曰龍圖序非圖南不能作也是圖南之學也而非大易河出圖之本旨也八卦之設不必論孤陰與寡陽也不必論已合之位與未合之數也或曰然則易之象數舍河圖將何以明之濂曰易不云乎大衍之數五十其用四十有九又曰

乾之策二百一十有六坤之策百四十有四此固象數之具於易然也不必待河圖而後明也或者無辭以對濂因私記其說而與知易者訂焉此猶以洛書屬洪範不及下王子充見尤確

又按王忠文集洛書辨曰洛書非洪範也昔箕子之告武王曰我聞在昔鯀陻洪水汨陳其五行帝乃震怒不畀洪範九疇彝倫攸斁鯀則殛死禹乃嗣興天乃錫禹洪範九疇彝倫攸敘初不言洪範爲洛書也孔子之繫易曰河出圖洛出書聖人則之未始以洛書爲洪範也蓋分圖書爲易範而以洪範九疇合洛書則自漢儒孔安國劉向歆諸儒

始其說以謂河圖者伏羲氏王天下龍馬出河負圖其背其數十遂則其文以畫八卦洛書者禹治水時神龜出洛負文其背其數九禹因而第之以定九疇後世儒者以爲九疇帝王之大法而洛書聖言也遂皆信之而莫或辨其非然孰知河圖洛書者皆伏羲之所以作易而洪範九疇則禹之所自敘而非洛書也自今觀之以洛書爲洪範其不可信者六夫其以河圖爲十者即天一至地十也洛書爲九者即初一至次九也且河圖之十不徒曰自一至十而巳天一生水地六成之水位在北故一與六皆居北以水生成於其位也地二生火

天七成之火位在南故二與七皆居南以火生成于其位也東西中之爲木金土無不皆然至論其數則一三五七九凡二十五天數也皆白文而爲陽爲奇二四六八十凡三十地數也皆黑文而爲陰爲偶此其陰陽之理奇偶之數生成之位推而驗之於易無不合者其謂之易宜也若洛書之爲洪範則於義也何居不過以其數之九而已然一以白文而在下者指爲五行則五行豈有陽與奇之義乎二以黑文而在左肩者指爲五事則五事豈有陰與偶之義乎八政皇極稽疑福極烏在其爲陽與奇五紀三德庶徵烏在其爲陰與偶乎又

其爲陽與奇之數二十有五爲陰與偶之數二十通爲四十有五則其於九疇何取焉是故陰陽奇偶之數洪範無是也而徒指其名數之九以爲九疇則洛書之爲洛書直而列之曰一二三四五六七八九足矣奚必黑白而縱横之積爲四十五而效河圖之爲乎此其不可信者一也且河圖洛書所列者數也洪範所陳者理也在天惟五行在人爲五事五事參五行天人之合也八政者人之所以因乎天也五紀者天之所以示乎人也皇極者人君之所以建極也三德者治之所以應變也稽疑者以人而聽乎天也庶徵者推天而徵之人也

福極者人感而天應之也是則九疇之自一至九所陳者三才之至理而聖人所以參贊經綸極而至於天人證應禍福之際以爲治天下之法者也其義豈在數乎豈如易之所謂天一地十者中含義數必有圖而後明可以索之無窮推之不竭乎漢儒徒見易繫以河圖與洛書並言而洛書之數九遂以爲九疇耳審如是則河圖之數十也伏羲畫卦何爲止於八乎此其不可信者二也先儒有言河圖之自一至十即洪範之五行而河圖五十有五之數乃九疇之子目夫河圖固五行之數而五行特九疇之一耳信如斯則是復有八河圖而

後九疇乃備也若九疇之子目雖合河圖五十有五之數而洛書之數乃止于四十有五使以洛書爲九疇則其子目已缺其十矣本圖之數不能足而待他圖以足之則造化之示人者不亦旣疎且遠乎而況九疇言理不言數故皇極之一不爲少庶徵之十不爲多三德之三不爲細福極之十一不爲鉅今乃類而數之而幸其偶合五十有五之數使皇極儕於庶徵之恒暘恒雨六極之憂貧惡弱而亦備一數之列不其不倫之甚乎且其數雖五十有五而於陰陽奇偶方位將安取義乎此其不可信者三也班固五行志舉劉歆之說以初一

曰五行至威用六極六十五字爲洛書之本文以本文爲禹之所敘則可以爲龜之所負而列於背者則不可夫既有是六十五字則九疇之理與其次序亦已粲然明白矣豈復有白文二十五黑文二十而爲戴履左右肩足之形乎使既有是六十五字而又有是四十五數並列於龜背則其爲贅疣不亦甚乎此其不可信者四也且箕子之陳九疇首以鯀陻洪水發之者誠以九疇首五行而五行首於水水未平則三才皆不得其寧此彝倫之所爲斁也水既治則天地由之而立生民由之而安政化由之而成而後九疇可得而施此彝倫所

爲敘也彝倫之敘即九疇之敘者也蓋洪範九疇原出于天鯀逆水性汨陳五行故帝震怒不以畀之禹順水性地平天成故天以錫之耳先言帝不畀鯀而後言天錫禹則可見所謂畀所謂錫者即九疇所陳三才之至理治天下之大法初非有物之可驗有迹之可求也豈曰平水之後天果錫禹神龜而負夫疇乎仲虺曰天乃錫王勇智魯頌曰天錫公純嘏言聖人之資質天下之上壽皆天所賦予豈必有是物而後可謂之錫乎使天果因禹功成錫之神龜以爲瑞如簫韶奏而鳳儀春秋作而麟至則箕子所敘直美禹功可矣奚必以鯀功

之不成先之乎此其不可信者五也夫九疇之綱禹敘之猶羲文之畫卦也而其目箕子陳之猶孔子作彖象之辭以明易也武王訪之猶訪太公而受丹書也天以是理錫之禹禹明其理而著之疇以垂示萬世爲不刊之經豈有詭異神奇之事乎鄭康成據春秋緯文有云河以通乾出天苞洛以流坤吐地符又云河龍圖發洛龜書感又云河圖有九篇洛書有六篇夫聖人但言圖書出于河洛而已豈嘗言龜龍之事乎又烏有所謂九篇六篇者乎孔安國至謂天與禹神龜負文而出誠亦怪妄也已人神接對手筆粲然者寇謙之王欽若之

天書也豈所以言聖經乎此其不可信者六也然則洛書果何爲者也曰河圖洛書皆天地自然之數而聖人取之以作易者也於洪範何與焉羣言淆亂質諸聖而止河出圖洛出書聖人則之者非聖人之言歟吾以聖人之言而斷聖人之經其有弗信者歟劉牧氏嘗言河圖洛書同出於伏羲之世而河南程子亦謂聖人見河圖洛書而畫八卦吾是以知孔安國劉向歆父子班固鄭康成之徒以爲河圖授羲洛書錫禹者皆非也或曰河圖之數即所謂天一至地十者固也洛書之數其果何所徵乎曰洛書之數其亦不出於是矣是故朱子

於易學啟蒙蓋詳言之其言曰河圖以五生數合五成數而同處其方蓋揭其全以示人而道其常數之體也洛書以五奇數統四偶數而各居其所蓋主於陽以統陰而肇其變數之用也中爲主而外爲客故河圖以生居中而成居外正爲君而側爲臣故洛書以奇居正而偶居側此朱子之説也而吾以謂洛書之奇偶相對即河圖之數散而未合者也河圖之生成相配即洛書之數合而有屬者也二者蓋名異而實同也謂之實同者蓋皆本於天一至地十之數謂之名異者河圖之十洛書之九其指各有在也是故自一至五者五行也自

六至九者四象也而四象即水火金木也土爲分旺故不言老少而五之外無十此洛書之所以止於九也論其方位則一爲太陽之位九爲太陽之數故一與九對也二爲少陰之位八爲少陰之數故二與八對也三爲少陽之位七爲少陽之數故三與七對也四爲太陰之位六爲太陰之數故四與六對也是則以洛書之數而論易其陰陽之理奇偶之數方位之所若合符節雖繫辭未嘗明言然即是而推之如指諸掌矣朱子亦嘗言洛書者聖人所以作八卦而復曰九疇復並出焉則猶不能不惑於漢儒經緯表裏之説故也嗚呼事有出

于聖經明白可信而後世弗之信而顧信漢儒傅會之説其甚者蓋莫如以洛書爲洪範矣吾故曰洛書非洪範也河圖洛書皆天地自然之數而聖人取之以作易者也

又按歸熈甫易圖論上曰易圖非伏羲之書也此邵子之學也昔者包犧氏之王天下也仰則觀象於天俯則觀法於地觀鳥獸之文與地之宜於是始作八卦以通神明之德以類萬物之情蓋以八卦盡天地萬物之理宇宙之間洪纖巨細往來升降生死消息之故悉著之於象矣後之人苟以一説求之無所不通故雖陰陽小數納甲飛伏坎離

墳補卜數隻偶之類人人盡自以爲易而要之皆
可以易言也吾嘗論之以爲易不離乎象數而象
數之變至於不可窮然而有正焉有變焉卦之所
明白而較著者爲正旁推而衍之者爲變卦之所
明白而較著者此聖者之作也執其無端以冒乎
天下旁推而衍之是明者之述也由其一方以達
於聖人伏羲之作止於八卦因重之如是而已矣
初無一定之法亦無一定之書而剛柔之上下陰
陽之變態極矣夏爲連山商爲歸藏周爲周易經
別之卦其數皆同雖三代異名而伏羲之易即連
山而在連山即歸藏而在歸藏即周易而在周易

未嘗則有所謂伏羲之易也後之求之者即其散見於周易之六十四卦者是已今世所謂圖學者以此爲周之易而非伏羲之易別出横圖於前又左右分析之以象天氣謂之圜圖於其中交加八宮以象地類謂之方圖夫易之於天氣地類蓋詳矣奚俟夫圖而後見也且謂其必出於伏羲既規横以爲圜又塡圜以爲方前列六十四於横圖後列一百二十八於圜圖太古無言之教何如是之紛紛耶諸經遭秦火之厄易獨以卜筮存漢儒傳授甚明雖於大義無所發越而保殘守缺惟恐散失不應此圖交疊環布遠出姬周之前乃棄而不

論而獨流落於方士之家此豈可據以爲信乎大傳曰神无方易无體夫卦散於六十四可圜可方一入於圜方之形必有曲而不該者故散圖以爲卦而卦全紐卦以爲圖而卦局邵子以步算之法衍爲皇極經世之書有分秒直事之術其自謂先天之學固以此要其旨不叛於聖人然不可以爲作易之本故曰推而衍之者變也此邵子之學也下曰或曰自孔子贊易今世所傳易大傳者雖不必盡出於孔氏而豈無一二微言於其間子之不信夫易圖以爲邵子之學則然矣而邵子之所據者大傳之文也不曰易有太極太極生兩儀兩儀

生四象四象生八卦乎此其所謂横圖者也又不曰天地定位山澤通氣雷風相薄水火不相射乎此其所謂伏羲卦位者也又不曰帝出乎震齊乎巽相見乎離致役乎坤説言乎兑戰乎乾勞乎坎成言乎艮乎此其所謂文王卦位者也曰此非大傳之意也邵子謂之云耳夫易之法自一而兩兩而四四而八其相生之序則然也八卦之象莫著於八物而天地也山澤也雷風也水火也是八者不求爲偶而不能不爲偶者也帝之出入傳固已詳之矣以八卦配四時夫以爲四時焉則東南西北緊是焉定非文王易置之而有此位也蓋説卦

廣論易之象數自三才以至於八物四時人身之衆體與天地間之萬物何所不取所謂推而衍之者也此孰辯其爲伏羲文王之别哉雖圖與傳無乖刺然必因傳而爲此圖不當謂傳爲圖説也且邵子謂先天之旨在卦氣傳何爲舍而曰天地定位後天之旨在入用傳何爲舍而曰帝出乎震傳言卦爻象變詳矣而未嘗一言及於圖所可指以爲近似者又不過如此自漢以來説易者今雖不多見然王弼韓康伯之書尚在其解前所稱諸章無有以圖爲説者蓋以圖説易自邵子始吾怪夫儒者不敢以文王之易爲伏羲之易而乃以伏羲

之易爲邵子之易也不可以不論又後曰或曰子以易圖爲非伏羲之舊固已明矣若夫河以通乾出天苞洛以流坤出地符所謂河圖洛書可廢耶蓋宋儒朱子之説甚詳揭中五之要明主客君臣之位順五行生尅之序辨體用常變之殊合卦範兼通之玅縱横曲直無不相值可謂精矣曰此愚所以恐其説之過於精也夫事有出於聖人而在學者有不必精求者河圖洛書是也聖人聰明睿知德通於天符瑞之生出於世之所創見而奇偶法象之玅足以爲作易之本理亦有然者然曰河圖洛書聖人則之者此大傳之所有也通乾流坤

天苞地符之文五行生成戴九履一之數非大傳之所有也以彼之名合此之迹以此之迹符彼之名不與大易同行不藏於博士學官而千載之下山人野士持盈尺之書而曰古之圖書者如是此其付受固已沈淪詭祕而爲學者之所疑矣雖其說自以爲無所不通然此理在人仁者知者皆能見之龍虎之經金石草木之卜軌簶占算之術隨其所自爲說而亦無不合豈必皆聖人之爲之乎大傳曰包犧氏之王天下也仰則觀象於天俯則觀法於地夫天地之閒何往非圖而何物非書也哉揭圖而示之曰孰爲上下孰爲左右孰爲乾兌

離震孰爲巽坎艮坤天之告人也何其瀆因其上下以爲上下因其左右以爲左右因其乾兑離震以爲乾兑離震因其巽坎艮坤以爲巽坎艮坤聖人之效天也何其拘且彼所謂效變化則垂象者毫而析之又何所當也使二圖者果在如今所傳然其所謂精藴者聖人固已取而歸之易矣求圖書之説於易可也子產曰天道遠人道邇天者聖人之所獨得而人者聖人之所以告人者也告人以天人則駭而惑告人以人人則樂而從故聖人之作易凡所謂深微悠忽之理舉皆推之於庸言庸行之間而卦爻之象吉凶悔吝之辭不亦深切

而著明也哉聖人見轉蓬而造車觀鳥跡而製字世之人求爲車之說與夫書之義則有矣而必轉蓬鳥跡之求愚未見其然也孔子贊易刪連山歸藏而取周易始于乾而終于未濟則圖書之列粲然者莫是過矣今夫冶之所貴者範而用者不求範而求器也耕之所資者耒而食者不求耒而求粟也有圖書而後有易有易則無圖書可也故論語河不出圖與鳳鳥同瑞而已顧命河圖在東序與和弓兊矢同寶而已是故圖書不可以精精於易者精於圖書者也惟其不知其不可精而欲精之是以測度摹擬無所不至故有九宮之法有八

分井文之畫有坎離交流之卦與夫孔安國向歆揚雄班固劉牧魏華父朱子發張文饒諸儒之論或九或十或合或分紛紛不定亦何足辨也

又按歸熙甫洪範傳畧曰洪範之書起於禹而箕子傳之聖人神明斯道垂治世之大法此必天佑於冥冥之中而有以啟其衷者故箕子以爲傳之禹而禹得之天漢儒說經多用緯候之書遂以爲天實有以畀禹故以洛書爲九疇者孔安國之說以初一至六極六十五字爲洛書者二劉之說以戴九履一爲洛書者關朗之說關朗之說儒者用之箕子所言錫禹洪範九疇何嘗言其出于洛書

禹所第不過言天人之大法有此九章從一而數之至于九特其條目之數五行何取于一而福極何取于九也就如儒者說洛書之數縱横變化其理甚玅禹顧不用而姑取自一至九之名其亦必不然矣夫易之道甚明而儒者以河圖亂之洪範之義甚明而儒者以洛書亂之其始起於緯書而晚出於養生之家非聖人語常而不語怪之旨也洪範之書以天道治人聖人先天而天弗違後天而奉天時不過行所無事少有私智於其間即鯀之汩陳其五行也讀洪範者當知天人渾合一理吾之所爲即天之道天之變化昭彰皆吾之所爲

宇宙之間充滿辟塞莫非是氣而後知儒者位天地育萬物之功初不在吾性之外大陰隲下民天錫禹洪範九疇與五紀之天稽疑之天庶徵之天五福六極之天其天一也九疇並陳若無統紀而義實聯絡通貫皇極居中而以前四疇會爲皇極後四疇皆皇極之所出五行天道之常敬之於五事所以修己厚之於八政所以治人協之於五紀所以欽天皇極之道盡之於是而後以五事施八政而時用其鼓舞之權則謂之三德謀及乃心卿士庶人而命龜諏筮則謂之稽疑察肅乂哲謀聖之應則謂之庶徵以皇極斂福則有福而無極前

四疇責之於己治天下之根本要會後四疇取之於外治天下之枝葉緒餘箕子於皇極而言五福於庶徵而言五事此其可見之端也敬農協建乂明念嚮威各以一字該一疇之義下文不過敘其目而演之要無出此九字之中矣

又按黄太沖易學象數論序曰夫易者範圍天地之書也廣大無所不備故九流百家之學俱可竄入焉自九流百家借之以行其說而於易之本意反晦矣漢儒林傳孔子六傳至淄川田何易道大興吾不知田何之說何如也降而焦京世應飛伏動爻互體五行納甲之變無不具者吾讀李鼎祚

易解一時諸儒之説穢蕪康莊使觀象玩占之理盡入於淫瞽方技之流可不悲夫有魏王輔嗣出而註易得意忘象得象忘言日時歲月五氣相推悉皆擯落多所不關庶幾潦水盡而寒潭清矣顧論者謂其老莊解易試讀其注簡當而無浮義何曾籠落玄旨故能遠歷於唐發爲正義其廓清之功不可泯也然而魏伯陽之叅同契陳希夷之圖書遠有端緒世之好奇者卑王註之淡薄未嘗不以别傳私之逮伊川作易傳收其昆侖旁薄者散之於六十四卦中理到語精易道於是而大定矣其時康節上接种放穆修李之才之傳而創爲河

圖先天之說是亦不過一家之學耳晦菴作本義加之於開卷讀易者從之後世須之學宮初猶兼易傳並行久而止行本義於是經生學士信以爲羲文周孔其道不同所謂象數者又語焉而不詳將夫子之韋編三絶者須求之賣醬箍桶之徒而易學之榛蕪蓋仍如焦京之時矣自科舉之學一定世不敢復議稍有出入其說者即以穿鑿誣之夫所謂穿鑿者必其與聖經不合者也摘發傳註之訛復還經文之舊不可謂之穿鑿也河圖洛書歐陽子言其怪妄之尤甚者且與漢儒異趣不特不見於經亦並不見於傳先天之方位明與出震

齊巽之文相背而晦翁反致疑于經文之卦位生十六生三十二卦不成卦爻不成爻一切非經文所有顧可謂之不穿鑿乎晦翁云談易者譬之燭籠添得一條骨子則障了一路光明若能盡去其障使之統體光明豈不更好斯言是也柰何添入康節之學使之統體皆障乎世儒過視象數以爲絕學故爲所欺余一一疏通之知其於易本了無干涉而後反求之程傳或亦廓清之一端也

又按向讀論語集註河圖河中龍馬負圖伏羲時出輒病以河圖專屬伏羲殊狹隘與上鳳鳥不一例考諸晉宋志及水經注黃帝時出焉堯舜禹湯

時出焉成王周公時出焉非止伏羲矣故禮記與膏露醴泉器車鳳麟龜龍一例陳之以爲瑞原朱子意又以伏羲待此而畫卦尤狹隘不見易繫辭先言則天生之神物乎效天地之變化乎象天垂象之吉凶乎然後及河之圖洛之書則圖書者不過聖人所由作易之一端耳故朱子他日曰圖不出易亦須作旨哉是言也諸書有云圖載天子之寶器者或曰圖載江河山川州界之分野或曰列宿斗政之度帝王錄紀興亡之數要非止八卦一種矣祗緣三代而降鳳鳥尚有河圖絕無魏青龍中圖出而非龍馬宋朱子時龍馬出而非負圖益

覺當以河圖屬伏羲伏羲須待此畫卦矣甚哉其說之固

又按洪範篇二孔俱不言有錯簡宋蘇子瞻始言之以曰王省惟歲至則以風雨八十七字爲五紀之傳繫於五曰歷數之下逮金仁山叅以子王子益定又以無偏無陂至歸其有極爲皇極經文曰皇極之敷言至以爲天下王爲皇極傳文共一百字皆繫於皇建其有極之下歛時五福至其作汝用咎一百四十六字繫於五曰考終命下爲五福之傳惟辟作福至民用僭忒四十八字繫於六曰弱下爲五福六極之總傳讀之頗覺如昌黎所謂

清乾隆眷西堂本尚書古文疏證

第五册

清 閻若璩撰 清 閻詠輯

山東省圖書館藏清乾隆十年太原閻氏眷西堂刻本

山東人民出版社·濟南

尚書古文疏證目錄

卷八

篇或離或合

第一百二十一言姚際恒攻僞古文有勝余數

條悉載于篇

第一百二十二闕

第一百二十三闕

第一百二十四闕

第一百二十五闕

第一百二十六闕

第一百二十七闕

第一百二十八言安國從祀未可廢因及漢諸

儒

尚書古文疏證卷八目錄終

尚書古文疏證卷八

太原閻若璩百詩撰
平陰朱續晫近堂梓

第一百十三

書古文出魏晉間距東晉建武元年凡五十三四年始上獻於朝立學官建武元年下到宋南渡初八百一十一年有吳棫字才老者出始以此書爲疑眞可謂天啟其衷矣抑朱子大學序所謂天運循環無往不復者也其言曰伏生傳於既耄之時而安國爲隸古文特定其所可知者而一篇之中一簡之内其不可知者蓋不無矣乃欲以是盡求作書之本意與夫本末先後之義其亦可謂難矣而安國所增多之書

今書目具在皆文從字順非若伏生之書屈曲聱牙至有不可讀者夫四代之書作者不一乃至二人之手而遂定爲二體乎其亦難言矣後又二百一十七年休寧朱升應浙江行省試對策曰今文古文篇有分合詞有難易觀其文理之相接則可見其始合而今分矣觀其體制之迥殊則可疑其彼何獨難而此何獨易矣若是者自朱子吴才老固已獻疑而世之大儒亦已有明辨而釐正之者矣世之大儒指臨川吴文正言其敘錄盛行於世茲不復著

按吴才老有書裨傳十三卷首卷舉要曰總說曰書序曰君辨曰臣辨曰考異曰詁訓曰差牙曰孔

傳凡八篇意差牙孔傳篇內必另有疑古文處不止如上所載者其不傳也惜哉聞歸熙甫有疑古文藁藏于家余三至其家購訪之卒不出

又按書稗傳雖不傳而蔡傳泰誓篇目下引吳氏曰湯武皆以兵受命然湯之辭裕武王之辭廹湯之數桀也恭武之數紂也傲學者不能無憾疑其書之晚出或非盡當時之本文也此吳氏疑即才老

又按草廬全集有題伏生授書圖詩云先漢今文古後晉古文今若論伏氏功遺像當鑄金復自跋云嗚呼天未泯絕帝王之制故憖遺此老以至此

時也女子亦有功焉書二十八後析爲三十三奇崛難讀或謂女子口授時濟南潁川語異錯以己意屬讀而失其眞嗚呼奇崛古書體也錯何尤晉隋閒古文二十五篇出從順如今人語非若伏生書奇崛矣識者議其功罪於錯爲何如哉嗚呼是固未易爲淺見寡聞道也安得起吳才老朱仲晦于九原案析爲三十三指晉隋閒書言非眞孔書也

又按趙氏松雪齋集有書今古文集註序分今文古文爲之集註曰嗟夫書之爲書二帝三王之道於是乎在不幸而至於亡於不幸之中幸而有存

者恐使僞亂其眞耶又幸而覺其僞恐無述焉以
明之使天下後世常受其欺耶此最盛心計當時
識議與之合者吳草廬一人所以草廬贈別子昂
詩識君維揚驛玉邑天人表伏梅千載事疑讞一
夕了快哉此一夕談也降而其門人楊載爲行狀
僅云公治尚書爲之注多所發明廷臣爲謚議公
尤邃於書作傳注以發其微即後十五年何貞立
來刻集亦僅稱某嘗見公所著書古今文集註皆
其盛年手自繕寫人未知之并無一語及其絶識
以爲古文之可疑則古文之在當日人爲壓服久
矣嗚呼聚聾而鼓之百無當也然聾極而聰亦有

俟存焉君子詎忍盡絕一世人於門外哉故每不能已于言

又按天下事由根柢而之枝節也易由枝節而返根柢也難竊以考據之學亦爾予之辨僞古文喫緊在孔壁原有眞古文爲舜典汨作九共等二十四篇非張霸僞撰孔安國以下馬鄭以上傳習盡在於是大禹謨五子之歌等二十五篇則晚出魏晉閒假託安國之名者此根柢也得此根柢在手然後以攻二十五篇其文理之踈脫依傍之分明節節皆迎刃而解矣不然僅以子史諸書仰攻聖經人豈有信之哉曾寄與黃太沖讀一過歎曰原

來當兩漢時安國之尚書雖不立學官平帝時暫立未嘗不私自流通逮永嘉之亂而亡梅賾上僞書冒以安國之名則是梅賾始僞顧後人并以疑漢之安國其可乎可以解史傳連環之結矣

第一百十四

朱子於古文嘗竊疑之至安國傳則直斥其僞不知經與傳固同出一手也其於古文似猶爲調停之說曰書有二體有極分曉者有極難曉者又曰尚書諸命皆分曉蓋如今制誥是朝廷做底文字諸誥皆難曉蓋是時與民下說話後來追錄而成之愚請得而詰之曰尚書諸命皆易曉因已然所爲易曉者則說

命微子之命蔡仲之命畢命冏命皆古文也故易曉至才涉於今文如顧命文侯之命便復難曉尚書諸誥皆難曉固已然所謂難曉者則盤庚大誥康誥酒誥召誥洛誥皆今文也故難曉至才涉於古文如仲虺之誥湯誥便又易曉此何以解爲豈誥出於成湯之初者易曉而出於盤庚以後及周初者難曉耶豈命出於武丁成湯之際者易曉而出於平王之東者難曉耶不特此也顧命出於成王崩康王之誥出於康王立相距才十日以同爲伏生所記遂同爲難曉尚得謂命易曉耶不特此也周官誥也出於成王君陳命也亦出於成王相距雖未知其遠近以同爲安

國所獻遂同爲易曉尚得謂誥難曉耶論至此雖百喙亦難解矣

按武進周叟曰勺公于年曰百歲矣嘗告余曰周公書純是蠻語召公書便近人余曰叟得毋指旅獒一篇爲召公奭所作乎周曰然余曰此自是古文故爾易曉若召公語出于召誥者仍復難曉周公語幸未爲古人所亂故俱難曉若當時有一二出于古文者亦復了了如旅獒矣總之古文假作于魏晉閒今文則真三代故其辭之難易不同如此今說者不唯文之有古今而唯體之有命誥與人之有周召亦所謂舛矣

又按余戊午應薦至京師崑山顧炎武寧人時在富平有自富平來傳其新論者云王出在應門之内太保率西方諸侯畢公率東方諸侯案左傳隱元年天子七月而葬同軌畢至此應在葬後則蘇氏成王崩未葬君臣皆冕服說誤因病余相距才十日之說余謂此證誠好但王麻冕黼裳卿士邦君麻冕蟻裳敘在越七日癸酉下距王崩乙丑僅九日耳豈葬後乎且諸侯出廟門俟俟見新君下即敘王出在應門之内孔傳所謂王出畢門立應門内是也正一時事未敘王釋冕反喪服此冕字直應前王麻冕之冕非另起一冕字細玩自見或

曰柰西方東方諸侯何余曰蔡傳解堯典僉曰僉字四岳與其所領諸侯之在朝者又解芮彤畢衛毛皆國名入爲天子公卿者即如上文齊侯呂伋非東方諸侯乎則康王報誥庶邦侯甸男衞固有人在也或者唯而退附此以便他日質諸寧人云

又按蔡傳引鄭氏曰周禮五門一曰臯門二曰雉門三曰庫門四曰應門五曰路門路門即畢門予案鄭氏乃鄭司農衆非康成康成明堂位註天子五門臯庫雉應路又周禮註引經傳以證庫門向外雉門向内以破先鄭説蔡氏猶復引之何與且云外朝在路門外則應門之内蓋内朝所在尤誤

之誤路門外應門内正一地豈有内朝外朝共集一地無分别之理蓋天子三朝外朝一内朝二外朝在皐門内庫門外内朝則一在路寢門外爲治朝一在路寢門内爲燕朝禮記集説方氏曰亦小誤并辨正于此

又按外朝在路門外一語亦蔡誤本鄭司農註後鄭不從者或問予此誤亦有所自來子知之乎予曰彼蓋以文王世子外朝指路寢門外爲據而不知天子之制遠在庫門之外者也文王世子内朝指朝於路寢之庭是亦一内朝已但外朝乃對路寢庭姑稱爲外非眞外朝眞外朝在庫門内雉門

外諸侯三門每門各有一朝亦仍是外朝一内朝二其在雉門内路門外則君所日視之朝玉藻謂之内朝康成曰此正朝也三禮互有異同而禮記一書尤自相抵牾要在學者融會而善決擇之則幾矣

又按周禮言外朝者三皆指皐門内庫門外斷獄弊訟於斯詢國危國遷立君於斯非謂别有一朝爲三詢之朝也者自康成偶誤註小司寇外朝爲在雉門外三禮義宗因之通典復因之下到今遂有四朝之説果爾諸侯止有三門門各容一朝一般有國危等事將何門置此一朝以詢之乎殊不

足據玉海王伯厚亟駮之有以也

又按蔡傳引蘇氏曰三年之喪既成服釋之而即吉無時而可者嚴哉斯論雖程朱何以加諸而不知蔡之於禮亦未盡然也何則喪三年不祭矣若既殯後天地社稷之祭猶越紼而行事蓋不敢以卑廢尊漢志引古文伊訓以爲太甲當喪越茀行事是其證也郊之日喪者不哭不敢凶服蓋不獨王被大裘龍衮戴冕璪抑且合畿内臣庶雖有私喪之服盡釋之而即吉以聽命乎上其嚴於事天如此推之於地與社若稷一歲之間蓋不啻疊舉矣服亦屢屢釋矣先王豈爲其薄哉蘇氏曰太保

使太史奉冊授王于次諸侯入哭于路寢而見王
於次王喪服受教戒諫哭踊答拜聖人復起不易
斯言予按朱子謂易世傳授國之大事當嚴其禮
故漢唐君臣亦皆吉服黄直卿謂太子即位禮有
四一始死正嗣子之位顧命逆子釗於南門之外
延入翼室是也一既殯正繼體之位王麻冕黼裳
入即位是也然則王麻冕黼裳入即位乃儲君初
即天子位之禮身爲天地社稷之主上承祖宗世
繫之重蓋國大事莫踰於此縱遭親喪猶向所謂
卑者爾其可不如事天地社稷者而一暫釋其服
邪蘇氏一則曰諸侯哭再則曰王哭案曾子問君

薨世子生如之何孔子曰卿大夫士從攝主北面於西階南太祝裨冕執束帛升自西階盡等不升堂命毋哭註曰將有事宜清靜也夫世子甫生繼體有人尚且止其哭以致祝辭況眞即繼體位而又追述先王冊命以告之而必以哭從事邪甚矣蘇氏之陋也蘇氏謂書失禮不可以不辨予則謂蘇氏失言不可以不辨

又按冠禮於五禮屬嘉蘇氏曰冠吉禮也亦誤

又按蘇氏之誤只緣載于蔡傳鮮加駁正於是近日汪氏琬復廣爲之說中有少少足辯者一條曰古之奔喪見星行舍竊謂成王旣崩康王雖相距

數千里外猶當蒲伏以赴安有咫尺宫門而不入
就號哭辟踊之位顧必俟干戈虎賁以逆之乎乃
孔安國曲爲之說曰由喪次而出出而復逆以殊
異之於經無明文也予案孔氏書傳臣子皆侍左
右將正太子之尊故出於路寢門外使桓毛二臣
各執干戈於齊侯呂伋索虎賁百人更新逆門外
所以殊之逆字上增更新二字甚玅蓋從金縢惟
朕小子其新逆得來新逆者重新逆周公以歸非
如蔡氏新解作親試問成王何曾親至周公所居
之東不然竟誑語耶親死子在側此理之可信事
之必然而無疑者今迎門外則推出原不在門外

補臣子皆侍左右一段正傳經者苦心彌縫處安得謂經無明文而臆爲説哉至曰成王既殯康王方在苫凷中詎可嚌而飲福嚌者小祥之禮也不知經文明指太保非王又曰天子未除喪稱予小子雖衰周猶然今儼然自稱予一人非禮王答曰眇眇予末小子將白文亦未之讀耶

又按孔傳使桓毛二臣各執干戈敘於齊侯呂伋文上亦誤案漢名臣奏近臣侍側尚不得著鉤帶入房安有成王甫崩康王未受冊命以前而即有執干戈如桓毛二臣于畢門内者蓋周禮虎賁氏掌虎士八百人虎士執有戈盾桓毛承太保命於

齊侯呂伋之所取二干戈各執其一又取虎賁之
士百人迎太子釗於南門之外齊侯原未嘗偕入
蔡氏不識爰字義謂命桓毛二臣使齊侯呂伋以
二干戈虎賁百人云云將齊侯爲左右各二手之
人以各持一干戈耶唐孔氏笑馬遷敘微子啟肉
袒面縛左牽羊右把茅夫面縛縛手於後又安得
左牽羊右把茅是別有二手矣今合以蔡傳正可
發一大噱也
又按宋林之奇尚書全解序云有伏生之書有孔
壁續出之書續出書文易曉而伏生書則多艱深
聱牙不可易通蓋伏生齊人也公羊子亦然所傳

春秋如昉於此乎登來之也何休註皆云齊人語以是知齊人語多難曉者伏生編此書往往雜齊人語於其中故有難曉者此亂道也伏生語縱難曉何至以已之方言錯雜入經文公羊傳昉於此乎登來之也乃自作傳文爾非關春秋猶鄭康成北海人其注三禮多齊言亦未嘗亂經此本置勿辨然世亦有惑於其說焉

又按朱子云漢書有秀才做底文字有婦人做底文字亦有載當時獄辭者秀才文章便易曉當時獄辭多碎句難讀尚書便有如此底此論却頗合余謂尚書中如堯典皐陶謨可稱秀才文章但不

可以之擬微子之命蔡仲之命冏命諸篇何者諸篇古文故古文自易曉如般三盤周八誥則與獄辭相類蓋俱今文試問二十五篇有一似此否此亦今古文斷案處草廬集有題伏生授書圖詩先漢今文古後晉古文今近代蘇桓謂陳際泰時文古古文時亦猶是爾

又按朱錫鬯告余雲南楊士雲字從龍大理府太和縣人正德丁丑進士改庶吉士授工科給事中轉户科左給事中著弘山集有讀尚書詩云二十八篇今自漢伏生授二十五篇古至晉梅頤奏二十八宿外二十五宿又仲尼不可作誰復百篇舊

與吳草盧題伏生授書圖詩云先漢今文古後晉古文今若論伏氏功遺像當鑄金皆微其辭不似君輩顯然攻余笑曰詩指辭多婉約而文則直言試觀草盧尚書敘錄畫然為二不使相混淆識且出朱子右豈復如其作絕句時乎錫鬯為黙然蓋近撰經義考雖漸為愚見所轉移終不透耳

又按周禮幕人職註為賓客飾也賈公彥疏王喪而有賓客者謂若顧命成王崩諸侯來朝而遇國喪故康王之誥云畢公率東方諸侯召公率西方諸侯云云此最好典證

又按姚際恒立方亦以經與傳同出一手偽則俱

僞笑世人但知辨僞傳而不知辨僞經未免觸處成礙耳似暗指朱子言余問何謂也立方曰如辨伊訓傳太甲繼湯而立之非矣則於僞經王徂桐宮居憂不能通蓋未有太甲服仲壬之喪而處祖墓旁者辨泰誓上傳武三承襲父年之非矣則於僞經大勳未集九年大統未集不能通蓋未有文王不受命改元而得稱九年者蔡沈徒爲曲解不足據故莫若俱僞之俱僞之斬却葛藤矣

第一百十五

鄒平馬公驌字宛斯當代之學者也司李淮郡後改任靈壁令予以己丑東歸過其署中秉燭縱談因及

尚書有今文古文之别爲具述先儒緒言公不覺首肯命隸急取尚書以來既至一白文一蔡傳置蔡傳于予前曰子閱此吾當爲子射覆之自閱白文首指堯典舜典曰此必今文至大禹謨便沓蹙曰中多排語不類今文體恐是古文歷數以至卷終孰爲今文孰爲古文無不立驗因拊髀嘆息曰若非先儒絶識疑論及此我輩安能夢及然猶幸有先儒之疑而我輩尚能信及恐世之不能信及者又比比矣復再三慨嘆予曰公著繹史引及尚書處不可不分標出今文古文公曰然公今繹史有今文古文之名者自予之言始也

按近代孫鑛評尚書亦謂大禹謨則漸排矣錢受之極詆其爲非聖無法爲侮聖人之言彼敢以文字論聖經誠哉其爲侮聖言也然大禹謨實是古文先儒固嘗疑之余亦謂先秦無段落之迹西京絕駢偶之語況三代以上之文乎若以大禹謨漸排爲風會使然則皋陶謨次于大禹謨之後亦應涉排何獨不爾則知今文古文出于兩手決矣余嘗思得一法令或未能遽廢古文當分今文古文爲二類令天下習讀是經者先讀今文二十八篇是何多詰屈聱牙次讀古文二十五篇是何盡文從字順又二十八篇之文雖同一古而中間體制

種種各殊二十五篇之文雖名爲四代作者不一而前後體制不甚遠則久之聰明才辨之士爭得起而議之雖有黨同護前之徒亦不能不心屈也歐陽永叔曰夫破人之惑若難與爭於篤信之時待其有所疑焉然後從而攻之可也當積習錮蔽之餘而一旦語人以古文爲贋書非斥之爲妄則笑之爲狂此難與爭於篤信之時者也分今文古文爲二類不至混淆庶學者讀之自有所不安此待其疑而後攻之者也不然伏生梅氏之書眞僞錯亙誰復能辨如馬公之具隻眼者殆亦未可多得哉

又按歸熙甫有言所可賴以別其眞僞唯是文辭格制之不同後之人雖悉力摹擬終無以得其萬一之似余因思周公有大誥而王莽以翟義亂亦作大誥蘇綽以文體之弊又作大誥一載漢書一載北史試取而讀之不特莽不類於周公即綽距莽未遠亦不類蓋莽在酷擬尚書如嬰兒之學語可爲鄙笑綽較少勝於莽然就其條達比偶處已不似漢人手筆況周初乎其各爲時代所限如此

又按蘇綽傳爲大誥奏行自是之後文筆皆依此體故後十年恭帝元年周文令太常盧辨作誥諭公卿曰嗚呼我羣后暨衆士維文皇帝以襁褓之

嗣託於予訓之誨之庶厥有成而予罔能弗變厥心庸暨乎廢墜我文皇帝之志嗚呼茲咎予其焉避予實知之矧爾衆人之心哉惟予之顏豈惟今厚將恐來世以予爲口實文果類綽因笑此等文筆誰不能爲韓昌黎詩周詩三百篇雅麗理訓誥曾經聖人手議論安得到議論之不可況摹擬之乎此殆眞古文尚書五十八篇之謂哉

又按蘇子由嘗論周書委曲而繁重商書簡潔而明肅以錯雜今古文而言何則委曲繁重自指今文簡潔明肅必指仲虺之誥以下十篇始可彼盤庚且勿論若高宗肜日非朱子所謂最不可曉乎

西伯戡黎非所謂稍稍不可曉乎簡或有之而得謂之明乎子由於此析猶未精昌黎述其生平所用心曰周誥殷盤詰屈聱牙純稱今文子瞻評出師二表云與伊訓說命相表裏純況以古文尚不錯雜然亦未有以今古文之所以别告二公乎告亦未有不悟者高忠憲嘗言天下萬世之心目固有漸推而愈明論久而後定故勿謂昔人所未定而今亦莫能定也旨哉此言矣

又按有議論漸推而愈明歷久而後定者余尤親驗之胡渭生朏明告予第一卷載馮氏駁衞宏序爲妄良是竊謂宏序亦非盡鑿空者伏生有孫固

應有子不至使女傳言然錯往受時生年過九十子先父卒人事之常藐爾孤孫未承家學已又耄矣口不能宣及門弟子業成辭歸錯奉詔至安可空還不得已令女傳授理或有之計其女亦非少艾之年教錯無嫌也唯大序有失其本經之語自非生縱老何至家無本經縱令失去當時弟子如張歐陽罔不涉尚書以教何難往取其本俾還報天子乎或曰必若云則生以簡策授錯可矣何用其女爲朏明曰漢人讀書頗與今異揚子雲言一閧之市必立之平一卷之書必立之師如春秋有鄒夾二氏夾氏口說流行未著竹帛故曰未有書

鄭氏著竹帛師傳之人中絕故曰無師蓋經未有無師者書簡策雖存而其間句讀音義亦須畧爲指授方可承學故使其女傳言耳若字本今文錯所自識豈因齊人語異而都不曉耶是則妄不足辯者予喜曰家藏有宋名畫授經圖伏生東向坐鼂大夫北面傴而立旁有女子儼然儒家風姿爲之指點嘗病其事不實畫爲少減今接子高論此畫可以長留天地間矣

第一百十六

今文古文之别首獻疑於吳才老其說精矣繼則朱子反復陳說只是一義曰伏生倍文暗誦乃偏得其

所難而安國考定於科斗古書錯亂摩滅之餘反專得其所易則不可曉耳其實伏生非倍文暗誦說具第一卷近代郝氏敬始大暢厥旨底蘊畢露讀書三十條朱子復起亦不得不歎如積薪余故詳錄其三之二于後　書辭淵塞詩語清通故虞書渾樸其言詩則曰聲依永律和聲喜起之歌乃有逸響雅頌訓誥多周公制作雅頌明暢訓誥結澀蓋主于感者使人易曉至于訓戒者使人深思夫子謂不學詩無以言故詩書體異也春秋戰國以來辭尚風韻雖敘事之文皆有依永和聲之致夫子作易傳論語春容爾雅清風習習然皆詩之爲言也然義理含蓄混沌未

破至秦漢以後刓觚雕樸文不務實全尚聲口惟有浮響而已此古今文辭深淺華實之辨也　堯典禹貢其辭簡奥敘事樸直有體皋陶謨精深淹雅自是上皇風味古人言語高遠質而愈新後人極力整齊反傷體有意舒散反見拙如商彝周鼎自然蒼潤俗工雕鏤亂眞識者自能鑑之　朱元晦謂書不須盡解固緣孟子盡信書不如無書之意然朱所謂易解者乃其不必解之僞書而所謂難解者正其刪定之原籍然則棄嘉穀而收稂莠也可乎　堯典皋陶謨禹貢三篇文辭最古法度森嚴有頭尾有血脈有分段有照應爲千萬世史書冠冕後世依倣其體爲帝

紀世家列傳枝葉敷榮非不可觀然一登泰山頓覺邱阜爲小　堯舜一德故二帝併典五臣同心故皐陶合謨　按此說非　孔書離堯典爲二以補舜典其識已卑別增禹謨一篇尤瑣碎不成文理此何待具眼者乃能辨之　古聖文辭深奧精密無痕如書與周易自是一種文字孔書極力摸倣而音節勻暢俊彩莊嚴已落近格揚雄作太玄擬易爻象腸胃俱嘔轉覺後塵愈遠此聖凡天人之隔也　盤庚大誥康誥等篇文辭如流雲雜霧烝涌騰沓不可摶埴而自然煙潤孔書二十五篇丰姿濟楚如礱石疑玉刻木肖花漸染嫵媚之氣古言盤鬱今言清淺古言幽雅今

言高華一覽而盡者今人之辭三復而愈遠者古人之辭也　古人意思渾厚義理填塞胸臆欲言不啻口乍讀結澀愈玩愈精彩後世文字嘹喨滾滾迫逐而來其于修辭立誠之意索然盡矣故尚書以伏生二十八篇爲眞古文　二十八篇與古人傳神其辭簡樸無枝葉是古時風氣之醇濃也其詰屈不暢快是古人胸次之盤鬱也其更端層疊是古人眞意委婉周至也含輝歛彩晶光自爾溢發氣若斷續而悠然條鬯舒散不用繩削而變態不可端倪此古人生氣也至于二十五篇清淺鬆泛邊幅整齊曉然如揭日月而行康莊無復昧爽氤氳氣象詩曰衣錦尚絅

惡其文之著也故君子之道闇然而日章知此者可與論道可與論書　孔書與二十八篇良苦較然豈千餘年來無一識者以呂易嬴久假不歸依附聖經攻之有投鼠之忌如讀春秋明知五霸爲罪人以其依附三王久重于發難是以其姑息養其蝨賊也湯武不弑君天下何時底定千古有相知湯武非殺君者　朱元晦謂大誥多士等篇辭語艱澀如官司行移文字與民間語夾雜俗語故難解蔡仲君牙等篇如今翰林制誥文字與士大夫語故易曉案大誥多士有何俗語而以語俗人豈俗人明敏反勝學士大夫學士大夫難解者俗人其能解乎凡訓誥非對臣

民口授皆裁成篇章須布必經聖人之手雖史官潤色亦本聖人口澤故其言多淵懿而神理溢于辭章之外隱合于胸臆肺腑之中若出若不出離而視之深沈蒙晦無迹可尋會而通之生氣浮動溫如春洽如秋穆如清風澤如甘雨紬繹其緒嚼咀其味怳然見其心曲親炙其眷宇而聆其謦欬非聖人之言而能若是乎至于二十五篇清淺齊截自是三代以下韶秀之姿語多浮響意不切題或先賢記聞 案此說非 或後人假託天壤懸隔烏可相亂也 後人文字皆撿選材具一字一句壘砌而成古人文字無邊齊無畔岸拍天駕海而來 文字出上古自然深沈隱

約有鬱蔥之氣正是未雕之璞一落叔季膚淺輕揚氣運風會莫知所以然而然也尚書二十八篇當世即欲不如此作不得六經皆夫子手訂及夫子自作亦是春秋以後文字如論語二十篇春容爾雅愚者可知猶謂有子之徒記述至春秋周易十翼夫子手筆亦是愚者可知文章因乎世運雖孔子欲爲四代典謨之文亦不可得已　後人何幸因伏生所授得見四代鴻寶二十八篇眞足爲萬世國史之宗其二十五篇如伊訓太甲之類左國諸書駸駸欲方駕矣

子曰辭達而已矣又曰修辭立其誠達者達其所立也辭欲達誠誠如何可達後世文章以清利爲達

正是齒牙喋喋不與精神命脈相關心自心辭自辭如近代辭賦何有半語眞實二十八篇若康召等誥字字肝膽潑放簡策上後儒反病其詰屈不達未知竟是誰達誰不達也　諸傳獨孟子近古七篇中所引書如太甲伊訓湯誓等語質直而少逸響正與二十八篇文字一律足徵伏書是眞孔書是假又如大學所引康誥作新民若保赤子惟命不于常等語篇內自然渾合孔書取引語塡補痕跡宛然　孔書伊訓太甲說命君陳等篇禮記學記表記緇衣多引用其語蓋記與孔書先後同出　案此說非其所引當世已無全文摹倣補緝非古之完璧也　孔書四代文

字一律必無此理詩如商頌縝栗而淵瑟周頌清越而馴雅二代文質之分也詩旣爾書亦宜然豈得商書清淺反不如周書樸茂也若以伊訓太甲與康誥大誥諸篇幷列先後文質倒置矣　孔書諸篇辭義皆浮泛如伊訓不切放桐復亳說命不切帝賚良弼君陳畢命不切尹東郊其他皆然轉移變換皆可通用古史典要決無此病多後人案步倣效故其語勢徧側如室中演棒四礙不得自由若眞古文如大誥諸篇任說得縱橫舒展眞贗功苦天地懸隔　秦誓眞秦穆公作春秋之文漸近明淺猶多沈渾之味自然處高于左國費誓雖列編末而簡奥淵深自是周

初文字文侯之命峻整自是周末春秋初年文字世運風味一一可思若夫伊訓說命風格卑弱尚不敢望秦誓乃得與典謨并列眞是千古不平事

或問牧齋云近代經學之繆遠若季本近則郝敬子向推其知言兹何復取乎郝氏之書余曰郝氏之可誅絕在好妄其不可磨滅處的非庸人且讀得古今文字分析如燭照物如刃劈朽木如衡不爽錙銖如繇紬繹不盡當屬其九經中一絕

按郝氏以二十五篇置于末另爲卷帙歷加掊擊語或過甚余僅錄其四條太甲上云此篇語浮汎所以告戒嗣王者甚徐何至見放咸有一德云篇

名咸有一德似是較數故曰咸有猶各擅一長云爾令所言皆純一意則伊尹不合自矜與湯咸有此一殆後人依題擬撰遴揀湊砌而乏天眞周官冡宰掌邦治至大明黜陟云一代典制當世自有令甲開載成王訓百官何用瑣舉此後人自述記聞以實其所爲周官者耳君陳爾有嘉謀嘉猷云嘉謀入告可也必以歸君此人臣自用之心非人君所以教臣君喜歸美即不喜歸過是導之諛也豈賢王之訓

又按郝氏議切古文亦幾盡致尚未及其好作俳偶涉後代予愛李翺答王載言書古之人能極於

工而已不知其辭之對與否也憂心悄悄慍于羣小此非對也覯閔既多受侮不少此非不對也以此律大禹謨豈流水讀去而不覺其排比者與又每讀畢命至旌别淑慝以下凡三十七句句皆四字因笑曰孔安國隸古定竟若唐房融譯首楞嚴經以四字成文者與

又按姚際恒立方曰其之攻僞古文也直搜根柢而畧於文辭然其句字誠有顯然易見者篇中不暇枚舉特統論於此句法則如或排對或四字或四六之類是也字法則如以敬作欽善作臧治作乂作亂順作若信作允用作庸汝作乃無作罔非

作匪是作時其作厥不作弗此作兹所作攸故作肆之類是也此等字法固多起伏氏書然取伏書讀之無論易解難解之句皆有天然意度渾淪不鑿奥義古氣旁礴其中而詰曲聱牙之處全不繫此梅氏書則全藉此以爲詰曲聱牙且細咀之中枵然無有也譬之楚人學吴語終不免舌本間强耳觀凡於逸書不皆改作弗無皆改作罔尤可類推

第一百十七

鄭氏瑗字仲璧莆田人成化辛丑進士官南京禮部郎中著井觀瑣言内疑古文尚書者二條録其辭曰

古文書雖有格言而大可疑觀商周遺器其銘識皆類今文書無一如古文之易曉者禮記出於漢儒尚有突兀不可解處豈有四代古書而篇篇平坦整齊如此如伊訓全篇平易惟孟子所引二言獨艱深且以商詩比之周詩自是奧古而商書比之周書乃反平易豈有是理哉泰誓曰謂己有天命謂敬不可行謂祭無益謂暴無傷此出墨子見第一卷此類皆不似古語而其他與今文複出者却艱深何也賈逵馬融鄭康成服虔趙岐韋昭杜預輩皆博洽之儒不應皆不之見也又今文原有二十八篇何故孔壁都無一篇亡失誠不可曉又曰尚書辭語聱牙蓋當時宗廟朝廷著

述之體用此一種與古文字其餘記錄答問之辭其文體又自循常如左氏内外傳文雖記西周時諫諍之辭亦皆不甚艱深至載襄王命管仲受饗與命晉文公之辭靈王命齊靈公景王追命衞襄公敬王使單平公對衞莊公使者之言魯哀公誄孔子辭其文便佶屈如書體禮記文亦不艱深至載衞孔悝鼎銘便佶屈凡古器物諸款識之類其體皆如此又如左氏記秦穆公語皆明白如常辭及觀書秦誓文便自與古至漢齊王閎燕王旦廣陵王胥諸封策尚用此體他文却不然如今人作文辭自是一樣語錄之類自是一樣官府行移又自是一樣不容叅雜其嘗疑

孟子父母使舜完廪一段是古逸書之辭其文甚似楚辭曰豈不鬱陶而思君兮亦是用其語案上疑安國書何以盡有伏生所有此據今行世者言然當日真孔壁書何曾無蓋壁中縱有朽折散絶處安國悉以今文字補綴至字句的然異者則仍其舊以崇古也今文泰誓三篇壁中本無一改從科斗兼而存之過而立之漢儒之學大率如是

按鄭瑗又言尚書之辭有極難曉者鳩僝功弔由靈之類有極易曉者不敢含怒在家不知之類有極繁者一人冕執劉一人冕執鉞之類有極簡者如初如西禮之類有對語者番番良士仡仡勇夫

以觀文王之耿光以揚武王之大烈之類有參差不對者承保乃文祖受命民越乃光烈考武王之類論最平然則專以易曉排偶病古文亦未足服作僞者之心矣余故特以義理闢之

又按古器物銘另是一種文字多古雅除考古博古圖所收外莫高於漢郊祀志美陽鼎銘曰王命尸臣官此栒邑賜爾旂鸞黼黻琱戈尸臣拜手稽首曰敢對揚天子丕顯休命次則竇憲傳南單于遺憲古鼎其旁銘曰仲山父鼎其萬年子子孫孫永保用一出于幽壤一來自絕域是二物者得名標史策何其幸與予獨怪前武帝時鼎出汾脽殊

大異於衆鼎無欵識似是其巫僞爲反得薦見宗廟而後鼎以有按據乃黜與眞孔書不傳僞孔書傳到今何異噫

又按宋王觀國學林云孔子誄惟左氏傳史記辭並同是魯哀公集詩辭而成之非公自語曰旻天不弔節南山詩也不慭遺一老俾屏余一人以在位十月之交詩也煢煢余在疚閔予小子詩也余謂集詩辭爲誄辭哀公固在三百篇之後何不可之有若集古人成句幷字面以砌成書辭如大禹謨等篇其敗可立見矣而卒不悟噫

又按陳第季立近代號左袒古文書者謂後儒以

今文眞古文僞不過謂其文章爾雅訓詞坦明耳今觀于左國禮記及諸書傳引二十五篇者多至八九章少亦三四章皆爾雅坦明無有艱深險澀語也豈所引者皆僞乎夫爲諸書所稱引者旣皆爾雅坦明而諸書所未稱引者必欲其艱深險澀是一篇而二體也豈虞夏商周之本經乎說亦辨而有理予請舉禮記引兌命之文爵無及惡德民立而正事純而祭祀是爲不敬事煩則亂事神則難中二句非艱深險澀之語乎豈皆坦明者乎只觀作僞者截首一句續以惟其賢爲一段復截末四句改作黷于祭祀時謂弗欽爲一段取其類已

者置其不類已者以俾與已文體一類然則諸書傳所稱引幸都得其坦明者耳非書盡坦明以此難季立將何辭以復

第一百十八

元王充耘號耕野人著讀書管見亦疑古文但於允執其中之中謂一方言字面非古聖之傳心法蓋以僞大禹謨增加人心道心而并淺視論語不可訓余僅錄其三條云一曰堯典舜典雖紀事不一而先後布置皆有次序皐陶益稷雖各自陳說而首尾答問一一相照獨禹謨一篇雜亂無敘其間只有益贊堯一段安得爲謨舜讓禹一段當名之以典禹征

苗一段當名之以誓今皆混而爲一名之曰謨殊與
餘篇體制不同一曰蔡仲之命一段絶與太甲篇相
出入言天輔民懷即是克敬惟親懷于有仁之說爲
善同歸于治爲惡同歸于亂即是與治同道罔不興
與亂同事罔不亡之說惟厥終終以不困不惟厥終
終以困窮即是自周有終相亦罔終之說吾意古文
只是出于一手掇拾附會故自不覺犯重耳一曰顧
命一篇鋪敘始末宛如圖畫嘗謂今文書如禹貢洪
範顧命費誓條理曲折法度森嚴若有錯簡缺文則
全無可理會矣而此皆出于伏生所授先儒謂伏生
書不可曉晁錯略以意屬讀此等豈晁錯自能以意

想像而言之者乎故知衞宏之序似預袒後來古文而抑今文其言決未可信

按王充耘又言若跣弗視地厥足用傷與若藥弗瞑眩厥疾弗瘳之語不倫意亦不相對直竊意前二句是古書後二句是傅會予笑是止讀過孟子而未讀過國語者豈足服作僞之心作僞者學儘博

又按崔文敏銑讀尚書正文曰今文皆委情鉅典後人弗能模也古文諄誨複言後人可依彷也古文體制相肖最者太甲之於蔡仲之命湯誥之於泰誓是已洪範顧命其能僞撰一言哉果伏生言

之譌也殆不可句矣此爲申古文而罔之與王氏見殆暗相合者

又按宋馬存子才未嘗疑古文而論今文煞有見正足爲攻古文者之一助併錄于此曰其讀書至盤庚三篇周公之誥如在宗廟武庫之中觀古器茫然不之識如登太行之崎嶇劍閣之道羊腸九折之險一步一止而九嘆息也如夷狄蠻貊窮荒萬里之人聽華人之音累數十譯僅乃通當時之人號曰告令於一日之間何自而知之也當時學士大夫借曰知之可也田夫野叟閭巷之徒何自而知之切意三代之民家家業儒人人有士君子

之識所謂道德仁義之意性命之說典誥之語一
聞見而盡識之非上之人好爲聱牙倔强以驚拂
之也蓋其所習者素曉也余謂此故爲周誥殷盤
佶屈聱牙作註脚
又按向嘗習淳化閣帖至文不可解處輒以爲有
斷簡有缺字不然古今人不相遠何至與人手書
如是既習之日久見其上下相生一筆連註苟間
覆其中之一字氣便不屬乃知當時語自爾也惟
親接其手書之人讀之則解旁人容有弗解者況
隔至後代乎因悟書難讀莫過殷三盤周八誥正
葉石林云非作書者故欲如此蓋當時語自爾豈

有如衛宏定古文尚書序其中所云哉

又按唐張彥遠名畫記昔張芝學崔瑗杜度草書之法因而變之以成今草書之體勢一筆而成氣脈通連隔行不斷惟王子敬深明其㫖行首之字往往繼其前行世上謂之一筆書其後陸探微亦作一筆畫連綿不斷故知書畫用筆同法然則作文何獨不然

又按或問朱子周公作鴟鴞之詩以遺成王其辭艱苦深奥不知成王當時如何理會得曰當時事變在眼前故讀其詩者便知其用意所在自今讀之既不及見當時事所以謂其詩難曉竊以閣帖

中手書亦然

第一百十九

余讀焦氏筆乘稱家有梅鷟尚書譜五卷專攻古文書之僞將版行之不果案旌德縣志鷟字　正德癸酉舉人曾官國子學正鶚字幼龢一字百一者即其兄求其譜凡十載得于友人黄虞稷家急繕寫以來讀之殊武斷也然當創闢弋獲時亦足驚作僞者之魄採其若干條散各卷中其無所附麗者特錄於此鷟曰趙歧孟子盡信書一章註經有所美言事或過若康誥曰冒聞于上帝甫刑曰皇帝清問下民梓材曰欲至于萬年又曰子子孫孫永保民人不能聞

天天亦不能問於民萬年永保皆不可得爲書豈可案文而皆信之哉武成篇言武王誅紂戰鬬殺人血流舂杵孟子言武王以至仁伐至不仁殷人簞食壺漿而迎其王師何乃至於血流漂杵乎故吾取武成兩三簡策可用者耳其過辭則不取之也岐之言云爾平正無礙甚得孟子口氣而晚出武成則言前徒倒戈攻于後以北血流漂杵是紂衆自殺之血非武王殺之之血其言可謂巧矣然果紂衆怒紂以開武王當如史記言武王馳之紂兵皆崩方合兵機今僅自攻其後必殺人不多血何至流杵且均之無辜黨與什什伍伍爭相屠戮抑獨何心且真有如蔡傳言

武王之兵則蓋不待血刃者非癡語乎私意杜撰之書既非孟子所見元本而其言又躐居周初致孟子爲不通文義不識事機之人讀書誤認紂衆自殺以爲武王虐殺何其悖哉余謂鶩說善矣而抑未盡也此作僞者學誠博智誠狡見荀子有厭旦於牧之野鼓之而紂卒易鄉遂乘殷人而進誅紂蓋殺者非周人固殷人也淮南子有士皆倒戈而射史記有皆倒兵以戰遂兼取之成文方續以血流杵故曰學誠博魏晉間覩孟子不過諸子中之一耳縱錯會經文亦何損而武王之爲仁人爲王者師甚著豈不可力爲回護去其虐殺以全吾經故曰智誠狡噫抑知數百

載後由程朱以迄于今晚出之書日益敢闕輸攻鋒起而孟子宛若金湯無瑕可攻有不必如斯枉用其心者哉

按文心雕龍夸飾篇云是以言峻則嵩高極天論狹則河不容舠說多則子孫千億稱少則民靡孑遺襄陵舉滔天之目倒戈立漂杵之論辭雖已甚其義無害也余謂諸說皆可獨漂杵之論不然所以孟子特爲武王辨白正以有害於義此非劉勰輩文士所知

又按賈誼過秦論云秦有餘力而制其敝追亡逐北伏尸百萬流血漂鹵須是追之逐之兵有崩山

倒海之勢禍方酷烈至此若僅僅反攻敗北而已孔頴達所謂殺人必不多者洵有見因思晚出武成雖敢與孟子違而猶陰爲孟子地何者孔傳云自攻于後以北走血流漂舂杵甚之言非含不可盡信之意乎至蔡傳則云紂之前徒倒戈反攻其在後之衆以走自相屠戮遂至血流漂杵史臣指其實而言之無論人情兵機不至於此果實至此而孟子猶致疑焉亦可謂眯目而道黑白者矣

又按而何其血之流杵也此孟子語似當日書辭僅血流杵三字未必增有漂字只緣趙岐註云爾晚出書與之同故可驗其出趙氏後

又按緇衣尹吉曰惟尹躬天見於西邑夏鄭註云天當爲先晚出書即是先字其出康成後何待云但左傳哀十八年夏書曰官占唯能蔽志昆命于元龜杜註云昆後也言當先斷意後用龜也晚出書陸德明所見之本乃是唯克蔽志孔頴達所見本則與今同是先字然則此書又出元凱後乎曰非也元凱左氏集解成在大康元年吳平之後晉已有天下十六年此書出魏晉間豈得預窺杜註竊意元凱前賈逵服虔王肅輩皆注左氏容有先斷人志之說晚出書因之爾

又按朱子於此章引唐子西之言曰陶弘景知本

草而未知經註本草誤其禍疾而小註六經誤其禍遲而大余謂註本草誤以藥物殺人之身註六經誤以學術殺人之心殺人之身人即知戒殺人之心心與印板相似傳染無窮此其禍有不待較别者

又按梅氏鷟嘗謂朱子之明過于鄭僑晉人之欺甚于校人朱子如子產曰得其所哉者不一而足也因嘆朱子總緣被壓古文不復致疑雖以此章血流杵孟子明著爲武王事朱子猶謂孟子設爲是言試思武王本無是事孟子何苦設爲是言孟子本意爲武王辨誣反先誣武王而後辨之乎朱

子復生今日聞此亦應絶倒

又按上引賈誼言秦流血漂鹵黎以帝王世紀言長平之戰血流漂鹵戰國策言武安君與韓魏戰於伊闕流血漂鹵可知流血漂鹵爲戰勝殺人多者之恒辭甚至誼以血流漂杵兩加黄帝涿鹿之師益驗爲恒辭而辭所從出却於武成篇當七國時上有好戰之君下有善戰之臣君臣日以殺人爲能事而問所藉口者則武成也問所獲身者則武王也以爲昔之聖人亦嘗云爾奚怪今日孟子於此安得心不爲惻然口不爲慨然所以欲并書廢之學者觀聖賢此等處眞屬爲天地立心爲生

民立命不可視若尋常或曰柰疑經何余曰以論語校之當子貢時載商辛惡跡非經即傳不似後有他雜亂書而子貢已曰紂之不善不如是之甚蓋亦以經傳之有過辭也夫子貢爲至不仁之紂末減其罪未聞以爲非而孟子爲至仁之武王力洗其冤反以爲議何哉宋世傳張浚拜曲端爲大將端登壇首問浚見兵幾何浚曰八十萬人端曰須是斬了四十萬人方得四十萬人用論者以爲果如端言固覆軍失地殺身之道也夫兵分數豈專在殺哉此念薰蒸決不能興起輯睦吸引安祥因及尉繚子對梁惠王曰臣聞古之善用兵者能

殺卒之半其次殺其十三其次殺其十一能殺其半者威加海内殺十三者力加諸侯殺十一者令行士卒筆之於書以殺垂教孫吳亦未有是論也余謂尉繚子正七國時人所云古之善用兵古當指三代吾不知三代中誰爲此殺人手且以善名尉繚子欲售其術已不難子虛烏有以成其說況血流杵實出武成篇安得不紛紛口實孟子欲并書廢之洵爲有見我故曰世之疑孟刺孟者俱非而孟之疑書廢書者確也

又按一人議論有先後互異若南北背馳者黃太沖嘗謂聖人之言不在文詞而在義理義理無疵

則文詞不害其爲異如大禹謨人心道心之言此豈三代以下可僞爲者哉晚而序余疏證兩卷則謂人心道心本之荀子正是荀子性惡宗旨又謂此十六字爲理學之蠹最甚何相反也其孟子師說中一條又與上梅氏說何合也師說云武成甲子昧爽受率其旅若林會于牧野罔有敵于我師前徒倒戈攻于後以北血流漂杵是商人自相殺也孟子以至仁伐至不仁何其血之流杵是明言武王殺之兩意相背則知孟子所見之武成非孔安國古文之武成也古文之僞此亦一證

第一百二十

同里友人石子華峙字紫嵐一字企齊與予善每著疏證成或面語或遺信送覽正唐人詩所謂爲文先見草者一日謂予古文尚書有舜典汨作九共二十四篇必且另爲卷軸方一亡失遂不復傳若與伏生同者三十四篇何嘗不見於唐代余曰誠然但漢藝文志載四十六卷爲五十七篇者内有舜典諸逸篇已釐次于第一卷隋書經籍志載馬融注尚書十一卷鄭氏注尚書九卷皆本杜林古文止二十九篇内無逸諸篇可知亦説具于第二卷竊意古文書至東漢始有訓註當時大儒亦止註三十四篇未必及逸書故有時合而爲一則如漢志所載有時離而爲二

則如隋志所載合則永亡晉永嘉之亂是也離則僅存晉元帝立鄭氏尚書博士是也因嘆向來里中諸子謂書關繫不在卷軸篇數且詆爲枉用心此予所不欲與深言者也

按朱子云孔壁得古文儀禮五十六篇鄭康成曾見且引其文於註中不知何緣只解十七篇而三十九篇不解竟無傳焉余謂古文尚書二十四篇無註正與此同

又按隋王劭勘晉宋古本曲禮並無稷曰明粢立八疑十二證以滅此一句爲是唐孔氏疏左氏僖十五年傳以爲古本無曰上天降災四十七字文

十三年傳討尋上下文義不容有其處者爲劉氏爲漢儒增加古人注書凡遇一字一句涉僞者不惜出氣力與之辨蓋以天下學術眞與僞而已僞者苟存則眞者必爲所蝕譬猶稂莠之害嘉禾欲護嘉禾也必鋤而去之方爲良農溺音之害古樂欲崇古樂也必放而遠之方爲神瞽故孟子闢楊墨旣自鳴其不得已矣尤必推廣其類以爲能有一言及楊墨者即許而進于聖門誠懼乎吾道甚孤而氣類之不可以不廣也吾亦願天下後世讀吾疏證者于古文必有致疑苟有疑焉斷不得以相承旣久莫之敢議且或設淫辭而助其墨守則

荀子所謂以仁心說以學心聽以公心辨三善咸

備矣其亦斯文之幸也夫

又按余嘗語石紫嵐昔人自稱有五恨者有三恨

者予生平獨有二恨耳紫嵐曰何與予曰皇覽冢

墓記漢明帝朝諸儒論五經誤失符節令宋元上

言秦昭襄王呂不韋好書皆以書葬王至尊不韋

久貴冢皆以黄腸題凑處地高燥未壞臣願發昭

襄王不韋冢視未燒詩書于謂當時此舉未行故

秦漢後不獲見孔子六經全文此于之恨者一也

大程子爲次子邵公撰墓誌稱其等於生知五歲

而夭于謂當時天若假之年三代以下可復見生

安之聖人卒不獲見予之恨者二也紫巖曰莊子言儒以詩禮發冢蓋有激之辭予眞欲發人之冢乎予曰觀後晉太康中汲郡民發魏襄王冢大得古書周易上下篇最爲分了齊文惠太子鎮雍州有發楚王冢得竹簡書以示王僧虔者僧虔曰是科斗書考工記周官所闕文也古發冢以得經典者衆矣何疑於宋元之言晉齊上距戰國已遠尚完整若漢明帝朝去秦纔二百餘歲耳復當何如且秦人焚書止焚其在民間者凡詩書百家語爲博士官所職悉不焚至項籍西屠咸陽始付之一炬故論者謂書不亡於秦火而亡於項籍之火然

雖燼于項籍而冢中所藏者固歷歷也惟宋元言之東漢諸儒聽之曾莫以爲意失此一時後竟無復有可爲之時矣噫紫嵐曰子之恨固當懸之終古耳

又按石紫嵐嘗謂予子於考證之學洵可爲工矣其指要亦可得聞乎予曰不越乎以虛證實以實證虛而已憶留京師久日以論學爲事有以孔子適周之年來問者曰孔子世家載適周問禮在昭公之二十年而孔子年三十莊子孔子年五十一南見老聃是爲定公九年水經注孔子年十七適周是爲昭公七年索隱謂僖子卒南宮敬叔始事

孔子實敬叔言於魯君而得適周則又爲昭公二十四年是四說者宜何從余曰其昭公二十四年乎案曾子問孔子曰昔者吾從老聃助葬於巷黨及堩日有食之惟昭公二十四年夏五月乙未朔日有食之（法推是年癸未歲中積六十五萬六千七百〇九日〇七刻五月定朔三十一日三十七刻乙未日巳時合朔交泛二十六日三十八刻恰入食限）見春秋此即孔子從老聃問禮時也他若昭七年雖曾日食入食限而敬叔尚未曾從孔子游何由適周有以季武子之喪曾點倚其門而歌來問者余曰此子虛烏有之言也春秋昭公七年季孫宿卒孔子年十七曾點少孔子若干歲未可知然論語敘其坐次於

子路則必若九歲以上也可知孔子年十七時子路甫八歲黜實不過六歲七歲孩童耳烏得有倚國相之門臨喪而歌之事檀弓多誣莫此爲甚石堂陳普極其辨駁猶未及此予聊爲補之云爾有以汪氏琬詆予親在不當與渠言喪禮言之爲豫凶事來問者曰汪氏說固謬但折之須經傳有明徵者亦有之乎余曰有雜記曾申問於曾子曰哭父母有常聲乎申曾子次子也檀弓子張死曾子有母之喪齊衰而往哭之案昔者孔子沒他日子張尚存見孟子子張死而是時曾子方有母喪則孔子在時曾子母在堂可知也旣在堂胡忍以喪

禮相往復若曾子問者乎果若汪氏言則曾氏父子乃聖門逆子而世俗以爲不祥人矣且孔子命伯魚學禮凶禮次居第二未聞舉其二而輟不學也惟唐許敬宗李義府以凶事非臣子宜言遂焚國卹一篇汪氏得毋類是噫士大夫議論若此余深爲世道懼焉

又按石紫嵐謂三統歷武成篇乃以庶國祀馘于周廟在廟獻馘似非武王所以待紂古文未必實予曰粲以周書世俘解當日正有此事但不必如周書已甚周書云負商王紂懸首白旂妻二首赤旂乃以先馘入燎于周廟寧至于此若王制出征

執有罪及以訊馘告牧誓明數紂惟四方之多罪逋逃崇長信使暴虐姦宄非所稱有罪者乎又如戮飛廉於海隅即截其左耳來以告先王而明武功之成聖人舉動磊落光明豈若後世回互者之所爲哉

又按蔡邕論引樂記曰武王伐殷薦俘馘于京太室詩魯頌云蹻蹻虎臣在泮獻馘即自釋之曰京鎬京也太室辟廱之中明堂太室也與諸侯泮宮俱獻馘焉即王制所謂以訊馘告者也予考之呂氏春秋亦有武王歸乃薦俘馘於京太室之語此樂記非今樂記或河間獻王與毛萇等所作二十

四篇或斷取十一篇之餘如奏樂樂器等篇皆見藝文志今不傳邕猶得見之及引之然則祀馘實係武王事斑斑若是不爲孤證云

又按嘗與石紫嵐論經之僞者由後人經學未精故聽其亂眞若人人能精僞者何容厠足其閒乎雖然經學之難精自孟子來而已然矣紫嵐深訝其說余曰孟子言水注江則不合於禹貢服齊疏則不合於儀禮討不伐則不合於周禮大司馬雖有曲爲之說者左傳哀九年吳城邗溝通江淮自是江淮始相通孟子蓋據哀公後吳王夫差所掘之道以爲禹迹不知亦非然也杜預註謂引江水

東北通射陽湖西北至宋口宋當作末今山陽縣北五里之北神堰也入淮與孟子排淮入江者不合直至隋開皇七年開山陽瀆大業元年開刊溝皆自山陽至揚子入水流與前相反蓋至是孟子之言始驗豈得謂誤由左氏特禹貢未精熟耳又有曲爲之說者滕文公於父當斬衰不齊而云齊疏者大槩語亦猶中庸期之喪達乎大夫聖人是大槩說三年之喪本不止於父母而晦翁云只至父母未暇及他之類是也亦非然也檀弓穆公之母卒使人問於曾申申對曰哭泣之哀齊斬之情饘粥之食自天子達穆公母服齊故首言齊次斬蓋幷及之不似孟子

對父遺斬古人文字密如此三年之喪原不止子爲父母凡嫡孫承重者爲人後者父爲長子皆然適孫承重者是爲祖父母之後爲人後者爲之子皆可以父母之喪解之惟父爲長子則不可因思儀禮喪服傳曰父爲長子何以三年也正體於上又乃將所傳重也鄭康成註謂此言爲父後者然後爲長子三年重其當先祖之正體又以其將代已爲宗廟主也是亦父母之喪矣聖人之言無不周徧豈似後人舉一而遺一又三不朝則六師移之六師屬天子大國僅三軍分明天子有討有伐如何云討而不伐且承以是故二字非文辭病處

邪蓋只爲說諸侯伐而不討遂襲上天子討而不伐以爲對案而不覺與上文背要須易爲天子有討有伐諸侯有伐無討始得不然周禮大司馬之職以九伐之灋正邦國其謂之何矣紫嵓曰由子之說推之以紂爲兄之子而有微子啟則不合於微子左傳華周之妻善哭其夫則不合於左傳檀弓余曰此却不然此古人連類而及之之文也酒不可言食而論語沽酒市脯不食風不可言潤而繫辭潤之以風雨馬不可言造而玉藻大夫不得造車馬他若躬稼本稷而亦稱禹三過不入本禹而亦稱稷以至以紂爲兄之子本指王子比干而

亦及微子啟善哭其夫而變國俗本指杞梁之妻而亦及華周之妻皆因其一而並言其一宋王楙所謂古人省言之體蓋如此初不似今之拘拘此又窮經之士之所宜觸類而長之者也

又按嘗與石紫嵐論今人經解實有勝古人處蓋古人未定今方定者亦有終歸闕疑不得一味盡解以爲快者凡二條亦留京師時事徐嘉炎勝力過談述黃澤趙汸之學黃曰經在致思而已趙曰何謂黃曰如禮有五不娶一爲喪父長子誰曰無所受命近代說者曰蓋喪父而無兄者也女之喪父無兄者衆矣何罪而見絕於人其非先王意已

姑以此思之趙退而精思久之得其說曰此蓋宋
桓夫人許穆夫人之類爾註謂無所受命猶未失
若喪父而無兄則期功之親皆得爲之主矣以復
於黃黃曰甚善以弟論之果屬宋桓夫人許穆夫
人之類不與上文亂家子不娶註曰類不正相重
乎禮止有四不娶耳烏得五乎曰然長子蓋女子
長成者而當嫁而適遭父喪故曰喪父長子故曰
無所受命此即曾子問昏禮既納幣有吉日女之
父母死壻弗取事耳勝力不覺擊節起立曰子可
謂天啟其衷哉鄞萬斯同季野將輯古今喪禮名
通考以喪服記夫之所爲兄弟服妻降一等質乎

曰鄭康成解兄弟爲族親賈公彥曰當是夫之從母之類乎以弟論二說俱未安曷若以爲嫂叔有服之證乎曰可及退而審思嫂叔無服一見於檀弓再見於奔喪三見於逸禮果此節爲兄公及叔之服則子夏親作喪服傳不應曰夫之昆弟何以無服也云云子夏而云云其必非嫂叔服也可知降至晉雖有成粲亦曾援此以爲宜大功而唐貞觀魏徵等議加嫂叔服止汎論以恩以情譬繼父方同爨不宜恝然終不援及喪服記其不得殭爲說也可知須當闕疑惜不及復語季野

或有謂予伐國不問仁人況發冢乎縱從冢中得

有經籍吾亦不願觀者予曰朱子嘗言政和鑄造禮器並依三代遺法制度精密氣象淳古勝聶崇義三禮圖遠甚知潭州日遂申省部乞用銅製之以薦先聖政和鑄造非從發冢中來者邪

又按夫之所爲兄弟服妻降一等非指嫂叔斷斷如已謂終須闕疑亦未盡甲子春寓東海公碧山堂爲說禮服中夜精思不覺忽得曰此殆緦麻章夫之諸祖父母報之註脚乎儀禮明著小功者兄弟之服又曰小功以下爲兄弟夫之所爲兄弟服即夫之所爲小功服妻降一等爲緦麻也夫之諸祖父母馬鄭解俱未當惟元敖氏以從祖祖父母

從祖父母當之夫服此二人在小功章妻從夫而服則緦麻是也宛相符同惜黃勉齋奉師命以記隨經見未及此耳或曰上文君之所爲兄弟服室老降一等亦可作是解否余曰何不可此即凡人大功服也即如賈公彥指親兄弟爲旁期者亦可或曰兩兄弟可異解乎余曰中庸三年之喪達乎天子是天子全服三年期之喪達乎大夫却舍有降殺二達字義不同且上康成不嘗訓兄弟爲族親乎夫言豈一端而已夫各有所當也時季野寓處頗近不敢復語之矣

又按服問有從無服而有服公子之妻爲公子之

外兄弟註云謂爲公子之外祖父母從母緦麻疏云知屬公子之外祖父母從母者此等皆小功之服凡小功者謂爲兄弟又一佳證

又按季野稱其師餘姚黃氏經學爲致精示余答萬季野喪禮雜問中有問鄭康成謂天子諸侯左右房大夫士直有東房西室陳祥道因鄉飲記薦脯出自左房鄉射記籩豆出自東房以爲言左以有右言東以有西則大夫士之房室與天子諸侯同可知朱子心頗然之而未敢決今將從祥道何如黃氏答此恐不足以破鄭說所謂左房者安知其非對右室而言也所謂東房者安知其非對西

室而言也顧命胥之舞衣在西房兌之戈在東房天子諸侯之兩房經有明文士既有西房何以空設無一事及之耶余曰儀禮固嘗及之何得謂無季野愕然余曰聘禮君使卿皮弁還玉于館賓南面受圭退負右房而立是時賓館于大夫之廟此右房非大夫廟所有乎季野曰據賈公彥以爲於正客館非廟余曰更證以下文公館賓賓辟康成註凡君有事於諸臣之家車造廟門乃下賈疏云以其卿館于大夫之廟此館則是諸臣之家已不能掩前說之非且古者天子適諸侯必舍其祖廟卿館於大夫大夫館於士士館於工商皆廟也無

別所爲館舍惟侯氏覲天子賜以舍非廟聘禮安得與之同昌黎嘗苦儀禮難讀今觀康成以下諸公議論得毋幷儀禮未之讀耶季野益不悦

又按禮記曾子問有公館私館之别公館凡二一是公家所造之館即賈所謂正客館一仍是卿大夫士家爲君所使停舍者即爲公館聘禮一篇自卿致館賓即館後有司入陳註云入賓所館之廟揖入及廟門註云舍于大夫廟卿館於大夫註云館者必於廟皆曾子問後所稱之公館非前所稱不得以公彦曲説爲藉口

又按余向謂諸侯三門每門各有一朝鄭康成謂

外朝當在大門外大門者庫門也以公食大夫拜賜于朝無賓入之文聘禮以柩造朝無喪入之文爲之證陳祥道則謂大門外乃經涂非朝位也語最破的然亦未即以聘禮折之愚請折之曰案聘禮賓入竟而死是賓在路死未至國則以柩止于門外若賓死未將命是賓已至館特未行聘享之事而死則以棺造于朝夫一曰止于門外一曰造于朝分明死有不同而所以達君之命者亦各異處豈得合而一之或曰誠然但上文厥明訝賓于館賓皮弁聘至于朝賓入于次下方敘公迎賓于大門内又曰賓入門左以大門内入門左證之則

知朝在大門外康成猶未引此余曰賓皮弁聘至于朝聘至于朝四字爲一篇之綱不與下涉下方條析其事曰賓入于次不然次固在大門外而大門外即朝當直接入于次不得另以賓字起矣公食大夫禮賓朝服即位于大門外如聘大門外指次言不指外朝亦可證聘禮此朝字爲虚且上不又有勞者遂以賓入至于朝先言入後言朝之文乎

又按季野稱書集傳謂令書傳註所以獨少者緣壓于蔡氏予以爲不然因偶摘逆子釗於南門之外蔡傳作路寢門外不知南門即下應門蔡蓋徒

襲用僞孔傳而不顧與明堂位穀梁傳不合不慱考之故善乎陳祥道有言天子雉門閽人謂之中門猶應門書謂之南門爾雅謂之正門路門書謂之畢門師氏謂之虎門蓋中於五門謂之中門前於路門謂之南門發政以應物謂之應門畢於此謂之畢門畫虎於此謂之虎門則門之名豈一端而已哉鄭謂尚不止此應門穀梁傳亦謂之南門曰南門者法門也范甯註法門謂天子諸侯皆南面而治法令之所出入故名法門考工記註謂之朝門路門大僕謂之大寢之門又謂之宮門師氏註謂之路寢門小宗伯註謂之殯門書以成王

之殯在焉謂之廟門是也
又按儀禮十七篇言右房者二言左房者亦二右房見聘禮經文爲大夫之西房見記文則諸侯之西房也左房見鄉飲酒記爲大夫東房見大射儀又諸侯東房分明有左有右由於有東有西天子諸侯大夫士之制並同吾猶憾祥道能虛會未能實證爾

第一百二十一

癸酉冬薄遊西泠聞休寧姚際恒字立方閉戶著書攻僞古文蕭山毛大可告余此子之廖傭也日望子來不可不見之介以交余少余十一歲出示其書凡

十卷亦有失有得失與上梅氏郝氏同得則多超人意見外喜而手自繕寫散各條下其尤害義理者爲錄於此論威克厥愛允濟四句曰此襲左傳吳公子光曰吾聞之曰作事威克其愛雖小必濟任威滅愛之言必是祖述桀紂之殘虐而云者且又出亂臣賊子口其不可爲訓明甚光所與處者鱄諸之輩所習謀者弑逆之事焉知詩書者耶後世申商之法厥由以與今作僞者但以吾聞之曰爲書辭不知旣載聖經生心而害政發政而害事罪可勝誅乎李衞公問對臣按孫子曰卒未親附而罰之則不服已親附而罰不行則不可用此言凡將先有愛結於士然後可

以嚴刑也若愛未加而獨用峻法鮮克濟焉太宗曰
尚書云威克厥愛允濟愛克厥威允罔功何謂也靖
曰愛設於先威設於後不可反是也若威加於先愛
救於後無益於事矣故惟孫子之法萬代不刊案衞
公問對亦繫假託然尚知辨正尚書之非可爲有識
又東坡書傳先王之用威愛稱事當理而已不惟不
使威勝愛若曰與其殺不辜寧失不經又曰不幸而
過寧僭無濫是堯舜以來常務使愛勝威也令乃謂
威勝愛則事濟愛勝威則無功是爲堯舜不如申商
也而可乎此胤后之黨臨敵誓師一切之言當與申
商之言同棄不齒而近世儒者欲行猛政輒以此藉

口其不可以不辨案蘇氏駁辨可謂當矣其所斥近
世儒者必王安石與盤庚傳後之君子同論小大戰
戰四句曰據說我若不除桀桀必除我是湯之伐桀
全是爲自全免禍計非爲救民塗炭也若聖人果非
以救民爲亟則爲其臣子自宜生死惟命豈可作平
等一輩觀爲此先發制人之策耶說得成湯全是一
片小人心腸絶不知有君臣之分者殊可怪嘆如此
實乃增湯之慙豈惟不能釋湯之慙已乎論將告歸
曰此既造爲復政因造爲告歸下又有今嗣王新服
厥命語則是太甲歸亳後尹輒翩然歸矣殊謬不然
君奭曰在太甲時則有若保衡保衡伊尹也裏二十

一年左傳曰伊尹放太甲而相之卒無怨色是尹奉太甲歸後作相之日方長今據其說伊尹於太甲初喪時即放之而自攝奉太甲歸後旋即復政若始終竟未嘗相太甲者太甲去而我留太甲來而我去何相避之深也唐孔氏曰殷本紀云太甲崩子沃丁立沃丁序云沃丁既葬伊尹于亳則伊尹卒在沃丁之世湯爲諸侯已得伊尹比至沃丁始卒伊尹壽年百有餘歲此告歸之時已應七十左右也案孔疏伊尹以百餘歲之人七十左右未名爲老太甲後爲賢君稱太宗享國綿長乃竟置伊尹於不問未嘗一日留相王室伊尹亦優游私邑安享以沒而終其身恝然

其君蓋萬萬無是理也

按第二卷論凡我造邦五句爲襲國語姚氏與余同尤相發明曰作僞者誤以文武之教令爲湯之教令所謂張帽李戴者是其原文以天道賞善而罰淫領句下用故字接曰故凡我造國無從非彝無即慆淫各守爾典以承天休彝字即應上善字慆淫即應上淫字天字即應上天道今割去領句別置于前此處數句全失照應剽竊古義既已乖舛不符又復隔越不貫胡其至此耶

又按第一卷論兼弱攻昧四句爲襲左傳亦不若姚氏發明之盡但認仲虺四語爲僅四字與余不

同耳曰取亂侮亡塡左傳引仲虺語兼弱攻昧及推亡固存皆襲左傳語邦乃其昌倣左傳國之道也國之利也等語宣十二年隨武子曰見可而進知難而退軍之善政也兼弱攻昧武之善經也子姑整軍而經武乎猶有弱而昧者何必楚仲虺有言曰取亂侮亡兼弱也汋曰於鑠王師遵養時晦耆昧也武曰無競惟烈撫弱耆昧以務烈所可也案左傳惟取亂侮亡一句爲仲虺語兼弱攻昧爲古武經語故引書以明兼弱引詩以明耆昧又引詩以明撫弱耆昧也若書辭果有兼弱攻昧取亂侮亡二句左傳安得分取亂侮亡句爲仲虺之言

分兼弱攻昧句爲武之善經乎又安得以兼弱攻昧句爲提綱以取亂侮亡句爲條目乎此弊竇之瞭然者孫文融批點左傳云仲虺之誥中原有兼弱二字此以作斷語覺未妥閱此不覺捧腹夫左氏之文爲千古絕調安得此未妥之義留後人指摘乎使左氏受冤久矣今日始雪

又襄十四年中行獻子曰仲虺有言曰亡者侮之亂者取之推亡固存國之道也襄三十年子皮曰仲虺之志云亂者取之亡者侮之推亡固存國之利也皆僅有取亂侮亡無兼弱攻昧足以爲證其曰亂者取之云云孔疏謂取彼之意而改爲之辭其言非本文是也推亡固存一句亦是從上亡字增出存字以釋書辭故曰國之道也國之利也今

將推亡固存句一併湊作書辭而於國之道也等句改爲邦乃其昌以取協韻而已總之中間惟塡傳引逸書四字上下皆是將兩處傳文割剝聯綴旣使經如補衲復使傳無完膚矣

又按姚氏好以左氏駁古文與余同其論同力度德二句引昭二十四年傳劉子謂萇弘曰甘氏又往矣對曰何害同德度義大誓曰紂有億兆夷人亦有離德余有亂臣十人同心同德是同德度義本萇弘語所以興起大誓離德同德之義也今貿貿不察襲左此語於引大誓之前而又列諸泰誓中豈有同德度義爲大誓之辭而下接以大誓曰

耶古人襲左其顯露敗闕多此類但左氏之書豈能掩人不見而天下萬世人曰讀左氏之書卒亦無釐訂及此者何也杜預註度謀也言唯同心同德則能謀義子朝不能於我何害其義本與逸書四句聯屬今將逸書四句另置於中篇此下接之曰受有臣億萬惟億萬心予有臣三千惟一心彼有德字兼心字此僅有心字無德字全不照應又增同力度德一句以配合同德度義左氏度字本謀度之度今作揆度之度同力度德猶可解同德度義便不可解矣而孔傳乃彊爲之解曰德鈞則秉義者強夫德既鈞矣又何謂之秉義乎豈義在

德之外更居德之上乎豈紂與武之德鈞而武獨
爲秉義者乎即如其解又何以興起下引大誓離
德同德之義乎種種述謬摘不勝摘劉炫左傳註
案孔安國云德鈞則秉義者彊萇弘此言取彼爲
說必其與彼德同乃度義之勝負但使德勝不畏
彼彊故即引泰誓而勸其務德杜爲不見古文故
致此謬穎達曰彼尚書之文論兩敵對戰揆度有
義者彊此論甘氏又往既不能同德何能度義屬
意有異與書義不同劉以爲杜違尚書之文而規
其過非也案劉炫反据僞傳以詆杜之非穎達又
駁劉註以證杜之是劉孔諸君皆不幸生古文之

後徒作此紛紜耳

又按論惟有慙德引襄二十九年傳季札曰聖人之弘也而猶有慙德案札之觀樂聞聲審音即能知帝王之德辨衆國之風史遷稱其見微而知清濁是也自虞夏以訖春秋皆札自爲論撰絶無一語扳据詩書之文若謂尚書先有此語而札乃扳据爲說安在其爲知樂耶其見舞象箾南籥者曰美哉猶有憾與猶有慙德正是一例句法若是則文王亦當自爲有憾耶札之此語乃是評湯之韶濩即如孔子謂武未盡善意邢邵甘露頌樂無慙德沈約謝示樂歌啟觀樂帝所遠有慙德皆足證若是則武王亦當自爲未盡善耶

今誤以評樂之言加之成湯之身而仲虺釋之史臣書之將聖人青天白日心事全驅入糢餬曖昧之鄉豈不重可嘆耶又曰聖人之道順時而已時當揖讓則爲揖讓時當征誅則爲征誅易曰湯武革命順乎天而應乎人是俯仰皆無慙矣茍有絲毫之慙聖人必不爲之觀湯誓今朕必往之辭及論語玄牡昭告之語豈是抱慙負惡者耶

又按論至治馨香感于神明亦引僖五年傳曰詳宮之奇原文所謂馨香本屬黍稷而言黍稷者本屬祀神言意謂祀神所重在德茍有德矣其馨香非苐黍稷而已乃明德之馨香也今其上既無黍

稷字突然曰至治馨香夫馨香於至治何與耶此處既不言祀神事下又突然曰黍稷非馨夫黍稷於治民何與耶種種述謬皆爲吞剝周書成語故余讀三國志張紘傳紘牋曰自古有國有家者咸欲修德政以比隆盛世至於其治多不馨香竊以此僞作者之所本

又按論古文襲今文之誤處曰無逸篇乃或亮陰三年不言其惟不言言乃雍說命上則亮陰三祀既免喪其惟弗言以爲相表裏矣不知無逸其惟二字本是承接上句三年不言語氣則上句不言二字不可删也又是喚起下句言乃雍語氣則下

句言乃雍不可删也今上下皆删獨留此句其惟
二字竟無着落語氣不完何以便任又曰咸有一
德后非民罔使民非后罔事本倣國語夏書曰衆
非元后何戴后非衆無與守邦禮記太甲曰民非
后無能胥以寧后非民無以辟四方但二者皆以
民非后在上興起下后非民乃是告君語義今倒
置之則是告民語義不容出伊尹對太甲之口矣
又按論蔡傳之誤曰臣下不匡其刑墨安國傳墨
刑鑿其額涅以墨顙達疏犯顏而諫臣之所難故
設不諫之刑以勵臣下此特据僞孔傳杜撰别無
所出蔡氏引劉侍講曰墨即叔向所謂夏書昏墨

賊殺皐陶之刑貪以敗官爲墨案左引夏書謂昏墨賊三者皆當殺非刑名也此云其刑墨乃五刑涅額之名也且此非貪罪作僞者原自不引左傳其意欲以爲不諫者有刑然又以不諫之刑本無所出因之姑從輕典云爾劉氏以左傳宜殺之墨解僞書涅額之墨是僞書之墨本是刑名者反不謂之刑名左傳之墨本非刑名者反謂之刑名矣何兩誤也

又按余嘗以六韜三略李衛公問對盡僞書茲讀井觀瑣言已知有先我而駁及者曰宋戴溪將鑑博議乃極稱三略通於道而適於用可以立功而

保身且謂其中多知足戒貪之語張良得之用以成名謂問對之書興廢得失事宜情實兵家術法燦然畢舉皆可垂範將來以瑗觀之問對雖僞然必出於有學識謀略者之手東坡云問對是阮逸僞作三略純是剽竊老氏遺意迂緩支離不適於用其知足戒貪等語蓋因子房之明誓而爲之辭非子房反有得於此也蓋圯橋授受之書亡矣此與所謂素書皆贋本如曰高鳥死良弓藏敵國滅謀臣亡亡者謂奪其威廢其權也皆取諸舊史而附會之痕跡宛然可見而戴亟稱之無乃未之思與或謂漢建武二十七年詔巳援黃石公記柔能

制剛弱能制强語則此書之傳亦遠矣余曰安知非作三略者反用漢光武詔以充入之乎善夫朱子論孔叢子因曰天下多少是僞書開眼看得透自無多書可讀其亦上數書之謂與

第一百二十二

第一百二十三

第一百二十四

第一百二十五

第一百二十六

第一百二十七

已上並闕

第一百二十八

或問孔安國之從祀在唐貞觀二十一年實[illegible][illegible]矣尚書今子既辨古文尚書經與傳皆屬假託然則安國之從祀亦可得而去乎余曰唯唯否否安國之尚書誠假託然其於經籍之功亦有不可得而泯者如孝經二十二章傳至梁始亡論語二十一篇何晏時雖不傳而今論語註有所謂孔曰者即安國之辭是其有功於論語不可泯也禮古經五十六篇十七篇與高堂生所傳正同餘三十九篇謂之逸禮哀帝時欲立學官不果鄭康成本習小戴禮後以古經校之取其義長者爲鄭氏學今鄭注有所謂古文作某即

安國之本所謂今文作某者乃從安國本也逸禮三十九篇唐初猶傳諸儒曾不以爲意遂燬於兵而吳澄所纂逸經八篇猶安國之遺也是其有功于儀禮不可泯也禮記未詳篇數然漢志亦謂自孔壁得之伏生今文盤庚三篇合爲一康王之誥合於顧命安國古文出始分析酒誥召誥率多脫簡劉向以中古文校之始復完備是即其有功于今文尚書亦不可泯也且論其生平固無得而訾議也攷其世系固先聖之嫡派也其從祀烏得而廢諸愚于是有感於漢從祀諸儒矣伏生以尚書二十八篇祀宜也高堂生以儀禮十七篇祀宜也毛萇以傳詩三百五篇祀亦

宜也獨杜子春以周禮后蒼以禮記則有可得而議
焉者杜子春爲劉歆門人永平初尚存能通其讀鄭
衆賈逵往受業焉馬融鄭康成之傳註皆始于此是
以爲有功周禮而不知其功于周禮與杜林之有功
古文尚書差相等耳固未殊絕也何以言之創始者
難爲功繼起者易爲力當秦火絕滅之餘而能存亡
保缺抱聖人之遺經獨傳于世如伏生高堂生之功
豈不爲殊絕哉至王莽亂尚不至如秦火之甚故論
實有功于周禮其惟河間獻王乎河間獻王始開
獻書之路得周官五篇闕其冬官一篇購以千金不
得取考工記以補其處合成六篇奏之藏于祕府哀

帝時劉歆校理祕書始著於錄畧而後有門人杜子春能通其讀遡厥淵源實自獻王故論周禮之功進河間獻王德于兩廡而罷杜子春可也且河間獻王之功亦不細矣據漢志及隋經籍志則禮古經出孔壁者安國得而獻之出於魯淹中者獻王得而獻之孝經十八章獻王所得顏芝之本也見邢昺疏記百三十一篇獻王得七十子後之書也立毛氏詩則毛萇爲之博士立左氏春秋則貫公爲之博士濟濟乎洋洋乎西京之儒者未能或之先也其從祀烏得而舍諸后蒼之從祀在嘉靖九年張孚敬是年尚名璁茲從賜名枋國大正祀典黜戴聖而進后蒼推孚敬之意以春秋三

傳有左氏公羊氏穀梁氏尚書今文有伏生古文有孔安國毛詩有毛公獨三禮儀禮有高堂生周禮有杜子春而禮記有戴聖今戴聖以贓吏見黜不可不思一人以補之於是見藝文志有訖孝宣世后蒼最明戴德戴聖慶普皆其弟子儒林傳有蒼說禮數萬言號曰后氏曲臺記授大戴小戴遂以后蒼者爲有功禮記而祀之不知后蒼之明禮亦明高堂生之儀禮耳其與禮記固絕不相蒙者也今世俗槩以禮記爲曲臺記此語不知何所自來而孚敬亦從而靡甚矣孚敬之不學也鄭康成六藝論謂高堂生以禮授蕭奮奮授孟卿卿授后蒼蒼授戴德戴聖是爲五傳

弟子所傳皆儀禮也又謂戴德傳記八十五篇則今大戴禮記是戴聖傳禮四十九篇則此禮記是禮記之在西漢原不立學官即大小戴所刪亦不見藝文志東漢後馬融盧植鄭康成始各有解詁通爲三禮焉故若論禮記之功雖罷后蒼可也或曰漢儒罷祀皆以過劉向以誦神仙方術罷賈逵以附會圖讖罷馬融以黨附勢家罷何休以註風角等書罷今杜子春后蒼子安得以過而罷之余曰無過者雖罷仍改祀於其鄉若杜子春后蒼者依盧植鄭康成之例祀於鄉可也或曰毛萇爲河間獻王博士屬有君臣之分而並列兩廡間魂魄其能安乎余曰吾思之稔矣子雖

齊聖不先父食則臣雖齊聖不先君食可知也當仍
毛萇于兩廡而進河間獻王德於啟聖祠位次在顏
曾孔孟孫四先賢之下周程朱蔡四先儒之上亦稱
曰先儒可也嗚呼余之爲斯論也自以爲不可復易
昔程敏政當弘治初元上疏議孔子廟庭祀典孰者
當存左氏公羊高穀梁赤伏勝孔安國毛萇高堂生杜子春申棖孰者
當罷戴聖劉向賈逵馬融何休王肅王弼杜預申黨公伯寮秦冉顏何
蘧瑗林放孰者當進后蒼王通胡瑗孰者當改祀於
鄉鄭衆盧植鄭康成服虔范甯蘧瑗林放孰者當遷配於啟
聖顏無繇曾點孔鯉孟孫氏與從祀啟聖程珦朱松
凡三十九人俱不果行逮嘉靖朝張孚敬枋國始一

一如其議以行之論之定者不行之于已猶可行之于人不行之於一時猶可行之於後世如此余之爲斯論也深所望於後之君子哉

按程敏政疏亦謂后蒼有功禮記宜與左氏伏生等一體從祀則張孚敬之誤不獨誤讀漢書亦緣敏政有以先之不特此也以鄭夾漈之博奥猶謂漢世諸儒傳授皆以曲臺雜記故二戴禮在宣帝時立學官周禮儀禮世雖傳其書未有名家者此何異說夢乎篁墩一疏援經據義出入凜如秋霜雖未見行當代猶獲見賞異時故孚敬於其原疏之外所特進者一人歐陽修從前祭酒謝鐸之議

黜革者一人吴澄從今舉人桂華之議從祀啟聖
祠者一人蔡元定愚竊有議焉者歐陽修從祀雖
稱其衛道之功同於韓愈而實以濮園之議合于
已私故孚敬得而進之當嘉靖六年上已欲進歐
陽修緣費宏楊一清不可而止是當日君臣固未
敢毅然行也至孚敬則行之不恤矣吾恐後世之
君子有以議其短長也愚嘗考鄭康成生平與盧
植同無過而植經解已不傳康成尚大顯於世即
其于三禮之功亦不細爲當日計者康成仍宜留
既而思之康成最惑溺緯書緯書起於成哀之後
東京尤盛爲儒宗者正當引聖經以折其妄而反

援以證經是信經不若信讖緯也賈逵以附會圖讖罷矣何休以註風角等書罷矣不罷康成無以服賈何之心改祀於鄉亦可謂得其平者矣凡余議從祀諸儒皆平心易氣不敢有一毫私喜怒於其間良以此質鬼神俟後聖之事也今孚敬以濮議之唾餘一旦膺主眷擅國柄遂敢進其所私喜之人於廟庭而又殺先師之佾舞籩豆爲不同天子名之曰不敢上儗乎事天之禮不知德足配天何不可事以事天之禮乎且成均者天子釋奠尊師之地也以天子尊天子師而用天子禮樂又何不可之有乃孚敬以意爲降殺乎噫孚敬以勢力

壓天下之人俾不敢議其大禮而又欲以勢力壓
萬世之人俾不敢復議其祀典也哉
又按逸禮三十九篇謂唐初猶傳天寶之亂遂燬
於兵出草廬吳氏説不知何所自來獨朱子文集
及語類有唐初其書尚在一語與他語互異因徧
考隋經籍志新舊兩唐志俱無禮古經五十六篇
或逸禮三十九篇之目僅存者今儀禮十七篇而
已賈公彥疏周禮儀禮於鄭註所引逸禮處不能
辨出何書孔穎達疏月令能知所引爲中霤禮大
矣然亦不言具存則可證唐初無現傳之事也安
國壁中所得實止論語孝經尚書禮經四部無禮

記今云然者亦偶本漢志余又曾疑漢志魯共王壞孔子宅一段禮記記字爲衍文或經字之譌因顔注未明故未盡削去實非屬定論也

又按周禮廢興序云王莽時兵災並起劉歆弟子喪亡徒有里人河南緱氏杜子春尚在蓋杜子春乃緱氏縣人非緱爲人氏與杜子春各爲一人隋志譌云河南緱氏及杜子春受業於歆因以教授鄭夾漈因之遂謂禮有緱氏要鈔四卷不知此見隋志及唐經籍志俱爲禮記要鈔注云緱氏撰似是六朝人唐藝文志則名緱氏要鈔六卷爲宋戴顒撰豈東漢初書乎鄭之妄多此類

又按隋志云河間獻王得仲尼弟子及後學者所記一百三十一篇獻之亦謂漢志於此記注云七十子後學者所記蓋七十子既喪源遠而末益分其時之學者各撰所聞故多雜隋志誤會增及字遂畫爲二様人與杜子春同請更證之漢志於王史氏二十一篇下亦注七十子後學者劉向謂王氏史氏六國時人則七十子後學者六字豈有仲尼弟子在内哉

又按以后氏曲臺記爲即今禮記誤實始徐堅等初學記堅云見禮記正義今禮記正義無斯語堅復誤

又按石華峙紫嵐告余子雖齊聖不先父食謂如顏曾子思配饗廟庭而路晳伯魚反下從兩廡之類非謂並列于兩廡者並列兩廡若河間獻王毛萇雖君臣一統於先師之尊左昭右穆如宗廟行列未覺不可余曰蔡元定父子不兩祀之乎紫嵐曰周輔成程珦朱松皆以子貴故宜從祀啟聖若蔡元定自有功聖門非以子後重者仍宜改祀於兩廡可也余曰此說誠是吾爲子識之

又按程珦朱松從祀程篁墩稱其子之學開於父一首識周濂溪于屬吏之中薦以自代而使二子從游一臨没時以朱子託其友胡籍溪而得程氏

之學且珣以不附新法退矣松以不附和議奉祠
矣歷官行已咸有稱述若周輔成者特以萬歷二
十三年湖廣撫按援珣松之例以進案潘興嗣親
爲茂叔友又據其子所次行狀撰墓文並未及輔
成行實一字但云任賀州桂嶺縣令贈諫議大夫
而已其云多善政者疑後人傅會非實竊謂縱實
濂溪不由師傳默契道妙學於其父何與哉而援
珣松例邪罷之爲宜

又按程篁墩議孔子弟子從祀據家語而以史記
所載爲後人附益誤太史公明云弟子籍出孔氏
古文近是家語在唐初已非古本見顏師古注竊

以二書亦未可偏廢史記七十七人有公伯寮秦冉鄡單則家語所無家語亦七十七人別以陳亢琴牢縣亶當其數合而計之整八十人嘉靖九年公伯寮以愬子路沮孔子罷宜矣但秦冉顔何以不載家語罷則大非二人宜復祀且顔何特不見篁墩所據家語而未嘗不載唐小司馬時家語見史記註程氏亦考未詳又兩廡不見有縣亶或以縣亶即鄡單亦非宜補入以合家語如是而孔子所謂受業身通者皆全具矣他若石室圖有蘧伯玉林放申棖篁墩以棖即史記申黨宜存棖去黨合論語蘧伯玉在所嚴事林放止稱魯人未聞在

弟子之列改祀於鄉此則最爲論之持平無庸更

議云

又按七十子之祀既定仍有可議者三一羅從彥

李侗皆萬歷四十一年進今天下學宮尚未通祀

宜詔諭之一朱子門人蔡沈以書集傳進而黃幹

直卿所編喪祭二禮尤精博出蔡上行誼首爲朱

子推重亦宜進一程子門人有楊時朱子門人有

蔡沈豈有曾子高弟公明儀見祭義註者孟子高

弟樂正克見孟子配饗者反在兩廡之外乎誠爲

闕典或曰其位次若何余曰公明儀在先儒左氏

之上樂正克在穀梁氏之下皆稱先儒可也

又按孟子之父孟孫氏孫字宜去方與廟庭亞聖之氏同生平行實無考以孟子之故遷配啟聖祠人無異議則祀典既可上及於父亦可下及於子四配中曾子有子曰曾申字子西集註以爲曾子孫者非賢見孟子宜從祀十哲中子張有子曰申詳賢雖下于子思却與泄柳並亦宜從祀或曰其位次若何余曰公明儀既入此二子當在公明儀之上亦稱先儒蓋儀又子張高弟見檀弓疏

又按李侗從祀周木於成化乙巳曾請於朝不果行後作延平答問序曰自愧寡陋未考元史從祀之詳余案元史祭祀志載宋五賢從祀是至正十

九年胡瑜乞加楊時李侗胡安國蔡沈眞德秀五人名爵從祀廟庭二十二年已準行矣何後正統初仍以胡蔡眞入從祀弘治間謝鐸徐溥疊以楊時爲請議論雖正終不知有勝國已行故典然則明臣之寡陋大抵爾爾竊以如木之能自愧者亦罕其人矣

又按十哲顏子居首顏子旣配饗以曾子當其數而居子夏之下後曾子又升配饗在宋度宗咸淳三年人以爲必有若進矣已而進子張子張不愧也竊思有若終不可屈兩廡但難位置之偶讀王伯厚論語考異曰有若蓋在言語之科宰我子貢

之流亞也以孟子宰我子貢有若智足以知聖人爲斷快哉論也又思兩廡有公西華以孟武伯問仁子路曾晳等侍坐章觀之其政事之才實與由求並豈宜屈此因思當上請於朝廣而爲十二哲如是而德行有三人焉閔子騫冉伯牛仲弓言語亦三人焉宰我子貢有若政事亦三人焉冉有季路公西華文學亦三人焉子游子夏子張或曰子張之屬文學也何居余曰程篁墩議王通胡瑗從祀斷以程朱之言愚則終始斷以孟子子夏子游子張皆有聖人之一體他日子夏子張子游以有若似聖人皆孟子之言也位置正宜於此不然孟

子之言反不若程朱矣
又按王通胡瑗從祀程篁墩斷以程朱之言是已但朱子近思錄第十四卷載論聖賢諸子之語自孔子下十有六人盡入從祀雖荀卿揚雄入而未終終不似諸葛孔明尚闕焉有待者竊以程子稱其爲王佐爲儒者爲庶幾禮樂可謂至矣復討論得陳氏龍正書有云學須靜其旨與寂然不動通乎集衆思其道與舍己從人近乎治世以大德不以小惠罪廢人而人感泣其用與不費不庸不怨協乎持心如秤不爲人輕重所云廓然大公物來順應者與諸葛忠武侯直孟子而後一人以序饗

祀可矣隨之九四次孔明於伊周程子先得我心哉余謂此段尤先得我心即以之作漢諸葛孔明先生從祀議可

又按孔明而外復得一人曰宋范文正公公宜從祀屢爲議者所歸討論得王氏禕書欲脩仲淹並進王氏世貞則欲黜脩而進仲淹誠哉先得我心矣且其年最長生於太宗端拱二年己丑胡瑗少四歲生太宗淳化四年癸巳邵雍生眞宗大中祥符四年辛亥周惇頤生眞宗天禧元年丁巳司馬光生天禧三年己未張載生天禧四年庚申程顥生仁宗明道元年壬申頤二年癸酉楊時生仁宗

皇祐五年癸巳羅從彦生神宗熙寧五年壬子胡安國生熙寧七年甲寅李侗生哲宗元祐八年癸酉然後及朱及張及呂一以齒所謂異代者既以序朝而同代者自宜序齒一也或曰聖門重道不重齒果爾朱子不應列宋之第十三或曰以從祀時先後序果爾胡瑗在明嘉靖始入又不應突列周程前凡此皆禮之無可疑者

又按從祀已入而復罷者皆各以其一實事獨荀卿生平無可以僅以議論曰性惡是也愚敢援荀卿之例及王陽明陽明生平亦無可以亦僅以議論曰無善無惡是也辨無善無惡者衆矣而莫善

於萬歷間顧高二公顧端文憲成謂佛學三藏十二部五千四十八卷一言以蔽之曰無善無惡七佛偈了然矣故取要提綱力剖四字又以辨四字於告子易辨四字於佛氏難以告子之見性麤而佛氏之見性微也辨四字於佛氏易辨四字於陽明難在佛氏自立空宗在吾儒則陰壞實教也其言曰自古聖人教人爲善去惡而已爲善爲其固有也去惡去其本無也本體如是工夫如是其致一而已矣陽明豈不教人爲善去惡乎然既曰無善無惡而又曰爲善去惡學者執其上一語不得不忽下一語也何者心之體無善無惡則凡所謂

善與惡皆非吾之所固有矣皆非吾之所固有則皆情識之用事矣皆情識之用事皆不免爲本體之障矣將擇何者而爲之未也心之體無善無惡則凡所謂善與惡皆非吾之所得有矣皆非吾之所得有則皆感遇之應迹矣皆感遇之應迹則皆不足爲本體之障矣將擇何者而去之猶未也心之體無善無惡吾亦無善無惡已耳若擇何者而爲之便未免有善在若擇何者而去之便未免有惡在若有善有惡便非所謂無善無惡矣陽明曰四無之說爲上根人立教四有之說爲中根以下人立教是陽明且以無善無惡掃却爲善去惡矣

既已掃之猶欲留之縱曰爲善去惡之功自初學至聖人究竟無盡彼直見以爲是權教非實教也其誰肯聽既已拈出一箇虛寂又恐人養成一箇虛寂縱重重教戒重重屬付彼直見以爲是爲衆人說非爲吾輩說也又誰肯聽夫何故欣上而厭下樂易而苦難人情大抵然也投之以所欣而復困之以所厭畀之以所樂而復攖之以所苦必不行矣故曰惟其執上一語雖欲不忽下一語而不可得至於忽下一語其上一語雖欲不弊而不可得也羅念菴曰終日談本體不說工夫纔拈工夫便以爲外道使陽明復生亦當攢眉王塘南曰心

意知物皆無善無惡此語殊未穩學者以虛見爲實悟必依憑此語如服鴆毒未有不殺人者海内有號爲超悟而竟以破戒負不韙之名于天下正以中此毒而然也且夫四無之說主本體言也陽明方曰是接上根人法而識者至等之于鴆毒四有之說主工夫言也陽明第曰是接中根以下人法而昧者遂等之於外道然則陽明再生目擊玆弊將有摧心扼腕不能一日安者何但攢眉已乎

高忠憲攀龍作方學漸性善繹序曰名性曰善自孟子始吾徵之孔子所成之性即所繼之善也名善曰無自告子始吾無徵焉竺乾氏之說似之至

王陽明始以心體爲無善無惡心體即性也今海内反其説而復之古者桐城方本菴及吾邑顧涇陽方謂天泉證道乃王龍溪之言託於先師陽明攀龍不敢知竊以陽明所爲善非性善之善何則彼謂有善有惡者意之動則是以善屬之意也其所謂善第曰善念云而已所謂無善第曰無念云而已吾以善爲性彼以善爲念也吾以善自人生而靜以上彼以善自五性感動而後也故曰非吾所謂性善之善也吾所謂善元也萬物之所資始而資生也烏得而無之故無善之説不足以亂性而足以亂教善一而已矣一之而一元萬之而萬

行爲物不二者也天下無無念之心患其不一於善耳一於善即性也今不念於善而念於無無亦念也若曰患其著焉著於善著於無一著也著善則拘著無則蕩拘與蕩之患倍蓰無算故聖人之教必使人格物物格而善明則有善而無著今懼其著至夸善於惡而無之人遂將視善如惡而去之大亂之道也故曰足以亂教此方君所憂而性善繹所以作也善乎方君之言曰見爲善邑邑皆善故能善天下國家見爲空邑邑皆空不免空天下國家見之異則體之異體之異則用之異此毫釐千里之判也嗚呼古之聖賢曰止善曰明善曰

擇善曰積善蓋懇懇焉今以無之一字掃而空之非不教爲善也既無之矣又使爲之是無食而使食也人欲横流如水之建瓴而下語之爲善千夫隄之而不足語之無善一夫決之而有餘悲夫

又按陽明之學出于象山象山生平亦無可以亦當以其議論曰顏子爲不善學是也此語果是則孔子爲非孔子不非則此語殆無忌憚且荀卿之所以疵者在言性惡與孟子相反反孟子者既去反孔子者顧可晏然而已乎程子曰既不識性更說甚道余亦謂既不識顏子而輕詆之豈眞讀孟子而有得耶不過取其便於己似己處標以爲宗

不罷象山亦無以服荀卿之心曾戲語古人生平有三多揚子雲多却一莽大夫吴草廬多却咸淳間舉進士與李易安多一張汝舟均爲終身瑕不然此二大儒者第取以言功于聖門在漢勝董仲舒元勝許魯齋孰得而撤其俎豆兩廡之席哉

又按陳氏龍正書言孔廟祀典損益更宜得中成化中增定舞佾八籩豆十二以益爲尊者也嘉靖初易像爲主易王稱師以損爲尊者也像非華教而王號不足以極隆惟師之尊直與親並雖天子可以北向而事之故嘉靖之損與成化之益實相成也即更大成殿爲先師廟亦以神明之禮事之

豈以廟之稱爲替於殿也帝王所居生稱殿死稱廟故曰清廟曰世廟曰太廟皆神明之也大内寢室有殿子孫祀其先以生人之道也今孔子萬世公共之師神明之宜也何必如子孫之祀先哉惟兼損佾舞籩豆之數果當日言禮者迎附之失應如王世貞議復其舊然世貞當日之請所以不行者亦以未闡損益之原在祭之者而不在所祭者禮父爲士子爲大夫葬以士祭以大夫師弟子之義即父子可通也孔子布衣也而祭之於太學者天子也天子北面而拜饗之矣顧以所祭者布衣而不可八佾乎然則孔子生時固未爲諸侯王也

雖六佾豈其所固有哉故佾之八也籩豆之十二也爲天子主祭而特隆之於太學者也（此說非成化十二年增籩豆佾舞時詔通行天下）非以帝禮追隆先師也若以帝郡邑且不得槩祭矣其說爲吾所已及者言四配切近聖座皆稱子蓋以後人致敬前賢不以生時師前弟名祖前孫名之禮拘也由是言之則閔冉游夏之徒侍饗殿側即兩廡之羣高第弟子及後世名儒其上皆冠以先賢先儒則莫非後人致敬前賢之禮矣若猶呼名於義未合宜如論語記例路貢游夏及羣弟子悉以字稱如先賢子羽澹臺氏子賤宓氏後世諸賢有謚者則舉而加之如先儒

仲淹文中子王氏退之文公韓氏宋儒道高者自
昔稱六子崇禎朝已特子之入本朝則敬軒薛文
清公敬齋胡文敬公之類古者大臣沒則錫諡正
以易名爲之諱也今以後世廟祀昔賢反不爲諱
於義安乎唯大學則天子所視本朝從祀諸先生
當特於諡前稱名如云先儒薛瑄諡文清胡居仁
諡文敬之位蓋以君臨臣不宜字也用下敬上謂
之貴貴此爲諸先生體尊主之心也或曰當其爲師
則弗臣也天子批答章疏時呼輔臣爲先生御經
筵呼講官爲先生皆不以名朝夕供職猶見敬禮
若是況乎列食文廟號躋往哲何必名之第曰先

儒薛先生謚文清胡先生謚文敬是則用上敬下謂之尊賢體天子重道之心也於先代字之子之於本朝名不名兩著其義惟所取裁言亦可錄獨又言左不以字顯權且稱名不知邱明非左氏也高堂生名字偕亡不知伯其字也見謝承後漢書

又按甲戌首春交王復禮草堂于錢塘示余文廟祀典十四議內一議實爲吾說所未及者錄之略曰宋洪邁言孔門高弟顏既配享曾復居堂而二賢之父乃列從祀子處父上神靈未安元熊禾言宜别立一祠祀聖父叔梁紇而以顏曾孔孟四氏侑食如此則可以示有尊而教民孝矣明嘉靖間

果如其議三賢遷配啟聖其以爲從此類推孔忠非夫子之兄子乎公冶長非以子妻者乎南容非以兄之子妻者乎今尚列兩廡子思之神其能安乎不若遷三賢亦配啟聖則伯魚子蔑兄弟也皆啟聖之孫公冶子長南宮子容姻婭也皆啟聖之孫壻分同誼合配享一堂位在先賢孟氏宜改稱子方合先賢稱子之例之上可也

又按余考得牛弘列傳弘有明堂議云案劉向別錄及馬宮蔡邕所見當時有古文明堂禮王居明堂禮其書皆亡莫得而正王居明堂禮正三十九篇之一康成引入禮註者蔡又前于康成故亦引

入明堂月令論弘云書亡是至隋已不傳亦何怪經籍志無其目也朱子謂五十六篇禮不知何代何年失了可惜猶未考及此有曾謂余此疏證自鄭康成來所未有惜朱紫陽不得見之者蓋亦有以夫

或謂予子既欲近罷陽明遠罷象山則居於兩公之間如白沙者亦應在所罷矣予曰然亦以議論白沙詩有云起憑香几讀楞嚴又云天涯放逐渾閒事消得金剛一部經生平所學固已和盤託出不爲遮藏較陽明予猶覺其本色竊以儒如胡安定雖麤然尚守儒之藩籬如陸與陳與王雖深却

陰壞儒之壼奧故一在莫敢廢一在必當罷即陳氏龍正贊昌黎亦只曰麤麤守正

或又謂明從祀僅存文清敬齋矣如斯而已乎予曰近討論得四先生學約爲薛爲胡爲羅爲高曰薛文清以純粹之資加刻厲之學讀書一錄力明復性之旨胡敬齋認定一敬以接聖學之傳羅整菴當心學盛行狂瀾鼎沸違摘金谿新會以正其源近攻姚江增城以塞其流視薛胡兩先生力鉅而心苦矣高忠憲一代正骨力肩斯道凡於學脉幾微曲折辨析不漏毫芒靈心玅筆又足發之蓋四先生者羽翼宋五子者也竊以明如整菴忠憲

當續入從祀
又按兩廡先賢先儒位次後多凌躐或具疏或私著論皆以亟請釐正以妥在廟之靈爲言誠不可已蓋緣有遷者改者黜者西多於東於是西之先儒左氏則躐於東之先賢秦非之上西之漢儒孔安國則躐於東之周儒穀梁赤之上甚且以弟而先兄程頤之于顥是也以南宋而先北宋朱熹于司馬光是也他若此尚衆愚謂須俟上所議進者悉進無遺賢罷者悉罷無幸位然後一堂之上首四配少次十二哲兩廡之閒先先賢若干人次先儒若干人東西對敘逐位遞遷一依其朝代及齒

不必拘昭常爲昭穆常爲穆如宗廟之制斯可稱
不刊之典
又按山陽縣學廟新成籩豆放失如式更製有以
其數來徵余者余漫據續文獻通考載明初司府
州縣衛學禮學如太學答之禮謂籩豆當時循元
制籩豆各以十也又據成化十二年九月允周洪
謨再疏請籩豆增爲十二六佾增爲八通行天下
通行天下不止國學皆用十二籩豆可知今當嘉
靖降殺後仍宜以十楊開沅用九閳而以明會典
所載來曰嘉靖九年令南京國子監祭用十籩十
豆天下府州縣學八籩八豆樂舞各止六佾禮固

有差等矣爲之憮然要他日國學復成化制時府州縣學降以十固所甘心爾

尚書古文疏證卷八終

朱子古文書疑

太原後學閻詠復申甫輯

語類四十七條

尚書一

孔壁所出尚書如禹謨五子之歌胤征泰誓武成冏命微子之命蔡仲之命君牙等篇皆平易伏生所傳皆難讀如何伏生偏記得難底至於易底全記不得此不可曉如當時誥命出於史官屬辭須說得平易若盤庚之類再三告戒者或是方言或是當時曲折說話所以難曉人傑○以下論古今文

伏生書多艱澀難曉孔安國壁中書却平易易曉或

者謂伏生口授女子故多錯誤此不然古今書傳中所引書語已皆如此不可曉僩問如史記引周書將欲取之必固與之之類此必非聖賢語曰此出於老子疑當時自有一般書如此故老子五千言皆緝綴其言取其與己意合者則入之耳 僩

問林少穎說盤誥之類皆出伏生如何曰此亦可疑蓋書有古文有今文今文乃伏生口傳古文乃壁中之書禹謨說命高宗肜日西伯戡黎泰誓等篇凡易讀者皆古文況又是科斗書以伏生書字文攷之方讀得豈有數百年壁中之物安得不訛損一字又却是伏生記得者難讀此尤可疑今人作全書解必不

是大雅

伯豐問尚書古文今文有優劣否曰孔壁之傳漢時却不傳只是司馬遷曾師授如伏生尚書漢世却多傳者鼂錯以伏生不曾出其女口授有齊音不可曉者以意屬成此載於史者及觀經傳及孟子引享多儀出自洛誥却無差只疑伏生偏記得難底却不記得易底然有一說可論難易古人文字有一般如今人書簡說話雜以方言一時記錄者有一般是做出告戒之命者疑盤誥之類是一時告語百姓盤庚勸諭百姓遷都之類是出於記錄至於蔡仲之命微子之命冏命之屬或出當時做成底詔誥文字如後世

朝廷詞臣所爲者然更有脱簡可疑處蘇氏傳中於
乃洪大誥治之下略考得些小胡氏皇王大紀考究
得康誥非周公成王時乃武王時蓋有孟侯朕其弟
小子封之語若成王則康叔爲叔父矣又其中首尾
只稱文考成王周公必不只稱文考又有寡兄之語
亦是武王與康叔無疑如今人稱劣兄之類又唐叔
得禾傳記所載成王先封唐叔後封康叔決無姪先
叔之理吴才老又考究梓材只前面是告戒其後都
稱王恐自是一篇不應王告臣下不稱朕而自稱王
耳兼酒誥亦是武王之時如此則是斷簡殘編不無
遺漏今亦無從考正只得於言語句讀中有不可曉

者闕之又問壁中之書不及伏生書否曰如大禹謨又却明白條暢雖然如此其間大體義理固可推索但於不可曉處闕之而意義深遠處自當推究玩索之也然亦疑孔壁中或只是畏秦焚坑之禍故藏之壁間大槩皆不可考矣按家語後云孔騰字子襄畏秦法峻急乃藏尚書於孔子舊堂壁中又漢史記尹敏傳云孔鮒所藏○㽦

伯豐問尚書未有解曰便是有費力處其間用字亦有不可曉處當時爲伏生是濟南人鼂錯却潁川人止得於其女口授有不曉其言以意屬讀然而傳記所引却與尚書所載又無不同只是孔壁所藏者皆易曉伏生所記者皆難曉如堯典舜典臯陶謨益稷

出於伏生便有難曉處如載采采之類大禹謨便易曉如五子之歌滑征有甚難記却記不得至如泰誓武成皆易曉只牧誓中便難曉如五步六步之類如大誥康誥夾著微子之命穆王之時冏命君牙易曉到呂刑亦難曉因甚只記得難底却不記得易底便是未易理會㽦

包顯道舉所看尚書數條先生曰諸誥多是長句如君奭弗永遠念天威越我民罔尤違只是長句越只是及罔尤違是總說上天與民之意漢藝文志注謂誥是曉諭民若不速曉則約束不行便是誥辭如此只是欲明易曉顯道曰商書又却較分明曰商書亦

只有數篇如此盤依舊難曉曰盤却好曰不知怎生地盤庚抵死要恁地遷那都若曰有水患也不曾見大故爲害曰他不復更說那事頭只是當時小民被害而大姓之屬安於土而不肯遷故說得如此曰大槩伏生所傳許多皆聱牙難曉分明底他又却不曾記得不知怎生地顯道問先儒將十一年十三年等合九年說以爲文王稱王不知有何據曰自太史公以來皆如此說了但歐公力以爲非東坡亦有一說但書說惟九年大統未集予小子其承厥志却有這一箇痕瑕或推泰誓諸篇皆只稱文考至武成方稱王只是當初三分天下有其二以服事殷也只是羈

麽那事體自是不同了。義剛

書有兩體：有極分曉者，有極難曉者。某恐如盤庚、周誥、多方、多士之類，是當時召之來而面命之，面教告之，自是當時一類說話。至於旅獒、畢命、微子之命、君陳、君牙、冏命之屬，則是當時修其辭命，所以當時百姓都曉得者，有今時老師宿儒之所不曉。今人之所不曉者，未必不當時之人却識其辭義也。道夫

書有易曉者，恐是當時做底文字，或是曾經修飾潤色來；其難曉者，恐只是當時說話。蓋當時人說話自是如此，當時人自曉得，後人乃以爲難曉爾。若使古人見今之俗語，却理會不得也。以其間頭緒多，若去

做文字時說不盡故只直記其言語而已 廣

尚書諸命皆分曉蓋如今制誥是朝廷做底文字諸誥皆難曉蓋是時與民下說話後來追錄而成之典謨之書恐是曾經史官潤色來如周誥等篇恐只似如今榜文曉諭俗人者方言俚語隨地隨時各自不同林少穎嘗曰如今人即日伏惟尊候萬福使古人聞之亦不知是何等說話 人傑

尚書中盤庚五誥之類實是難曉若要添減字硬說將去儘得然只是穿鑿終恐無益耳 時舉

道夫請先生點尚書以幸後學曰某今無工夫曰先生於書既無解若更不點則句讀不分後人承舛聽

訛卒不足以見帝王之淵懿曰公豈可如此說焉知後來無人道夫再三請之曰書亦難點如大誥語句甚長今人卻都碎讀了所以曉不得某嘗欲作書說竟不曾成如制度之屬祇以疏文爲本若其他未穩處更與挑剔令分明便得又曰書疏載在璇璣玉衡處先說箇天今人讀著亦無甚緊要以某觀之若看得此則亦可以麤想像天之與日月星辰之運進退疾遲之度皆有分數而歷數大槩亦可知矣道夫○讀尚書法

二典三謨其言奥雅學者未遽曉會後面盤誥等篇又難看且如商書中伊尹告太甲五篇說得極切其

所以治心修身處雖爲人主言然初無貴賤之别宜
取細讀極好今人不於此等處理會却只理會小序
某看得書小序不是孔子自作只是周秦間低手人
作然後人亦自理會他本義未得且如臯陶矢厥謨
禹成厥功帝舜申之申重也序者本意先説臯陶後
説禹謂舜欲令禹重説故將申字係禹字蓋伏生書
以益稷合於臯陶謨而思曰贊贊襄哉與帝曰來禹
汝亦昌言禹拜曰俞帝予何言予思日孜孜相連申
之二字便見是舜令禹重言之意此是序者本意今
人都不如此説説得雖多皆非其本意也又曰以義
制事以禮制心此是内外交相養法事在外義由内

制心在内禮由外作銖問禮莫是攝心之規矩否曰禮只是這箇禮如顏子非禮勿視聽言動之類皆是也又曰今學者别無事只要以心觀衆理理是心中所有常存此心以觀衆理只是此兩事耳銖

問可學近讀何書曰讀尚書曰尚書如何看曰須要考歷代之變曰世變難看唐虞三代事浩大闊遠何處測度不若求聖人之心如堯則考其所以治民舜則考其所以治君且如湯誓湯曰予畏上帝不敢不正熟讀豈不見湯之心大抵尚書有不必解者有須着意解者不必解者如仲虺之誥太甲諸篇只是熟讀義理自分明何俟於解如洪範則須着意解如典

謨諸篇辭稍雅奥亦須略解若如盤庚諸篇已難解而康誥之屬則已不可解矣昔日伯恭相見語之以此渠云亦無可闕處因語之云若如此則是讀之未熟後二年相見云誠如所說可學

問讀尚書欲裒諸家說觀之如何先生歷舉王蘇程陳林少穎李叔易十餘家解訖却云便將衆說看未得且讀正文見箇意思了方可如此將衆說看書中易曉處直易曉其不可曉處且闕之如盤庚之類非特不可曉便曉了亦要何用如周誥諸篇周公不過是說周所以合代商之意是他當時說話其間多有不可解者亦且觀其大意所在而已又曰有功夫時

更宜觀史必大

語德粹云尚書亦有難看者如微子等篇讀至此且認微子與父師少師哀商之淪喪已將如何其他皆然若其文義知他當時言語如何自有不能曉矣可學

書序恐不是孔安國做漢文麤枝大葉今書序細膩只是六朝時文字小序斷不是孔子做義剛○論孔序

漢人文字也不喚做好却是麤枝大葉書序細弱只是魏晉人文字陳同父亦如此說

尚書注并序某疑非孔安國所作蓋文字善困不類西漢人文章亦非後漢之文或言趙岐孟子序却自好曰文字絮氣悶人東漢文章皆然僩

尚書決非孔安國所註蓋文字困善不是西漢人文章安國漢武帝時文章豈如此但有太麤處決不如此困善也如書序做得善弱亦非西漢人文章也卓

尚書孔安國傳此恐是魏晉間人所作託安國爲名與毛公詩傳大段不同今觀序文亦不類漢文章漢時文字麤魏晉間文字細如孔叢子亦然皆是那一時人所爲廣

孔安國尚書序只是唐人文字前漢文字甚次第司馬遷亦不曾從安國授尚書不應有一文字軟即當地後漢人作孔叢子者好作僞書然此序亦非後漢時文字後漢文字亦好揚

孔氏書序不類漢文似李陵荅蘇武書因問董仲舒

三策文氣亦弱與鼂賈諸人文章殊不同何也曰仲舒爲人寬緩其文亦如其人大抵漢自武帝後文字要入細皆與漢初不同必大

傳之子孫以貽後代漢時無這般文章義剛

孔安國解經最亂道看得只是孔叢子等做出來泳○

論孔傳

其嘗疑孔安國書是假書如毛公詩如此高簡大段爭事漢儒訓釋文字多是如此有疑則闕今此却盡釋之豈有千百年前人說底話收拾於灰燼屋壁中與口傳之餘更無一字訛舛理會不得兼小序皆可疑堯典一篇自說堯一代爲治之次序至讓于舜方

止今却說是讓于舜後方作舜典亦是見一代政事之終始却說歷試諸艱是爲要受讓時作也至後諸篇皆然況先漢文章重厚有力量今大序格致極輕疑是晉宋間文章況孔書至東晉方出前此諸儒皆不曾見可疑之甚大雅

尚書小序不知何人作大序亦不是孔安國作怕只是撰孔叢子底人作文字軟善西漢文字則麤大夔孫

○論小序

書小序亦非孔子作與詩小序同廣

書序是得書於屋壁已有了想是孔家人自做底如孝經序亂道那時也有了燾

書序不可信伏生時無之其文甚弱亦不是前漢人文字只是後漢末人又書亦多可疑者如康誥酒誥二篇必定武王時書人只被作洛事在前惑之如武王稱寡兄朕其弟却甚正梓材一篇又不知何處錄得來此與他人言皆不領嘗與陳同甫言陳曰每常讀亦不覺今思之誠然

徐彥章問先生却除書序不以冠篇首者豈非有所疑於其間耶曰誠有可疑且如康誥第述文王不曾說及武王只有乃寡兄是說武王又是自稱之詞然則康誥是武王誥康叔明矣但緣其中有錯說周公初基處遂使序者以爲成王時事此豈可信徐曰然

則殷地武王既以封武庚而使三叔監之矣又以何處封康叔曰既言以殷餘民封康叔豈非封武庚之外將以封之乎又曾見吳才老辨梓材一篇云後半截不是梓材緣其中多是勉君乃臣告君之詞未嘗如前一截稱王曰又稱汝爲上告下之詞亦自有理壯祖

問序云聰明文思經作欽明文思如何曰小序不可信問恐是作序者見經中有欽明文思遂改換欽字作聰字否曰然

大禹謨序帝舜申之序者之意見書中臯陶陳謨了帝曰來禹汝亦昌言故先説臯陶矢厥謨禹成厥功

帝又使禹亦陳昌言耳今書序固不能得書意後來
說書者又不曉序者之意只管穿鑿求巧妙爾廣
書中迪字或解爲蹈或解爲行疑只是訓順字書曰
惠迪吉從逆凶惟影響逆對順恐只當訓順也兼書
中迪字用得本皆輕棐字只與匪同被人錯解作輔
字至今誤用只顔師古注漢書曰棐與匪同其疑得
之尚書傳是後來人做非漢人文章解得不成文字
但後漢張衡已將棐字作輔字使不知如何王若曰
周公若曰只是一似如此說底意思若漢書皇帝若
曰之類蓋是宣導德意者敷演其語或錄者失其語
而退記其意如此也忱諶並訓信如云天不可信張

元德問惟幾惟康其弼直東萊解幾作動康作靜如何曰理會不得伯恭說經多巧良久云恐難如此說問元德尋常看予克厥宅心作存其心否曰然曰若說三有俊心三有宅心曰三有宅三有俊則又當何如此等處皆理會不得解得這一處礙了那一處若逐處自立說解之何書不可通良久云宅者恐是所居之位是已用之賢俊者是未用之賢也元德問予欲聞六律五聲八音在治忽以出納五言汝聽曰亦不可曉漢書在治忽作七始詠七始如七均之類又如工以納言時而颺之格則承之庸之否則威之一段上文說欽四鄰庶頑讒說若不在時侯以明之撻

以記之書用識哉欲並生哉皆不可曉如命龍之辭亦曰朕堲讒說殄行震驚朕師命汝作納言夙夜出納朕命惟允皆言讒說此須是當時有此制度今不能知又不當杜撰胡說只得置之元德謂俟以明之撻以記之乃是賞罰曰既是賞罰當别有施設如何只靠射豈有無狀之人纔射得中便爲好人乎元德問五言東萊釋作君臣民事物之言曰君臣民事物是五聲所屬如宮亂則荒其君驕宮屬君最大羽屬物最小此是論聲若商放緩便是宮聲尋常琴家最取廣陵操以其觀之其聲最不和平有臣陵其君之意出納五言却恐是審樂知政之類如此作五言說

亦頗通又云納言之官如漢侍中今給事中朝廷誥
令先過後省可以封駁元德問孔壁所傳本科斗書
孔安國以伏生所傳爲隸古定如何曰孔壁所傳平
易伏生書多難曉如堯典舜典臯陶謨益稷是伏生
所傳有方鳩僝功載采采等語不可曉大禹謨一篇
却平易又書中點句如天降割于我家不少延用寧
王遺我大寶龜圻父薄違農父若保宏父定辟與古
注點句不同又舊讀罔或耆壽俊在厥服作一句今
觀古記款識中多云俊在位則當於壽字絕句矣又
問盤庚如何曰不可曉如古我先王將多于前功適
于山用降我凶德嘉績于朕邦全無意義又當時遷

都更不明說遷之爲利不遷之爲害如中篇又說神說鬼若使如今誥命如此好一場大鶻突尋常讀尚書讀了太甲伊訓咸有一德便着鞭過盤庚却看說命然高宗肜日亦自難看要之讀尚書可通則通不可通姑置之人傑

尚書二

問勝殷殺受之文是如何曰看史記載紂赴火死武王斬其首以懸于旌恐未必如此書序某看來煞有疑相傳都說道夫子作未知如何賀孫

凡數自一至五五在中自九至五五亦在中戴九履一左三右七五亦在中又曰若有前四者則方可以

建極一五行二五事三八政四五紀是也後四者却
自皇極中出三德是皇極之權人君所嚮用五福所
威用六極此曾南豐所說諸篇所說惟此說好又曰
皇君也極標準也皇極之君常滴水滴凍無一些不
善人却不齊故曰不協于極不罹于咎天子作民父
母以爲天下王此便是皇建其有極又曰尚書前五
篇大槩易曉後如甘誓胤征伊訓太甲咸有一德說
命此皆易曉亦好此是孔氏壁中所藏之書又曰看
尚書漸漸覺曉不得便是有長進若從頭至尾解得
便是亂道高宗肜日是最不可曉者西伯戡黎是稍
稍不可曉者太甲大故亂道故伊尹之言緊切高宗

稍稍聰明故說命之言細膩又曰讀尚書有一箇法半截曉得半截曉不得曉得底看曉不得底且闕之不可彊通彊通則穿鑿又曰敬敷五教在寬只是不急迫慢慢地養他　節

書中可疑諸篇若一齊不信恐倒了六經如金縢亦有非人情者雨反風禾盡起也是差異成王如何又恰恨去啟金縢之書然當周公納策于匱中豈但二公知之盤庚更沒道理從古相傳來如經傳所引用皆此書之文但不知何故說得都無頭且如今告諭民間一二字做得幾句如此他曉得曉不得只說道要遷更不說道自家如何要遷如何不可以不遷萬

民因甚不要遷要得人遷也須說出利害今更不說呂刑一篇如何穆王說得散漫直從苗民蚩尤爲始作亂說起若說道都是古人元文如何出於孔氏者多分明易曉出於伏生者都難理會賀孫

惟三月哉生魄一段自是脫落分曉且如朕弟寡兄是武王自告康叔之辭無疑蓋武王周公康叔同叫作兄豈應周公對康叔一家人說話安得叫武王作寡兄以告其弟乎蓋寡者是向人稱我家我國長上之辭也只被其中有作新大邑于周數句遂牽引得序來作成王時書不知此是脫簡且如梓材是君戒臣之辭而後截又皆是臣戒君之辭要之此三篇斷

然是武王時書若是成王不應所引多文王而不及武王且如今人才說太祖便須及太宗也又曰其嘗疑書注非孔安國作蓋此傳不應是東晉方出其文又皆不甚好不是西漢時文義剛

問周誥辭語艱澀如何看曰此等是不可曉林文說艾軒以爲方言曰只是古語如此竊意當時風俗恁地說話人便都曉得如這物事喚做這物事今風俗不喚做這物事便曉他不得如蔡仲之命君牙等篇乃當時與士大夫語似今翰林所作制誥之文故甚易曉如誥是與民語乃今官司行移曉諭文字有帶時語在其中今但曉其可曉者不可曉處則闕之可

也如詩景員維河上下文皆易曉却此一句不可曉又如三壽作朋三壽是何物歐陽公記古語亦有三壽之說想當時自有此般說話人都曉得只是今不可曉問東萊書說如何曰說得巧了向常問他有疑處否曰都解得通到兩三年後再相見曰儘有可疑者 淳○義剛錄云問五誥辭語恁地促如何曰這般的不可曉林擇之云艾軒以爲方言曰亦不是方言只是古語如此云云

安卿問君牙冏命等篇見得穆王氣象甚好而後來乃有車轍馬跡馳天下之事如何曰此篇乃內史太史之屬所作猶今之翰林作制誥然如君陳周官蔡仲之命微子之命等篇亦是當時此等文字自有箇

格子首呼其名而告之末又爲嗚呼之辭以戒之篇篇皆然觀之可見如大誥梓材多方多士等篇乃當時編人君告其民之辭多是方言如卬字即我字沈存中以爲秦語平音而謂之卬故諸誥等篇當時下民曉得而今士人不曉得如尚書尚衣尚食尚乃守主之意而秦語作平音與常字同諸命等篇今士人以爲易曉而當時下民却曉不得義剛

詩一

因論詩歷言小序大無義理皆是後人杜撰先後增益湊合而成多就詩中採摭言語更不能發明詩之大旨纔見有漢之廣矣之句便以爲德廣所及才見

有命彼後車之言便以爲不能飲食教載行葦之序但見牛羊勿踐便謂仁及草木但見戚戚兄弟便謂親睦九族見黃耇台背便謂養老見以祈黃耇便謂乞言見介爾景福便謂成其福祿隨文生義無復論理卷耳之序以求賢審官知臣下之勤勞爲后妃之志事固不倫矣況詩中所謂嗟我懷人其言親暱太甚寧后妃所得施於使臣者哉桃夭之詩謂婚姻以時國無鰥民爲后妃之所致而不知其爲文王刑家及國其化固如此豈專后妃所能致耶其他變風諸詩未必是刺者皆以爲刺未必是言此人必附會以爲此人桑中之詩放蕩留連止是淫者相戲之辭豈

有刺人之惡而反自陷于流蕩之中子衿詞意輕儇亦豈刺學校之辭有女同車等皆以爲刺忽而作鄭忽不娶齊女其初亦是好的意思但見後來失國便將許多詩盡爲刺忽而作考之於忽所謂淫昏暴虐之類皆無其實至遂目爲狡童豈詩人愛君之意況其所以失國正坐柔懦闊疏亦何狡之有幽厲之刺亦有不然甫田諸篇凡詩中無詆譏之意者皆以爲傷今思古而作其他謬誤不可勝說後世但見詩序巍然冠於篇首不敢復議其非至有解說不通多爲飾辭以曲護之者其誤後學多矣大序却好或者謂補湊而成亦有此理書小序亦未是只如堯典舜典

便不能通貫一篇之意堯典不獨爲遜舜一事舜典到歷試諸艱之外便不該通了其他書序亦然至如書大序亦疑不是孔安國文字大抵西漢文章渾厚近古雖董仲舒劉向之徒言語自別讀書大序便覺軟慢無氣未必不是後人所作也 謨

詩二

江疇問狡童刺忽也言其疾之太重曰若以當時之暴斂于民觀之爲言亦不爲重蓋民之於君聚則爲君臣散則爲仇讎雖如孟子所謂君之視臣如草芥則臣視君如寇讎是也然詩人之意本不如此何曾言狡童是刺忽而序詩者妄意言之致得人如此說

聖人言鄭聲淫者蓋鄭人之詩多是言當時風俗男女淫奔故有此等語狡童想說當時之人非刺其君也又曰詩辭多是出於當時鄉談鄙俚之語雜而爲之如鴟鴞云拮居捋荼之語皆此類也又曰此言乃周公爲之周公不知其人如何然其言皆聱牙難考如書中周公之言便難讀如立政君奭之篇是也最好者惟無逸一書中間用字亦有譸張爲幻之語至若周官蔡仲等篇却是官樣文字必出於當時有司潤色之文非純周公語也又曰古人作詩多有用意不相連續如嘒彼小星三五在東釋者皆云小星者是在天至小之星也三五在東者是五緯之星應在

於東也其言全不相貫卓

老莊

問孟子與莊子同時否曰莊子後得幾年然亦不爭多或云莊子都不說著孟子一句曰孟子平生足跡只齊魯滕宋大梁之間不曾過大梁之南莊子自是楚人想見聲聞不相接大抵楚地便多有此樣差異底人物學問所以孟子說陳良云云曰如今看許行之說如此鄙陋當時亦有數十百人從他是如何曰不特此也如莊子書中說惠施鄧析之徒與夫堅白異同之論歷舉其說是甚麼學問然亦自名家或云他恐是借此以顯理曰便是禪家要如此凡事須要倒說

如所謂不管夜行投明要到如人上樹口銜樹枝手足懸空却要答話皆是此意廣云通鑑中載孔子順與公孫龍辨說數語似好冂此出在孔叢子其他說話又不如此此書必是後漢時人撰者若是古書前漢時又都不見說是如何其中所載孔安國書之類其氣象萎薾都不似西京時文章廣

雷擊所在只一氣滚來間有見而不爲害只緣氣未掤裂有所擊者皆是已發蔡季通云人於雷所擊處收得雷斧之屬是一氣擊後方始結成不是將這箇來打物見人拾得石斧如今斧之狀似細黃石因說道士行五雷法先生曰今極卑陋是道士許多說話

全亂道蔡云禪家又勝似他曰禪家已是九分亂道
細看便把作大學中庸看了曰大學中庸且過一邊
公恁地說了主張史記人道如何大凡看文字只看
自家心下先自偏曲了看人說甚麽事都只入這意
來如大路看不見只行下偏蹊曲徑去如分明大字
不看却只看從罅縫四旁處去如字寫在上面不看
却就字背後面看如人眼自花了看見眼前物事都
差了便說道即恁地蔡云不平心看文字將使天地
都易位了曰道理只是這一箇道理但看之者情僞
變態言語文章自有千般萬樣合說東却說西合說
這裏自說那裏都自將自家偏曲底心求古人意又

云如太史公說話也怕古人有這般人只自家心下不當如此將臨川何言江黙之事觀之說道公羊穀梁是姓姜人一手做也有這般事尚書序不似孔安國作其文軟弱不似西漢人文西漢文麤豪也不似東漢人文東漢人文有骨肋也不似東晉人文東晉如孔坦疏也自得他文是大段弱讀來却宛順是做孔叢子的人一手做看孔叢子撰許多說話極是陋只看他撰造說陳涉那得許多說話正史都無之他却說道自好陳涉不能從之看他文卑弱說到後面都無合殺蔡云恐是孔家子孫曰也不見得蔡說春秋呂氏解煞好曰那箇說不好如一句經在這裏說

做褒也得也有許多說話做貶也得也有許多說話都自說得似又云如史記秦紀分明是國史中間儘謹嚴若如今人把來生意說也都由他說春秋只是舊史錄在這裏蔡云如先生做通鑑綱目是有意是無意須是有去取如春秋聖人豈無意曰聖人雖有意今亦不可知却妄爲之說不得蔡云左氏怕是左史倚相之後蓋左傳中楚事甚詳曰以三傳較之在左氏得七八分蔡云道理則穀梁及七八分或云三傳中間有許多駁處都是其學者後來添入賀孫

歷代一

漢書有秀才做底文章有婦人做底文字亦有載當

時獄辭者秀才文章便易曉當時文字多碎句難讀尚書便有如此底周官只如今文字太齊整了

戰國漢唐諸子

文中子議論多是中間暗了一段無分明其間弟子問答姓名多是唐輔相恐亦不然蓋諸人更無一語及其師人以爲王通與長孫無忌不足故諸人懼無忌而不敢言亦無此理如鄭公豈畏人者哉七制之主亦不知其何故以七制名之此必因其續書中曾採七君事迹以爲書而名之曰七制如二典體例今無可考大率多是依倣而作如以董常如顏子則是以孔子自居謂諸公可爲輔相之類皆是撰成要安

排七制之君爲它之堯舜考其事迹亦多不合劉禹
了他又把佛家言語參雜在裏面如佛經本自遠方
外國來故語音差異有許多差異字人都理會不得
他便撰許多符咒千般萬樣教人理會不得極是陋
蔡云道士有箇莊老在上却不去理會曰如今秀才
讀多少書理會自家道理不出他又那得心情去理
會莊老蔡云無人理會得老子通透大段鼓動得人
恐非佛教之比曰公道如何蔡云緣他帶治國平天
下道理在曰做得出也只是箇曹參蔡云曹參未能
盡其術曰也只是恁地只是藏縮無形影因問蔡曰
公看道可道非常道名可名非常名無名天地之始

有名萬物之母是如何說蔡曰只是無名是天地之始有名便是有形氣了向見先生說庚桑子一篇都是禪今看來果是曰若其它篇亦自有禪話但此篇首尾都是這話又問蔡曰莊子虛無因應如何點曰只是恁地點多有人將虛無自做一句非是他後面又自解如何是無如何是因又云莊子文章只信口流出煞高蔡云列子亦好曰列子固好但說得困弱不如莊子問老子如何曰老子又較深厚蔡云看莊周傳說似乎莊子師於列子云先有作者如此恐是指列子曰這是說道理未必是師列子蔡問原於道德之意是誰道德曰這道德只自是他道德蔡云人

多作吾聖人道德太史公智識卑下便把這處作非
錫作歙池江州觀察王公墓碑乃仲淹四代祖碑中
載祖諱多不同及阮逸所注并載關朗等事亦多不
實王通大業中死自不同時如推說十七代祖亦不
應遼遠如此唐李翺已自論中說可比太公家教則
其書之出亦已久矣伊川謂文中子有些格言被後
人添入壞了看來必是阮逸諸公增益張大復借顯
者以爲重耳今之僞書甚多如鎭江府印關子明易
并麻衣道者易皆是僞書麻衣易正是南康戴紹韓
所作昨在南康觀其言論皆本於此及一訪之見其
著述大率多類麻衣文體其言險側輕佻不合道理

又嘗見一書名曰子華子說天地陰陽亦說義理人事皆支離妄作至如世傳繁露玉杯等書皆非其實大抵古今文字皆可考驗古文自是莊重至如孔安國書序幷注中語多非安國所作蓋西漢文章雖麤亦勁今書序即是六朝軟慢文體因舉史記所載湯誥幷武王伐紂言詞不典不知是甚底齊東野人之語也 謨

文集六條

答孫季和

縣事想日有倫理學校固不免爲舉子文然亦須告以聖學門庭命士子略知修己治人之實庶幾於中

或有興起作將來種子浙閒學問一向外馳百恠俱
出不知亦頗覺其弊否寧海僧極令人念之亦可屬
之端叔兄弟否若救得此人出彼陷穽足使聞者悚
動所係實不輕也所疑三條皆恐未然試深味之當
自見得古今書文雜見先秦古記各有證驗豈容廢
絀不能無可疑處只當玩其所可知而闕其所不可
知耳小序決非孔門之舊安國序亦決非西漢文章
向來語人人多不解惟陳同父聞之不疑要是渠識
得文字體製意度耳讀書玩理外考證又是一種工
夫所得無幾而費力不少向來偶自好之固是一病
然亦不可謂無助也孔氏書序與孔叢子文中子大

略相似所書孔臧不爲宰相而禮賜如三公等事皆無其實而通鑑亦誤信之則考之不精甚矣

尚書

漢孔安國曰古者伏羲氏之王天下也始畫八卦造書契以代結繩之政由是文籍生焉

陸德明曰伏羲風姓以木德王即太皞也書契刻木而書其側以約事也易繫辭云
上古結繩而治後世聖人易之以書契文文字籍書籍

伏羲神農黃帝之書謂之三墳言大道也少昊顓頊高辛唐虞之書謂之五典言常道也至於夏商周之書雖設教不倫雅誥奧義其歸一揆是故歷代寶之以爲大訓

陸氏曰神農炎帝也姜姓以火德王黃帝軒轅也姬姓以土德王一號有熊氏墳大也少昊金天氏已姓黃帝之子以金德王顓頊
高陽氏姬姓黃帝之孫以水德王高辛帝嚳也黃帝

之曾孫姬姓以木德王唐帝堯也姓伊耆氏帝嚳之子初爲唐侯後爲天子都陶故號陶唐氏以火德王虞帝舜也姓姚氏國號有虞顓頊六世孫以土德王夏禹有天下之號也以金德王商湯有天下之號也亦號殷以水德王周文王武王有天下之號也以木德王揆度也八卦之說謂之八索求其義也九州之志謂之九邱邱聚也言九州所有土地所生風氣所宜皆聚此書也春秋左氏傳曰楚左氏倚相能讀三墳五典八索九邱即謂上世帝王遺書也陸氏曰索求也倚相楚靈王時史官也先君孔子生於周末覩史籍之煩文懼覽之者不一遂乃定禮樂明舊章删詩爲三百篇約史記而修春秋讚易道以黜八索述職方以除九邱討論墳典斷自唐虞以下訖於周芟夸煩亂翦截浮辭舉其宏綱撮其機要足以垂世

立教典謨訓誥誓命之文凡百篇所以恢弘至道示人主以軌範也帝王之制坦然明白可舉而行三千之徒並受其義程子曰所謂大道若性與天道之說聖人豈得而去之哉若言陰陽四時七政五行之道亦必至要之理非如後世之繁衍末術也固亦常道聖人所以不去也或者所謂羲農之書乃後人稱述當時之事失其義理如許行為神農之言及陰陽權變醫方稱黃帝之說耳此聖人所以去之也五典既皆常道又去其三蓋上古雖已有文字而之國制立法度為治有迹得以紀載有史官以識其事自堯始耳〇今按周禮外史掌三皇五帝之書周公所錄必非僞妄知春秋時三墳五典八索九邱之書猶有存者若果全備孔子亦不應悉刪去之或其簡編脫落不可通曉或是孔子所見止自唐虞以下不可知耳今亦不必深究其說也及秦始皇滅先代典籍焚書坑儒天下學士逃難解散我先人用藏其家書於屋壁秦國名始皇名政并六國為天子自號始皇帝焚詩書在三十四年坑儒在三十五年顏師古曰家語云孔騰

字子襄畏秦法峻急藏尚書孝經論語于夫子舊堂壁中而漢記尹敏傳云孔鮒所藏二說不同未知孰是

漢室龍興開設學校旁求儒雅以闡大猷濟南伏生年過九十失其本經口以傳授裁二十餘篇以其上古之書謂之尚書百篇之義世莫得聞

漢藝文志云尚書經二十九篇注云伏生所授者儒林傳云伏生名勝故爲秦博士以秦時焚書伏生壁藏之其後大兵起流亡漢定伏生求其書亡數十篇獨得二十九篇即以教于齊魯之間孝文時求能治尚書者天下無有聞伏生治之欲召時伏生年九十餘老不能行於是詔太常使掌故鼂錯往授之顏師古曰衞宏定古文尚書序云伏生老不能正言言不可曉使其女傳言教錯齊人語多與穎川異錯所不知凡十二三畧以其意屬讀而已陸氏曰二十餘篇即馬鄭所注二十九篇是也孔穎達曰泰誓本非伏生所傳武帝之世始出而得行史因以入於伏生所傳之内故云二十九篇也〇今按此序言伏生失其本經口以傳授漢書乃言初亦壁藏而後亡數十篇其說不同蓋傳聞異辭爾至於篇數亦復不同者伏生本但有堯典皐陶

謨禹貢甘誓湯誓盤庚高宗肜日西伯戡黎微子牧誓洪範金縢大誥康誥酒誥梓材召誥洛誥多方多士立政無逸君奭顧命呂刑文侯之命費誓凡二十八篇今加泰誓一篇故爲二十九篇耳其泰誓眞僞之說詳見本篇此未暇論也至魯共王好治宮室壞孔子舊宅以廣其居於壁中得先人所藏古文虞夏殷周之書及傳論語孝經皆科斗文字王又升孔子堂聞金石絲竹之音乃不壞宅悉以書還孔氏科斗書廢已久時人無能知者以所聞伏生之書考論文義定其可知者爲隸古定更以竹簡寫之增多伏生二十五篇伏生又以舜典合於堯典益稷合於皋陶謨盤庚三篇合爲一康王之誥合於顧命復出此篇幷序凡五十九篇爲四十六卷其餘錯亂磨滅弗可復知悉上送

官藏之書府以待能者陸氏曰共王漢景帝之子名餘傳謂春秋也一云周易十翼非經謂之傳科斗蟲名蝦蟇子書形似之爲隸古定謂用隸書以易古文二十五篇者謂大禹謨五子之歌肖征仲虺之誥湯誥伊訓太甲三篇咸有一德說命三篇武成旅獒微子之命蔡仲之命周官君陳畢命君牙冏命也復出者舜典益稷盤庚二篇康王之誥凡五篇其百篇之序文合爲一篇共爲五十九篇即今所行五十八篇而以序冠篇首者也爲四十六卷者孔疏以爲同序者同卷異序者異卷也同序者太甲盤庚說命泰誓皆三篇共序減八卷又大禹皐陶謨益稷康誥酒誥梓材亦各三篇共序又減四卷通前減十二卷以五十八卷減十二卷故但爲四十六卷也其餘錯亂磨滅者汨作九共九篇稾飫帝告釐沃湯征汝鳩汝方夏社凝至臣扈典寶明居肆命徂后沃丁咸乂四篇伊陟原命仲丁河亶甲祖乙高宗之訓分器旅巢命歸禾嘉禾成王政將蒲姑賄肅愼之命亳姑凡四十二篇也今亡承詔爲五十九篇作傳於是遂研精覃思博考經籍採摭羣言以立訓傳約文申義敷暢厥旨庶幾有補於將來

書序序所以爲作者之意昭然義見宜相附近故引之各冠其篇首定五十八篇今按此百篇之序出孔氏壁中漢書藝文志以爲孔子纂書而爲之序言其作意然以今考之其於見存之篇雖頗依文立義而亦無所發明其間如康誥酒誥梓材之屬則與經文又有自相戾者其於已亡之篇則伊阿簡略尤無所補其非孔子所作明甚然相承已久今亦未敢輕議且據安國此序復合爲一以附經後而其相戾之說見本篇云既畢會國有巫蠱事經籍道息用不復以聞傳之子孫以貽後代若好古博雅君子與我同志亦所不隱也陸氏曰漢武帝末征和中江充造蠱敗戾太子○今按此序不類西漢文字疑或後人所託然無所據未敢必也以其所序本末頗詳故備載之讀者宜細考焉漢書藝文志云書者古之號令號令於衆其言不立具則聽受施行者弗曉古文讀應爾雅故解古今語而可知也括蒼葉夢得曰尚書文皆奇澀

非作文者故欲如此蓋當時語自爾也○今按此說是也大抵書之訓誥多奇澀而誓命多平易蓋訓誥皆是記錄當時號令於衆之本語故其間多有方言及古語在當時則人所共曉而於今世反爲難知誓命則是當時史官所撰櫽括潤色麤有體製故在今日亦不難曉耳孔穎達曰孔君作傳値巫蠱不行以終前漢諸儒知孔本五十八篇不見孔傳遂有張霸之徒僞作舜典汩作九共九篇大禹謨益稷五子之歌胤征湯誥咸有一德典寶伊訓肆命原命武成旅獒冏命二十四篇除九共九篇共爲十六卷蓋亦略見百篇之序故以伏生二十八篇者舜典益稷盤庚二篇康王之誥及泰誓三篇共爲三十四篇幷爲作二十四篇十六卷附以求合於孔氏之五十八篇四十六卷之數也劉向班固劉歆賈

逵馬融鄭玄之徒皆不見眞古文而誤以此爲古文之書服虔杜預亦不之知見至晉王肅始以竊見而晉書又云鄭沖以古文授蘇愉愉授梁柳柳之内兄皇甫謐又從柳得之而柳又以授臧曹曹始授梅賾賾乃於前晉奏上其書而施行焉今按漢書所引泰誓云誣神者殃及三世又云立功立事惟以永年疑即武帝之世所得者律歷志所引伊訓畢命字畫有與古文畧同者疑即伏生口傳而鼂錯所屬讀者其引武成則伏生無此篇必是張霸所僞作者矣

今按漢書以伏生之書爲今文而謂安國之書爲古文以今考之則今文多艱澀而古文反平易或者以爲今文自伏生女子口授鼂錯時失之則先秦古書所引之文皆已如此恐其未必然也或者

以爲記錄之實語難工而潤色之雅詞易好故訓誥誓命有難易之不同此爲近之然伏生倍文暗誦乃偏得其所難而安國考定於科斗古書錯亂磨滅之餘反專得其所易則又有不可曉者至於諸序之文或頗與經不合而安國之序又絕不類西京文字亦皆可疑獨諸序之本不先經則賴安國之序而可見故今別定此本壹以諸篇本文爲經而復合序篇於後使覽者得見聖經之舊而不亂乎諸儒之說又論其所以不可知者如此使學者姑務沈潛反復乎其所易而不必穿鑿傅會於其難者云

記尚書三義 其三

棐本木名而借爲匪字顔師古注漢書云棐古匪字通用是也天畏匪忱猶曰天難諶爾孔傳訓作輔字殊無義理嘗疑今孔傳幷序皆不類西京文字氣象未必眞安國所作只與孔叢子同是一手僞書蓋其言多相表裏而訓詁亦多出小爾雅也此事先儒所未言而予獨疑之未敢必其然也姑識其説以俟知者。

書臨漳所刊四經後 書

世傳孔安國尚書序言伏生口傳書二十八篇堯典皋陶謨禹貢甘誓湯誓盤庚高宗肜日西伯戡黎微

子牧誓洪範金縢大誥康誥酒誥梓材召誥洛誥多士無逸君奭多方立政顧命呂刑文侯之命費誓秦誓孔氏壁中書增多二十五篇大禹謨五子之歌胤征仲虺之誥湯誥伊訓太甲上太甲中太甲下咸有一德說命上說命中說命下泰誓上泰誓中泰誓下武成旅獒微子之命蔡仲之命周官君陳畢命君牙冏命分伏生書中四篇爲九篇又增多五篇舜典益稷盤庚中盤庚下康王之誥幷序一篇合之凡五十九篇及安國作傳遂引序以冠其篇首而定爲五十八篇今世所行公私版本是也然漢儒以伏生之書爲今文而謂安國之書爲古文以今考之則今文多

艱澀而古文反平易或者以爲今文自伏生女子口授鼂錯時失之則先秦古書所引之文皆已如此或者以爲記錄之實語難工而潤色之雅詞易好則暗誦者不應偏得所難而考文者反專得其所易是皆有不可知者至諸序之文或頗與經不合如康誥酒誥梓材之類而安國之序又絕不類西京文字亦皆可疑獨諸序之本不先經則賴安國之序而可見故今別定此本一以諸篇本文爲經而復合序篇於後使覽者得見聖經之舊而不亂乎諸儒之說又論其所以不可知者如此使讀者姑務沈潛反復乎其所易而不必穿鑿傅會於其所難者云紹熙庚戌十月

壬辰新安朱熹識

朱子古文書疑終

[illegible]古文書[illegible]

三

予幼讀經書悉遵先人遺教每篇惟從白文章句尋繹大旨默會精微蓋不屑屑受後人訓詁牢籠也故凡有所疑輒爲札記積久成帙名曰經學質疑而尚書之中所疑尤多泰誓武成嘗疑後人僞託質之里中宿儒塾師靡不目瞪釋褐後攜任　京師質之先達名公能直抉其所以然者亦少因嘆偌大乾坤豈無有能見及此者爲之探訪者久之乾隆壬戌因奉
簡命試用江南河工得交閻公信藪見其言論丰采鍊才於養全非俗吏者流詢之即百詩先生冢孫也百詩先生之名耳熟已久每以不見其著

作爲憾信數因出其尚書古文疏證示予予讀之如夢初醒如病新瘥通身暢快莫知其然蓋予之所深疑者先生久爲抉之予之所未疑而將有疑者先生已早爲辨之且其遠稽近證非讀破萬卷者不能能不令人心悅而誠服哉且信數天性孝友凡同堂弟姪悉共爨同居雖官卑祿薄而刊刻先生各種遺書竭力經營費至千金以外不可謂不賢矣予既幸交信數獲見此書且幸三十餘年疑團得解又幸此書流布天下俾知予向之所疑者非僅一人之臆見也因書數語於後乾隆乙丑新秋楚南岳陽後學

鍾靈敬跋

乾隆乙丑之秋刻尚書古文疏證成嗟乎此先君子之志也今而後學林得稍慰先君子於地下矣先大父窮經博學海内所仰遺書未出學者引領望之先君子在中翰時嘗商於輦下故舊欲板行之以公海内而工費浩繁未有成局經營於心者十餘年學林敢一日忘先君子之志哉癸卯己酉學林兩至京師先人之舊好寥寥數人無復贊成斯事者仲弟學機珍重先大父遺書勤加手録而天不假年學林又累於食指丙辰以來微秩自效官卑俸薄每泫然抱遺書而泣思欲繼先君子之志如蚊蚍負山精衛之填滄海也癸亥春謁同里夔州程先生先生雅嗜

先大父書慨然捐貲始議開雕而淮揚士大夫更多好義者于是閱二載而遂以藏事回憶學林之憂思徘徊無所措手者又二十年於兹矣舉大木者呼邪許將伯之助實賴同志念成之之難愈不敢忘所自也

孫男學林謹識